Electronic Security Systems

개정증보

기계경비론

Security

신상엽 저

백산출판사

머리말

1970년대 이후 급속히 성장한 경제규모와 더욱 복잡해진 산업구조로, 국민들이 보다 쾌적하고 안전한 생활을 추구하게 된 시대적 상황에서, 우리 사회에도 공경비인 경찰력만으로 국민의 이러한 '안전욕구'를 충족시킨다는 것이 점차 어려워지고 있다. 이러한 안전에 대한 시대적 수요에 부응하면서 발전해 온 것이 민간경비의 일환인 '기계경비산업'이다.

기계경비산업은 1970년대 초 미국에서 전자공학의 발달과 응용기술의 혁신에 따라 'Electronic Security System'으로 불리면서 성장하기 시작하였고, 오늘에 이르기까지 이 분야의 산업을 체계화해 왔다. 이 시스템은

- Security Alarm System(SAS, 방범경보시스템 혹은 무인 기계경비시스템)
- Fire Alarm System(FAS, 화재경보시스템)
- Access Control System(ACS, 출입통제시스템)
- CCTV System(폐쇄회로텔레비전시스템)
- Perimeter Intrusion Detection System(PIDS, 외각침입감지시스템)
- Home Security System(HSS, 홈 시큐리티시스템) 및 기타 Electronic Security Equipments(전자보안장비)

등을 포함하는데, 일본에서는 이러한 모든 시스템을 기계경비시스템이라 하고 한국의 경비업법에서는 '방범경보시스템 운용'을 '기계경비업무'라 규정하고 있다.

본 '기계경비론'에서는 Electronic Security Systems에 포함되는 전부를 '기계경비시스템'이라 하고, Security Alarm System을 '방범경보시스템'이라 하였다.

기계경비시스템은 전자 및 정보통신 관련 산업의 일부로 분류되면서 안전의 욕구를 충족시키는 산업이며, 한국에서는 1980년대에 접어들면서 기계경비에 관련된 기술과 노하우가 외국으로부터 도입되기 시작하여 2000년대에 이르기까지 이 분야 산업은 눈부신 발전을 거듭해 왔다. 신변보호업은 외국으로 진출하는 사례도 있고, 기계경비산업의 시스템 및 관련기기의 해외 수출도 보편화되었다. 경비업이 산학연계를 하는 경우도 빈번하게 되었을 뿐 아니라 여러 대학에서 기계경비개론, 실무 및 실습에 관련된 교과목을 채택하기에 이르렀다. 국내외에서 기계경비산업과 관련된 전시회나 세미나의 개최도 점증하고 있고, 그때마다 카탈로그나 다양한 기술자료가 제공되기는 하나 대학에서 강의할 교재로 활용하기는 적합하지 못한 면이 있고, 몇몇 관련서적이 출간되기는 하였으나 전자기술과 핵심 과학기술을 바탕으로 하였기에 기계경비개론과 실무를 학습하는 학생들이나 보안관련 기술자의 교육에 적합한 기술서적으로 채택할 만한 것은 찾을 수가 없었다.

저자는 대학에서 기계경비개론과 실무를 강의하면서 이 분야 교재의 필요성을 절감한 바 있다. 그동안 전자기술과 전자통신기술을 전공한 것을 바탕으로 하여 기계경비산업에 종사하면서 발전된 해외기술을 도입하고 이를 운영한 경험, 그리고 국내실정에 적합한 기계경비업무용 기기와 시스템을 개발하는 사회시스템공학연구소 소장으로서의 경험을 토대로 본 서적을 저술하기에 이르렀다. 이 기술서적이 대학 강의나 기계경비업 관련자 등의 기술교육에 활용된다면 큰 보람을 느낄 것이다.

전자공업과 정보통신산업의 기술이 하루가 다르게 급속히 발전하고 있어 앞으로 더 훌륭한 기술교재가 많이 저술될 것을 기대하고 있으며, 그러한 경우에도 이 서적이 조금이나마 참고가 되었으면 한다.

경비업계와 학계에 꼭 필요한 기술서적의 저술을 기회 있을 때마다 독려해 주신 한국경호경비학회 회장 김형청 박사님, 그리고 교과서 저술에 관하여 구체적으로 지도해 주신 용인대학교 경호학과 이상철 교수님, 컴퓨터산업과 전자공업 분야에서 광범위한 경험을 하신 임중제님, 기계경비시스템의 운영부문 노하우를 국내 최초로 도입하고 20여 년의 풍부한 경험을 가지신 김수근님과 원고 교정을 위해 애쓴 서울대학교 교육행정연수원의 신혜원님은 본서가 출간되기까지 많은 도움을 주셨다. 이분들게 진심으로 감사의 뜻을 표합니다. 또 서적의 출판을 위해 적극적으로 협조해주신 백산출판사 진욱상 사장님을 비롯하여 임직원 여러분께도 진심으로 감사를 드립니다.

무엇보다도 이 책의 출판을 위한 저자의 간절한 기도에 응답해 주신 하나님께 모든 영광을 드립니다.

용인대학교 경호학과 연구실에서
저자 씀

차 례

제1장 서 론

1.1. 기계경비의 의의 23

1.2. 기계경비의 특성 27

1.3. 기계경비론의 목적 28

제2장 경비산업(Security Business)

2.1. 안전산업 31

2.1.1. 안전의 욕구 ………… 31
2.1.2. 안전산업의 개요 ………… 32
2.1.3. 안전산업의 전망 ………… 33

2.2. 경비산업 34

2.2.1. 경비산업의 개요 ………… 34
2.2.2. 공경비와 민간경비(사경비) ………… 34
2.2.3. 민간경비의 필요성 ………… 35

2.3. 경비산업의 발전과정 37

2.3.1. 대륙법계의 경비 ………… 37
2.3.2. 영국의 민간경비 ………… 38
2.3.3. 미국의 경비 ………… 42
2.3.4. 일본의 경비 ………… 46
2.3.5. 한국 경비산업의 발전과정 ………… 51

2.4. 한국 기계경비업의 현황 54
2.4.1. 한국 기계경비업의 실태 ········ 54
2.4.2. 기계경비업의 제조산업 ········ 56
2.4.3. 기계경비업의 서비스산업 ········ 58
2.4.4. 기계경비 산업의 전망 ········ 58
2.5. 문제 59

제3장 방범경보시스템(Security Alarm System)

3.1. 방범경보시스템의 개요와 기본기능 63
3.2. 방범경보시스템의 구성 65
3.3. 방범경보시스템 용어 67
3.4. 방범경보시스템의 주제어기 70
3.4.1. 개요 ········ 70
3.4.2. 구성 ········ 70
3.4.3. 기능 ········ 73
3.4.4. 주제어기의 특성 ········ 78
3.5. 방범경보시스템의 부제어기 79
3.6. 영역확장기 79
3.7. 주제어기의 주변기기 79
3.8. 방범경보시스템의 전원공급기 83
3.8.1. 개요 ········ 83
3.8.2. 구성 ········ 83
3.8.3. 특성 ········ 86
3.9. 방범경보시스템의 감지기 87
3.9.1. 감지기(Sensor)의 개요 ········ 87
3.9.2. 자석감지기 ········ 90
3.9.3. 균형화 자석감지기 ········ 93
3.9.4. 매트스위치 ········ 93

3.9.5. 대문감지기 ······ 94
3.9.6. 유리감지기 ······ 96
3.9.7. 담장 감지기 ······ 100
3.9.8. 진동감지기 ······ 102
3.9.9. 벽감지기 ······ 103
3.9.10. 적외선감지기 ······ 104
3.9.11. 자석식 셔터 감지기 ······ 111
3.9.12. 적외선식 셔터감지기 ······ 113
3.9.13. 열선감지기 ······ 115
3.9.14. 초음파 감지기 ······ 121
3.9.15. 도플러 마이크로웨이브 감지기 ······ 123
3.9.16. 대향식 마이크로웨이브 감지기 ······ 125
3.9.17. 금고감지기 ······ 127

3.10. 설비이상 감지기 128

3.10.1. 온도이상 감지기 ······ 129
3.10.2. 전원이상 감지기 ······ 130
3.10.3. 가스 누출 감지기 ······ 131
3.10.4. 기타 설비이상 감지기 ······ 132

3.11. 화재감지기 133

3.11.1. 열감지기(온도감지기) ······ 134
3.11.2. 연기감지기 ······ 137
3.11.3. 불꽃감지기 ······ 139

3.12. 방범경보시스템의 통보기 140

3.12.1. 비상통보기 ······ 140
3.12.2. 구급통보기 ······ 143

3.13. 방범경보시스템의 데이터통신 144

3.13.1. 데이터통신 ······ 144
3.13.2. 통신채널 ······ 147
3.12.3. 전용회선 ······ 149
3.13.4. 공중교환 전화회선망 ······ 152
3.13.5. 전화보안시스템 ······ 154
3.13.6. 이동통신전화망 ······ 155
3.13.7. 무선데이터통신망 ······ 156
3.13.8. 기타 데이터통신망 ······ 157

3.14. 관제 수신장치 158
3.14.1. 공중교환 전화회선 관제수신장치 ······ 159
3.14.2. 전용회선 관제수신장치 ······ 162
3.15. 데이터 다중화장치 163
3.16. 방범경보시스템 관제 소프트웨어 164
3.16.1. 감시용 소프트웨어 ······ 165
3.16.2. 조회용 소프트웨어 ······ 166
3.17. 경비용 지령통신장치 167
3.17.1. 유선전화망 ······ 168
3.17.2. 이동통신전화망 ······ 168
3.17.3. 자가 무선통신망 ······ 168
3.17.4. 주파수공용통신 ······ 170
3.18. 방범경보시스템의 경보원격확인장치 171
3.18.1. 음향 원격확인장치 ······ 171
3.18.2. 영상 원격확인장치 ······ 172
3.18.3. 기타 원격확인장치 ······ 173
3.19. 문제 173

제4장 방범경보시스템의 운영

4.1. 기계경비업의 제공업무 185
4.2. 방범경보시스템 운영의 용어 187
4.3. 방범경보시스템 기획설계 191
4.3.1. 기계경비시스템 기획 및 설계의 개요와 기본 ······ 191
4.3.2. 현장조사 ······ 192
4.3.3. 위험분석 ······ 194
4.3.4. 규제계획 ······ 195
4.3.5. 비상버턴 및 경광등 계획 ······ 197
4.3.6. 구역(Area) 및 영역(Zone) 설정 ······ 198
4.3.7. 작성 도면 및 서류 ······ 198

4.4. 방범경보시스템 설치공사 200

4.5. 방범경보시스템 개통점검 202

4.6. 기계경비업무의 사용설명 203

4.7. 기계경비업무의 관제업무 204

4.7.1. 경비대상시설 및 사용자 정보의 수집과 관리 ········ 204
4.7.2. 경비대상시설의 열쇠(Key) 수령과 관리 ········ 205
4.7.3. 경비대상시설의 원격감시 업무 ········ 205
4.7.4. 지령(대처지시) 업무 ········ 206
4.7.5. 통보업무 ········ 208
4.7.6. 관제시설(Central Station:관제센터)의 안전대책 ········ 210

4.8. 기계경비업무의 대처업무 212

4.8.1. 경비대상시설 및 사용자 정보의 수집과 관리 ········ 213
4.8.2. 경비대상시설의 열쇠(Key) 수령과 관리 ········ 213
4.8.3. 긴급출동 업무 ········ 214
4.8.4. 순회업무 ········ 223

4.9. 방범경보시스템 보수점검 224

4.9.1. 정기적 보수점검 ········ 224
4.9.2. 장애 발생시 보수점검 ········ 227
4.9.3. 오보 다발시 보수점검 ········ 228
4.9.4. 특별 보수점검 ········ 228

4.10. 고객 고충처리 228

4.11. 문제 229

제5장 출입통제시스템

5.1. 출입통제시스템의 개요 235

5.2. 출입통제시스템의 구성 235

5.3. 출입통제시스템의 용어 238

5.4. 출입통제시스템의 자격인증 및 인식방법 240

5.4.1. 개인신분번호 인증 ··· 241
5.4.2. 바코드카드 인증 ··· 242
5.4.3. 천공(穿孔)카드 인증 ··· 243
5.4.4. 바리움페라이트카드 인증 ··· 243
5.4.5. 자기스트립카드 인증 ··· 244
5.4.6. 적외선카드 인증 ··· 245
5.4.7. 광 카드 인증 ··· 246
5.4.8. 비접촉카드 인증 ··· 246
5.4.9. 집적회로카드 혹은 스마트카드 인식 ··· 249
5.4.10. 위건드카드 인증 ··· 250
5.4.11. 지문 인식 ··· 253
5.4.12. 손모양 인식 ··· 254
5.4.13. 홍채 인식 ··· 255
5.4.14. 망막 인식 ··· 256
5.4.15. 정맥 인식 ··· 256
5.4.16. 얼굴 인지 ··· 256
5.4.17. 음성 인식 ··· 257
5.4.18. 필체 인식 ··· 258
5.4.19. 이중생체 인식 ··· 258

5.5. 출입통제시스템의 제어기 259

5.6. 출입통제시스템의 저지장치 264

5.7. 전기정 266

5.8. 출입통제시스템의 소프트웨어 269

5.9. 출입통제시스템의 운용 271

5.9.1. 기획설계 ··· 272
5.9.2. 설치 ··· 273
5.9.3. 자격증명의 관리 ··· 275

5.10. 문제 276

제6장 CCTV시스템

6.1. CCTV시스템의 개요 281

6.2. CCTV시스템의 구성 282

6.3. CCTV시스템의 용어 284

6.3.1. 카메라 및 렌즈에 관한 용어 …… 284
6.3.2. 텔레비전 시스템에 관한 용어 …… 291

6.4. CCTV시스템의 카메라 296

6.4.1. 촬상관 카메라 …… 297
6.4.2. 고체 카메라 …… 298

6.5. CCTV 시스템 카메라 렌즈 303

6.5.1. 일반 카메라 렌즈 …… 303
6.5.2. 특수 카메라 렌즈 …… 304
6.5.3. 렌즈 선정시 고려사항 …… 306

6.6. 카메라 하우징 309

6.6.1. 일반용 카메라 하우징 …… 310
6.6.2. 특수용 카메라 하우징 …… 310

6.7. 카메라 회전기 311

6.7.1. 카메라 회전기 …… 312
6.7.2. 카메라 방향 조정 수신기 …… 312

6.8. 영상신호 전송방식 313

6.8.1. 동축케이블에 의한 전송 …… 313
6.8.2. 꼬임쌍 전선에 의한 전송 …… 314
6.8.3. 마이크로웨이브 무선망에 의한 전송 …… 315
6.8.4. 라디오 주파수 전파 무선망에 의한 전송 …… 316
6.8.5. 적외선 무선망에 의한 전송 …… 317
6.8.6. 전화회선에 의한 전송 …… 318
6.8.7. 광섬유케이블에 의한 전송 …… 319

6.9. 영상분배기 320

6.10. 영상 전환기 322

6.10.1. 순차적 영상전환기 ········· 322
6.10.2. 행렬식 영상전환기 ········· 323

6.11. 화면 분할기 323

6.12. 영상 다중화장치 324

6.13. 움직임 검출기능 325

6.14. 화상감시 모니터 326

6.14.1. 브라운관 모니터 ········· 326
6.14.2. 특수 모니터 ········· 328

6.15. 녹화기 329

6.15.1. 아날로그 녹화기 ········· 329
6.15.2. 디지털 녹화기 ········· 330

6.16. 영상 프린터 333

6.17. CCTV시스템의 운용 334

6.17.1. 기획설계 ········· 334
6.17.2. 설치 ········· 336
6.17.3. CCTV시스템 활용 ········· 337

6.18. 문제 339

제7장 외곽침입감지시스템

7.1. 외곽침입감지시스템의 개요 345

7.1.1. 외곽침입감지시스템의 고려사항 ········· 345
7.1.2. 외곽 방책 ········· 346
7.1.3. 외곽침입감지시스템의 분류 ········· 347

7.2. 외곽침입감지시스템의 구성 349

7.3. 외곽침입감지시스템의 용어 349

7.4. 외곽침입감지기와 운용 351

7.4.1. 전기접점 변환 감지기 ········· 351
7.4.2. 압전 변환 감지기 ········· 352

7.4.3. 지진동 변환 감지기 ········· 353
7.4.4. 장력감지기 ········· 354
7.4.5. 분극 케이블 감지기 ········· 355
7.4.6. 광섬유 진동 감지기 ········· 357
7.4.7. 광섬유망 감지기 ········· 358
7.4.8. 광 라인형 보안시스템 ········· 359
7.4.9. 전계 감지기 ········· 361
7.4.10. 정전용량 감지기 ········· 362
7.4.11. 적외선 감지기 ········· 362
7.4.12. 마이크로웨이브 감지기 ········· 364
7.4.13. 수평 전계 감지기 ········· 365
7.4.14. 균형 압력 감지기 ········· 366
7.4.15. 지진동 감지기 ········· 367

7.5. 외곽침입감지시스템의 현장제어반 368

7.6. 외곽침입감지시스템의 통합감시제어기 369

7.7. 그래픽 지도 369

7.8. 탐색등 369

7.9. 외곽침입감지시스템의 운영 370

7.10. 문제 371

제8장 홈 시큐리티 시스템

8.1. 홈 시큐리티 시스템의 개요 377

8.2. 홈 시큐리티 시스템의 구성 379

8.3. 세대별 홈 시큐리티 기기 380

8.3.1. 기능 ········· 380

8.4. 공동현관 제어기 388

8.4.1. 공동현관 제어기의 기능 ········· 389

8.5. 종합관리실 데이터 수신장치 391

8.6. 사이버 아파트 393

8.7. 문제 395

제9장 전자보안장비

9.1. 상품도난방지시스템(EAS) 400

9.1.1. 개요 400
9.1.2. 태그 방식 상품도난방지시스템 400
9.1.3. 위건드 와이어 방식 상품도난방지시스템 403
9.1.4. 마이크로칩의 활용 404

9.2. 폭발물 탐지기 406

9.2.1. 개요 406
9.2.2. 거치형 폭발물탐지기 406
9.2.3. 통과형 폭발물탐지기 407
9.2.4. 휴대형 폭발물탐지기 408

9.3. 금속탐지기 409

9.3.1. 개요 409
9.3.2. 통과형 금속탐지기 410
9.3.3. 고속 통과형 금속탐지기 411
9.3.4. 휴대형 금속탐지기 411

9.4. X-선 검색장치 413

9.4.1. 개요 413
9.4.2. 휴대수화물 검색장치 413
9.4.3. 위탁수화물 검색장치 415
9.4.4. 위탁수화물 2차 정밀 검색장치 416

9.5. 알몸투시기 417

9.6. 문제 418

제10장 전기·전자 기초

10.1. 전기이론 421

10.1.1. 전기 ········· 421
10.1.2. 전류 ········· 422
10.1.3. 전압 ········· 422
10.1.4. 전력 ········· 423
10.1.5. 저항과 저항체 ········· 423
10.1.6. 옴의 법칙 ········· 424
10.1.7. 직류(DC)와 교류(AC) ········· 425
10.1.8. 도체 ········· 426
10.1.9. 전계 ········· 426
10.1.10. 자계 ········· 427
10.1.11. 전자석 ········· 427
10.1.12. 전자계 ········· 429
10.1.13. 전파 ········· 429
10.1.14. 안테나 ········· 430
10.1.15. 음파 및 초음파 ········· 432

10.2. 전기부품 433

10.2.1. 전기저항체 및 전기저항체의 연결 ········· 433
10.2.2. 정전용량기, 콘덴서 ········· 434
10.2.3. 인닥터;코일 : 유도기 ········· 434
10.2.4. 계전기 ········· 435
10.2.5. 마그네트 스위치 ········· 435
10.2.6. 마이크로 스위치 ········· 435
10.2.7. 누전차단기 ········· 436
10.2.8. 퓨즈 ········· 436
10.2.9. 전선 ········· 437
10.2.10. 전선관 ········· 438
10.2.11. 건전지와 축전지 ········· 439
10.2.12. 기타 부품 ········· 441

10.3. 반도체 442

10.3.1. 정류다이오드 ········· 442

10.3.2. 제너다이오드 ···· 443
10.3.3. 발광다이오드 ···· 443
10.3.4. 포토다이오드 ···· 444
10.3.5. 트랜지스터 ···· 444
10.3.6. 포토트랜지스터 ···· 445
10.3.7. 집적회로 ···· 445
10.3.8. MOS ···· 445
10.3.9. FET ···· 446
10.3.10. Bipolar IC ···· 446

10.4. 전기회로 447

10.4.1. 전기회로 ···· 447
10.4.2. 전기회로의 단락 ···· 447
10.4.3. 전기회로의 개방 ···· 447
10.4.4. 공진회로 ···· 448
10.4.5. 논리회로 ···· 449
10.4.6. 키르히호프 법칙 ···· 452
10.4.7. 렌츠의 법칙 ···· 453

10.5. 데이터 통신 453

10.5.1. 아날로그 데이터와 디지털 데이터 ···· 453
10.5.2. 아날로그 신호와 디지털 신호 ···· 454
10.5.3. 동기식 통신 ···· 454
10.5.4. 비동기식 통신 ···· 455
10.5.5. LAN(근거리통신망 : Local Area Network) ···· 455
10.5.6. RS-232C 통신 ···· 457
10.5.7. 통신매체 ···· 457
10.5.8. 통신채널 ···· 457
10.5.9. ISDN ···· 457
10.5.10. ADSL ···· 458

10.6. 컴퓨터 459

10.6.1. 중앙처리장치 CPU ···· 459
10.6.2. 임의 접근 기억장치 : RAM ···· 459
10.6.3. 판독전용 기억장치 : ROM, EROM ···· 460
10.6.4. 캐시 ···· 460
10.6.5. 디스켓 ···· 461

10.6.6. HDD ········· 461
10.6.7. CD ········· 461

10.7. 전기기기 462

10.7.1. 변압기 ········· 462
10.7.2. 모터 ········· 463
10.7.3. 발전기 ········· 464
10.7.4. 무순단 전원공급기 ········· 464

찾아보기 466

Electronic Security Systems and Services

제1장

서 론

제1장 서 론

1.1. 기계경비의 의의

경비란 국가기관, 사회단체, 법인 및 개인의 인명과 재산을 보호하고 설비를 관리하는 등의 업무를 의미한다. 경비업무를 제공하는 주체를 중심으로 국가공공기관이 담당하는 공경비(Public Law Enforcement)와 민간업자가 업무를 제공하는 민간경비(Private Security, 사경비)로 구분할 수 있다.[1)]

한국의 민간경비업은 일본과 미국의 영향을 많이 받아 발전해 왔고 또 발전하고 있다.

1990년대 미국에서 발표된 보고서 Leading Edge Report "Security Product & Services"에는 경비산업의 항목으로 다음과 같은 분야를 포함하고 있다.[2)]

① Fire detection equipment(Fire Alarm System)

② Electronic intrusion detection equipment(Security Alarm System)

③ Central station(관제센터)

④ Electronic access control equipment(전자출입통제시스템)

⑤ CCTV equipment(폐쇄회로텔레비전시스템)

⑥ Electronic security equipment(전자보안장비)

---

1) 李潤根, "韓國 私警備 發展方案에 관한 調査研究", 동국대학교 博士 論文, 1989, p. 14.

2) Robert J. Fischer & Gion Green, *Introduction to Security*, Sixth Edition, (Boston MA : Butterworth-Heinemann, 1998), p. 18.

⑦ Electronic article surveillance(전자상품도난방지장치)
⑧ X-ray devices(엑스레이 검색장치)
⑨ Metal detector(금속탐지기)
⑩ Bomb detector(폭발물 탐지기)
⑪ Security services(경비업무)
⑫ Guard and armored carry(시설경비 및 호송업무)
⑬ Security guard and VIP protection(요인 신변보호업무)
⑭ Others(기타)

1987년 일본정보처리개발협회가 발표한 "21세기에로 비약하는 시큐리티산업"이라는 자료에는 인경비분야를 제외한 경비산업에 다음과 같은 분야를 포함하고 있다.

① 기계경비(Security Alarm System)
② 방범, 방재(방범기기, 자동화재통보설비, 소화설비)
③ 출입통제시스템(Access Control System)
④ 감시장치(CCTV System, Electronic article surveillance system)
⑤ 공사 및 유지보수(전용 시큐리티 대책공사 및 Maintenance)
⑥ Security Software(Resource, ACS용 소프트웨어)
⑦ Facility maintenance services(시스템 위탁운용, 설비관리 및 유지보수)
⑧ 기타

1976년 12월 31일 제정하고, 2005년 8월 4일 개정된 우리나라 「경비업법」은 제2조에서 "경비업무"는 다음의 전부 또는 일부를 포함한다고 규정되어 있다.

① 시설경비업무 : 경비대상시설에서의 도난·화재 그 밖의 혼잡 등으로 인한 위험발생을 방지하는 업무
② 호송경비업무 : 운반중에 있는 현금·유가증권·귀금속·상품 그 밖의 물건에 대하여 도난·화재 등 위험발생을 방지하는 업무

③ 신변보호업무 : 사람의 생명이나 신체에 대한 위해의 발생을 방지하고 그 신변을 보호하는 업무

④ 기계경비업무 : 경비대상시설에 설치한 기기에 의하여 감지 · 송신된 정보를 그 경비대상시설 외의 장소에 설치한 관제시설의 기기로 수신하여 도난 · 화재 등 위험발생을 방지하는 업무

⑤ 특수경비업무 : 공항(항공기를 포함한다) 등 대통령령이 정하는 국가중요시설의 경비 및 도난 · 화재 그 밖의 위험발생을 방지하는 업무

한편, 한국경비협회와 국내의 규모 있는 기계경비업자들이 한국표준협회(KSA)의 위임을 받아 기계경비업무에 관련된 용어를 표준화하는 작업이 진행되고 있다.

경비업법에서 규정한 기계경비업무가 그 경비대상시설 외의 장소에 설치한 관제시설에서 정보를 수신하여 도난 · 화재 등 위험발생을 방지하는 업무용 체계를 무인기계경비시스템(Remote Alarm Monitoring System)이라 하고, 경비목적물(경비대상시설을 포함하는 경비대상지역)에 설치한 기기에 의하여 감지 · 송신된 정보를 그 경비대상지역 내에 설치한 관제시설의 기기로 수신하며, 영상으로 볼 수 있는 CCTV 감시장치를 이용하여 상주 경비원이 감시 관리하고, 외부의 침입자에 의한 침입정보가 발생하면 상주경비원이 출동, 대처하게 하는 업무용 체계를 로컬기계경비시스템(Local Alarm Monitoring System)이라 용어를 정하기로 한다고 한다.[3)]

본 기계경비론에서는 우리나라 「경비업법」에서 규정하는 "경비업무"의 효율을 제고시키기 위하여 전자기술 및 정보통신기술을 활용하는 기계경비시스템의 중요한 분야를 취급한다.

본서에서는 우리나라의 「경비업법」이 정하는 용어를 사용하는 것을 원칙으로 한다. 경비업법에서 정한 '기계경비업무용 기기'를 '무인기계경비시스템'이라고 표준화하더라도 국제적으로 통용할 수 있는 용어를 선택하여, Fire Alarm Security

3) 이강열, 경비지도사 기계경비개론, (서울 : 한국고시회, 2001), pp. 43~45.

(화재경보시스템)과 비교되는 Security Alarm System을 '방범경보시스템'이라 하고,[4] '방범경보시스템'을 운용하여 업무를 제공하는 것을 '기계경비업무'라 한다. '로컬기계경비시스템'이라 용어를 사용하는 기계경비시스템도 국제적으로 통용할 수 있는 Perimeter Intrusion Detection System(외곽침입감지시스템), CCTV System 그리고 Home Security System으로 세분하였다. 그 외의 주요 기계경비시스템인 Access Control Systeme과 Electronic Security Equipment를 포함하여 '기계경비'를 다음과 같이 정리한다.

■ 기계경비(Electronic Security System and Services)

① 방범경보시스템(Security Alarm System : SAS)
② 출입통제시스템(Access Control : System : ACS)
③ 폐쇄회로 텔레비전시스템(CCTV System : 화상감시시스템)
④ 외곽침입감지시스템(Perimeter Intrusion Detection System : PIDS)
⑤ 홈 시큐리티시스템(Home Security System : HSS)
⑥ 전자보안장비(Electronic security equipment)
⑦ 각 시스템의 운용(Services with Security system)

기계경비의 장점을 들어보면 다음과 같다.

첫째, 상주하는 경비원이 없으므로 인건비를 절약할 수 있어 소요비용이 저렴하고 경제적이다.

둘째, 계속적인 감시가 이루어지므로 인간의 감시보다 안정적이다.

셋째, 경비원이 죽거나 다치는 등의 인사사고가 발생할 위험이 없다.

넷째, 전자기술과 정보처리기술에 의한 운영으로 사고를 정확하게 기록할 수 있다.

반면에 기계경비는 다음과 같은 단점 내지 문제점을 내재하고 있다.

첫째, 현장에서 바로 신속하고 정확한 대응조치를 할 수 없다.

---

4) 졸고, "기계경비시스템 운용현황 고찰과 운용품질개선 방안", 한국경호경비학회, 경호경비연구 제8호, 2004. 8, p. 198.

둘째, 오경보 등의 문제로 불필요한 노력과 비용의 낭비요소가 있다.

셋째, 상주 경비원에 의한 방범업무 이외의 역할을 기대할 수가 없다.

넷째, 기계경비업무용 기기를 설치장소에 고정시키기 때문에 예정한 곳 이외에서 발생한 이상현상은 탐지할 수 없다.[5)]

1.2. 기계경비의 특성

경비대상시설의 인명을 보호하고 재산의 도난, 화재 등의 위험발생을 보다 효율적으로 예방하기 위해서는 경비원의 감각과 행위에만 의존할 수 없다.

전자기술과 정보통신기술을 활용하여 제조한 장비와 시스템을 사용함으로써 보다 효율적인 업무를 제공할 수 있다.

인간의 감각적인 면에서 예상되는 취약성을 감지기로 보완하며 감시를 위한 정보통신기술을 이용할 수 있다. 중요시설과 지역의 출입을 통제하기 위한 인식기술이 도입되고, 경비대상시설 외의 장소에서 원격으로 화상감시를 할 수 있다는 것도 각종 경비업무의 효율을 제고할 수가 있는 것이다.

그렇다고 기계경비시스템만으로 완벽한 경비업무를 제공할 수 있는 것은 아니고, 사람과 장치(Man and Machine)가 조화를 이룰 때 성공적인 경비업무를 수행할 수 있는 것이다.

기계경비시스템 각각의 시스템의 특성은 해당 장(Chapter)에서 설명하기로 한다.

5) 박병식외 3인, "기계경비업의 효율적인 관리방안", 연구보고서 98-06, 1998, pp. 99~100.

1.3. 기계경비론의 목적

한국내에서 ① 시설경비업무, ② 호송경비업무, ③ 신변보호업무, ④ 기계경비업무, ⑤ 특수경비업무 등의 경비업무를 제공하거나 지도할 분들에게는 체계화된 기계경비론을 이해해야 할 필요가 반드시 있다. 뿐만 아니라 기계경비시스템을 개발제조하여 한국내에 공급하는 산업의 경영자나 고용인과 해외시장에 수출하는 제조회사의 관련자들도 기계경비론을 이해하지 않고는 Seller's marketing을 주도할 수 없을 것이다.

대학교에서 기계경비 개론과 실무 또는 기계경비시스템 운용론을 학습하는 학생들도 위에 기술하는 분야에서 앞서가는 업무를 제공하거나 관련 산업의 기업을 경영할 것에 대비하는 것이 필요할 것이다.

본 기계경비론은 이러한 필요성에 대응하는 것을 목적으로 정하고 기술한다.

제2장

경비산업
(Security Business)

제2장 경비산업 (Security Business)

2.1. 안전산업

2.1.1. 안전의 욕구

사회심리학에서는 인간의 욕구를 체계적으로 분석하고 있다. 독일의 사회심리학자인 매슬로(Abraham H. Maslow)는 인간의 욕구(Human Needs)를 5단계로 분석하였다. 이를 도표로 표시하면 [그림 1-1]과 같고, 인간의 안전에 관한 욕구는 인간의 기본적 욕구(Human Basic Needs)로 분류되고 있다. 즉 인간이 생리적 욕구 다음으로 가장 크게 바라는 것은 안전에 관한 것임을 나타내고 있다.[1)]

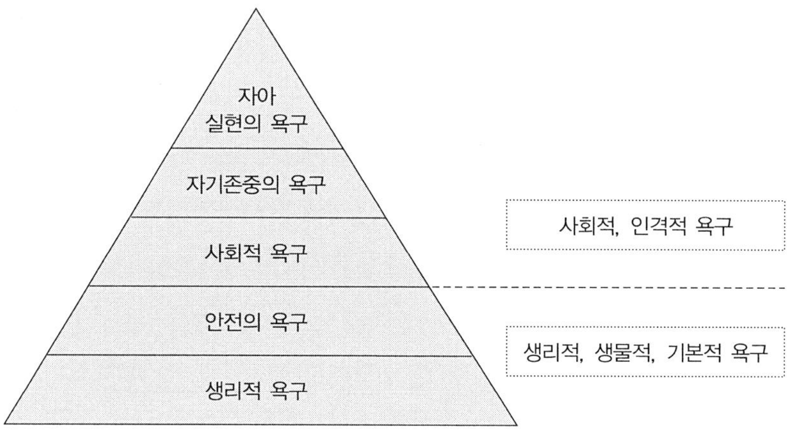

[그림 1-1] 매슬로에 의한 인간의 욕구 분석

1) 동아원색세계대백과사전 21권, "욕망"(서울 : 동아출판사. 1983), p. 615.

최근 우리 사회는 급속히 발전하는 산업화, 도시화 과정 속에서 파생되는 각종 사회적 병리현상들로 인하여 그 어느 때보다도 국민 개개인의 생명과 재산에 대한 안전(安全)의 욕구(慾求)가 증가되고 있다. 특히 국민생활안전에 대한 각종 사회불안 심리가 급증하고 있는 실정이다.

1988년도 우리나라의 경제기획원 사회지표조사에서 국민 2명 중 1명 이상이 항상 범죄에 대하여 두려움을 느끼고 있는 것으로 나타났다.

또 우리나라의 일간신문이 전 국민을 대상으로 실시한 국민의식조사에서 "정부가 우선적으로 해결해야 할 과제가 무엇이라고 생각하십니까?"라는 질문에도 44.6%가 가장 으뜸으로 [民生 安全 確立]이라고 대답하였다.[2)]

따라서 국가기관, 사회단체, 법인 및 개인의 인명과 재산을 지키고 각종 설비의 관리 및 보호에 관련된 서비스를 제공하는 안전산업의 수요가 급증하고 있다.

2.1.2. 안전산업의 개요

사회생활에 있어서 안전의 욕구가 증가하면 이러한 욕구를 충족시켜 주는 상품을 제공하는 산업이 발전하게 마련이다.

안전(安全)이란 위험하지 않는 상태를 말할 뿐만 아니라, 그것이 완전한 상태에 도달해 있고, 재차 부족한 일이 없는 상태를 말한다.[3)]

안전은 위험의 반대 개념인 것이다. 위험의 결과적인 현상으로서 재해와 사고가 발생한다. 재해는 천재와 인재로 구분하고 있는데, 인재는 또한 우리들의 실수와 관리소홀로 인하여 발생하는 경우가 있고, 범죄에 의하여 발생하는 경우가 있다.

각종 재해 및 사고를 방지하는 것과 관련된 산업을 안전산업(Safety Business)라 한다면 범죄로부터 국가기관, 사회단체, 법인 및 개인의 인명과 재산을 지키고 각종 설비의 관리 및 보호에 관련된 서비스를 제공하는 산업을 협의의 안전산업, 보안산업 혹은 경비산업(Security Business)이라 할 수 있다.

---

2) 李潤根, 前揭論文, 1989, p. 1.

3) 西島茂一, 안전관리(서울 : 도서출판 동화기술, 1998), p. 17.

2.1.3. 안전산업의 전망

안전산업에 전자공학기술, 통신기술, 정보처리기술 등의 첨단기술이 도입되고, 이들 기술의 발전에 따라 국가기관, 사회단체, 법인 및 개인이 언제 어디에서 무엇이든지 요구하는 서비스의 수요에도 대응하는 사회시스템(Social System)의 발전이 전망되고 있다.

이는 인간의 안전의 욕구를 충족시켜 주는 산업에서 사회적 욕구를 충족시키는 산업으로의 영역 확장을 의미한다.

안전산업과 앞으로 전망되는 업종을 예로 들면, 경호 서비스, 방범, 방재, 설비관리, 무인화 은행(Auto Bank)관리 서비스, 의료 서비스, 부가통신 서비스, 전자오락 서비스, 암호 서비스, 비서 서비스, 자동응답 서비스(ARS Service), 우편물 서비스, 보관 서비스, 보험 서비스, 백업(Back Up)서비스, 정보 서비스, 원격관리 서비스, 고객주문 서비스, 환경감시 서비스, 전자상거래, 컴퓨터 보안서비스 등으로 예상된다.

일본의 안전산업 분야에서 크게 성공한 경비업자는 경비산업에서 영역을 확장하는 사회시스템 산업으로 발전을 도모하는 예를 보이고 있다. 사회시스템 산업이라 하는 것은 "안전시스템의 보급을 통해서 구축된 통신 Network를 기초로 하여 사회에 안심으로 편리하며 쾌적한 서비스와 시스템을 창조해서, 복합적이고 융합적인 새로운 사회시스템을 제공하는 산업을 말한다."라고 정의하고 있다. 특히 의료, 교육, 정보, 보험, 정보서비스 등 기업활동이나 가정생활에 필요 불가결한 기반이 되는 분야의 서비스와 시스템을 제공하는 것으로 기업발전을 도모하고 있으며, 구체적으로 추구하는 분야를 살펴보면, 중앙관제 방범경보시스템(Centralized Security Alarm System), 로컬 기계경비시스템(Local Security System), 상주경비시스템, 현금호송 시스템 사업, 안전상품 보급, 정보제공 사업, 지리정보서비스 사업, 보험사업, 의료사업(Medical Service Business), 교육사업 등으로 분야를 확장하고 있다.

2.2. 경비산업

2.2.1. 경비산업의 개요

경비(警備)라 함은 공공(公共)의 질서를 유지하기 위하여 집단범죄 등 공안(公安)을 해하는 범죄(犯罪)를 예방 및 진압하거나 또는 재해(災害) 및 혼란(混亂) 등에 의하여 공안을 해하는 사태가 발생하는 것을 예방 또는 진압하는 경찰활동(警察活動)을 말한다.[4)]

또한 "경비란 도범 및 불순분자로부터의 인원 및 재산과 기타 등을 보호하는 제반 수단을 말한다"라고 정의하는 경우도 있다.

일본의 세계적인 안전서비스를 제공하고 있는 회사인 세콤주식회사(SECOM Co., Ltd.)는 "국가기관, 사회단체, 법인 및 개인의 인명과 재산을 보호하고 설비관리 등을 위한 업무를 경비라 한다"라고 경비의 개념을 정의하고 있다.

2.2.2. 공경비와 민간경비(사경비)

최근에 범죄가 양적으로 증대하고 질적으로 지능화, 다양화, 수법의 흉악화, 조직화함으로 인하여 경찰기관 등에 의한 활동으로 이해되는 공경비와 민간경비의 효율적 활동이 절실해지고 있다.

따라서 경비개념을 공적 경찰에 의한 활동에 국한할 것이 아니라 일반국민들의 복리증진이라는 차원에서 공경비(Public Law Enforcement)에 대칭되는 민간경비(Private Security)의 개념을 생각하게 되었다.

---

4) 蔡元植, 경찰행정학(서울 : 삼아출판사, 1971), pp. 215~218.

(1) 공경비(Public Law Enforcement)

공경비라 함은 경찰의 범죄예방활동으로서, 관할구역 내에서, 법집행에 관한 모든 권한을 가지고, 개인의 생명 및 재산을 보호하며, 공공의 질서를 유지하고, 범인을 수색 및 체포하고, 범죄예방 및 교통통제 등의 공공의 이익을 위하고 공공의 안전과 보호의 일반적 업무를 공경비라 한다.

(2) 민간경비(Private Security)

사경비 또는 민간경비란 공경비에 대칭이 되는 개념으로, 개인 및 단체 그리고 영리법인이 특정한 의뢰자인 고객으로부터 받은 보수(報酬)에 따라 여러 가지 위해로부터 단체, 법인 또는 개인의 이익, 생명 및 재산을 보호하기 위하여 경비서비스를 제공하는 업무를 말한다.

공경비와 민간경비를 비교하면 〈표 2 1〉과 같다.

〈표 2-1〉 공경비와 민간경비의 비교

구 분	공경비	민간경비
경비범위	시민	고객
역할 및 기능	범죄 대응 및 조치	범죄 예방
대상	일반 대상	특정 대상
기관	정부	영리 기업
궁극적 목적	법집행 및 범인체포	손해 감소 및 재산 보호

2.2.3. 민간경비의 필요성

민간경비의 필요성을 역사적 배경과 사회변동 및 경제발전에 따라 살펴볼 수 있다.[5]

5) 이상원, 기계경비개론(서울 : 공안행정연구원, 1996), pp. 3~4.

(1) 역사적 배경에 따른 필요성

아시아 및 유럽의 대륙법계 국가에서는 국가보호 내지는 국가기능을 토대로 국가경찰제인 공경비 위주로 발전하기 시작했으며, 제2차 세계대전 후 공경비와 민간경비의 장단점을 가려내어 상호보완의 입장에서 영미법계의 민간경비가 부분적으로 도입되었다.

영국과 영국의 영향을 많이 받아 국가발전을 이룩한 미국에서는 자기보호 내지는 자구사상을 기초로 하는 자치경찰제가 먼저 태동하여 자치주의 원칙에 따라 공경비와 민간경비제도가 동등 위치에서 발전하게 되었다.

(2) 사회변동에 따른 필요성

한국의 경찰은 정규경찰, 전투경찰 그리고 의무경찰을 포함하고 있다. 제3공화국 이래 정치상황의 불안으로 시국치안에 주력하는 사회현상과 과학기술 및 첨단기술의 발전이 인류의 복지향상에 기여한 반면에 범죄의 지능화와 국민소득수준의 증가, 생활수준의 향상으로 인명과 재산을 경찰에만 의존할 것이 아니라 스스로 지키려는 의식이 증대하게 되어 민간경비의 수요가 점점 증가하였다.

(3) 경제발전에 따른 필요성

소득수준의 향상, 물질적인 충족감으로 자신과 가족의 안전에 대한 욕구가 높아지고, 휴일근무나 야간근무 혹은 숙직 기피현상이 증가함으로 인하여 민간경비의 필요성이 증가하게 되었고 기계경비 산업의 발전을 촉진시켰다.

최근 범죄유형의 다변화와 각종 전문적 범죄의 발생으로 인하여 경찰만으로는 효율적 범죄예방에 한계가 있다는 것이 인식되었고, 민간경비에 의한 다양한 분야에서의 전문적 활동이 기대됨으로 인해 범죄 예방의 민간경비의 활용방안이 크게 부각되고 있다.

2.3. 경비산업의 발전과정

경비산업은 민간경비가 근간을 이루는 것이다. 민간경비는 영미법계의 영국에서 대두되었으며, 유럽대륙 및 아시아에서는 공경비 위주로 경비체계가 형성되었다.

2.3.1. 대륙법계의 경비

B.C. 2000년경 유프라테스강과 티그리스강 유역의 메소포다미아에는 샘족계통의 아무르(Amur)인이 고바빌로니아 왕국을 개창하였다. 제6대 함무라비(Hammurabi)왕에 이르러 주변의 여러 종족을 정복하여 메소포다미아를 통일하고 전성기(B.C. 1792~1750)를 이루었다. 함무라비왕은 최초의 성문으로 체결된 「수메르 법전」을 근거로 하여 「함부라비 법전」을 완성하였다.

이 때에 성문화된 법령에 의하여 정부가 법집행을 할 수 있게 되어 국가차원의 공경비 개념이 대두되었다는 문헌이 있다.6)

초기 그리스 도시국가 때에는 부족이나 씨족 차원의 경비개념에서 사회차원의 공공개념의 경비가 발달한 흔적을 찾아 볼 수 있고, 스파르타에서는 일찍부터 법을 집행하기 위한 치안책임자를 임명하는 제도가 있었으며 이는 국가경찰의 발달을 의미한다.

이탈리아 반도에는 B.C. 8세기 중엽(B.C. 753년)에 에트루리아인 왕들이 도시들을 점유하고 다른 라틴족들이 이에 복속되면서 로마가 시작되었다.

B.C. 509년경 에트루리아계의 마지막 지배자 타르퀸스(Tarquins)왕이 로마로부터 추방되면서 로마공화정이 시작되었고, 폼페이수스(Pompeisus), 크라수스(Crasus), 카이사르(Caesar)가 권력을 독재하던 삼두정치를 거쳐, 옥타비아누스 즉 아우구스투스(Augustus)가 집권하였으며, B.C. 31년에는 악티움해전에서 안

6) 이상현, 지성사로 본 세계사(서울: 집문당, 1998), pp. 44~45.

토니우스와 클레오파트라의 연합세력을 파괴한 뒤 황제이상의 실권을 장악한 이후 로마제국 시대가 시작되었다.

아우구스투스는 에퀴테스(騎士)계급 출신 9,000명으로 구성된 친위대(Praetorian guard)를 두어 자신을 호위하게 하였으며, 이에 맞먹는 전투경찰대와 소방대를 두어 수도치안을 확실하게 하였다.[7] 이는 공경비업무를 제공한 것이며 역사상 최초의 비무장 수도경찰로 간주할 수가 있다.

2.3.2. 영국의 민간경비

민간경비의 역사는 영국을 중심으로 시작되었다. 영국에서는 사설 경찰활동이 공적인 경찰활동보다 먼저 존재하였으며, 민간경비가 공적인 경찰도입의 필요성을 제기하는 계기가 되었다.

450년경 서유럽 세계에 있어서 중세는 게르만 민족의 이동을 계기로 그 시작을 보게 된다. 게르만 침략의 결과로 서로마제국이 와해되고 말았고, 서유럽에서의 게르만 민족은 새로운 왕국을 건설하였는데, 스페인에서는 서고트가, 갈리아에서는 프랑크가, 브리텐에서는 앵글로 색슨이, 이탈리아에서는 롬바르디아가 각각 왕국들을 세웠다.[8]

(1) 봉건시대의 경비

5세기에 서로마가 와해되고 게르만의 이동이 있던 때부터 로마적인 토지제도와 농노제도 그리고 은대지제도에 게르만적인 종사제도의 결합으로 봉건제도(feudalism)의 골격이 이루어졌다. 이때를 봉건시대라 한다.[9]

일찍이 앵글로색슨(Anglo Saxon)족이 브리텐에 상륙하면서 영국의 봉건시대가 시작되었고 시민과 개인의 보호를 위한 상호책임을 받아들이는 경향을 영국

7) 이상현, 전게서, pp. 115~117.

8) 상게서, pp. 198~202.

9) 상게서, pp. 205~207.

으로 가져오게 되었다.

권력자들 간의 부단한 투쟁이 있었으며, 이러한 투쟁에서 경비는 결코 없어서는 안 되는 것이었다. 집단경비는 집단결속으로 존재할 수 있었다.

중세에 수년 동안에 걸쳐 발전해온 이러한 봉건제도의 체계는 이 사회의 사람들에 의하여 민간경비의 체계를 태동하게 하였다.

(2) 후기 노르만의 경비

프랑크왕국에서 비롯한 봉건제도는 1066년 노르만의 영국침략 당시 영국으로 확대되어 갔다.

노르만디의 군주인 윌리엄(William) 1세는 각 도시의 치안질서를 유지하기 위해서 군인이면서 재판관인 "주장관"(Shire-Reeve)을 임명하였고, 이는 지금의 민선행정관(Sheriff)제도를 탄생시켰으며 법을 집행하는 임무를 수행하는 사람을 경관(Constables)이라 불렀다.[10)]

영국의 존왕(King John)으로부터 후기 노르만 영국이 시작되었으며, 존왕 때에 '대헌장'이 포고되었고, 1285년에는 윈체스트법령(웨스트미니스트 법령이라고도 함)이 공포되었다. 그 법령은 '규환제도'(Hue and Cry)로서 모든 사람은 자신의 행동뿐만 아니라 이웃의 행동에 대해서도 책임이 있다고 명시하고, 범죄가 발생하면 "고함소리"를 지르고 사람을 모아 그 지역에 침범한 범죄자를 추적하는 것이 시민 각자의 의무이며, 만일 범죄자를 체포하지 못하면 모든 사람에게 국왕으로부터 벌금이 부과되었다.

'규환제도'는 개인과 집단이 치안에 대한 공동책임으로 인식되어 건장한 모든 사람들은 범법자 검거에 참여해야 하는데, 이러한 의도는 현대사회의 "시민체포"의 발상으로 인식할 수 있다.[11)]

그 법령을 집행하는 조직된 기관은 실질적으로 존재하지 않았지만, 이러한 노

---

10) Robert J. Fischer & Gion Green, *Ibid.*, pp. 3~5.

11) Robert J. Fischer & Gion Green, *Op. cit.*

력은 제한적으로 성공을 거두었다. 사설 야간 감시와 순찰이 직접적인 폭행에 대한 유일한 보호수단이 되었다.

1524년 헨리 8세는 교황으로부터 영국교회의 독립을 선포하였고, 헨리 국왕의 법령을 선포하였다.

헨리 국왕의 법령(Legis Henri)은 원칙적으로 어떠한 범죄도 더 이상 개인에 대한 위법이 아니라 국왕의 평화에 대한 도전이라 명시하고 있다.

그 법령은 오늘날 중죄(Felony)와 경범죄(Misdemeanor)에 대한 법률적인 구분을 내린 점에 대해 큰 의의를 가지고 있다.

헨리 법령은 경찰이 공복으로서 더 이상 사립경찰로서의 활동을 하지 않는 중요한 의미를 지니게 되었으며, 국왕의 평화에 대한 의지를 침해하는 것은 곧 범법자로 간주되어 추방, 징역으로 처벌시킬 수 있는 위법행위로 규정짓게 되었다.[12)]

(3) 18세기 영국의 경비

18세기까지는 영국에서 지방자치의 경비와 그 이후의 200년 동안 도시사회의 재앙을 발생시키는 각종 문제들과 식별하는 것이 가능했다. 예를 들면, 1737년에는 개인 권리의 양상이 인증되었다. 처음으로 야간 감시의 대가 지급으로 세금 수입이 도입되었다. 공공의 경비목적으로 세금수입을 처음으로 도입한다는 것은 선례를 남기는 것이었으므로 이것은 굉장한 발전의 의미가 있었던 것이다. 8년 후, 의회는 경비문제를 연구하는 특별 협회를 인가하였으며, 그 연구는 민간 경비원의 여러 가지 형태를 제시하게 되었다.

1748년 Henry Fielding이 보우가(Bow Street)의 행정장관으로 임명되면서 타락한 보우가의 치안을 유지하기 위해 시민들 중에서 지원자를 선정하여 범죄예방 조직을 만들고 이들에게 봉사에 대한 보수를 지급하였으며, 보우가의 주자(The Bow Street Runner)로 그 명성이 알려지게 되었다.

12) Robert J. Fischer & Gion Green, *Op. cit.*

경비는 넓은 전원을 소유한 국왕이나 봉건 귀족의 지배를 받는 한편, 엄청난 변화에 크게 영향을 받는 분야가 되었다.

(4) 산업혁명의 영향

산업혁명은 18세기 후반기(1760~1860)에 활발한 산업화가 되기 시작했던 시민혁명이었다.

산업혁명에 의한 산업화와 함께 발생하는 절도, 폭력범죄 그리고 청소년 범죄가 그 시대에 범람하게 되었고, 장물아비의 활동, 위조화폐공장의 발생 등 범죄홍수에 대해서 지역 관구경찰의 활동으로는 속수무책이었다. 그러한 높은 범죄율에 대한 새로운 대응이 필연적으로 따를 수밖에 없었다.[13)]

(5) 영국의 현대적 공동체 경비

1822년 로버트 필 경(Sir Robert Peel)은 영국의 내무장관이 되었다. 그는 항상 강하고 연합된 전문적인 경찰을 증가시키는데 관심을 가지고 있었다.

이러한 관심은 일찍이 아일랜드의 장관시절부터 나타났는데, 그는 아일랜드 경찰을 조직했다.

내무장관으로서 필 경은 법안을 개정하는 형사법을 주도했으며 수도경찰을 재조직하게 되었고, 이를 "필러스"(Peelers) 혹은 더욱 일반적으로 "보비"(Bobbies)라 불리어졌다. 그는 각 공동체에 그들 자신의 경비를 위한 책임을 강조했고, 경찰의 노력도 그에 따라 분산시키고자 노력했다.

1835년 도시와 자치구의 경찰을 설립하는 경찰조례(Polis Act)나, 1839년 공동체 경찰을 창설하는 공동체경찰조례나 그 당시 통과된 다른 조례(Country Act)도 제정되었지만 적절한 경찰업무를 수행하지는 못했다.

사설 경호조직은 도적맞은 재산을 찾든가 개인과 사업체를 보호하는데 계속

---

13) Robert J. Fischer & Gion Green, *Ibid.*, pp. 7~8.

적으로 활용되었다. 그럼에도 불구하고 필 경의 철저한 개혁과 개정을 근거로 하여 수도경찰은 영국뿐만이 아니라 미국에서의 법집행기관의 기본이 되었던 것이다. 흔히 "경찰의 현대화는 '보비'(Bobby)와 함께 탄생했다"라고 말하기도 한다.[14)]

2.3.3. 미국의 경비(Security in the United States)

(1) 식민지 시대 초기의 경비

1492년 콜럼버스가 아메리카대륙을 발견하였고, 1775년 시작되어 1783년에 끝난 독립전쟁으로 미국은 영국의 식민지에서 벗어나게 되었다.

식민지 시대 초기의 미국의 경비 수행은 식민지개척자들이 영국식에 익숙해졌던 까닭으로 영국식의 경비 양상을 따르게 되었다. 신대륙에서의 상호 보호를 위한 수요는 전 세기와 매우 유사하게 빈번히 발생하게 되었다.

식민지인 버지니아와 조지아주에서는 주 경비 공무원으로 보안관(Sheriff)이 선출되었고, 뉴 잉글랜드에서는 치안관(Constable)이 임명되었다.

밤에는 방범감시원들이 거리를 순찰하기 위해 고용되었다. 18세기 중기의 전근무 경찰기관이 설립될 때까지 이들 방범감시원들은 보편화된 경비의 형태이었고 주요한 경비수단이었다.

이러한 방범감시원들은 잘 훈련도 받지 않았고 법적 권한도 없었으며 자원봉사를 제공하거나 약간의 대가만을 받았으며 크게 존경을 받지도 못했다.

(2) 민간경비의 발전(Development of Private Security)[15)]

1800년 초창기 미국은 영국 산업혁명의 영향을 받게 되었으며, 19세기 중엽 미국 California 서부개척시대에 금괴 수송을 위한 동서간 철도경비가 민간경비

---

14) Robert J. Fischer & Gion Green, *Op. cit.*,

15) Robert J. Fischer & Gion Green, *Ibid.*, pp. 8~12.

발달의 획기적인 계기가 되었다.

미국 남북전쟁(1861~1865)때는 위조지폐를 단속하기 위한 사설탐정기관이 발달하게 되었다. 야간 방범감시 순찰의 설립과는 별도로 1783년 뉴욕시에 경찰서가 설립되었고 비로소 공식적 공경비 기관의 시작을 보게 되었다.

뉴욕에서 영국의 로버트 필 경(Sir Robert Peel)의 경찰개혁 성공에 영향을 많이 받았으며, 1833년에 그의 이론을 채택하게 되었다. 그러나 경찰에서 시행되던 대부분의 방법이 19세기를 통틀어 매우 초보적이었다.

도시화 · 산업화된 사회에서 급속히 증가하는 범죄의 상승에 비하여 주경찰이나 연방경찰의 완만한 발전은 19세기 후반기의 전문적인 민간경비의 수요를 창출하게 되었던 것이다.

1850년대 스코틀랜드에서 온 경찰관이며 시카고 경찰의 최초의 형사인 알란 핑커톤(Allan Pinkerton)이 미국에서 가장 오래되고 가장 큰 민간경비회사의 하나가 된 핑커톤 사(Pinkerton)를 설립하였다. 핑커톤 사는 경비업무를 제공하였고, 사설흥신소로서 각종 철도의 범죄조사를 담당하였다. 2년 후의 Pinkerton Protection Patrol은 철도 야적장과 산업관계 지역을 위한 사설 방범감시 서비스를 제공하기 시작했다.

1850년 헨리 웰스와 윌리암 파고는 운송회사를 설립하였는데. 이것이 웰스파고회사(Wells Fargo and Company)로서 화물운송업무를 서부로 확장하였다. 화물운송은 위험한 사업이었으며 초기의 회사들은 회사 소속의 탐정과 소위 총잡이 기수(Shotgun Rider)라 알려진 경비요원을 보유했었다.

1859년 시카고에 있던 워싱턴 페리 브링크(Washington Perry Brink)는 화물과 포장물 운반서비스를 해주는 브링크스 회사(Brinks, Inc.)를 설립했다. 30년이 지난 1891년에 그는 방탄 장갑차를 이용한 현금운송과 심부름서비스의 시초인 급료운반 사업을 최초로 개시하였다.

1858년 Edwin Holms가 야간경비회사인 홈스 방범회사(Holms Protection Inc.)를 설립함으로써 최초의 중앙감시방식의 방범경보서비스 사업을 시작하였다. 홈즈는 아우구스투스 포프(Augustus Pope)가 설계한 방범경보시스템을 구매하여 운용했었다. 홈즈 다음으로 1874년 ADT(American District Telegraph)사가 설립되었다. 양 회사는 경보장치(Alarm System)를 설치하고 경보상태에서는 대처업무(Response Services)도 제공했으며 경보시스템 장비의 유지보수 업무를 제공하기도 했다.

1909년 베이커 산업(Baker Industry)이 화재감지기 및 화재경보장비(Fire Alarm Equipment)의 보급에 주도권을 쥐기 시작했다. 19세기말 사회주의, 무정부주의 영향으로 노동자들의 격렬한 스트라이크, 공장 파괴, 방화 등으로부터 회사 재산을 지키기 위한 민간경비의 수요가 경비산업의 발달을 촉진하게 되었다.

1914년에 시작하여 1918년에 끝난 제1차 세계대전의 직전까지 미국에서는 산업화, 도시화에 따른 산업시설보호, 스파이활동 방지 수요가 증가하여 용역경비나 흥신소의 발전을 가져왔다.

1939년 독일이 폴란드를 침공함으로써 발발한 제2차 세계대전은 1945년에 끝이 났는데, 제2차 세계대전 동안 미국에서 군사, 산업시설의 안전 보호와 군사물자, 장비 또는 기밀 등의 보호임무가 민간경비원에게 부여되었고, 전쟁이 끝난 후에는 민간경비의 비약적 발전을 가져왔다.

1955년에는 미국산업경비협회(ASIS : American Society for Industrial Security)가 발족하여 지금까지 경비산업발전에 크게 기여하고 있다.

1970년대 전자공학의 발전과 기술혁신에 따라 전자경비시스템(Electronic Security System : 기계경비시스템)이 발달하기 시작하였고, 미국 국민들의 전자경비에 관한 인식이 크게 변화하였다. 직종에 대한 독립과 전문화 추세로 오늘날 미국의 경비산업(Security Business)은 눈부신 발전을 가져오게 되었다.

(3) 미국의 범죄추이와 경비(Crime Trends and Security)

1950년대부터 1970년대 후반기까지 약 25년 동안 미국은 범죄 전염의 희생이 되어왔다. 미국 연방조사국, 미국 FBI의 보고서에 의하면 1981년까지 모든 형태의 범죄가 증가되었고, 1984년부터 1996년까지는 젊은이들의 의한 폭력범죄를

제외하고는 감쇄하는 경향을 보여 왔다.[16)]

1980년대에 National Institute of Justice와 계약을 맺고 Hallcrest Corp.사가 민간 경비 확장에 관한 연구를 하여 발표한 Hallcrest Report II는 경비산업의 매출증가를 매년 6%로 예측하였으며, Leading Edge Report로 보고된 각 분야별 시장규모는 〈표 2-2〉와 같다.[17)]

〈표 2-2〉 경비산업의 시장

(단위 : million of dollars)

	1987	1988	1989	1992	2000
Total security industry	15,982	17,646	19,795	28,750	91,090
Security services	11,143	12,315	13,831	19,960	61,300
Central station	5,260	6,049	7,200	11,600	45,100
Corporate and VIP protection	454	490	530	700	1,510
Guard and armored car	1,112	1,200	1,250	1,660	3,690
Security guard and investigation	4,317	4,576	4,851	6,000	11,000
Electronic security equipment sales	4,839	5,331	5,964	8,790	29,790
Automatic garage door operators	455	505	553	840	2,690
Bomb detectors	39	43	49	80	290
CCTV equipment	428	478	534	810	2,660
Computer security equipment	158	181	215	350	1,400
Electronic access control equipment	419	462	516	760	2,410
Electronic article surveillance	780	874	1,005	1,530	5,370
Electronic intrusion detection equipment	1,008	1,106	1,220	1,680	4,460
Electronic vehicle security system	368	442	530	1,070	7,150
Fire detection equipment	800	822	882	1,040	1,680
Metal detector	65	71	79	110	330
Telephone security equipment	243	263	285	370	840
X-ray devices	76	84	96	150	510

Source : Leading Edge Reports, "Security Products & Services," Cleveland Heights, Ohio, 1990.

16) Robert J. Fischer & Gion Green, *Ibid.*, pp. 12~13.

17) *Ibid.*, p. 18.

2.3.4. 일본의 경비(Security in the Japan)

(1) 일본 경비의 발전과정[18)]

일본의 민간경비 역사는 중세기부터 지방성주에 의하여 사적으로 경비를 실시한 기록이 있다. 석정진(石井進)의 「일본역사」 중세무사편을 살펴보면 11세기 말부터 12세기초에 에도(江戶 : 현 東京)의 막강한 성주는 자신의 세력을 유지하고 지방명주를 통제하기 위하여 명주들을 대심사(大審舍)로 편성하여 1개월에 10일씩 상경하여 숙직, 경위, 잡역의 봉사를 행하게 하였다고 기록되어 있다.

도쿠가와이에야스(德川家康, 1542~1616)시대에 '장병위'(長兵衛)라는 직업적 경비업자가 생겼으며, 도쿠가와이에야스 이후에는 호상들의 저택을 경비해 주고, 물품 및 귀중품을 운반해 주는 사경비가 있었다는 기록이 있다.

1945년 8월 15일 제2차 세계대전에서 패한 일본은 미국에 항복을 하였고, 그 후에 현대적 민간경비업체가 출현하였다. 1962년 일본경비보장주식회사가 발족하였는데, 이 회사가 지금의 일본에 근거를 두고 전 세계적으로 사업영역을 넓히고 있는 세콤주식회사(SECOM Co., Ltd.)의 전신이다. 1964년의 도쿄올림픽(Tokyo Olympic) 때에 경비업체의 활약이 컸고, 민간경비업체가 크게 발전하는 계기를 마련하였다. 1970년의 오사카 만국박람회가 개최되는 동안, 시설관리, 관람객 안전, 질서유지 등의 수요에 따라 민간경비가 양적으로나 질적으로 크게 성장하였다.[19)]

1970년대 전자공학의 발달, 기술혁신으로 구미(歐美)에 전자경비시스템(Electronic Security System)이 발달하기 시작함에 따라 일본도 구미의 시스템을 도입하여 기계경비시스템(機械警備시스템)이라 이름을 정하고 이를 보급하는 서비스업의 발전을 가져오게 되었다.

일본 SECOM사는 1980년도에 대만에 진출하였고, 1980년 11월에는 SECOM사

---

18) 深澤賢治, 警備保障의 모든 것(東京 : 東洋經濟新報社, 1988(昭和 63)), pp. 68~70.

19) "日本 萬國博覽會의 開催에 따른 警察措置에 대하여", 警察硏究, 1970, p. 146.

가 한국의 삼성그룹과 합작하여 한국안전시스템 주식회사(현 주식회사 에스원)를 설립함으로써 한국에 진출하였으며, 그 이후 세계 여러 국가로 합작 또는 기업합병을 통한 진출을 하고 있다.

(2) 일본 경비업의 현황

1970년대부터 1990년대까지 일본의 인경비와 기계경비를 포함한 업체수와 종업원 수는 〈표 2-3〉과 같고, 기계경비업계의 현황은 〈표 2-4〉와 같다.

〈표 2-3〉 일본 경비업의 현황

연도별	업체수	종업원수	비 고
1972	775	42,000명	
1985	4,009	170,000명	
1988	4,896	219,000명	8,703억엔
1995	8,154	358,000명	1조5천억엔

Source : 일본 방범, 방재신문, 1998. 6. 15.

〈표 2-4〉 일본의 기계경비업 현황

연도별	업체수	경비대상수	비 고
1986	638	373,800개소	
1987	679	416,300개소	11% 증가
1988	2,184	453,800개소	9% 증가
2010	17,778	1,900,000개소	9% 증가

Source : 일본 경찰청보안부 방범기획과(현, 생활안전국), 黑目一郞, "경비업의 현상과 문제 등에 대하여", SECURITY TIME, 1989년 7월호.

일본의 민간경비는 한국에 영향을 크게 끼친 바 있으며, 일본의 민간경비의 법적 지위가 한국에서도 참고될 수 있다. 〈표 2-5〉는 일본 민간경비의 법적지위와 경찰의 지위와 비교한 비교표이다.[20]

20) 李潤根, 前揭論文, p. 40.

〈표 2-5〉 일본의 경찰과 민간경비의 법적지위 비교표

	경 찰	민간경비
이 념	공공적 이익 추구	개인적 이익 추구 민간인이 할 수 있는 범위 내
권 한	심문, 보호, 피난조처, 수색, 무기사용, 범죄예방 및 제지	일반시민이 활동할 수 있는 범위
장 비	특별한 Style, Design 복장, 무기소지	경찰과 유사한 복장을 하지 않음 호신장구 소지에 관한 금지, 제한
체 제	부대에 의한 행동이 가능	1대1의 대응범위로 한정
능 력	엄격한 선발기준과 고도의 훈련 (1년 또는 2년)	부적격자 배제 정도 단기간 교육훈련
활동수준	사법적 처리	정당방위, 긴급피난, 현행범 체포 고객 권리의 합법적인 행사 범위
활동영역	광역, 공공영역, 중요지점 (예 : 은행, 중요 인물, 쟁의, 테러, 교통 규제, 지진, 재해)	일정한 사적 영역 (예 : 가옥, 점포, 사무실, 빌딩, 공장, 행사장, 현금수송 등)
기계경비 (System)	행정구 단위	기지국 단위, 전화지역번호 단위

(3) 일본 경비산업의 추이

일본은 고도정보화사회를 맞이하여 사회 각 분야에 있어 정보시스템에 대한 의존도가 점점 커지고 있으며, 이에 따라 에러, 사고, 범죄의 발생에 의한 영향의 범위도 비약적으로 커지고 있다. 그 결과 새로운 경비(Security)를 상품화할 뿐만 아니라 각종 제어도 정보시스템 자체에 의하여 행해지게 되었다.

정보화 및 네트워크의 확대에서 에러, 사고, 범죄 등을 취급하는 범위가 점점 더 커지고 있다. 향후 정보의 보호, 경비대책, 최저한의 처리규정 등 기본 이념을 다음과 같이 명확히 할 것이 필요하다.

① 경비산업(Security Business)의 기본이념의 확립

정보시스템의 목적, 정보의 성격, 규모, 사용자수 등을 감안하여 경비대책에도 만전을 기할 필요가 있다. 사회 전체를 울타리로 해서, 사회와의 융합을 중요시하게 된다.

② 정보화 행동규범의 확립

기업에 있어서 정보공해의 발생과 그 영향을 미연에 방지하는 것이 필요하게 된다.

③ 경비관련 교육의 진흥

현재 부족하게 되어 있는 경비(Security)교육이나 시스템 감시교육에 관한 검토가 빠른 시기에 검토되어야 한다.

④ 정보관리, 기밀보호의 철저

정보화사회에 있어서는 정보가 사람을 손상시키는 것을 고려하여 충분한 대책이 필요하다.

⑤ 경비(Security)대책 책임자의 설치

시스템의 설치자는 인력을 포함하는 종합경비대책(Total Security)을 확립할 필요가 있다.

⑥ 코디(Coordinator)직의 설치

항상 정보시스템을 감시하고, 경비상 또는 사회적 측면과의 조정 등의 문제를 다면적으로 해결할 담당자를 둘 필요가 있다.

⑦ 시스템 감사의 실시

정보시스템의 취약성을 발견하고 제거하기 위하여서는 시스템 감사의 실시가 불가결하다.

⑧ 다국간(多國間)에 의한 조정

오늘날 정보유통에 있어서는 이미 국경이 없다. 따라서 에러, 사고, 범죄 프라이버시(Privacy) 침해 등의 대책에 있어서는 관계 각국이 각각 같은 수준의 대책을 세울 필요가 있다.

〈표 2-6〉 일본 2010년의 시큐리티산업 예측

(단위 : 억(億)엔)

구 분	1987년	2010년	배 율	비 고
1. Access Control System	150	2,450	16.5	식별방식
2. 방범, 방재	1,790	21,000	12.0	자동화재통보설비, 소화설비, 방범기기
3. 비상용 전원설비	700	8,700	12.5	발전기, Battery, CVCF, AVR
4. 감 시	1,000	16,400	16.5	CCTV, 방재 Camera, EAS
5. 보관설비	65	1,000	15.5	정보의 보관
6. 암 호	5	4,500	900	암호장치
7. Security Software	700	14,100	20	Resource, ACS용 Software
8. Back-Up Service	10	2,400	240	대형, 중형 User
9. Facility Management Service	3,447	19,000	5.5	System운용 위탁, 설비관리, 운용 및 보수
10. 교 육	5	300	60	Security교육, System감사 교육
11. Consulting	30	1,000	33.3	Security Consulting, System감사 Consulting
12. 기계경비	2,184	17,800	8	Security Alarm System
13. 보 험	567	3,800	6.5	Computer관련 화재보험, 동산종합보험, 정보화보험
14. Computer 전용빌딩	130	2,200	17	임대사업
15. 공사 시공 및 Maintenance	8,100	75,500	9	각종 시설의 건설공사에 있어서 전용 Security 대책 공사
합 계	18,883	190,150	10	

자료 : 시큐리티産業硏究委員會, "21世紀에로 飛躍하는 시큐리티 産業", (東京 : 日本情報處理開發協會, 1987)

향후 경비는 정보화사회의 기본적 요건의 하나가 될 것이라는 점에 대하여서는 아무런 이론이 없다. 앞으로 정보화사회의 건전화, 안정화를 위하여 명백한 경비산업의 중요성이 인식이 되어야 하며, 이에 따른 발전이 따를 것이다.

일본 경비산업의 전망은 현대산업사회가 직면하고 있는 범죄의 증가, 각종 재해 그리고 사회기능의 전문화, 다양화, 고령화, 정보화 그리고 신용화 등과 같은 도시구성기반의 격심한 변화 때문에 경비수요의 증가와 더불어 매우 밝을 것으로 내다보고 있다. 따라서 일본의 경비산업은 국민들의 안전보장에 대한 욕구와 사회변동에 따른 경비수요를 충족시켜 주기 위하여 부단한 노력을 경주하여야 한다고 각종 자료들은 밝히고 있다.[21)]

일본의 경비산업, 통신산업 및 전자기기 관련 업체의 전문가들이 모여 일본의 2010년경 경비산업의 방향과 시장규모를 예측하여 보고서를 발표한 바가 있다. <표 2-6>은 시큐리티 산업연구위원회가 발표한 "21세기에로 비약하는 시큐리티 산업"에 게재된 자료이다.

자료는 주로 기계경비산업의 전망에 관하여 보고하고 있으며, 일본의 기계경비산업의 분야가 어떻게 구분되고 있는지를 나타내고 있다.

방범경보시스템(Security Alarm System), 출입통제시스템(Access Control System), 감시시스템(화상감시시스템 : CCTV System) 상품도난감시시스템(Electronic Article Surveillance System)과 시스템 관련 각종 서비스로 대별할 수가 있다.

2.3.5. 한국 경비산업의 발전과정

한국 민간경비의 역사적 발전과정은 전통적 의미의 민간경비제도와 1960년 이후 상업적 성격을 지닌 현대적 의미의 민간경비로 구분할 수 있다.

(1) 전통적 의미의 민간경비[22)]

우리 조상들이 실시해 왔던 경비형태를 살펴보면, 고조선시대나 고구려, 백제 및 신라의 삼국시대는 부족이나 촌락 또는 지역사회 전체가 공동운명체적 성격을 띠고 외침으로부터 자신을 보호하기 위한 역할을 하였다.

고려시대나 조선시대는 지방의 호족이나 중앙의 세도가들이 자신의 권력유지나 재산보호를 위하여 무인들을 고용하여 사병화하였다.

조선시대 이후 현대적 의미의 민간경비제도가 발생하기 전까지 주로 권력가

21) 李潤根, 前揭論文, p. 48.

22) 李潤根, 前揭論文, p. 49.

나 사업가들이 장정들을 고용하여 주택이나 기타 시설물에 대한 경비나 자신들에 대한 경호업무를 시켜왔다.

(2) 현대적 의미의 민간경비제도[23)]

현대적 의미의 민간경비제도는 1960년대 이후부터 민간경비 경영자가 경비활동을 상품으로 하여 경비수요자들에게 영리적 목적으로 전문적인 경비서비스를 제공한 제도로서 중요한 역사적 발전과정을 살펴보면 다음과 같다.

① 한국최초의 민간경비 실시

현대적 의미의 한국 민간경비제도의 효시라 할 수 있는 것은 1960년대에, 영화기업, 경원기업 2개의 민간경비업체가 '군납에 관한 법률'에 근거를 두고 미8군부대 용역경비를 실시하면서부터라고 볼 수가 있다.

순수한 한국 고객에게 제공한 민간차원의 민간경비는 (합자)범아실업공사가 1958년부터 부산 부두하역장 화물에 대한 수화물 검수를 하여 오다가, 1962년 한국석유저장주식회사와 용역경비계약을 체결하면서부터 시작되었다고 볼 수가 있다.

② 청원경찰제도의 실시

제3공화국의 출범이후 경제개발의 급속한 발달로 한정된 경찰인력으로는 산업시설의 경비활동을 감당할 수 없어 청원경찰법이 1973년 12월 31일에 제정되어 국가기관, 국영기업체, 언론사, 방송사, 항공사, 은행 그리고 방위산업체와 같은 중요 시설물에 대하여 청원경찰로 하여금 경찰업무를 대신케 하였는데, 이는 외국에서는 그 유래를 찾아 볼 수 없는 특이한 민간경비의 일종이었다.

---

23) 李潤根, 前揭論文, pp. 50~54.

③ **경비업법 제정**

한국에서도 오랜 노력 끝에 1976년 12월 31일 「경비업법」이 제정되었으며, 이후부터 경비업법에 의한 용역경비가 실시되게 되었다.

④ **한국용역경비협회(현 한국경비협회) 설립**

민간경비업체의 건전한 육성과 발전을 위하여 1978년 9월 21일 내무부장관의 승인으로 사단법인 한국용역경비협회가 설립되어 민간경비 관련업무를 수행하고 있다.

⑤ **외국 민간경비업체의 한국진출**[24)]

1980년대에 접어들면서 사회 각 분야에서 눈부신 경제발전을 거듭하면서 다양한 형태의 경비서비스를 요구하게 되었고, 지금까지 실시하여 오는 인력경비 형태로는 늘어나는 경비수요를 효과적으로 감당하기에는 힘들게 되었다. 1970년대 후반부터 기계경비 개발에 박차를 가하게 되었고 기계경비 기술의 한계를 느낀 일부 업체에서는 미국이나 일본 등지로부터 기계경비업무용기기를 구입하거나 종합적인 경비시스템(Total Security System)을 도입하기에 이르렀다. 그 예로 한국 최대의 기계경비회사인 삼성계열의 한국안전시스템(주)(현 주식회사 에스원)이 1980년 11월 12일 일본 세콤주식회사(SECOM Co., Ltd.)와 합작하면서 외국 경비기술의 국내 이전이 가능하게 되었고,[25)] 1981년에 한국종합기계경비(주)(현 SOK)는 일본종합경비보장회사와, 1984년 한국보안공사(현 CAPS)는 미국 ADEMCO와 기술제휴하여 기계경비 기술분야에 많은 발전을 가져왔다.

---

24) 李潤根, 前揭論文, p. 54.

25) 주식회사 에스원, 에스원 이십년사(서울 : 2001), p. 135.

2.4. 한국 기계경비업의 현황 (Status of Electronic Security Business in Korea)

2.4.1. 한국 기계경비업의 실태

한국 민간경비업은 외국의 기계경비기술이 도입된 이후 안전에 대한 국민들의 인식변화와 수요가 증대하면서 순조롭게 발전을 거듭하여 왔다. 민간경비가 공경비와 또는 청원경찰과는 어떻게 비교되며, 민간경비업체수와 종업원수의 증가는 어떻게 되어 있는가를 살펴보면 다음과 같다.

① 한국 공경비와 청원경찰과 민간경비의 제반 비교

용역경비의 기본적 지위는 사인적 지위에 불과하며 경찰, 청원경찰의 각 기능과 역할에 대하여 비교해 보면 〈표 2-7〉과 같다.

② 민간경비업체수와 종업원 수의 실태

민간경비업체수는 〈표 2-8〉과 같이 급속히 증가했으며, 경비업법 시행 첫해인 1976년에 불과 9개의 민간경비업체가 매년 20%이상 성장을 거듭하여 1990년에는 252개 업체로 시행당시에 비하면 무려 28배나 증가하였다.

③ 기계경비산업 및 장비실태

경찰력의 한계 그리고 시민들의 자위적 방범의식이 점차 확산되면서 기계경비에 대한 보급률이 매년 커다란 신장을 보여 왔다. 한국의 방범, 방재, 방화기기의 기술수준과 시장은 꾸준한 성장을 거듭하였는데, 방범장비로서는 각종 감지기(Sensor), 각종 제어기(Control Panel), 방범경보시스템(무인기계경비시스템), 비상경보기, 출입통제시스템 그리고 감시용 폐쇄회로 TV 및 카메라 등을 자체적으로 생산할 수 있는 단계에 이르렀고, 외곽침입감지 시스템(외곽 경비시스템), 상품도난감시시스템 및 금속탐지기 등이 수입 또는 자체 생산되어 사용되고 있다.

〈표 2-7〉 한국 경찰, 청원경찰, 용역경비의 제반 비교표[26]

	경 찰	청원경찰	민간경비(사경비)
이 념	공공적 이익 우선 국민의 생명, 재산 보호	준 공공적 이익 기관장 및 시설주 요구 범위내	개인적 이익 도급계약자 요구 범위
직 무 (권 한)	사회공공 질서유지, 경찰직무집행법 범위 1) 범죄예방, 수사, 범인 체포 2) 요인 경호 3) 정보수집, 분석, 배포 4) 교통단속, 위해방지 5) 공공안녕, 질서유지	근무하는 경비구역내에서만 경찰관직무집행법에 의한 직무수행	특별권한 없음. 직무수행시는 사인으로 적용됨 1) 정당방위(형법 제21조) 2) 긴급피난(형법 제22조) 3) 자구행위(형법 제23조) 가 적용됨
교 육	경찰간부 1년 경찰비간부 3개월	경찰교육기관에서 2주간 실무교육	경비협회에서 10일간 68시간 교육
신 분	국가공무원 연령, 계급에 따라 정년	민간인	민간인
복장, 장비	행정자치부령 규정	청원경찰법 규정	용역경비업법 규정
직무범위	광역, 공공영역 중요지점 설정 활동	지정된 공공영역 시설주가 요구한 시설물 및 지역	일정한 사적 영역 운송 및 혼잡경비도 가능
무기휴대	무기휴대 가능	근무지역에서만 무기휴대 가능	무기휴대 불가
손해배상	국가책임 (국가배상법)	시설주 책임 (원칙적 민사책임)	용역경비업자 책임

〈표 2-8〉 한국 민간경비업체 및 민간경비종업원수의 증가 현황

연 도	경비업체수	경비원수	연 도	경비업체수	경비원수
1978	10	4,991	1992	408	34,541
1980	16	5,632	1994	682	37,607
1982	27	6,396	1996	1,020	43,611
1984	44	8,631	1998	1,274	70,268
1986	78	12,625	2000	1,838	81,819
1988	136	19,456	2002	2,051	107,963
1990	252	25,559	2004	2,588	110,231

26) 李潤根, 前揭論文, p. 63.

방재, 방화 장비로서는 가스경보기, 화재감지기, 화재경보기 그리고 각종 소방기구 및 소화기 등에 이르기까지 다양한 장비들이 수입 또는 자체 생산되고 있는 실정이다.

2.4.2. 기계경비업의 제조산업

(1) 기기 및 장치(Security Equipment) 제조, 공급업

방범, 방재 및 방화에 필요한 각종 기기 및 장비를 개발, 제조하여 공급하는 산업으로서의 보기를 〈표 2-9a〉에서 표시하고 있다.

〈표 2-9a〉 기계경비업의 분류

	분 류	기기, 장치, 기능
시스템	1. 기계경비시스템	방범 경보시스템(Security Alarm System)
		화재 경보시스템(Fire Alarm System)
		CD/ATM코너(Auto Bank) 관리시스템
		출입통제시스템(Access Control System)
		폐쇄회로텔레비전시스템(CCTV System)
		외곽침입감지시스템(Perimeter Intrusion Detection System)
		홈 시큐리티 시스템(Home Security System)
		빌딩관리시스템(BMS : Building Management System)
기기·장치	2. 전자경비 기기, 장치	주제어기
		전원공급기
		방범 감지기
		방범신호 수신장치
	3. 방재, 방화 기기	화재(감지기, 수신기, 속보기)
		지진(감지기, 수신기, 속보기)
		소화기
		피난기구
		비상조명

	분 류	기기, 장치, 기능
기기·장치	4. Access Control기기	식별기, 판별기
		개폐기(전기정)
		검색기
	5. 화상감시 기기	CCTV Camera
		영상제어장치
		Monitor, VCR, DVR
	6. 비상용 전원설비	CVCF : Constant Voltage Constant Frequency
	7. 보관설비	특수 금고
	8. 통신회선	회선 부정접속 방지장치
		회선 Analyzer
		Network 관리장치
		비상용 이동통신 장치
	9. 암호장치	암호장치
		암호 Software
	10. Security용 S/W	Security Software
		Access Control Software

〈표 2-9b〉 기계경비업의 서비스산업

	분 류	서비스 종류
서비스	11. 기계경비업무	관제업무
		대처업무
		보수유지, 고충처리 업무
	12. Back-up Service	Center Back-up
		정보 보관
	13. 교 육	교육, 훈련
	14. Consulting	Security
		System 검사
	15. 공사 및 보수유지	방범, 방재 공사 시공 및 Maintenance

(2) 기계경비시스템(Security System) 관련산업

기기 및 장치를 활용하거나 독자적으로 개발한 기술을 응용하여 시스템을 설계하여 구성하고 이를 설치하며 서비스에 적용하는 산업으로서 〈표 2-9a, b〉에 세부적인 종류가 표시되었다.

2.4.3. 기계경비업의 서비스산업

방범경보시스템을 운영하여 경비대상시설의 도난, 화재의 예방을 위한 업무를 제공하는 것을 포함하여 기계경비업무와 관련되는 또는 기계경비업무에서 파생되는 각종 용역을 제공하는 산업을 〈표 2-9b〉와 같이 분류할 수 있으며 이는 크게 발전하고 있다.

한국에서는 기계경비업무를 경비업법 시행령 및 경비업법 시행규칙에서 규정하고 있다.

2.4.4. 기계경비 산업의 전망

한국의 기계경비 산업은 정보화 및 네트워크의 확대에서 에러, 사고 및 범죄 등의 종류가 많아지고 범위가 커지고 있으며, 한편으로는 한국의 정보기술(IT)을 포함한 각 분야의 기술도 발전하고 있는 영향을 받게 된다.

제조산업의 경우는 방범경보시스템의 취약성을 보강하는 기기의 개발과 한국적 환경에 강한 감지기 등을 개발하여 해외 시장에 진출하는 전망이 보이고 있다. 정보기술(IT)과 영상처리 기술의 발전에 따라 디지털 녹화장치와 네트워크 카메라 등의 관련분야 제조기술은 세계적으로도 뒤지지 않고 있어 이 분야의 국제적 경쟁력도 커질 전망이다.

서비스산업의 경우는 방범경보시스템(Security Alarm System)의 보급을 통하여 구축된 통신망, 정보화 및 네트워크를 기초로 하여 인간의 사회적 욕구를 충족시키는 서비스를 제공하는 분야로 영역을 확장해 나가고 있다. 국가 경영, 기업 활동이나 가정생활에 필요 불가결한 서비스가 제공될 수 있고, 관련 시스템이 개발되어 높은 성장률을 기대하는 견해도 있다.

2.5. 문제

2-1. 인간의 기본적 욕구는 무엇이며 인격적 욕구는 무엇인가?
2-2. 안전산업은 인간의 어떤 욕구를 만족시키는 것과 관련된 산업인가?
2-3. 안전산업으로서 앞으로 전망되는 산업은 어떤 것이 있는가?
2-4. 경비란 무엇인가?
2-5. 공경비(Public Law Enforcement)란 무엇이며 민간경비(Private Security)란 무엇인가?
2-6. 공경비와 민간경비의 역할 및 기능은 어떤 차이가 있으며, 궁극적인 목적은 어떻게 다른가?
2-7. 민간경비의 역사적 배경에 따른 필요성은 영미법계와 대륙법계는 어떻게 다른가?
2-8. 사회변동과 경제발전에 따른 민간경비의 필요성을 설명하라.
2-9. 고대 국가차원의 공경비 개념이 대두된 시기는 언제인가?
2-10. 최초의 국가경찰의 발달은 언제부터 시작했는가?
2-11. 최초의 비무장 수도경찰인 자경단원은 언제 있었는가?
2-12. 민간경비산업은 어느 나라를 중심으로 시작되었는가?
2-13. 영국의 규환제도(Cue and Cry)란 무엇이며 어떤 의미가 있는가?
2-14. 영국 보우가의 주자(The Bow Street Runner)란 무엇이며 어떤 의미가 있는가?

2-15. 영국에서 산업화와 함께 발생하는 범죄홍수에 대처하는 민간경비와 공경비가 발달하기 시작한 것은 언제인가?
2-16. 영국에서 현대적 공동체경비로 발전하는데 기여한 사람은 누구인가?
2-17. 미국의 경비산업은 어제부터 발달하기 시작했는가?
2-18. 미국에서 민간경비의 발달에 획기적인 계기가 된 것은 무엇인가?
2-19. 미국에서 기계경비가 발달하기 시작한 것은 언제부터인가?
2-20. 제1차 세계대전이 미국 경비산업에 어떤 영향을 끼쳤는가?
2-21. 제2차 세계대전이 미국 경비산업에 어떤 영향을 끼쳤는가?
2-22. 미국의 전문경비협회는 어떤 것들이 있는가?
2-23. 일본에서 최초로 직업적인 경비업자가 생긴 것은 언제 무엇인가?
2-24. 일본에서 경비산업의 성장에 크게 기여한 큰 행사는 언제, 무엇인가?
2-25. 일본은 기계경비 기술을 언제 어디에서 도입했는가?
2-26. 일본의 경비산업(Security Business)분야는 어떤 것들이 있는가?
2-27. 한국의 용역경비는 언제 어디에 제공되기 시작했는가?
2-28. 한국의 청원경찰제도는 언제 신설되었는가?
2-29. 한국의 「경비업법」은 언제 제정되었는가?
2-30. 한국의 기계경비에 관련된 기술은 언제 어디에서 도입되었는가?
2-31. 한국의 「경비업법」에서 정의하는 경비업은 어떤 것들이 있는가?
2-32. 기계경비시스템 중 방범경보시스템 이외에 어떤 시스템이 있는가?

제3장

방범경보시스템
(Security Alarm System)

제3장 방범경보시스템 (Security Alarm System)

3.1. 방범경보시스템의 개요와 기본기능 (Functions of Security Alarm System)

방범경보시스템은 경비업의 경비대상시설의 이상 유무를 경비대상시설 이외의 장소에 설치한 관제시설에서 원격으로 감시하고 필요할 때 경비업자의 근무자(대처요원)가 현상으로 파션뇌어 계약된 업무 혹은 필요한 업무를 수행하고, 사후에 필요한 사항을 기록 유지함으로써 고객에게 안심감, 만족감 및 편이감을 제공하는 시스템이며 이러한 업무를 기계경비업무라고 한다.

이러한 방범경보시스템은 기본적인 기능을 갖추어야 방범경보시스템의 역할을 할 수가 있으며, 기능의 크고 작은 것은 있을 수 있으나, 4가지 기능 중에 어느 한 기능이라도 없으면 완전한 역할을 수행할 수 없다.

4가지 기본기능은 지연기능(Delay function), 감지기능(Detection function), 감시기능(Monitoring function) 그리고 대처기능(Response function)이고,[1] 다음의 [그림 3-1]과 같이 구성된다.

1) John Sanger, *BASIC ALARM ELECTRONICS*, (Boston MA : Butterworth-Heinemann Publishers, 1987).

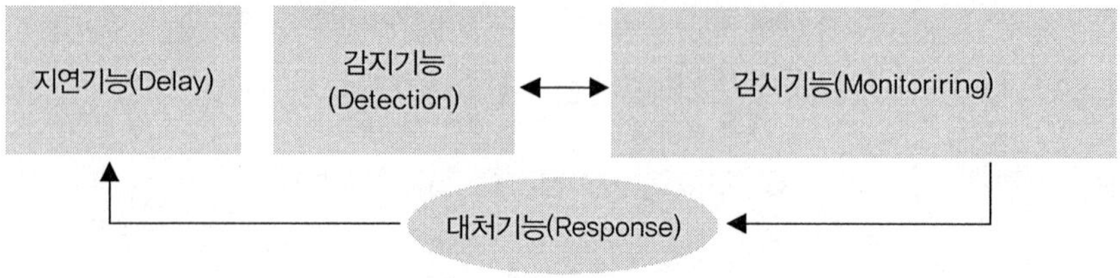

[그림 3-1] 경보시스템의 기본기능

① **지연기능(Delay function)**

지연기능은 보호대상시설 혹은 관리대상시설에 허가되지 않은 자의 불법적인 침입을 어렵게 하거나 지연시키기 위하여 담장, 철망, 셔터, 대문, 출입문, 벽, 창살, 창문 혹은 금고 등에 물리적인 저지가 있게 함으로써 서비스를 제공할 수 있는 시간을 확보하게 한다. 또한 지연기능이 있기 때문에 감지할 수 있는 감지기의 설치가 가능하다.

② **감지기능(Detection function)**

감지기능은 감지기로 침입(Intrusion), 비상통보(Panic & Hold Up), 화재이상, 설비이상 혹은 건강이상의 상황을 감지하여 전기 혹은 전자적으로 출력하는 것이며 출력되는 신호를 처리하여 경보를 발하거나, 신호를 전송하는 기능을 포함하기도 한다.

③ **감시기능(Monitoring function)**

감시기능은 현장감시소(Security Center) 혹은 원격감시소(중앙관제소Central Monitoring Station 혹은 관제시설)에서 경비대상시설 혹은 관리대상물의 이상 상황을 영상, 음성, 표시등 혹은 문자로 감시하며, 지령할 수 있는 정보를 얻는 기능을 말한다.

④ **대처기능(Response function)**

대처기능은 대응이라고도 하며 대처지시에 따라 기계경비업자가 경비대상시설 혹은 관리대상시설의 이상 발생구역(Area) 혹은 영역(Zone)의 현장에 출동하여 계약상대방과 약속된 업무, 즉 인명을 보호하고 재산의 도난, 화재 등 위험발생을 방지하는 업무를 수행하는 기능이다.

3.2. 방범경보시스템의 구성 (Security Alarm System Configuration)

경비대상시설에 감지기, 통보기, 전원공급기, 주제어기 및 주변기기를 설치하고 경비대상시설 이외의 장소에 설치한 관제시설(중앙관제소 Central Monitoring Station) 혹은 관제센터와 통신채널로 시스템을 구성하고, 관제센터에서 24시간 경비대상시설의 각종 이상정보를 감시하며 이상정보가 접수될 경우 기계경비업자의 근무자인 대처요원을 대상시설에 급파하고, 필요에 따라 경찰기관, 소방기관, 의료기관 또는 설비관리회사에 통보하여 경비대상시설의 사건, 사고의 확대를 방지하도록 시스템을 구축한다. 그 구성을 도표로 표시하면 [그림 3-2]와 같다.

감지기(Sensor)는 각종 방범감지기, 화재감지기, 가스누출감지기, 설비이상감지기 등이 사용되고 있으며, 통보기로는 비상통보기(Panic Button Switches)와 구급통보기(Medical Alarm Switches) 등이 사용된다.

주장치로는 주제어기(Main Control Panel), 부제어기(Sub-control Panel), 영역확장기(Zone Expander), 구분표시기(Pointer) 및 전원공급기(Power Supply) 등이 있다.

주장치의 주변기기(Peripherals)로는 입·출조작기(Keypad, Card Reader), 프린터(Local Printer), 경보원격확인장치(Alarm Verification Unit), 경보등(Strobe Light), 경보기(Annunciator : Buzzer, Bell, Siren) 및 피뢰기(Arrester) 등이 있다.

통신채널(Communication Channel)은 경비대상시설의 각종 정보의 신호를 감시하는 관제시설까지 전송하는 채널로서 전용회선(Leased Direct Line), 공중교환망 전화회선(PSTN : Public Switching Telephone Network), 이동전화망(Cellular Phone Network), 전화보안시스템(TSS : Telephone Security System), 무선데이터통신 채널

(Radio Frequency Data Communication Network) 및 인터넷망 등이 사용되고 있다.

관제신호 수신장치(Security Data Receiver)로는 각 통신채널의 종류에 따라 다른 장치가 사용되며, 전용회선 데이터 수신장치, 공중교환 전화회선 데이터 수신장치 혹은 무선 데이터통신 수신장치 등이 있다.

지령을 위한 통신시스템(Security Communication System) 으로는 자가무선통신망(Private Radio Communication Network), PSTN, 이동통신전화망(Cellular Phone Network) 그리고 주파수공용무선망(TRS : Trunked Radio System) 등이 사용되고 있다.

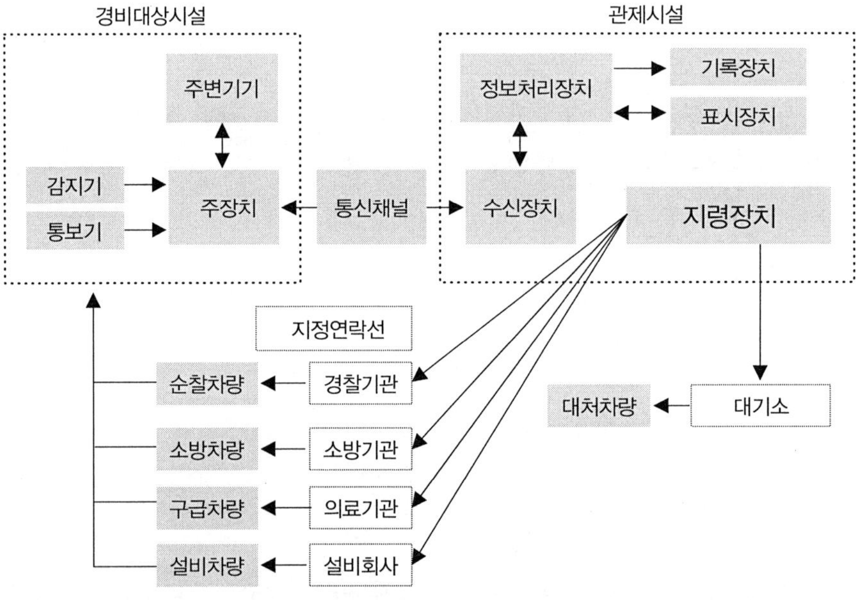

[그림 3-2] 방범경보시스템의 구성

3.3. 방범경보시스템 용어

방범경보시스템을 기계경비업자에 따라 도난경보시스템, 침입감지시스템 또는 무인기계경비시스템이라고 부르기도 한다. 또한 업자마다 방범경보시스템에 관련된 용어가 각각 상이하게 사용되고 있다. 방법경보시스템 그리고 기계경비 업무와 연관되어 많이 사용되는 용어를 회사마다 다르게 사용되는 용어를 포함하여 영어표현과 함께 다음과 같이 정리해 둔다.

(1) 경비대상시설

기계경비업무를 제공하기 위하여 기계경비업자와 계약상대방 간에 기계경비업에 관한 계약을 체결하고 도난과 화재의 위험발생을 예방하고자 하는 대상물을 경비대상시설이라 한다.

(2) 세트모드(경계, Arming, Close)

경비대상시설의 제어기가 연결된 감지기가 감지하면 이상으로 처리하여 관제시설로 신호를 전송하게 하는 상태를 세트모드라 하며, 세트모드상태로 변환되게 하는 조작을 세트조작이라 한다. 세트조작은 키패드, 카드, 무선조작기 등으로 한다.

(3) 세트실수(경계실수, Arming mistake)

방범경보시스템의 제어기를 세트모드로 조작할 때 시스템을 구성하는 각 기기가 완전한 세트상태로 된 것을 확인하지 않고 조작하여 이상신호를 전송하는 것을 세트실수라 한다.

(4) 해제모드(Disarming, Open)

방범경보시스템의 제어기가 연결된 방범감지기가 감지하더라도 이상으로 처리하지 않는 상태를 해제모드라 한다.

(5) 해제실수(Disarming mistake)

제어기를 해제모드로 조작하지 않았는데 이를 확인하지 않고 행동하여 이상상태를 관제시설에 신호를 전송하는 것을 해제실수라 한다.

(6) 순회모드(Patrol Mode)

경비대상시설에 경보가 발생하면 대처요원이 현장에 출동하여 제어기 혹은 조작기에 대처요원이 지참한 카드 혹은 기타의 조작방법으로 조작하여 대처요원이 경비대상시설에 도착하였다는 신호를 전송하는 상태를 순회모드라 한다.

(7) 경보(이상, Alarm)

감지기가 감지하거나 통보기의 조작 혹은 시스템이 비정상적인 작동을 할 경우 주제어기가 관제수신기로 신호를 전송하는 상태를 이상이라 한다.

이상의 종류로는 침입이상, 화재이상, 비상통보이상, 구급이상, 설비이상, 가스누출이상 및 기기이상 등이 있다.

(8) 장애(Trouble)

방범경보시스템을 구성하는 기기, 장치 또는 통신채널이 정상적인 작동을 하지 못하는 상태를 장애라 한다.

(9) 오경보(False Alarm, Nuisance Alarm)

범죄자의 침입에 의한 것이 아니고 감지기의 작동으로 이상신호를 전송하는 경우를 오경보라 한다.

(10) 무감지(Unsensing)

범죄자가 침입을 해도 감지하지 못하거나 설비가 비정상인데도 신호를 전송하지 못하는 경우를 무감지라 한다.

(11) 탬퍼(Tamper)

경비대상물시설에 설치한 방범경보시스템의 기기 자체에 고의적으로 방해 혹은 기능을 마비시키는 것을 템퍼라 하고 제어기 뚜껑, 영역확장기 및 감지기의 뚜껑을 열 때 템퍼 이상으로 감지한다.

(12) 종단저항(EOLR : End Of Line Resistor)

방범경보시스템 제어기 혹은 영역확장기의 영역(Zone)감시회로에서 맨 끝부분에 연결하는 저항기로서 감시회로상의 감지기가 정상일 때 감시측에서 측정하면 정해진 저항값이 되도록 하는 저항기이다. 감지기가 이상일 때는 감시측에서 측정하는 저항값이 단락상태가 되는 경우와 개방상태가 되는 경우가 있다. 이를 단락(Short) 감지 및 개방(Open) 감지라 한다. 저항값은 기계경비업자마다 각각 다르게 사용한다.

(13) 구역(Area)

경비대상시설에 있어서 동시에 세트/해제하는 경비범위를 구역(Area)이라 한다. 두 개 이상의 제어기로 각각 다르게 세트/해제를 한다면 그 경비대상시설은 두 개 이상의 구역으로 되어 있다고 한다.

(14) 영역(Zone, Block)

경비대상시설의 구역(Area)에 있어서 감시 및 대처를 효율적으로 하기 위하여 한 개 혹은 여러 개의 감지기를 묶어 한 개의 감시회로에 연결하는데 이를 하나의 영역(Zone)이라 하고, 제어기 혹은 감시반의 종류에 따라 여러 개의 감시영역으로 구분하거나 확장할 수 있다.

3.4. 방범경보시스템의 주제어기(Security Alarm Control Panel)

3.4.1. 개요

경비대상시설에 설치되어 사용자와 대처요원이 시스템의 상태를 확인할 수 있게 하고, 조작할 수 있게 하며, 각종 감지기 혹은 통보스위치에서 발생한 이상신호를 분석, 판별 및 제어하여 표시하고, 경보장치를 작동케 하거나 통신채널을 통하여 관제수신장치로 신호를 전송하는 기기를 제어기(Control Panel 혹은 Controller)라 한다.

3.4.2. 구성

기본적으로 [그림 3-3]과 같이 제어부, 감시부, 전원부, 표시부, 조작부, 통신부(Communicator), 출력부, 경보부로 구성된다. 기기에 따라 전원부와 조작부는 별도의 기기가 연결되어 시스템을 구성할 수도 있고 추가로 부가기능이나 편리기능을 포함하는 경우도 있다.

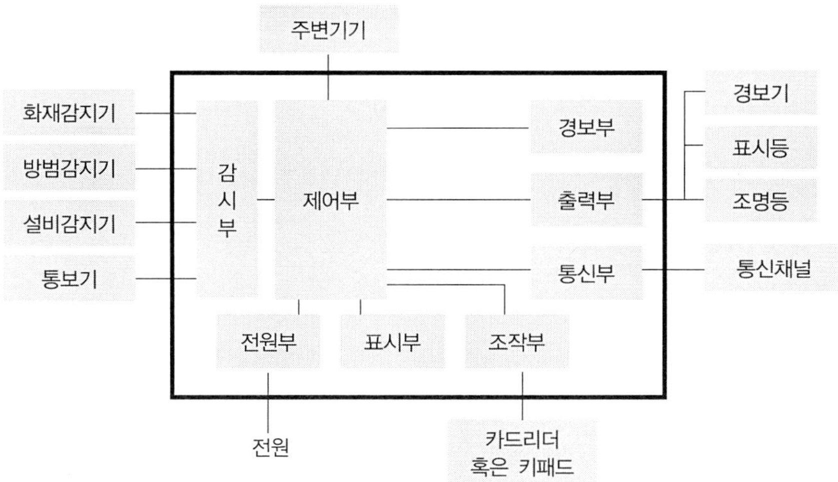

[그림 3-3] 제어기의 구성

(1) 제어부

조작부에서 입력되는 신호에 따라 세트모드/해제모드/순회모드 등으로 모드를 변경하고 감시부에서 입력되는 이상신호를 제어하여 표시부, 경보부, 출력부 및 통신부를 제어하며 주변기기도 제어하는 핵심적인 부분이다.

(2) 감시부

감지기의 접점변화로 감시회로의 전기저항치가 변화하는 것을 감시하여 제어부로 신호를 입력하는 부분이다. 화재감지기, 방범감지기, 설비이상감지기 및 각종 통보기와 연결된 회로를 감시하며 방범감지기를 제외한 감지기는 24시간 감시한다. 방범감지기의 이상 상태는 세트모드에서 이상으로 처리하여 제어부로 입력한다.

방범감지기와 각종 통보기가 연결된 회로의 맨 끝에는 종단저항을 연결하며 회로의 전기저항치가 종단저항기와 같으면 정상이고 단락(Short) 혹은 개방(Open) 상태이면 이상으로 판단한다. 따라서 감지기가 작동하거나 감시회로의 배선이 절단되어도 이상으로 판단한다.

(3) 조작부

기기의 사용자 혹은 대처요원이 시스템의 상태확인, 복구 및 모드변경을 위하여 조작하거나, 시스템의 관리자가 기능설정을 하기 위하여 조작하는 부분이다.

시스템 관리자용으로 스위치 혹은 컴퓨터 연결단자가 있고, 사용자 및 대처요원용으로는 카드리더, 키패드 및 스위치가 있다.

(4) 표시부

기기의 상태 및 시스템의 상태를 표시하며, 발광다이오드등(LED Lamp), 숫자와 문자 표시 발광다이오드(Alphanumeric LED), 아이콘 혹은 액정표시(LCD) 등을 사용한다.

(5) 경보부

기기의 상태변화, 모드변화 혹은 이상 발생시에 경보음을 발생하는 부분이다.

(6) 출력부

이상발생시에 경보음을 울리거나 조명등 또는 표시등을 점등 혹은 소등시키기 위한 출력부분이다. 출력방법으로는 계전기(Relay)의 무전압 접점과 유전압 접점 출력방법이 있다. 출력동작 시간은 상태가 변할 때까지 계속 출력하거나 일정시간만 출력한다.

(7) 통신부(Communicator)

기기의 제어부가 제어하는 신호를 데이터 통신채널을 통하여 관제시설의 관제수신장치로 전송하는 부분으로서, 통신채널 및 관제수신장치에 따라 통신규격(Protocol)과 데이터 양식(Data Format)이 정해진다.

3.4.3. 기능

방범경보시스템용 주제어기는 다음의 기능 중 전부 혹은 일부를 가진다.

(1) 설정기능(Programming function)

제어기가 가지고 있는 각종의 기능을 선택하여 등록하는 기능으로서, 기기의 조작부, 연결된 키패드 혹은 현장 PC로 설정하거나 원격 PC로 설정할 수 있다. 설정하는 내용은 다음과 같다.

① 스템 특성 설정(정시발보, 통신이상, 전원이상, 회선이상, 설정변경, 기기뚜껑 열림 등)
② 구역특성 설정(Area Features : 우선구역 설정)
③ 영역특성 설정(Zone Features : 영역우선순위, 영역별 종류)
④ 출력 설정(Relay 출력, PGM 출력)
⑤ 작동시간 설정(퇴실지연, 입실지연, 출력시간, 감시시간, 정시발보)
⑥ 통보내용 설정(세트/해제, 시스템특성, 구역특성, 영역특성)
⑦ 통보처 전화번호 설정(Primary, Backup, Dual Reporting)
⑧ 관제센터 설정(전화번호, 수신기 통신형식, 통신규격)
⑨ 스케줄링(Event Schedule, Time Schedule, Date Schedule)
⑩ 무선기기 번지 설정
⑪ 사용자 비밀번호 및 수준 설정
⑫ 기타 Options

(2) 조작기능(Operation function)

기기의 조작부 혹은 연결된 외부조작기를 통하여 사용자 혹은 대처요원이 확인하거나 기기의 기능을 수행하도록 조작할 수 있는 기능이다.

조작방법으로는 조작스위치, 키패드, 마그네틱스트립 카드, RF 카드, IC 카드에 의한 조작방법이 있다.

(3) 감시기능(Supervision function)

감시부에 의한 감지기 및 통보기 회로의 입력측이나 출력측의 이상유무를 감시하는 기능을 감시기능이라 한다.

감시부는 감시회로의 전기저항을 확인하여 감시하고, 통신부 및 주변 기기 감시부는 감시전류 확인, 감시전압 확인 혹은 통신상태 확인으로 감시한다. 감시 내용은 다음과 같다.

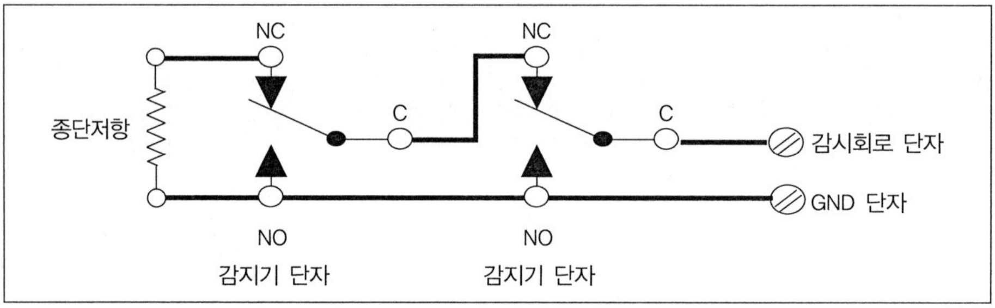

[그림 3-4a] 3접점회로의 개방과 단락 감지회로

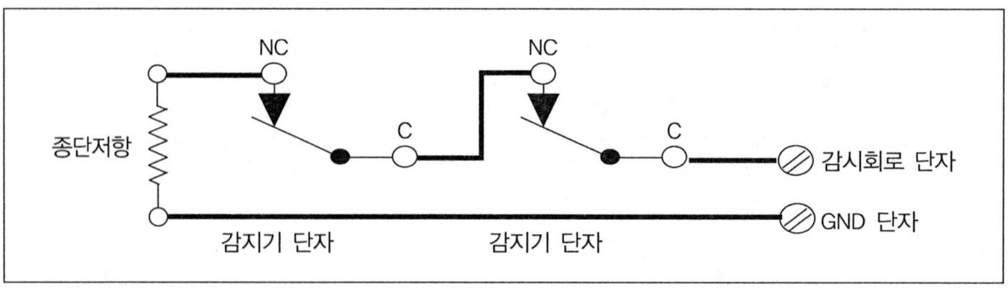

[그림 3-4b] 2접점회로의 개방 감지회로

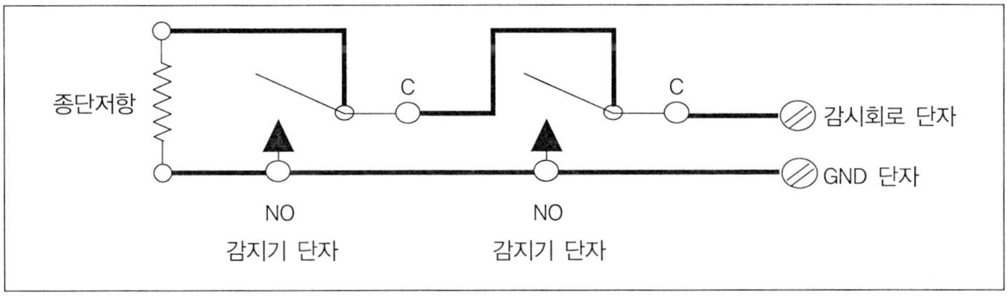

[그림 3-4c] 2접점회로의 단락 감지회로

① 영역(Zone)감시 : 다음 [그림 3-4a], [그림 3-4b] 및 [그림 3-4c]와 같이 종단저항(EOLR : End of Line Resistor)으로 감시영역 회로의 전기 저항을 확인한다.
② 통신채널 감시 : 통신회선의 이상 유무를 확인
③ 주변기기 감시 : 주변기기의 작동 여부를 확인

(4) 진단기능(Diagnosis function)

기기가 정상적으로 작동하는지 혹은 기기의 마비 여부를 진단하는 기능을 가진다. Watch Dog 기능, 탬퍼 스위치(Tamper), 프로그램에 의하여 다음과 같은 내용을 진단한다.

① 기기뚜껑 개방 여부
② 회로의 작동 여부
③ 프로그램의 작동 여부

(5) 표시기능(Display or Indicating function)

표시부에서 사용자 혹은 대처요원이 확인할 수 있게 표시하는 기능으로서 다음의 내용을 표시한다.

① 구역별 상태 : 구역별 상태를 표시
② 영역별 상태 : 영역별로 정상상태인지 이상상태인지 표시
③ 전원상태 : 전원이 공급중인지 표시
④ 통신상태 : 통신중인지 혹은 통신오류인지 표시
⑤ 모드상태 : 세트 모드/해제 모드/순회 모드/등록 모드 인지 표시
⑥ 이상 종류 : 화재, 침입, 비상통보, 구급이상 혹은 설비이상을 표시

(6) 안내기능(Guidance function)

시스템의 사용자 혹은 대처요원이 확인하거나 기기를 용이하게 조작할 수 있도록 음성으로 안내하는 기능이다.

① 세트/해제 조작 안내
② 이상 상태 안내
③ 기타 안내

(7) 경보기능(Annunciating function)

기기의 작동상태, 이상 혹은 비상통보 상태를 사용자, 대처요원 혹은 주위에 알리는 경보음을 발하거나 경보등을 작동시키는 기능이다. 내용으로는 입실 지연시간, 퇴실 지연시간, 침입 이상, 비상통보 이상, 화재 이상, 설비 이상, 구급 이상, 회선 이상 혹은 기기 이상 등을 알리는 경보기능이 있다.

(8) 출력기능(Output)

주제어기의 주변기기를 연동하게 하거나 별도의 표시, 안내 혹은 경보를 할 수 있도록 출력신호를 발하는 기능을 가진다. 설정에 따라 각종 신호를 출력한다.

① 무전압 Relay 출력

② 유전압 Relay 출력
③ PGM(Program) 출력
④ Printer 출력

(9) 통신기능(Communication function)

주제어기의 주요 기능으로써 관제수신장치와 통신하거나 주변기기와 통신을 행하는 기능을 가진다.

① 관제수신장치와의 데이터 통신 : 시스템 모드, 구역상태, 영역상태, 통신 채널 상태
② 부제어기 및 영역확장기와의 RS232통신 혹은 BUS 통신 : 영역상태, 감시 신호 송수신
③ 주제어기의 주변기기와의 RS232통신 혹은 BUS 통신 : 입출력 신호 송수신, 감시신호 송수신

(10) 통화기능

사용자 혹은 대처요원이 관제시설의 관제요원과 음성으로 통화할 수 있게 하는 기능을 가질 수가 있다. 주제어기의 조작기로 경비대상시설에서 관제시설로 다이얼링하여 문의사항, 요청사항, 긴급사항 등의 내용을 통화할 수 있다.

(11) 경보원격확인기능(Alarm Verification Function)

관제시설에서 원격지의 경비대상시설의 침입이상, 화재이상 확인 혹은 고객 상태를 영상이나 음향으로 확인할 수 있는 기능이다.

① 영상 원격확인(Video Alarm Verification)
② 음향 원격확인(Audio Alarm Verification)

(12) 스케줄링 기능(Scheduling Function)

일정을 정해 놓고 정해진 일정에 따라 시스템이 자동으로 작동하게 하거나, 출력신호를 발생하게 하는 기능이다.

① 모드의 자동 변경(세트/해제)
② 정시발보(發報)
③ 외부 릴레이 자동 개폐
④ 순찰 시각
⑤ 서비스 안내

(13) 기억기능(Memory Function)

경비대상시설에서 발생하는 모든 변동사항(Event)을 시간데이터와 함께 전자회로의 기억장치에 기억해 두고 필요할 때 조회, 확인할 수 있는 기능이다.

3.4.4. 주제어기의 특성(Characteristics of Control Panel)

주제어기의 구역수, 감시영역수, 사용자수, 출력의 종류 및 수, 스케줄링 가능수, 기억 Event수, 통신데이터양식, 통신규격 및 통신채널 등은 기기제조업체에 따라 각각 상이하다.

기계경비업자는 제조업체에서 제조되는 기기를 선택하여 사용하거나 독자적으로 개발하여 사용하기도 한다.

3.5. 방범경보시스템의 부제어기(Sub-controller)

경비대상시설에 있어서 두 개 이상의 구역(Area)으로 구분하여 각각 다르게 세트/해제를 하기 위하여 필요한 제어기를 부제어기라 한다.

부제어기의 구성과 통신기능을 제외한 모든 기능은 주제어기와 같다. 통신기능은 관제수신장치와 통신하지 않고 주제어기와 통신하는 기능을 가진다.

3.6. 영역확장기(Zone Expander)

경비대상시설 구역(Area)의 영역(Zone)이 주제어기 혹은 부제어기의 감시영역보다 많을 때 추가로 설치하여 영역의 이상 유무를 감시하고, 영역에서 발생한 이상신호를 제어하여 경보장치를 작동케 하거나 릴레이 혹은 PGM 출력을 하거나 주제어기로 신호를 전송하는 기기를 영역확장기(Zone Expander)라 한다. 영역확장기의 감시기능은 부제어기와 같으나 세트/해제조작을 하는 모드변경 조작기능은 없다.

3.7. 주제어기의 주변기기

방범경보시스템을 구성하는데 있어서, 주제어기의 주변기기로서는 프린터, 외부 릴레이 모듈, 무선 신호수신 모듈, 경보등, 경보장치 및 피뢰기 등이 있다.

(1) 입·출 조작기(Cardreader, Keypad)

주제어기(Controller)의 주변에 연결하여 주제어기의 경계/해제/순회 모드를 조작하는 기기로서, 비밀번호로 조작하는 키패드 혹은 텐키유니트와 MS카드, RF

카드 혹은 스마트카드 등으로 조작하는 카드리더가 있다.

(2) 프린터(Local Printer)

구역(Areas)별 세트/해제/순회/보수/등록 등의 모드변화, 영역(Zone)별 이상신호와 사용자 개인코드의 정보를 주제어기로부터 수신하고 내장된 시간 발생 회로에 의한 시각 데이터와 함께 정해진 규격의 용지에 인쇄(Print)하는 기기이다. 프린터의 기능은 다음과 같다.

① 인자(印字) 기능
② 인자(印字) 데이터 축적 기능
③ 시간설정 기능 및 시간수정 기능
④ 종이 송출(Paper Feeding) 기능
⑤ 이상검출 기능 및 이상출력 기능
⑥ 표시 기능 : 전원표시 및 종이부족(Paper Near End) 표시
⑦ 뚜껑 열림, 종이 부족, 배터리 약함, AC전원 정전, Printer인자부 이상, RAM 이상 및 수신 장애(Error)등을 검출하는 진단기능

(3) 외부 릴레이모듈(External Relay Module)

주제어기에 내장된 출력 릴레이(Relay)와 별도로 릴레이(Relay)를 수납하는 모듈로서, 주제어기로부터 제어신호를 수신하여 해당하는 무전원 릴레이 접점(Dry Contact Relay)을 출력하는 주변 기기이다. 벨(Bell), 전기정(Electronic Lock), 조명등(Lights), 비상등(Search Light), 경보등(Strobes light), CD/ATM 코너의 각종 설비를 제어하기 위하여 사용되는 모듈이다. 4 출력, 8 출력, 16 출력 등의 모듈이 있다.

(4) 무선신호수신모듈(Wireless Receiver Module) 혹은 무선중계안테나

무선감지기(Wireless Sensor), 무선통보기(Wireless Panic), 무선조작기(Keyfob) 및 무선중계기 등과 신호를 무선으로 수신하거나 송신하며, 이를 유선으로 주제어기에 데이터 전송하는 모듈이다.

하위기기인 감지기 또는 상위기기인 주제어기와 통신하는 기능, 전원, 전파강도 및 통신상태를 발광다이오드(LED Lamp)로 표시하는 기능, 하위 기기와의 통신상태, 전원상태, 기기 뚜껑상태와 자체 뚜껑상태 등을 진단하여 상위 기기에 보고하는 진단기능을 가진다.

적외선(Infrared Beam), 소리(Acoustic)로 신호를 전선 없이 송수신하거나 측정거리 3m에서 전계강도 500μV/m미만인 300~322MHz대의 미약전파로 무선신호를 송수신한다.

(5) 경보등(Strobe Light or Flash Lamp)

경비대상시설에서 경보가 발생하면 강한 빛을 점멸하여 대처요원에게 대처해야 할 경비대상시설의 위치를 쉽게 알려 줄 뿐만 아니라 침입자에게 위협을 주는 표시등이다.

경비대상시설 밖 즉 옥외에 설치하는 기기이기 때문에 설치환경(-20~+60℃)에 적합하고 방적(防滴) 구조로 제작되어야 한다. 형태는 여러 가지로 제작되어 사용되고 있으며 [그림 3-5]와 같은 형태의 경보등을 많이 설치하고 있다.

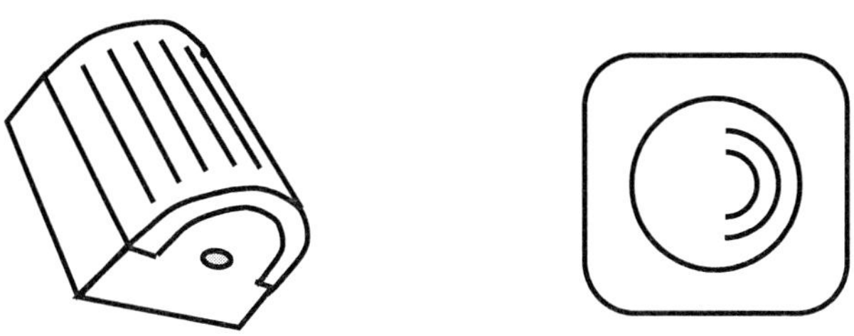

[그림 3-5] 경보등의 예

(6) 경보기(Annunciator, Buzzer, Bell, Siren)

방범경보시스템에 이상이 발생되면 경보음을 내어 경비대상시설 주위의 주의를 환기시키고, 침입자에게 위협을 주는 기기이다. 경보기의 종류로는 부저(Buzzer), 강력 벨(Bell), 사이렌(Siren) 등이 있다.

(7) 피뢰기(Lightning Arrester)

공중교환전화회선 혹은 전용회선에 낙뢰나 혹은 기타 외부의 고압선 등의 영향으로 과전압 및 과전류가 발생하여 주제어기 기타 주변기기를 파손시키는 것을 방지하는 피뢰기가 주제어기의 주변기기로 설치되어야 한다.

[그림 3-6]에서와 같이 피뢰기는 과전압을 대지에 방전하여 기기의 단자 전압을 내전압 이하로 감소시키는 Arrestor와 과전류가 흐르려고 할 때 온도 상승에 의하여 전도도를 변하게 함으로써 과전류를 방지하는 PTC(Plus Temperature Conductivity)로 구성되어 있다.

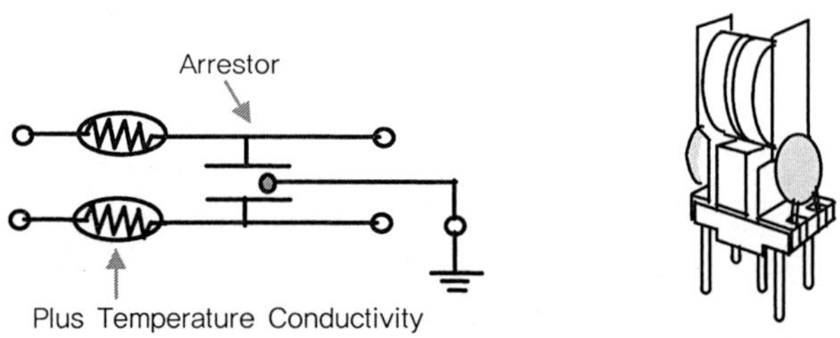

[그림 3-6] 피뢰기

경비대상물에 설치할 때에 별도 피뢰기함에 설치하고, 관제수신장치가 있는 측에는 전화단자함 혹은 주배선반(MDF : Main Distribution Frame)에 설치한다.

3.8. 방범경보시스템의 전원공급기

3.8.1. 개요

방범경보시스템의 주제어기, 부제어기, 영역확장기, 주변기기 및 감지기에는 DC 12V 혹은 DC 24V가 공급되어야 작동한다. 이와 같은 직류전원을 무순단으로 공급하는 기기(DC Uninterrupted Power Supply)를 전원공급기라 한다.

3.8.2. 구성

기본적으로 [그림 3-7]과 같이 표시부, 교류입력부, 변압기, 정류부, 평활부, 충전부, 축전지, 감시부, 절체부 및 직류출력단자로 구성된다.

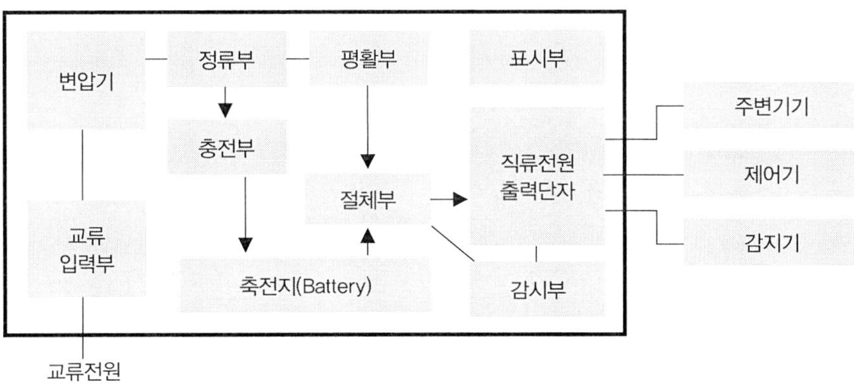

[그림 3-7] 전원공급기의 구성

(1) 교류입력부

교류 220V 혹은 교류 110V를 입력하는 부위로써 과부하 혹은 내부 합선에 의한 과전류를 보호하기 위한 퓨즈(Fuse)와 낙뢰 등의 외부의 과전압으로부터 내부회로를 보호하기 위한 보호회로(Surge Absorber)가 내장되어 있다.

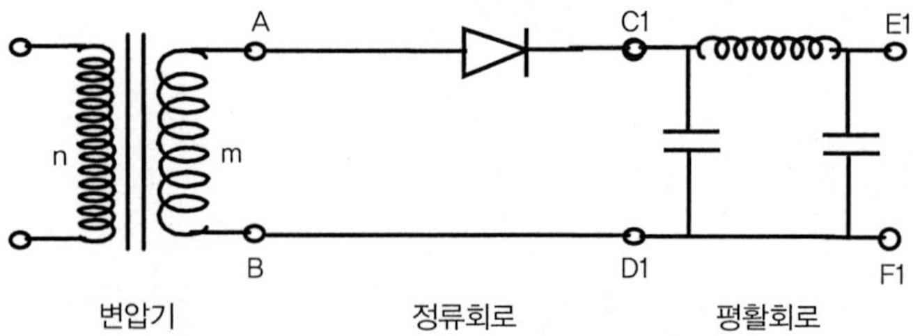

[그림 3-8a] 직류를 교류로 변환하는 반파정류회로

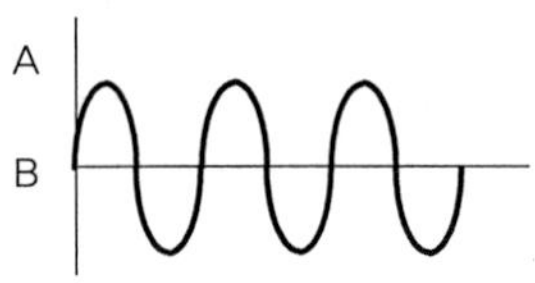

[그림 3-8b]

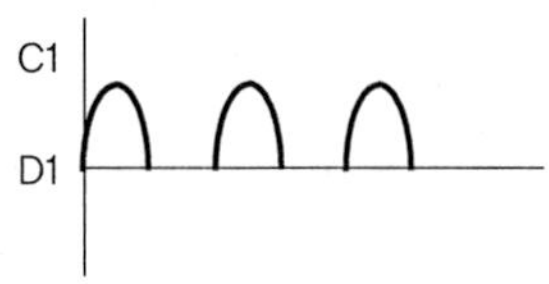

[그림 3-8c]

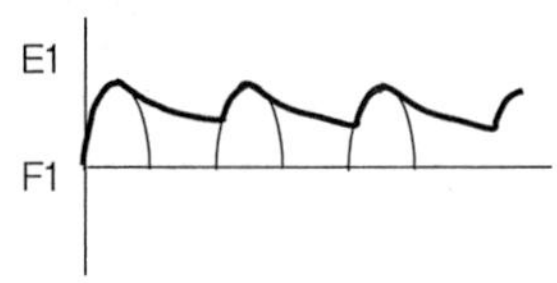

[그림 3-8d]

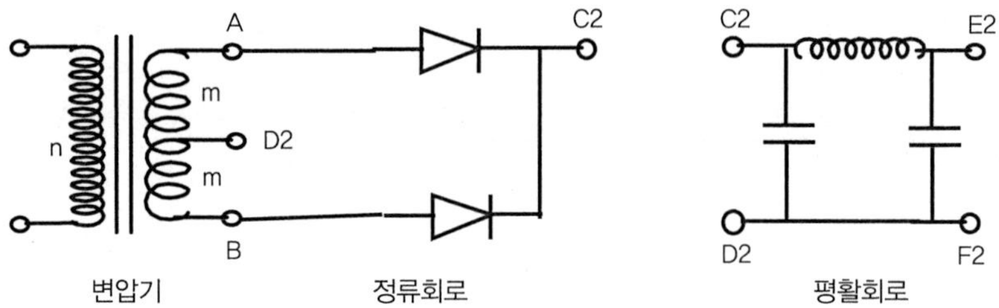

[그림 3-9a] 직류를 교류로 변환하는 전파정류회로

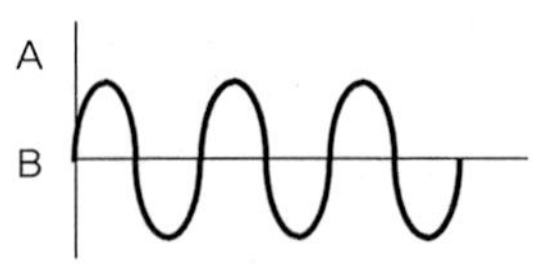

[그림 3-9b]

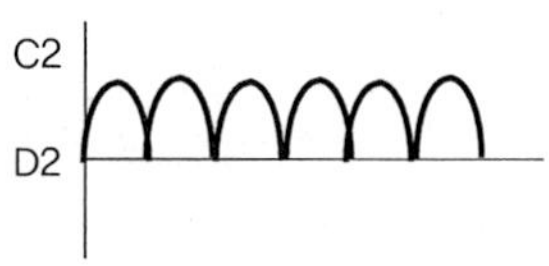

[그림 3-9c]

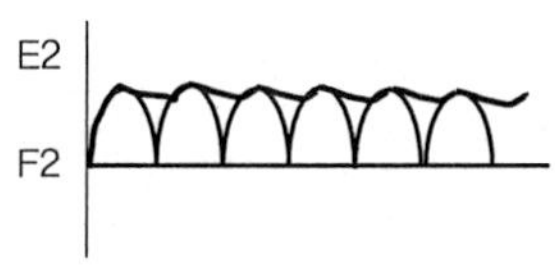

[그림 3-9d]

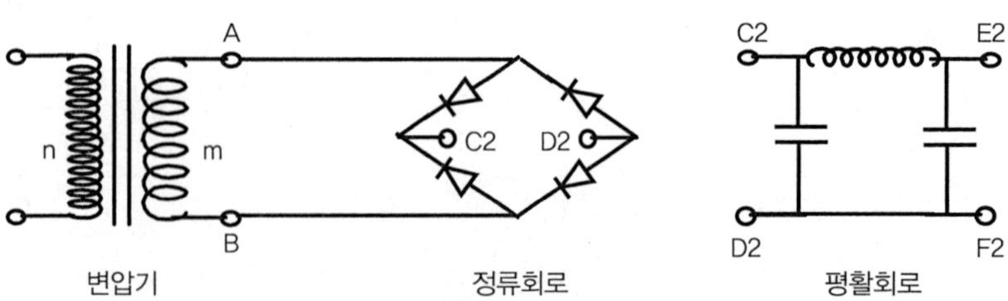

[그림 3-10a] 교류를 직류로 변환하는 브리지 정류회로

(2) 정류부(Rectifier)

교류를 직류로 정류하는 부위이다. 정류 다이오드를 이용하여 정류회로를 구성할 수 있는데 [그림 3-8a], [그림 3-9a] 및 [그림 3-10a]와 같은 회로가 적용되고 있다.

[그림 3-8a]와 같은 회로의 정류부는 [그림 3-8b]와 같은 파형의 교류를 [그림 3-8c]와 같은 파형의 전류로 정류한다. [그림 3-9a]와 같은 회로의 정류부는 [그림 3-9c]와 같은 파형의 전류로 정류한다.

[그림 3-9a]와 [그림 3-10a]와 같은 회로의 정류부는 [그림 3-9b]와 같은 파형의 전류로 정류한다. [그림 3-9a]의 전파정류회로와 [그림 3-10a]의 브리지 정류회로로 정류된 전류의 파형은 동일하나 브리지 정류회로의 변압기가 단순하다.

(3) 평활부(Filter)

정류부에서 정류한 전류는 [그림 3-8c] 및 [그림 3-9c]와 같이 평활하지 못하다. [그림 3-8a] 및 [그림 3-9a]에 보이는 평활회로를 거치면 [그림 3-8d] 및 [그림 3-9d]와 같은 직류전원으로 된다.

(4) 충전부(Charger)

정류된 직류 성분의 전류로 내장된 축전지(Rechargeable Battery)를 충전하기 위한 회로로써 과충전 방지회로를 포함한다.

(5) 축전지(Rechargeable Battery)

공급되는 교류전원이 정전 혹은 기타의 이유로 인하여 공급이 되지 않을 때를 대비하여 축전지를 내장한다. 교류전원이 공급되지 않으면 절체부에서 축전지로부터 방범경보시스템의 제어기를 포함하는 각종 기기에 직류전류를 공급하게 한다. 내장되는 축전지는 일반적으로 연축전지(Lead Rechargeable Battery) 혹은 니켈카드뮴 전지(Ni-Cd Battery) 등이 사용된다.

(6) 절체부

교류전원이 정상적으로 공급되고 있을 때는 정류되고 평활화된 직류전원을 공급하다가, 교류전원의 공급이 중단되는 때는 충전된 축전지로부터 직류전원을 공급하도록 절체한다. 또한 축전지로부터 부하측에 전원을 공급하면서 직류전압을 감시하는 감시부로부터 과방전이 될 우려가 있는 전압(Battery Near End)의 신호에 의하여 전류공급을 차단하게 하는 절체회로도 포함한다.

(7) 감시부

축전지로부터 공급되는 직류전압을 감시하고 과방전이 될 우려가 있는 전압(Battery Near End)이 되면 절체부와 제어기로 신호를 보내고, 출력을 차단하여 과방전으로 인한 축전지의 성능저하를 방지한다.

(8) 직류전원 출력단자

각종 기기로 연결하여 사용할 수 있도록 한 개 혹은 다수의 DC 12V 단자와 DC 24V 단자로 구성되어 있다. DC 12V 단자는 '0'단자와 '+12V'단자로 되어 있고, DC 24V 단자는 '0'단자와 '+24V'단자로 되어 있다.

3.8.3. 특성

방범경보시스템에 사용되는 전원공급기는 벽면취부용으로 되어 있거나 제어기에 내장되어 있고, 공급전원의 최대출력 전류와 Battery Back Up시간은 기기에 따라 다르다.

3.9. 방범경보시스템의 감지기

3.9.1. 감지기(Sensor)의 개요

감지기(Sensor)란 빛이나 소리, 압력, 변위, 진동, 자계 혹은 전계 등 각종 물리량이나 이온, 가스성분, 당분 등 여러 가지 화학량을 신호처리하기 쉬운 전기나 빛의 신호로 변환하는 소자 또는 장치이다.[2)]

감지기에 응용되는 물리적 현상과 감지기의 분류는 다음과 같다.

(1) 감지기에 응용되는 물리적 현상

① 광기전효과(Photo-voltaic Effect) : 광전 효과(Photoelectric Effect)의 하나로 광 에너지를 흡수하여 반도체의 PN접합이나 반도체와 금속의 접합면에 전위차를 발생시키는 효과로서, 전위차는 내부의 홀전자의 드리프트(drift)에 의해 발생한다.

② 초전효과(Pyroelectric Effect) : 온도 변화에 따라 유전체 결정의 전기 분극의 크기가 변화하여 전압이 나타나는 현상으로, 열선감지기 따위에 응용된다.

③ 압전효과(Piezoelectric Effect) : 어떤 종류의 결정판(結晶板)에 일정한 방향에서 압력을 가하면 판의 양면에 외력(外力)에 비례하는 양·음의 전하(電荷)가 나타나는 현상이다.

④ 도플러효과(Doppler Effect) : 파원(波源)에 대하여 상대속도를 가진 관측자에게 파동의 주파수가 파원에서 나온 수치와는 다르게 관측되는 현상이다.

⑤ 홀 효과(Hall Effect) : 전류 I를 흘리고, 이와 직각으로 자속밀도 B의 자장을 가할 때, I와 B의 양자에 직각으로 기전력이 발생하는 현상이다.

---

2) 손병기, 표준 센서용어사전(서울 : 일진사, 1994), p. 270.

⑥ 열전효과(Thermoelectric Effect) : 두개의 다른 도체를 접합한 경우 접촉부에 온도차가 생기면 열전류가 흐르는 현상이다.

⑦ 자기저항효과(Magnetic Resistance Effect) : 전기가 흐르고 있는 고체 소자에 자장을 가하면 소자의 전기저항이 증가하는 현상이다.

(2) 감지기의 분류

〈응용분야에 의한 분류〉

① 방범용 : 방범경보시스템에 사용되는 감지기

② 방재용 : 화재감지기

③ 설비용 : 설비감지기

〈감지원리에 의한 분류〉

① 광학적 : 빛의 성질을 이용
적외선감지기, 적외선셔터감지기, 열선감지기, 연기감지기

② 전자적 : 자기장, 자력을 이용
자석감지기, 자석식셔터감지기, 금고감지기, 담장감지기

③ 역학적 : 물체에 작용하는 힘과 운동의 관계 이용
장력감지기, 충격감지기, 진동감지기, 유리감지기, 벽감지기

④ 열학적 : 열에 의한 물질의 상태변화 이용
열선감지기, 화재감지기

⑤ 화학적 : 물질의 화학적 성질, 조성, 구조 변화를 이용
연기감지기, 가스누출감지기

⑥ 파동적 : 파동의 주파수 변화를 이용
마이크로웨이브 감지기, 초음파 감지기

〈감지대상에 의한 분류〉

① 빛 : 적외선감지기, 열선감지기

② 자력 : 자석감지기, 담장감지기, 자석식셔터감지기, 금고감지기

③ 열 : 화재감지기

④ 충격 : 진동감지기, 벽감지기, 유리감지기

〈작용형식에 의한 분류〉

① 능동형 : 에너지를 공급하여 에너지의 형태나 량이 변화하는 것을 감지하는 감지기

② 수동형 : 다른 것으로부터 에너지의 형태나 량이 변하는 것을 받아 동작하는 형태의 감지기

예 열선감지기, 음향감지기, 장력감지기, 충격감지기, 진동감지기

〈출력형식에 의한 분류〉

① 무전압 접점 감지기

감지 시 출력형태가 무전압 접점인 감지기

② 아날로그, 디지털 방식

감지 시 출력신호가 아날로그나 디지털 신호변화로 출력하는 감지기

〈신호송신 방법에 의한 분류〉

① 유선감지기

감지기와 제어기 사이에 유선으로 연결하는 방식의 감지기

② 무선감지기

감지기의 감지 시 무선으로 제어기에 송신하는 감지기

〈감지영역에 의한 분류〉

① 점 경계 감지기 : 자석감지기, 셔터감지기

② 선 경계 감지기 : 적외선감지기, 담장감지기.

③ 면 경계 감지기 : 면 타입 열선감지기, 유리감지기

④ 입체 경계 감지기 : 입체 타입 열선감지기, 음향감지기, 초음파감지기,

마이크로웨이브감지기

〈감지기 구비조건〉

① 선택도(Selectivity) : 신호나 자극을 선택적으로 감지하는 정도

② 감도(Sensitivity) : 어떤 규정된 유효출력을 얻을 수 있는 최소의 입력으로 나타낸다.

③ 안정도 및 복귀도(Stability and Reversibility) : 환경의 변화에도 안정되게 감지하는 정도와 감지 후 다시 감지할 수 있도록 원상태로 복귀해야 한다.

방범침입감지기의 종류별 감지원리, 주요소자, 특성, 용도 및 사용상의 주의사항을 살펴보면 다음과 같다.

3.9.2. 자석감지기(Magnet Sensor)

(1) 감지원리

자석감지기의 외관은 [그림 3-10a]와 같고 영구자석과 리드스위치(Reed Switch)부로 구성된다.

[그림 3-10a] 자석감지기의 외관

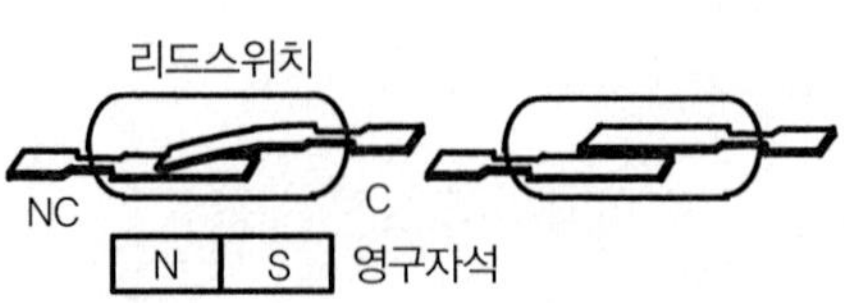

[그림 3-10b] 2접점(b접점) 자석감지기

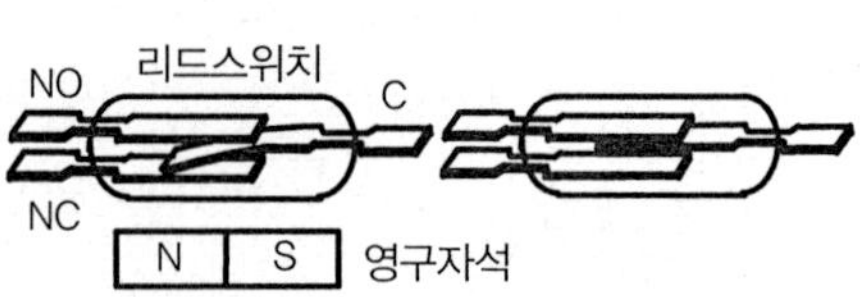

[그림 3-10c] 3접점(c접점) 자석감지기

리드스위치는 [그림 3-10b] 및 [그림 3-10c]와 같이 자성체인 C 접점과 비자성체인 NO 및 NC 접점으로 되어 있다.

[그림 3-10b]와 같은 2접점 자석감지기의 경우 영구자석이 리드스위치에 근접하여 있을 때 영구자석으로 인한 자계(Magnetic Field)가 형성되어 리드스위치의 자성체인 C접점을 끌어당기므로 C접점과 NC접점이 폐쇄(close)된다.

영구자석이 리드스위치에서 멀어지게 되어 자계가 형성되지 못하면 C접점은 자체가 가진 탄성에 의하여 C접점과 NC접점을 개방(open)하게 된다.

[그림 3-10c]와 같은 3접점 자석감지기의 경우 영구자석이 리드스위치에 근접하여 있을 때 영구자석으로 인한 자계(Magnetic Field)가 형성되어 리드스위치의 자성체인 C접점을 끌어당기므로 C접점과 NC접점이 폐쇄된다.

영구자석이 리드스위치에서 멀어지게 되어 자계가 형성되지 못하면 C접점은 자체가 가진 탄성에 의하여 C접점과 NC접점이 개방되고, C접점과 NO접점이 폐쇄된다. 이와 같은 접점의 변화를 전기회로상에서 [그림 3-11a] 및 [그림 3-11b]와 같이 표시할 수 있다.

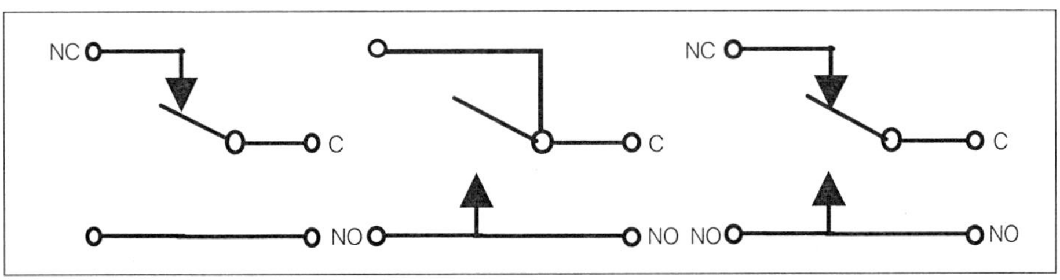

[그림 3-11a] 2접점(b접점)의 전기회로, [그림 3-11b] 3접점(c접점)의 전기회로

영구자석이 리드스위치에 근접하여 C접점과 NC접점이 폐쇄되는 거리를 동작영역, 개방되는 거리를 비동작영역이라 하며, 동작영역과 비동작영역과의 차이거리를 차동영역(Hysteresis Area)이라 한다. 차동영역은 자석의 크기, 강도, 재질 및 착자상태와 리드스위치의 감도에 따라 정해진다. 일반적으로 자석감지기의 동작거리는 20mm 이내이며 제조업체에 따라 차이가 있다.

(2) 주요 소자

① 리드스위치(Reed Switch) : 유리관 속에 불활성 기체와 접점편이 밀봉되어 있고, 자성체인 접점편괴 비자성체인 접점편이 있다.

② 영구자석(Permanent Magnet)

(3) 특성

전원이 필요 없고, 접점은 무전원 리드스위치 접점이며, 리드스위치는 외부의 기계적인 영향을 받지 않도록 보호되어 있어 신뢰성이 높다. 설치 및 보수가 용이하고 가격이 저렴하여 방범경보시스템에 많이 사용되고 있다.

(4) 용도

미닫이문, 여닫이문, 창문을 열고 침입하는 것을 감지하도록 설치한다.

리드 스위치부를 고정된 문틀에 설치하고, 영구자석을 움직이는 문짝에 설치한다. 환풍기의 탈착을 감지하기 위해서도 사용된다.

(5) 사용상의 주의사항[3)]

① 반드시 경비구역내에 설치하여야 한다.

② 불법침입자 혹은 불순한 내부인에 의한 기능 마비조치에 주의해야 한다.

③ 불완전한 문에 설치할 경우 오경보가 심하므로 피해야 한다.

④ 철재문에 설치할 경우 자력 저하를 방지하기 위해 합성수지의 스페이스(Spacer)를 부착한다.

⑤ 철재문에 설치할 경우 자석과 리드스위치부 사이의 간격을 10mm 이내가 되도록 해야 하며, 나무문 혹은 알미늄문에 설치할 경우 20mm 이내의 간격을 유지하도록 한다.

---

3) 이강열, 전게서, p. 55.

⑥ 창문에 설치할 경우 리드스위치부와 영구자석이 창문을 열고 닫을 때 부딪혀 파손의 우려가 예상되면 스토퍼(Stopper)를 설치하여야 한다.

⑦ 연결된 회로에 고압의 전압이 유기될 때 접점 간에 용접이 되어 무감지되는 경우를 주의해야 한다.

3.9.3. 균형화 자석감지기(Balanced Magnet Sensor)

감지원리, 주요 소자는 자석감지기와 같으나 자계에 의한 자력이 균형을 이룰 때 C접점과 NC접점이 폐쇄되도록 되어 있고, 자력이 없어지거나 균형화 자력보다 자력이 약하거나 너무 강하면 접점이 변하도록 고안된 감지기이다.

경비대상시설의 외부에 노출되는 출입문, 창문, 환풍기에 설치하여 침입자로부터 감지기의 마비로 무력화시키는 것을 방지하기 위하여 사용한다.

3.9.4. 매트스위치(Floor Mat Switch)

(1) 감지원리

매트스위치는 [그림 3-12a]와 같이 구성되어 있으며, 바닥에 설치하여 스위치 위에 하중이 가해지면 [그림 3-12b]와 같이 변형이 생기어 도전판과 도전판이 접촉되어 전기적으로 단락상태가 되어 감지출력을 내게 된다.

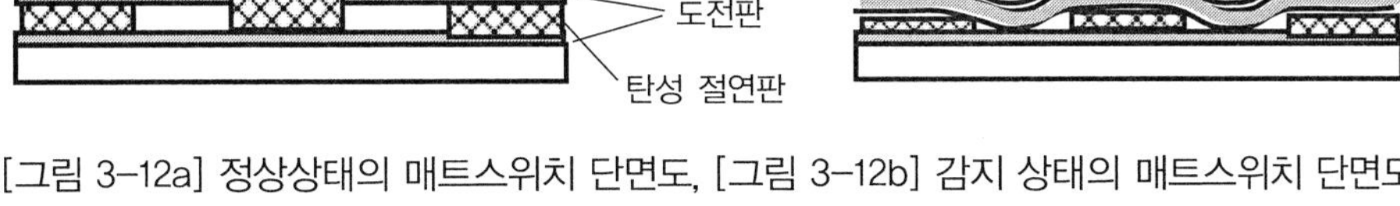

[그림 3-12a] 정상상태의 매트스위치 단면도, [그림 3-12b] 감지 상태의 매트스위치 단면도

(2) 주요 소자

① 탄성 절연판
② 도전판
③ 보호 절연판

(3) 특성

전원이 필요 없고 수동적인 방법으로 감지한다. 설치가 용이하나, 경시변화 때문에 탄성 절연판의 노후로 인하여 탄성이 없어질 수 있다.

(4) 용도

현관문 앞, 기타 중요한 영역의 접근을 감지하는데 사용한다.

(5) 사용상의 주의사항

① 누수의 위험이 있는 곳에 사용하는 것은 피한다.
② 무감지를 없애기 위하여 넓게 설치해야 한다.
③ 경시변화에 의한 노후상태를 수시로 확인하여 잘 관리해야 한다.

3.9.5. 대문감지기(Gate Contactor)

(1) 감지원리

대문감지기는 [그림 3-13]과 같이 스위치부와 용수철부로 되어 있고, 스위치부는 내부에 마이크로스위치(Microswitch)를 포함한다.

용수철이 상하좌우 어느 방향으로든지 변형되면 스위치부의 마이크로스위치가 동작(ON)상태로 되고 정상적인 형태의 용수철이 되면 마이크로스위치가 개방(OFF)상태가 된다. 마이크로스위치 접점의 변화를 감지출력으로 한다.

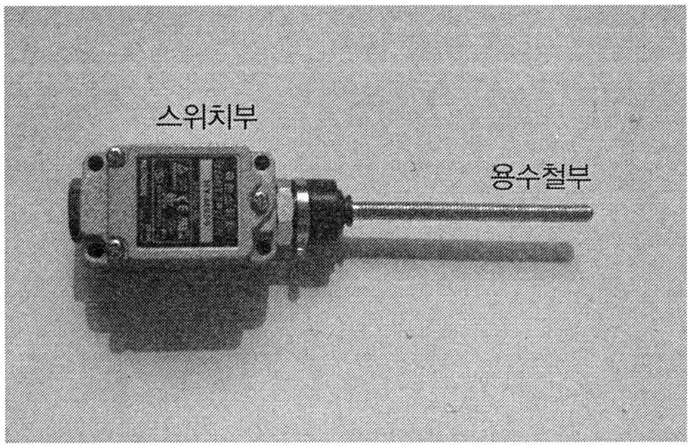

[그림 3-13] 대문감지기 외관

(2) 주요 소자

① 마이크로스위치(Microswitch)

(3) 특성

전원이 필요 없고 수동적인 방법으로 감지한다. 옥외에 설치할 수 있도록 방적(防滴)구조로 되어 있다. 내장되는 마이크로 스위치의 종류에 따라 무전원 2접점 혹은 트랜스퍼(Transfer) 접점인 3접점 출력을 낼 수도 있다.

(4) 용도

대문 개폐를 감지하는데 사용한다.

(5) 사용상의 주의사항

① 대문의 이격이 심한 경우에는 적용을 피한다.
② 대문 밖에서 감지기의 마비를 위한 조작에 대비해야 한다.

3.9.6. 유리감지기(Glass Sensor)

경비대상시설에 고정창 혹은 창문의 유리를 파손하고 침입하려는 경우가 있다. 이러한 경우에 유리 파손을 감지할 수 있는 방법은 유리에 부착하여 유리 파손의 기계적 진동을 감지하는 방법과 유리 파손의 음향을 감지하는 방법이 있다. 유리에 부착하는 감지기를 일반적으로 유리감지기(Glass Sensor)라 하고, 유리 파손의 음향을 감지하는 감지기를 유리 파괴 음향감지기(Glass Break Sound Detector)라 한다.[4)]

1. 부착형 유리감지기

(1) 감지원리

물체에 힘을 가하여 신축시킨 순간에 전압을 일으키고, 역으로 물체에 높은 전압을 가했을 때 신축하는 성질을 압전효과(Piezoelectric effect)라 하고, 이러한 성질을 가진 소자를 압전소자(Piezo Element)라 하며 강유전체인 티탄산 지르코산연[PZT : Pb(Ti, Zr)O_3], 티탄산 바륨($BaTiO_3$), 롯셀염, 폴리불화비닐리니덴(PVDF) 등이 대표적인 예이다.[5)]

압전소자에 외력을 가하면 결정의 저항비가 변한다. 가해지는 전압이 있고 저항치가 급격히 변하면 전기적 펄스가 발생한다.

전기저항 변화의 율을 ΔR/R라 하면 다음과 같이 변한다.

$\Delta R/R=\Delta L/L\{(1+2\nu)+[(\Delta\rho/\rho)/(\Delta L/L)]\}$

단, ΔL/L : 물체의 변화율, ν : 푸아송 비율(0.3~0.5), Δρ/ρ : 물체의 저항비 변화

[그림 3-14]의 압전소자가 유리면에 접착되어 있고, 유리감지기 내의 반도체 소자에 제어기 감시회로의 (+)단자 및 (-)단자로부터 직류전압이 가해지고 있다. 유리가 파손될 때 기계적인 진동으로 압전소자가 고전압 펄스(Pulse)를 발생하

---

4) 손병기, 전게서, p. 323.

5) 상게서, p. 323.

면 전자회로가 이를 처리하여 반도체소자의 게이트에 전류가 흐르게 하고, 게이트 전류가 흐르면 반도체 소자가 도통상태가 된다. 도통상태가 되면 제어기의 감시회로는 종단저항의 저항값에서 단락상태로 변화한 것으로 감시하게 된다.

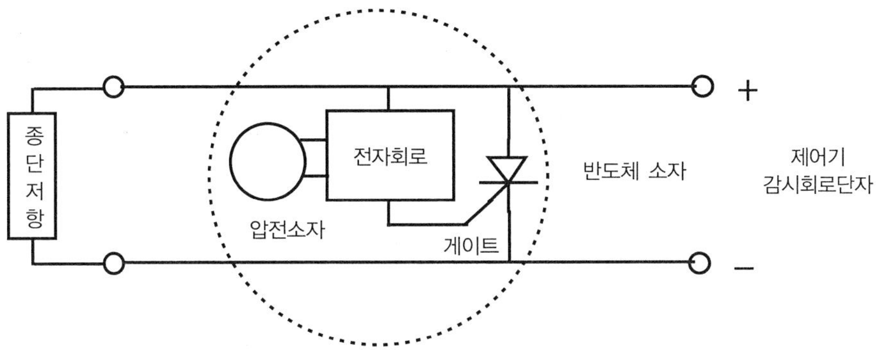

[그림 3-14] 유리감지기 회로

(2) 주요 소자

① 압전소자
② 반도체 소자

(3) 특성

전원을 가해 주어야 하고 수동적인 방법으로 감지한다. 두께가 2~15mm의 유리에 적용되며 경계범위는 제조업체에 따라 차이가 있으나, 대개 1.5m×2.0m의 방형면으로 한다. 접착력이 강하고 기계적 진동이 잘 전달되는 접착제로 유리에 고정시켜야 한다.

(4) 용도

고정창 창문 혹은 진열장(Show Window)의 유리 파손을 감지하기 위하여 사용한다. 유리면에 설치하는 예는 [그림 3-15]와 같다.

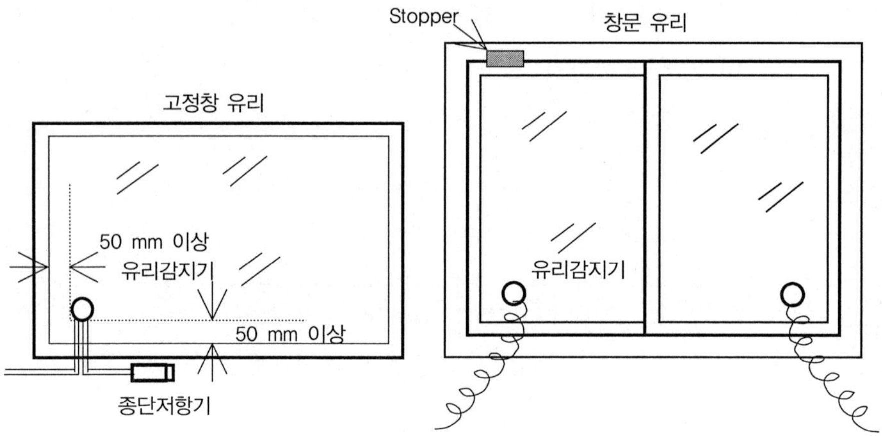

[그림 3-15] 유리감지기 설치 예

(5) 사용상의 주의사항[6)]

① 옥내에만 설치한다.

② 유리의 안쪽 하부에 설치한다.

③ 겹유리나 필름(Film)을 붙인 유리는 기계적 진동을 흡수하므로 경계범위를 좁히도록 조정한다.

④ 유리감지기가 유리면에서 탈락되어도 알 수 없으므로 수시로 점검해야 한다.

⑤ 유리감지기 부위의 선 연결은 납땜으로 해야 한다.

2. 유리 파괴 음향감지기(Glass Break Sound Detector)

(1) 감지원리

유리가 다른 물체와 부딪치게 되어 파괴될 때는 굴절음, 충격음, 균열음 및 파열음 등의 복합음이 발생한다. 이러한 복합음을 분석하여 일반음과 구분하고

6) 이강열, 전게서, p. 87.

해당하는 음을 검출하여 유리 파괴를 감지한다. 유리 파괴음의 청취는 콘덴서마이크로폰(Condenser Microphone)이나 압전소자를 사용한 초음파 마이크로폰(Ultrasonic Microphone)이 사용된다.

(2) 주요 소자

① 마이크로폰 소자(Microphone Element)

(3) 특성

DC 10.8~13.2V의 전원이 공급되어야 하고 수동적인 방법으로 감지한다. 밀폐된 넓은 공간 5~8m 내의 유리 파괴를 검출한다. 외부에서 감지기의 위치를 쉽게 파악할 수 없다.

(4) 용도

유리면에 직접 부착하기 어려운 경비대상시설의 유리 파괴를 감지하는데 사용한다.

(5) 사용상의 주의사항[7)]

① 주변지역에 진동이 심하거나 소음이 많은 곳은 오보가 심하므로 피해야 한다.

② 주변에 고주파 성분의 음이 발생하거나 경비대상시설내에 초음파를 발생하는 기기가 있을 경우도 피해야 한다.

③ 감지대상 유리창 앞에 커튼으로 가리워져 있거나 유리가 필름으로 코팅되어 있을 경우 감지범위를 좁혀서 적용해야 한다.

---

7) 이강열, 전게서, pp. 89~90.

④ 유리 파괴음을 흡수하는 커튼, 소음 벽 혹은 소음 천장이 있을 경우 검지 속도를 짧게 설정해서 확실하게 감지하게 해야 한다.

3.9.7. 담장 감지기(Fence Contactor)

(1) 감지원리

담장감지기의 외관은 [그림 3-16]과 같고, 구조는 [그림 3-17]과 같다.

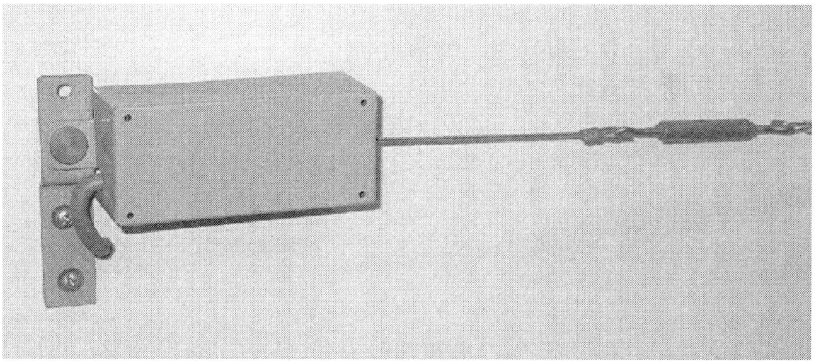

[그림 3-16] 담장감지기 외관

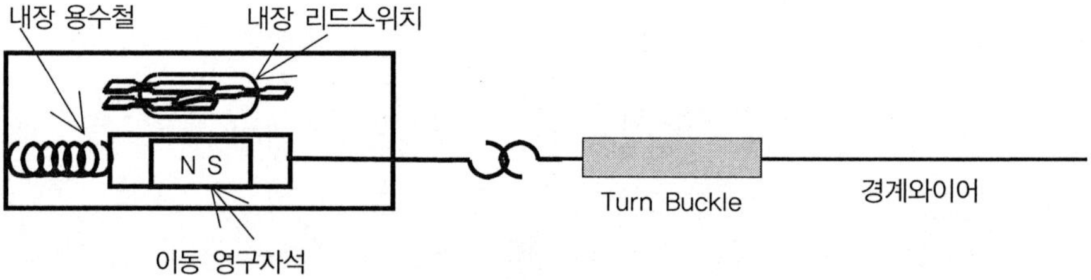

[그림 3-17] 담장감지기 구조

[그림 3-17]과 같이 용수철에 연결되어 있는 이동영구자석이 경계와이어에 균형의 장력을 가할 때 내장 리드스위치에 자력을 작용할 수 있는 위치에서 경계상태를 유지하게 된다. 경계와이어에 균형의 장력보다 더 큰 장력을 가하거나

절단하면 내장 리드스위치에 자력을 작용할 수 없는 상태로 되어 리드스위치의 접점을 개폐하게 된다. 그 이외의 작동원리는 자석감지기와 같다.

(2) 주요 소자

① 내장 리드스위치(Reed Switch)
② 이동 영구자석(Moving Magnet)
③ 경계 와이어(Wire)

(3) 특성

① 경계와이어는 8m의 길이로 설치한다.
② 경계와이어에 2kg 이상의 하중을 가하거나 절단하면 감지한다.
③ 경계와이이가 기온이 섭씨 20도에서 균형의 장력으로 설치되었을 때, 기온의 변화로 21mm 이상 팽창하거나, 14mm 이상 수축하면 작동한다.
④ 턴 버클(Turn Buckle)로 경계와이어의 길이를 30mm까지 미조정할 수 있다.
⑤ 방적(防滴)구조로 되어 있다.[8)]

(4) 용도

담장을 넘어 침입하거나 정원수가 있는 곳을 통과하여 침입하는 것을 감지할 수 있게 설치한다. 또 경량벽(슬레이트 벽) 혹은 슬레이트 지붕을 파괴하고 침입하는 것을 감지하는 데도 사용된다.

(5) 사용상의 주의사항

① 계절에 따라 턴 버클(Turn Buckle)로 경계와이어의 길이를 조정해야 한다.

---

8) SECOM Co., Ltd., *SECOM HANDBOOK* 시스템과 안전기기편(Tokyo : 1988(昭和63), p. 527.

② 경계와이어가 나뭇가지나 기타 장애물 등에 닿지 않도록 한다.

③ 정기적인 점검으로 용수철의 탄성이나 이동 영구자석의 이동상태를 확인해야 한다.

④ 해변이나 기타 공기 중에 염분이 많은 지역에서는 특수재질의 담장 감지기를 설치해야 한다.

3.9.8. 진동감지기(Vibration Sensor)

(1) 감지원리

철판이 충격을 받을 때 철판에 가해지는 기계적인 진동으로 전기적 저항을 변화시키는 압전효과(Piezo Effect)에 의하여 전기펄스(Pulse)가 발생하게 하고, 펄스(Pulse)가 반도체소자를 도통하게 한다.

(2) 주요 소자

① 압전소자(Piezo Element)

(3) 특성

전원을 가해 주어야 하고 수동적인 방법으로 감지한다. 철판에 접착하여야 하며, 철판 파괴시의 고유한 진동을 감지한다.

(4) 용도

금고 파괴, 철 캐비닛 혹은 철벽 파괴를 감지하는 데 사용한다.

(5) 사용상의 주의사항

① 대형 금고인 경우 정면을 제외한 5방향의 면에 설치한다.

② H 1000×W 650×D 650mm 이하의 거치 금고에는 1개의 진동감지기로 감지가 가능하다.

3.9.9. 벽감지기(Wall Sensor)

(1) 감지원리

벽 파괴시의 기계적 진동을 압전효과(Piezo Effect)에 의하여 전기적 신호로 변환시켜 침입을 감지한다. 벽은 한번의 충격으로 파괴되지 않고 여러 번의 충격으로 이루어지는 특성을 고려하여 벽감지기는 소정의 시간동안 소정의 기계적 진동 횟수를 검출하여 전자적 개폐를 출력한다.

[그림 3-18] 벽감지 외관

(2) 주요 소자

① 압전소자(Piezo Element)

② 감지 앵커볼트(Anchor Bolt)

(3) 특성

착암기 등의 연속 파괴진동을 검출하며, 망치 등에 의한 충격성 진동은 1분간 3회 이상일 때 검출한다.

경계범위는 콘크리트 벽일 경우 감지기 설치 위치로부터 15m 거리이고, L형 코너, T형코너, +형코너를 1개 통과할 때마다 경계거리가 3m 감소한다. 블록 벽일 경우는 감지기 설치 위치로부터 6m 거리까지 감지한다. 이상을 검출하면 10초간 이상상태를 유지하고 그 이후는 자동으로 정상 복구되도록 제조된 감지기도 있다.[9)]

(4) 용도

경비대상시설의 중요 창고 벽 혹은 금고실의 벽면(床, 天井, 4방의 壁) 파괴를 감지하는 데 사용된다.

(5) 사용상의 주의사항

① 경계범위의 중심부에 앵커볼트를 이용하여 설치한다.

② 경비대상시설 주변에 기계적인 진동이 심한 곳의 설치는 피해야 한다.

3.9.10. 적외선감지기(Photoelectric Sensor)

경비대상시설의 주변을 침입하는 것을 감지할 수 있는 감지기로 빛의 물리량이 변하는 것을 검출하여 감지하는 감지기가 있다. 사람의 눈으로는 보이지 않는 적외선을 투광하고 수광하여 그 변화량을 검출하는 감지기를 적외선감지기(Photoelectric Sensor)라 한다.

---

9) *SECOM HAND BOOK*, 전게서, p. 528.

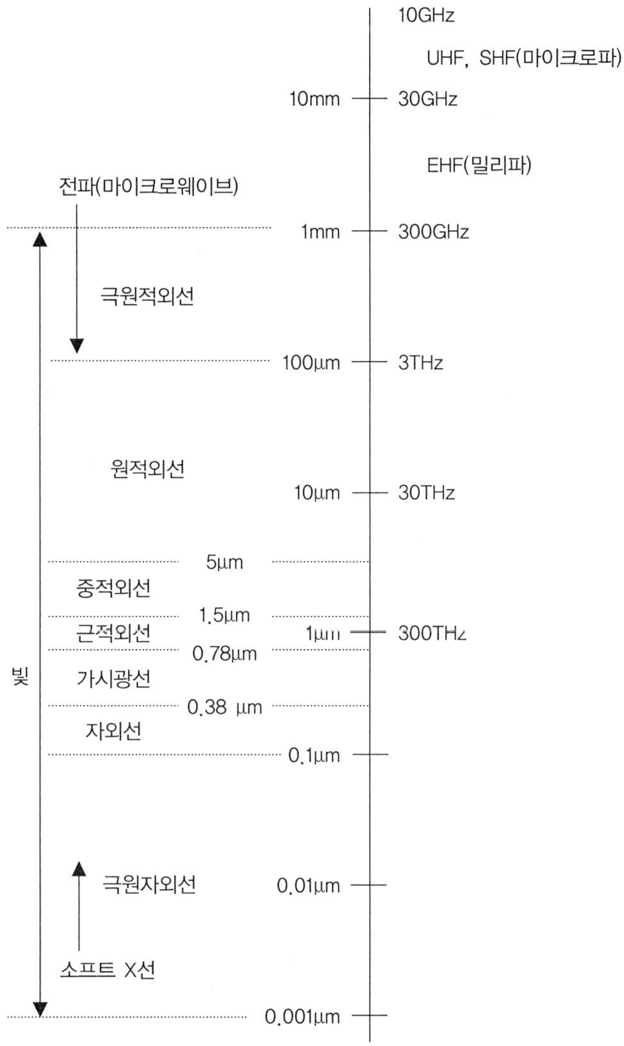

[그림 3-19] 빛의 파장

(1) 감지원리

(가) 적외선

빛은 파장으로 되어 있다. [그림 3-19]와 같이 빛의 파장은 0.001μm~1mm에 해당한다. 또한 파장의 길이에 따라 자외선, 가시광선, 근적외선, 중적외선, 원적외선 및 극원적외선으로 구분한다.

파장이 0.38~0.78μm에 해당하는 빛을 가시광선이라 하며, 0.78~1.5μm에 해당하는 빛을 근적외선이라 하며, 근적외선은 가시광선과 같은 광전효과를 낼 수 있고, 가시광선보다 파장이 길어 안개나 공기 중의 먼지 등에 의한 감쇠가 적고, 가시광의 대역에서 벗어나 있기 때문에 인간의 눈에는 보이지 않으므로 감지기(Sensor)에 사용되기도 하고, 리모컨(Remocon)의 신호전달용으로도 사용되고 있다.[10]

(나) 적외선 발광다이오드

전기 에너지를 빛으로 바꾸는 반도체 소자를 발광다이오드(LED : Light Emitting Diode)라 하며, 가리움아세나이드(GaAs)를 사용한 것은 적외선을 발광한다.[11]

(다) 감광 반도체소자

광기전력 효과형 다이오드에 빛을 비춤으로써 광전류를 꺼낼 수 있고, 이러한 다이오드를 포토다이오드(Photodiode)라 한다. npn 또는 pnp의 구조를 가진 트랜지스터 중에는 빛을 비출 때 컬렉트 접합부근에서 전자와 전공이 생겨 컬렉트 전류의 증배작용이 일어나 컬렉터 출력전류를 얻게 되는 것이 있으며, 이러한 반도체를 포토트랜지스터(Photo-transistor)라 한다. 포토다이오드 혹은 포토트랜지스터가 빛의 변화를 검출하는 감지기의 감광 반도체소자로 사용된다.[12]

(라) 투광과 수광을 위한 광학계[13]

한 점의 광원으로부터 빛을 발광하면 빛은 공간으로 확산하게 된다.

---

10) 손병기, 전게서, p. 387.
11) 손병기, 전게서, p. 201.
12) 손병기, 전게서, pp. 581~582.
13) 이강열, 전게서, pp. 60~61.

빛을 멀리 투광하기 위해서는 [그림 3-20]과 같이 볼록렌즈 혹은 반사경(Concave Mirror)을 이용하여 빛을 한쪽 방향으로 투광하게 한다. 또한 멀리서 오는 빛을 모아서 감광 반도체에 비추기 위해서도 같은 볼록렌즈나 반사경(Concave Mirror)을 이용하여 집광한다.

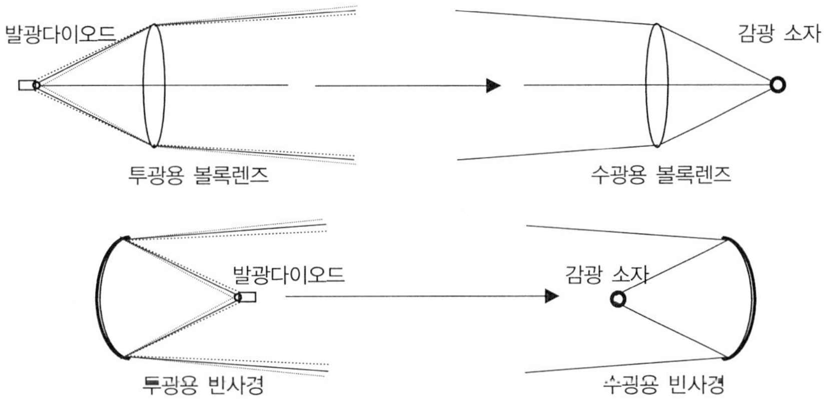

[그림 3-20] 적외선의 투광과 수광

(바) 동작원리

적외선 감지기는 [그림 3-21]과 같이 근적외선을 투광하는 투광기와 이를 수광하는 수광기로 조를 이룬다. 투광기는 일반 광선의 간섭을 피하기 위하여 펄스식의 근적외선을 투광한다. 수광기는 투광기에서 투광하는 펄스를 수광하여 수광기 내부의 전자회로로 출력계전기(Relay)를 [그림 3-22a]와 같이 경계상태를 이루고 있다가, 침입자에 의하여 근적외선이 차단되면 출력계전기(Relay)의 접점이 [그림 3-22b]와 같이 변하게 된다.

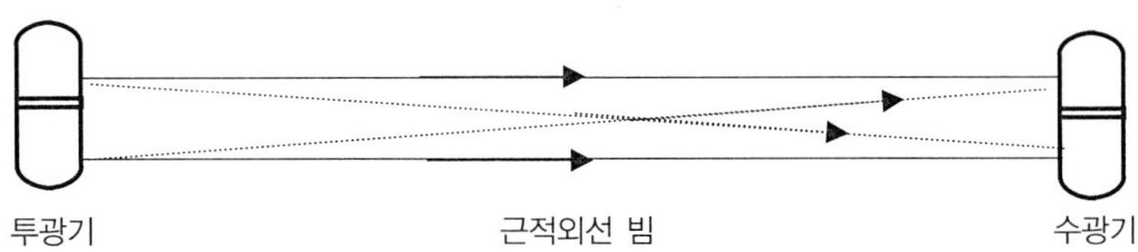

[그림 3-21] 2 Beam 근적외선의 투광과 수광

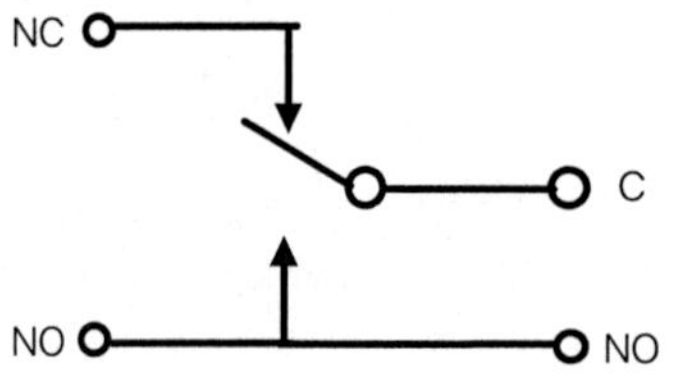

[그림 3-22a] 경계상태의 계전기 접점

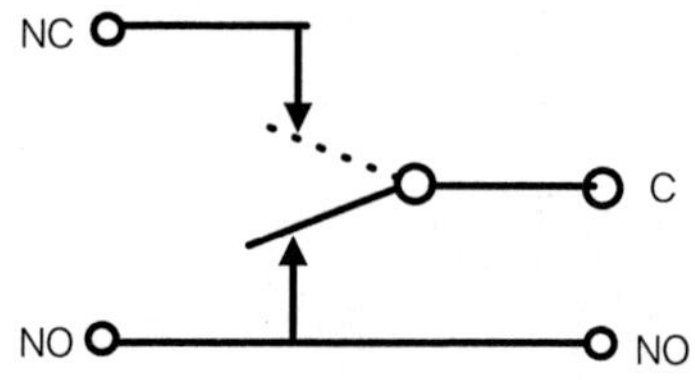

[그림 3-22b] 감지상태의 계전기 접점

(바) 감지속도

적외선을 설치한 경우 침입자가 빠르게 뛰는 경우, 천천히 뛰는 경우, 빨리 걷는 경우, 보통 속도로 걷는 경우 그리고 기어다니는 경우에 따라 감지응답속도를 다르게 설정할 필요가 있다. 담장 위와 같이 기어다니는 속도의 침입자를 감지하기 위하여 필요없이 감지속도를 빠르게 설정하면 새나 고양이에 의한 오보가 발생할 수가 있으므로 상황에 알맞게 응답속도를 설정한다. 일반적으로 감지응답 속도를 50~700m/sec 범위 내에서 설정할 수 있게 되어 있다.

(2) 주요 소자

① 적외선 발광다이오드(Infrared-beam LED)
② 포토다이오드 혹은 포토트랜지스터
③ 광학계(볼록렌즈 혹은 凵형 반사경)

(3) 종류

적외선감지기는 옥내용 적외선 감지기(Interior Photoelectric Sensor), 외벽용 적외선감지기(Wall mounted Photoelectric Sensor), 옥외용 적외선 감지기(Ourterior Photoelectric Sensor), 반사형 적외선감지기 혹은 U빔형 적외선감지기(Self-contained Photoelectric Sensor) 그리고 창문형 감지기 등이 있다.

(4) 특성

(가) 옥내용 적외선 감지기(Interior Photoelectric Sensor)

전원 DC 12 V ∓ 10%를 공급하는 능동적 방식의 감지기이다. 경계거리가 일반적으로 20m 이하의 것이 대부분이다.

(나) 외벽용 적외선감지기(Wallmounted Photoelectric Sensor)

방적(防滴)구조로 되어 있으며, 경계거리가 일반적으로 20m 이하의 것이 많다.

(다) 옥외용 적외선 감지기(Ourterior Photoelectric Sensor)

방우(防雨)구조로 되어 있으며, 경계거리가 20m, 50m, 100m, 혹은 200m의 것이 있다.

(라) U빔형 적외선감지기(Self-contained Photoelectric Sensor)

근적외선을 투광하는 장치와 수광하는 장치가 동일 함체에 내장되어 있다. [그림 3-23]과 같이 투광되는 근적외선이 반사판에 의하여 반사되어 수광될 때 경계상태가 되었다가, 침입자에 의하여 반사되어 오는 근적외선이 차단될 때 반사되어 오는 빛을 수광하지 못하므로 감지상태가 된다.

옥내에 투광기와 수광기를 설치할 수 없을 경우에 사용하고, 경계거리는 5m 이하로 하는 것이 무난하다.

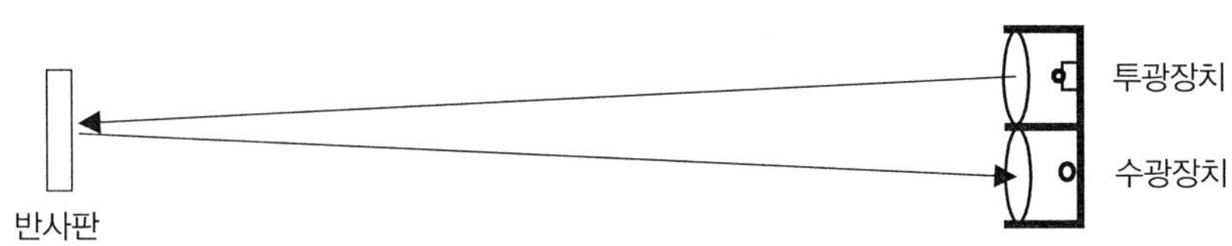

[그림 3-23] 반사형 적외선감지기

(5) 사용상의 주의사항

(가) 옥내용 적외선 감지기(Interior Photoelectric Sensor)

① 개, 고양이 혹은 쥐에 의한 적외선 차단이 없도록 설치한다.

② 신문 투입시의 적외선 차단이 없도록 설치한다.

③ 강한 전파의 영향으로 오작동 혹은 무감지 발생에 유의한다.

(나) 외벽용 적외선감지기(Wall mounted Photoelectric Sensor)

① 확실하게 고정하여 벽에 부착한다.

② 경계범위 안에 바람에 흔들리는 전시물, 장식물 혹은 게시물이 있으면 고정시키도록 한다.

③ 투광장치와 수광장치 사이에 나뭇가지나 기타 장애물이 없도록 한다.

(다) 옥외용 적외선 감지기(Ourterior Photoelectric Sensor)

① 경계거리가 멀기 때문에 투광장치와 수광장치의 광축을 정확하게 맞추어 최상의 조건으로 설정한다.

② 수광장치에 응답시간을 조정하는 조정부를 사용하여 낙엽이나 동물 등이 빠르게 움직이는 것에 의한 오경보를 예방한다.

수광장치의 응답시간을 다음과 같이 조정하여 낙엽이나 소동물의 오경보를 배제해야 한다.

- 전력 질주할 수 있는 넓은 지역 ·········· 50ms
- 천천히 뛸 수 있는 정원 ····················· 100ms
- 빨리 걸을 수 있는 정원 ····················· 200ms
- 보통으로 걸을 수 있는 정원 ············· 300ms
- 담장 위 기어 다니는 지역 ················ 500ms

③ 안개가 심한 지역에서는 정격 경계거리보다 짧게 하여 설치한다.

④ 폭우, 서리, 이슬, 커버의 더러움 또는 경시변화로 투광 및 수광 적외선

이 감소되는 것에 유의한다.

⑤ 전원선은 옥외의 긴 거리에 배선되므로 선로저항에 의한 전압감쇄로 인하여 동작이 불안할 가능성이 있으므로 정격의 굵은 선으로 배선한다.

⑥ 전원선이나 신호선이 옥외에 배선되므로 방수가 되는 선으로 배선한다.

⑦ 전원선이나 신호선이 옥외에 배선되므로 여러 가지 유도 소음, 복사 소음으로 인한 오작동에 유의한다.

⑧ 일출 일몰시의 태양광이 수광장치에 직접 들어가서 오작동하는 것에 유의하여 차양 등으로 대비한다,

⑨ 벼락으로 인한 유도 전압에 대한 방호대책을 수립한다.

⑩ 공중의 무선통신용 전자파에 의한 악영향에 유의하여 전기적 차폐 등의 조치를 취한다.

(라) U빔형 적외선감지기(Self-contained Photoelectric Sensor)

① 먼지나 기타 오염물질에 의하여 반사판이 더러워지면 경계상태가 될 수 없으므로 정기적으로 청소를 해야 한다.

② 비로 인하여 적외선이 산란되면 오작동을 할 수 있으므로 옥내에 설치하는 것이 바람직하다.

3.9.11. 자석식 셔터 감지기(Magnetic Shutter Sensor)

(1) 감지원리

균형화 자석지기(Magnet Sensor)와 같은 원리로 리드스위치(Reed Switch)를 작동하게 하는 감지기로서, [그림 3-24]와 같이 영구자석을 자석판(Magnet Sheet)형 혹은 셔터 작동에 지장을 적게 주는 특수형으로 되어 있다.

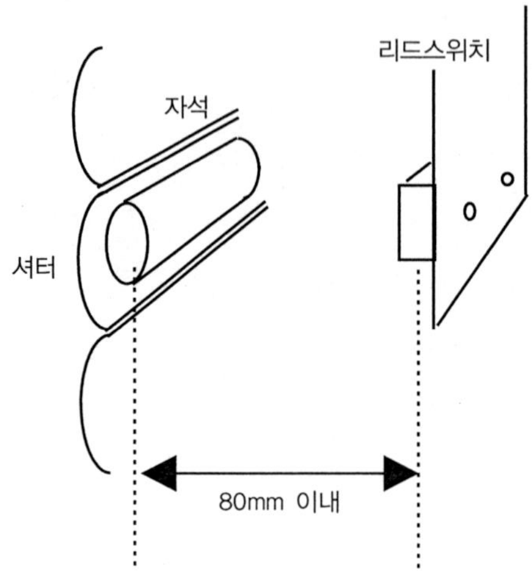

[그림 3-24] 자석식 셔터감지기

(2) 주요 소자

① 리드스위치(Reed Switch)

② 영구자석판(Magnet Sheet) 혹은 특수형태의 영구자석

(3) 특성

자계를 이용한 능동식 감지기이다. 경계범위는 자석(Magnet Sheet)과 리드스위치부와 간격이 80mm 이내에서 경계상태로 된다. 자석(Magnet)부는 셔터가 감길 때 영향을 적게 주도록 설계되었다.[14)]

(4) 용도

셔터 혹은 대형문의 개폐 감지에 사용한다.

---

14) *SECOM HAND BOOK*, 전게서, p. 524.

(5) 사용상의 주의사항[15)]

① 본체의 지지물(Bracket)로 경계시 자석(Magnet)과 간격을 정격으로 유지하도록 설치하고,

② 셔터의 유동으로 너무 근접하면 오경보의 우려가 있으므로 이격 지지물(stopper)를 설치해 주어야 한다.

③ 자석(Magnet)으로 인하여 셔터가 비정상적으로 감기지 않는가 확인해야 한다.

3.9.12. 적외선식 셔터감지기(Infraredbeam Shutter Sensor)

(1) 감지원리

근적외선을 투광하는 장치와 수광하는 장치가 동일 함체에 내장되어 있다. [그림 3-25]와 같이 투광되는 근적외선이 셔터에 부착된 반사판에 의하여 반사되어 수광될 때 경계상태가 되었다가, 셔터가 올라가게 되면 반사되어 오는 근적외선이 없게 되어 감지상태가 된다. 반사판 이외에 근적외선이 반사되는 것을 없애기 위하여 반사판 하단에는 흑색칠을 함으로써 감지효과를 높인다.

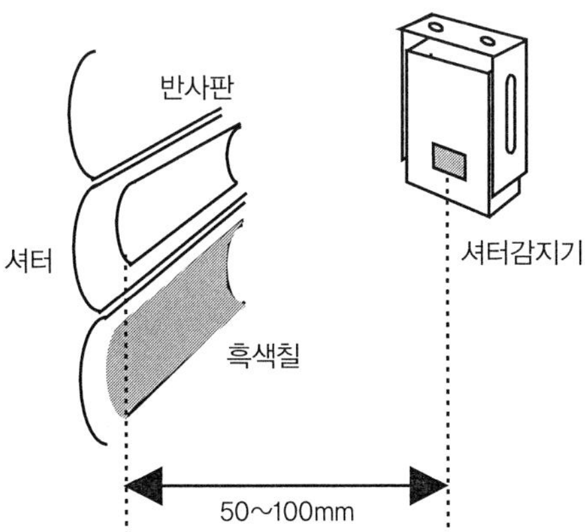

[그림 3-25] 적외선식 셔터감지기

15) 이강열, 전게서, p. 84.

(2) 주요 소자

① 적외선 발광다이오드(Infrared Beam LED)
② 감광반도체 : 포토다이오드 혹은 포토트랜지스터
③ 반사판(Reflect Sheet)

(3) 특성

직류전원을 공급해야 하며 능동적인 방식의 감지기이다. 방적 구조이며, 근적외선을 펄스(Pulse)식으로 투광하고, 반사되어 오는 것을 수광하는데, 반사판과 감지기 사이의 허용간격은 50~100mm이며, 반사판 허용각도는 30 Degree 이내이다.[16)]

(4) 용도

셔터 혹은 대형문의 개폐 감지에 사용한다.

(5) 사용상의 주의사항[17)]

① 셔터면의 내측에 설치해야 하며, 경계범위에 맞게 설치해야 한다.
② 반사판의 훼손이나 먼지로 인한 오염의 경우 경계불능 혹은 오보 다발의 우려가 있으므로 정기적으로 확인하고 닦아주어야 한다.
③ 반사율이 높은 은색 및 흰색 셔터의 경우 셔터를 올려도 감지하지 못할 우려가 있으므로 흑색칠을 해야 한다.
④ 빗물 등이 직접 부딪치지 않는 장소에 설치한다.

---

16) *SECOM HANDBOOK*, 전게서, p. 523.
17) 이강열, 전게서, p. 84.

3.9.13. 열선감지기(PIR Sensor : Passive Infraredbeam Sensor)

경비대상시설의 출입문, 창문, 고정창, 셔터 및 벽 등의 경비대상시설 주변(Perimeter)을 침입하는 것을 감지할 수 있는 감지기가 있는가 하면, 경비대상시설 내부에서 침입자가 움직이는 것을 감지하는 공간감지기가 있다. 이러한 공간감지기(Motion Detector)로는 초음파 감지기(Ultrasonic Sensor), 도플러식 마이크로웨이브 감지기(Doppler Microwave Sensor) 그리고 열선감지기(Passive Infraredbeam Sensor) 등이 사용되고 있다.

기능적, 성능적인 면이나 비용적인 면으로 보아 가장 유리한 공간감지기는 열선감지기이며, 열선감지기가 가장 보편적으로 사용되고 있다.

(1) 감지원리

(가) 원적외선

[그림 3-19] 빛의 파장에서 보는 바와 같이 파장이 5~100μm에 해당하는 빛을 원적외선이라 한다. 모든 물체는 절대온도 0도(0°K = -273°C) 이상에서는 그 온도에 해당하는 고유의 빛이나 원적외선을 방출한다. 경비대시설의 바닥, 벽, 가구 등의 표면도 10μm 부근의 원적외선을 방출한다.

(나) 인체의 원적외선 방사

인체는 평상시 체온을 37°C를 유지하고 있다. 외부온도가 21°C일 때 인체의 얼굴이나 손의 피부온도는 32°C로 측정되고 있으며, 원적외선을 방출하고 있다. 인체가 방출하는 원적외선은 8~14μm 사이가 32%를 차지하고 있다.

(다) 초전효과와 초전소자

자발분극 P_s를 가진 결정에 온도변화를 주면 결정내의 원자가 움직이기 때문에 자발분극이 ΔP_s만큼 변화하고, 결정의 표면상에 ΔP_s에 대응한 전하가 유기된다. 이와 같이 결정의 온도변화에 대응하여 결정의 표면에 전하가 유기되는 현상을 초전효과(Pyroelectric Effect)라 한다. 초전효과를 내는 소자 중에 황산 글리신이나 LiT_aO_3 단결정의 박판 및 $P_bT_iO_3$계의 세라믹스의 박판 등은 수동형 적외선 침입 감지기(Passive Infrared Sensor for Intrusion Detection)의 초전소자(Pyroelectric Element)로 사용된다.[18]

(라) 열선감지기 동작원리[19]

반사경(Concave Mirror) 혹은 프레넬 렌즈(Fresnel lens)로 원적외선을 초전소자에 모아 [그림 3-26a]와 같이 감지영역 A를 형성한다.

감지영역 내에 원적외선을 방출하는 인체가 지나가면 [그림 3-26b]와 같은 특성의 초전전류를 얻게 된다. 초전전류가 정해 놓은 문턱값(Threshold Value)보다 클 때에 감지출력을 내게 한다. 문턱값을 낮추면 감지기의 감도는 높아진다.

[그림 3-26a]와 같이 초전소자 P_1 1개를 사용하는 감지기는 주위 환경변화에 의하여 원적외선이 증가하여 초전전류가 문턱값보다 클 경우에도 감지하므로 오보를 유발하는 경우가 많다. [그림 3-27a]는 P_1와 P_2의 초전소자 2개를 사용한 감지기이다. P_1와 P_2에 의한 초전전류의 극성이 반대가 되게 회로를 구성하면 [그림 3-27a]의 감지영역 A 및 감지영역 B가 형성된다. 침입자가 감지영역 A 및 B를 지나가면 [그림 3-27b]와 같은 특성의 초전전류를 얻게 되고 그림의 굵은 선과 같은 합성신호를 얻을 수 있다.

정해 놓은 문턱값을 초과할 때 감지출력을 내게 함으로써 인체의 침입을 감지할 수 있다. 주위 환경의 변화에 의한 열선증가로 인한 초전전류는 초전소자 P_1와 P_2가 같은 시간에 비슷한 전하를 유기하지만, 극성이 반대이므로 합성신호는 0에 가깝게 되므로 환경변화에 의한 오경보를 감소시킬 수 있다.

---

18) 손병기, 전게서, p. 536.

19) 손병기, 전게서, p. 276.

[그림 3-26a] 1소자 감지

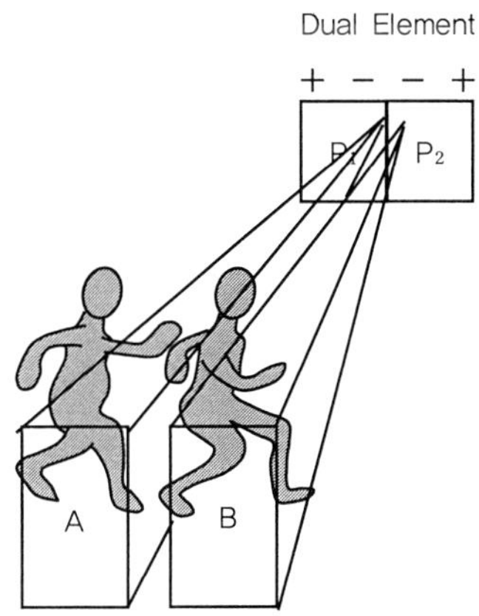

[그림 3-27a] 2소자 감지

(마) 입체경계, 면경계 및 360도 경계형 열선감지기 동작원리

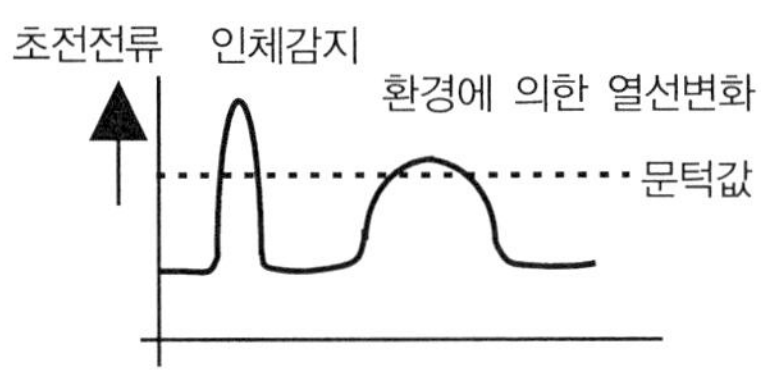

[그림 3-26b] 1소자 감지 신호전류

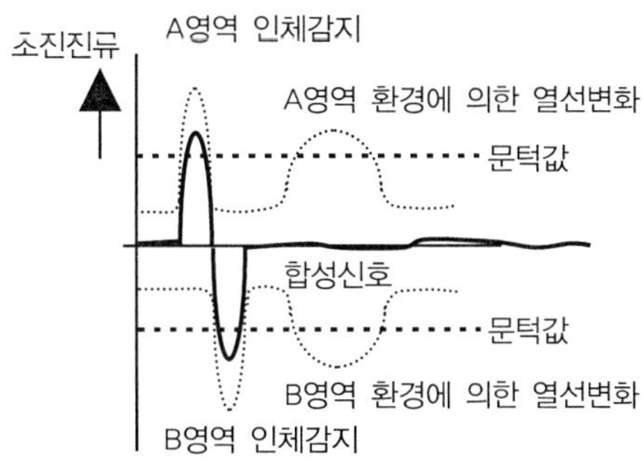

[그림 3-27b] 2소자 감지 신호전류

반사경(Concave Mirror) 혹은 프레넬 렌즈(Fresnel lens)로 원적외선(열선)을 초전소자에 모음으로써 감지영역을 형성한다. 따라서 광학계의 형태에 따라 입체경계, 면경계 및 부분경계형 열선감지기로 동작하게 된다.

[그림 3-28a, b]는 면경계 열선감지기의 감지영역 평면도와 입면도이고, [그림 3-29a, b]는 입체경계 열선감지기이며, [그림 3-30]은 360도 경계 열선감지기의 감지영역 평면도를 표시한 것이다. 감지영역의 방향은 프레넬 렌즈를 사용한 감지기는 감지기 자체의 방향을 조정하고, 반사경을 사용한 감지기는 반사경의 방향

을 조정함으로써 변경이 가능하다.

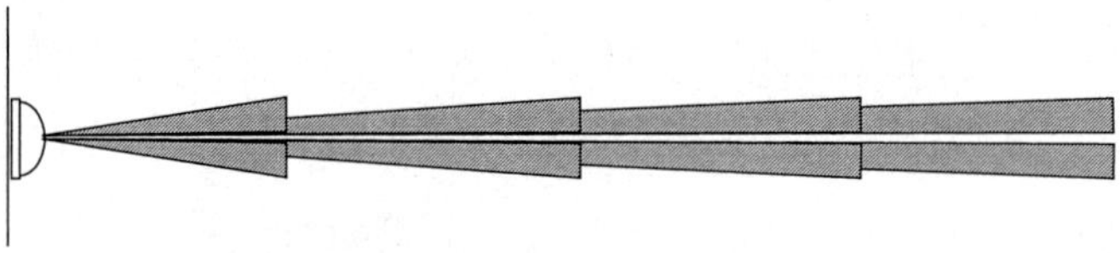

[그림 3-28a] 면경계 감지영역 평면도

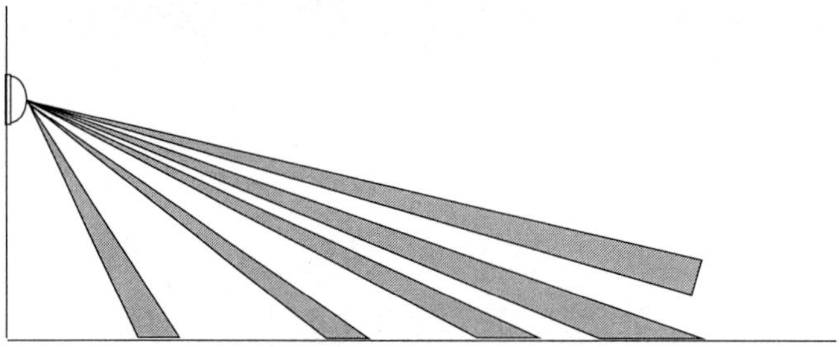

[그림 3-28b] 면경계 감지영역 입면도

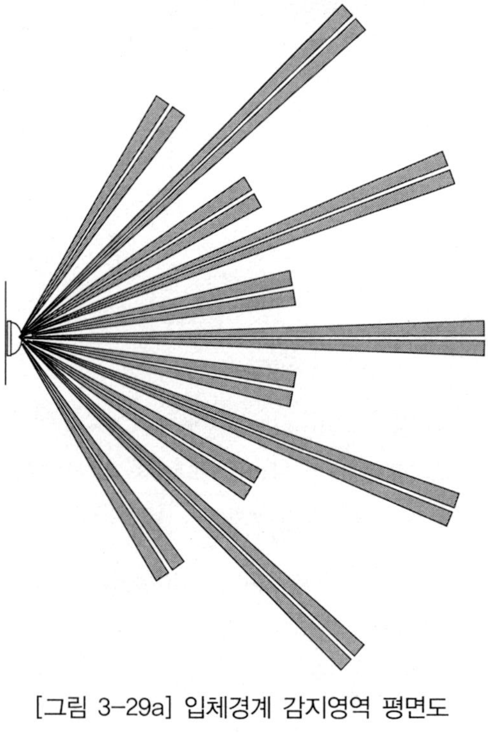

[그림 3-29a] 입체경계 감지영역 평면도

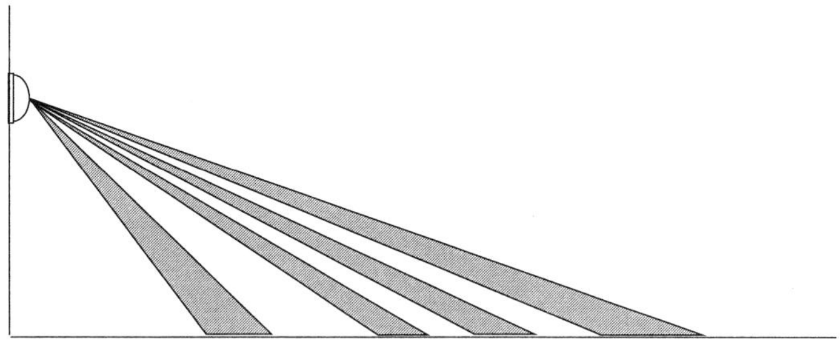

[그림 3-29b] 입체경계 감지영역 입면도

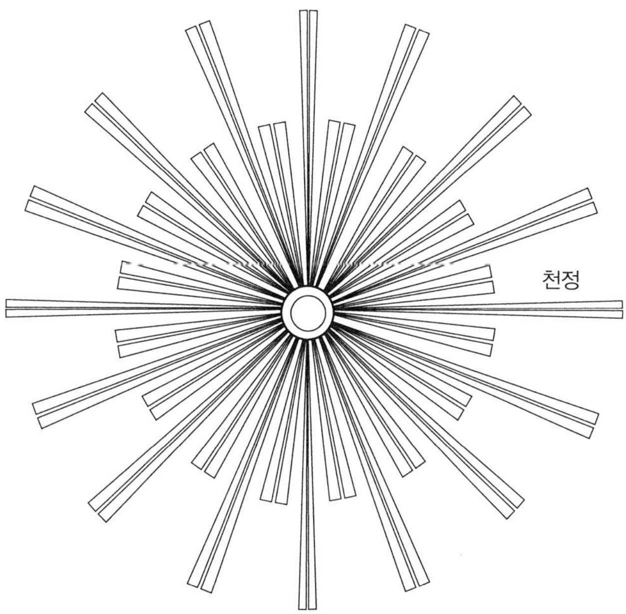

[그림 3-30] 360도 경계 감지영역 평면도

(바) 감지 속도

열선감지기는 감도를 조정할 수 있는 것도 있으며, 인간이 실내에서 0.2~5m/sec의 보행속도로 움직이는 것을 충분히 감지하도록 설계되어 있다.

(2) 주요 소자

① 초전소자(Pyroelectric Element)

② 필터(Filter) : 목재, 금속, 종이 혹은 유리 등은 2μm보다 긴 파장의 원적외선을 투과시키지 못하나, 폴리에티렌(Polyethylene)수지는 10μm 파장 근처의 원적외선을 잘 투과시킨다. 이러한 재료를 이용하여 8~14μm 파장의 원적외선만 통과시키고 기타의 가시광선과 근적외선은 제거하는 필터가 사용된다.

③ 광학계 : 반사경(Concave Mirror) 혹은 프레넬 렌즈(Fresnel lens)

(3) 특성

직류 10.2~13.2V 정도의 전원을 공급해야 하며 전형적인 수동형 감지기이다. 침입자가 감지영역을 가로지를 때 감지효과가 크다.

한 개의 초전소자를 사용한 감지기(Single Element PIR Sensor), 두 개의 초전소자를 사용한 감지기(Twin Element PIR Sensor), 4개의 초전소자를 사용한 감지기(Quad Element PIR Sensor)가 있고, 다수의 초전소자를 사용한 것은 열선감지기의 오경보를 줄이기 위한 목적이다.

계절에 따라 감도가 변하므로 자동온도보상회로가 있는 감지기도 있다.

(4) 용도

경비대상시설의 실내에 침입자가 움직이는 것을 감지하거나 금고, 서고의 중요부분 혹은 귀금속의 진열장에 접근하는 것을 감지할 때 사용한다.

(5) 사용상의 주의사항[20)]

① 주위의 진동에 영향을 받지 않게 감지기를 견고하게 설치한다.

---

20) 이강열, 전게서, p. 78.

② 감지기의 경계영역이 창이나 출입문의 유리에 닿지 않게 설치한다.
③ 햇빛이나 자동차 헤드라이트 등의 외부광선이 직접 닿지 않게 설치한다.
④ 경계영역 안에 바람에 흔들리는 전시물, 장식물 등이 없도록 한다.
⑤ 외부의 정전기, 번개, 전기적 잡음(Noise), 고주파 혹은 전자파의 영향을 받지 않게 한다.
⑥ 에어컨, 난방기 혹은 히터 등으로 인한 열선 변화가 없도록 한다.
⑦ 환풍기, 공기배출구가 있는 곳, 계단 옆 등과 같이 공기의 흐름이 있는 장소는 피한다.
⑧ 감지범위 내에 상자 혹은 상품 등의 물건이 적재되지 않도록 한다.
⑨ 천정 높이가 3m 이상이면 벽취부용 감지기를 벽에 설치한다.
⑩ 설치 후 반드시 Walk Test를 하여 감지영역을 확인하여야 한다.
⑪ 감지기 설치 후 배선구멍이나 기타 틈새로 벌레가 들어가지 못하도록 한다.
⑫ 습도가 높은 곳에서는 집광 반사경 혹은 집광 렌즈에 물방울이 부착되어 감도가 저하하거나 노후화되는 것에 유의해야 한다.

3.9.14. 초음파 감지기(Ultrsonic Sensor)

실내 침입을 감지하는 공간감지기(Motion Detector)로서 초음파 감지기(Ultrasonic Sensor)가 있다.

(1) 감지원리

(가) 초음파(Ultrasonic Wave)

사람이 들을 수 있는 소리의 가청주파수는 16~16KHz이고, 20KHz 이상의 음파는 사람이 들을 수 없는 소리로서 초음파(Ultrasonic Wave)라 한다. 초음파는 공기나, 액체 및 고체에 사용할 수가 있다. 주파수가 높고 파장이 짧기 때문에 높

은 분해력을 계측하는 감지기에 사용할 수가 있다.[21]

(나) 도플러 효과

주파수가 f인 전자파나 음파를 속도 v로 이동하고 있는 물체에 닿게 되면 반사파의 주파수 f_R은 변한다. 전자파나 음파의 속도를 v_0라 하면, f_R은

$f_R = \{(v_0-v)/(v_0+v)\}f$로 변한다.

도플러 효과는 초음파(Utrasonic Wave)나 레이저광(Laser Light)을 사용한 공간센서의 기본원리로 사용되고 있다.[22]

(다) 초음파 감지기 동작원리

초음파의 발신소자에 25KHz 혹은 40KHz의 전기적 신호를 가하면 그 주파수에 해당하는 초음파가 발생하여 타원형의 입체공간으로 발사된다.

수신소자가 반사되어 오는 초음파를 수신하고, 수신한 신호의 주파수가 발사한 초음파의 주파수와 동일하면 움직이는 물체가 없다고 판단하고, 주파수가 상이하면 움직이는 물체나 인체가 있다고 감지하여 감지출력을 내게 된다.

(2) 주요 소자

① 초음파 발신소자 및 수신소자

발신소자와 수신소자는 동일하고 페라이트 등의 자기변형 재료나 로셀염 혹은 티탄산 바륨 등의 전기변형 재료가 이용되고 있다.

(3) 특성

직류 10.2~13.2V 정도의 전원을 공급해야 하며 능동형 방식의 공간감지기 이다. 감지기 옆으로 지나가는 침입보다 감지기 앞으로 접근하거나 멀어지는 침입

---

21) 손병기, 전게서, p. 528.

22) 상게서, p. 123.

감지의 효과가 크다. 경비대상의 실내에 초음파 감지기를 2개 이상 설치하면 상호간섭에 의하여 오작동 될 수 있어 1개만 설치하는 것을 원칙으로 한다.

(4) 용도

경비대상의 실내에 침입자가 움직이는 것을 감지하거나 금고, 서고의 중요부분 혹은 귀금속의 진열장에 접근하는 것을 감지할 때 사용한다.

(5) 사용상의 주의사항[23)]

① 주위의 잡음이나 냉 · 난방 설비에 의한 바람소리 등의 영향을 받지 않게 감지기를 설치한다.

② 경비대상에 전화나 벨 같이 초음파 성분을 포함하는 음의 발생이 없는 곳에 설치한다.

③ 초음파를 발생하는 다른 기기가 없는 것을 확인하고 설치한다.

④ 같은 건물 내에 기종이 다른 초음파 감지기가 있으면 주파수가 틀려 상호간섭에 의한 오작동이 일어날 수 있으므로 피한다.

3.9.15. 도플러 마이크로웨이브 감지기 (Microwave Sensor with Doppler effect)

(1) 감지원리

(가) 마이크로파(Microwave)

전자파 중에 주파수가 300MHz~3GHz인 UHF와 3GHz~30GHz인 SHF의 일부까지 포함시켜 마이크로파라 한다. [그림 3-19]에서 보인 바와 같이 300MHz인 UHF인 파장은 1m이며 30GHz인 SHF의 파장은 10mm가 되고 10GHz인 마이크로파의 파장은 30mm가 된다.

---

23) 이강열, 전게서, p. 91.

(나) 동작원리

마이크로파의 방사원과 대상물체 사이에 상대운동이 있는 경우에는, 정지한 경우에 비해서 반사되어오는 마이크로파의 주파수가 더 크게 또는 더 작게 관측되는 도플러 효과의 원리를 이용하여 침입하는 인체를 감지한다. 일반적으로 마이크로웨이브 감지기는 10GHz 혹은 24GHz의 전자파를 방사한다.

(2) 주요 소자

① 건다이오드(Gunn Diode)

가리움아세나드(GaAs) 등의 화합물 반도체는 전자천이가 존재한다. 이 전자천이 효과에 입각하여 반도체 벌크 내에는 고 전계영역(높은 전계의 2중층)이 발생하여 주행하고 소멸하기를 반복하는 현상이 일어난다. 이 효과를 건효과(Gunn Effect)라 한다. 건 효과로 마이크로파를 발진하는 소자를 건 다이오드라 한다.[24)]

② 안테나

전파를 방사하고, 반사되어 오는 전파를 수신한다.

(3) 특성

직류 10.2~13.2V 정도의 전원을 공급해야 하며 능동형 방식의 공간감지기 이다. 초음파감지기와 같이 감지기 옆으로 지나가는 침입보다 앞으로 접근하거나 멀어지는 침입 감지의 효과가 크다. 경비대상물의 실내에 마이크로파 감지기를 2개 이상 설치하면 상호간섭에 의하여 오작동할 수 있다.

주위의 소음이나 바람 등의 영향을 받지 않으나, 내부 진동 혹은 움직이는 장식물 등의 영향을 받을 수가 있다.

---

24) 손병기, 전게서, p. 28.

(4) 용도

경비대상시설의 실내에 침입자가 움직이는 것을 감지하거나 금고, 서고의 중요부분 혹은 귀금속의 진열장에 접근하는 것을 감지할 때 사용한다. 특히 방범감지기 외에 자동문(Auto door) 앞에 설치하여 사람의 접근을 감지하여 문이 자동으로 열리게 한다.

(5) 사용상의 주의사항

① 주위의 진동에 의한 영향을 받지 않게 감지기를 설치한다.
② 경비대상시설 내에 움직이는 장식물이나 커튼 등을 제거하고 설치해야 한다.
③ 같은 옥내에 전파의 상호간섭에 의한 오작동이 없도록 한다.

3.9.16. 대향식 마이크로웨이브 감지기(Microwave Sensor)

(1) 감지원리

전파의 송신기 측에서 건 다이오드를 이용하여 10GHz대의 마이크로파를 발진하고 지향성 안테나를 사용하여 감지영역 쪽으로 송신한다. [그림 3-31]과 같이 전파를 수신하는 수신기를 발신기와 대향으로 설치하여 경계상태를 유지한다.

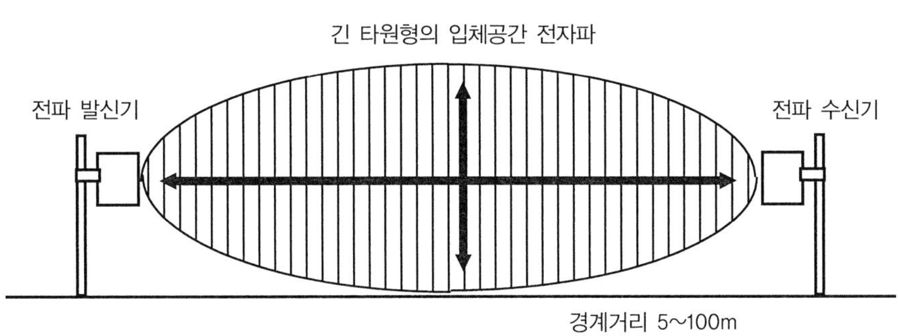

[그림 3-31] 마이크로웨이브 감지기의 경계상태

외부로부터 침입자가 감지영역을 통과할 경우 수신기가 발신기로부터 수신하는 전파량의 변화를 검출하여 감지출력을 발생하게 한다.

(2) 주요 소자

① 건다이오드(Gunn Diode)
② 포물선형 안테나(Parabola Antenna)

(3) 특성

직류 10.2~13.2V 정도의 전원을 공급해야 하며 10GHz대의 전파를 송·수신하는 능동형 방식의 감지기이다. 경계거리가 5~100m 범위의 것이 많이 공급되고 있다. 적외선 감지기에 비해서 감지영역의 폭이 넓고, 비, 눈 또는 안개의 영향을 받지 않고 날아다니는 종이나 새와 같은 작은 물체의 영향을 받지 않는다.

(4) 용도

안개가 심한 옥외의 경비대상시설에 설치하여 침입자를 감지하는 데 사용된다.

(5) 사용상의 주의사항

① 벽면이나 높이 1.0~1.5m의 폴(Pole)에 취부하여 설치한다.
② 전파를 횡단하며 차단하지 않더라도, 감지영역과 평행하게 움직이는 차량 등의 부피가 큰 금속물체가 전파에 영향을 주어 오경보를 발하게 하는 것에 대비하여 설치해야 한다.
③ 경계영역이 좁은 경비대상시설에는 적합하지 않다.
④ 건 다이오드의 경시변화로 경계거리가 감소하는 것에 대비해야 한다.

3.9.17. 금고감지기(Safe Sensor)

경비대상시설의 금고실이나 경비대상시설의 내부에 설치된 금고를 지키는 것은 방범업무 중 매우 중요한 것이다. 방범경보시스템 경계 중 금고에 접근하거나, 금고를 파괴하거나, 금고문을 개방하는 것을 감지해야 하며, 또한 감지기를 마비시키는 것도 검출할 수 있는 자기진단 및 자기방어 기능도 있어야 한다.[25]

(1) 감지원리

자석감지기, 진동감지기 및 열선감지기 혹은 마이크로웨이브 감지기의 원리를 모두 응용하여 금고 접근, 금고 파괴 및 금고문의 개방을 감지할 수 있도록 한다. 또한 [그림 3-32]와 같은 배선을 절단하는 것도 검출할 수 있는 구조로 되어 있다.

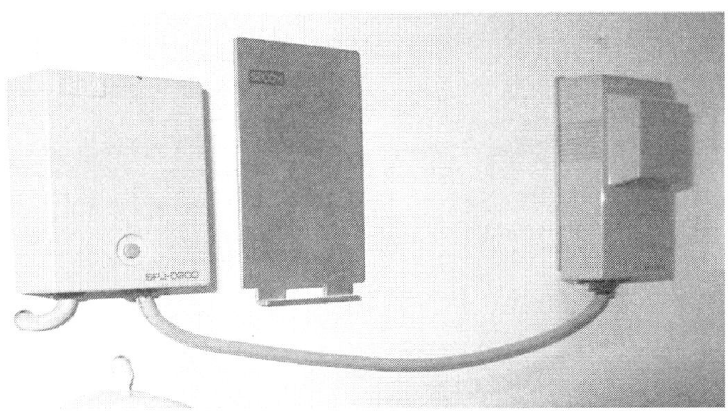

[그림 3-32] 외관

(2) 주요 소자

① 리드스위치(Reed Switch)

② 영구자석판(Magnet Sheet)

25) *SECOM HAND BOOK*, 전게서, pp. 517~518.

③ 진동감지기 소자
④ 도플러식 마이크로웨이브센서용 소자

(3) 특성

경계상태에서 배선을 절단하거나, 리드스위치부를 금고문에서 제거하지 않으면 금고문을 열 수 없도록 설계되어 있다. 금고에 접근하는 것을 감지하고, 금고문의 개방, 금고를 파괴하거나 감지기의 탈락을 감지한다.

(4) 용도

금고실 혹은 금고를 지키기 위한 시스템 구성에 사용한다.

(5) 사용상의 주의사항

① 감지기 탈락 여부를 확인할 수 있도록 한다.
② 영구자석판의 접착은 견고하게 한다.
③ 리드스위치부와의 연결 배선의 길이는 경계시 금고문을 열 수 없을 정도로 한다.

3.10. 설비이상 감지기

방범경보시스템 주제어기의 감시회로에 연결하여 설비이상을 감시하며 계약상대방 또는 설비관리회사에 통보하는 서비스를 제공한다. 이러한 목적에 사용되는 설비이상 감지기는 여러 종류가 있으나, 일반적으로 많이 사용되는 것으로는 온도이상 감지기, 전원이상 감지기, 가스누출 감지기 그리고 기타 설비이상 감지기가 있다.

3.10.1. 온도이상 감지기(Temperature Alarm Sensor)

냉장고, 온장고 혹은 Open Showcase의 온도변화를 감시하고, 필요한 범위를 벗어나는 것을 검출하기 위하여 온도이상 감지기가 사용되고 있다.

(1) 감지원리

온도감시 제어기와 측온체(온도센서)로 구성하며, 제어기로 필요한 온도 범위를 설정한다. 측온체가 측정한 온도가 설정된 온도범위를 벗어나면 제어기가 계전기(Relay) 출력을 내게 한다.

(2) 주요 소자

① 측온체 ② 온도감시 제어기

(3) 특성

(가) 온도감시 제어기

측정온도, 설정온도, 이상검출시의 온도 표시기능이 있고, 상한과 하한 온도를 설정할 수 있는 기능이 있다. 또 동작 확인시의 발보 시간 단축기능도 있다.

(나) 온도측정 소자

공업계측용 온도감지소자는 열전쌍(Thermoelectric Couple), 온도측정 저항체, 서미스터(NTC) 그리고 금속식 온도감지소자가 사용되고 있으며, 생활필수품 기기용 온도감지소자는 서미스터(NTC, PTC, CTR), 감온 훼라이트, 금속식 온도계가 사용되고 있다. 사용되고 있는 실례로서 사용할 수 있는 환경조건은 주위온도 -60~+60℃, 습도 98% 이하에서 측정온도 범위는 -55~+40℃의 것이 있다.[26)]

26) *SECOM HANDBOOK*, 전게서, pp. 535~536.

(4) 용도

냉장고, 온장고 혹은 Open Showcase의 온도범위를 벗어나는 이상을 감시하는 목적에 사용한다.

3.10.2. 전원이상 감지기(Electric Power Failure Sensor)

경비대상시설에 공급되는 교류전원이 정전되거나 기타 사유로 전원공급이 중단되는 것을 신속히 계약처에 통보할 필요가 있으며, 이러한 목적에 전원이상 감지기가 사용되고 있다.

(1) 감지원리

나라에 따라 공급되는 상용전원은 다르나, 한국에서는 교류 220V가 공급되고 있다. 교류 220V에 동작하는 계전기(Relay)를 전원이상을 감지해야 할 설비의 전원부에 연결하면 교류전원의 공급이 중단되면 계전기의 접점의 변화가 일어난다. 계전기 접점의 변화를 이용하여 전원이상을 감지한다.

(2) 주요 소자

① 교류 계전기(AC Relay)

(3) 용도

냉동설비 혹은 냉장설비와 같이 전원의 공급이 중단되면 보관하던 상품이 그 가치를 잃게 되는 경우에 설비의 전원이상을 감지한다.

3.10.3. 가스 누출 감지기(Gas Detector)

에너지원으로 사용되는 가스는 천연가스(LNG : Liquid Natural Gas)와 프로판가스(LPG : Liquid Propane Gas)가 있으며, 이러한 연료용 가스의 유출은 대형 사고를 유발할 수 있기 때문에 가스 누출을 감지하는 감지기의 요구가 높아지고 있다.

(1) 감지원리

연료용 가스를 검출하는 감지기는 반도체식, 접촉연소식, 열전도식이 사용되고 있다. 열전도식 센서는 출력이 작기 때문에 증폭회로와 정전압회로가 필요하여 가격이 비싸다. 이 때문에 반도체식과 접촉연소식이 많이 이용되고 있다.[27)]

반도체식은 연료용 가스가 공기와의 혼합비율이 폭발하한계(Explosive Level)의 1/4의 농도가 되면 감지소자 표면부에서 전자의 주고 받는 현상이 일어나 전기 저항값이 변화하는 특성을 이용하여 가스 누출을 감지한다.[28)]

접촉연소식은 백금코일선에 전류가 흐르면 발열하여 200~400℃의 온도를 유지하고 이 주위에 연료용 가스가 접촉하면 연소하게 되며, 이 때 반응열이 백금선의 저항값을 변화시킴으로써 가스 누출을 감지하게 된다.

(2) 주요 소자

① 반도체 센서소자(Pd Gate MOSFET)
② 백금 검출선

(3) 특성

액화 석유가스(LPG)는 프로판과 부탄이 주성분이며 공기보다 무겁다.

---

27) 손병기, 전게서, pp. 10~11 및 pp. 345~346.
28) *SECOM HAND BOOK*, 전게서, pp. 546~548.

액화천연가스(LNG)는 주성분이 매탄이며 공기보다 가볍다. 따라서 LPG 누출감지기는 낮은 곳(바닥에서 30cm 이내)에 설치해야 하며, LNG 누출감지기는 높은 곳(천장에서 30cm 이내)에 설치해야 한다.

즉시 경보 자동복구식이며, 2단계 유전압 2선식의 출력을 내고 가스 누출을 감지하면 표시등이 점등된다.

(4) 사용상의 주의사항[29]

① 가스종류(LPG 혹은 LNG)에 따라 바닥 가까이 혹은 천장 가까이에 설치한다.

② 가스 취급기기의 4m 이내에 설치한다.

③ 욕실같이 습기가 많은 곳 혹은 연기가 많은 곳에는 설치하지 않는다.

④ 환풍기 주변에 설치하면 누출을 감지하지 못하는 경우도 있다.

3.10.4. 기타 설비이상 감지기(Facility Alarm Sensor)

기타 설비이상 감지기로서 다음과 같은 감지기들이 있다.

① 보일러 이상 감지기

② 에어컨 이상 감지기

③ 공기흐름 이상 감지기

④ 엘리베이터 이상 감지기

⑤ 에스컬레이터 이상 감지기

⑥ 누수 감지기

⑦ 만수 감지기

⑧ 저수압 감지기

---

29) 이강열, 전게서, p. 117.

⑨ 저수위 감지기

⑩ 급배수 이상감지기

⑪ 워터펌퍼 이상 감지기

⑫ 셔터 이상 감지기

⑬ 도어 이상 감지기

⑭ 저가스압 감지기

⑮ 재실 검색 감지기

3.11. 화재감지기

방재용 화재감지기는 열감지기(온도감지기), 연기감지기와 불꽃감지기가 있으며 분류하면 다음과 같다.

- 열감지기
  - 차동식 열감지기
    - 차동식스포트형 열감지기
    - 차동식분포형 열감지기
      - 공기관식
      - 열전대식
      - 열반도체식
  - 정온식 열감지기
    - 정온식스포트형 열감지기
    - 정온식감지선형 열감지기
  - 보상식 열감지기
    - 보상식스포트형 열감지기
- 연기감지기
  - 이온화식
    - 이온화식축적형 연기감지기
    - 이온화식비축적형 연기감지기
  - 광전식
    - 광전식축적형 연기감지기
    - 광전식비축적형 연기감지기
- 불꽃감지기
  - 적외선 불꽃감지기
  - 자외선 불꽃감지기
  - 자외선 적외선 겸용 불꽃감지기

3.11.1. 열감지기(온도감지기)

1. 차동식스포트형 열감지기

- 차동식 : 주위온도가 일정 상승률 이상이 되면 감지한다.

(1) 공기팽창을 이용한 차동식 스포트형 감지기

[그림 3-33]과 같이 공기실(감열실), 다이아프램, 리크구멍, 전기접점으로 구성되며, 감열부의 공기가 급격히 팽창하면 다이아프램이 변화하고 전기접점을 작동한다.

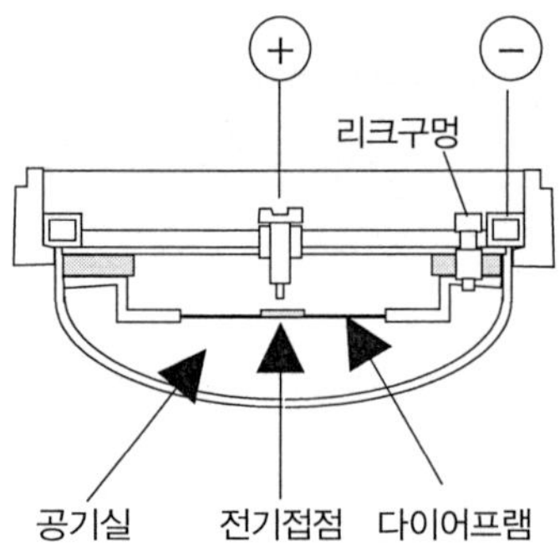

[그림 3-33] 차동식스포트형 열감지기

(2) 열기전력을 이용한 차동식스포트형감지기

반도체 열전대와 고감도 릴레이로 구성, 열전대가 열기전력을 발생하면 릴레이를 구동한다.

(3) 1종과 2종 차동식 스포트형 열감지기

- 1종 : 실내온도보다 20도 높은 기류에서 30초 이내 동작한다.
- 2종 : 실내온도보다 30도 높은 기류에서 30초 이내 동작한다.

2. 차동식분포형 열감지기

(1) 공기관식 차동식 분포형 감지기

[그림 3-34]와 같은 공기관 내의 팽창된 공기를 검출부의 다이어프램이 변하여 전기점점을 작동한다.

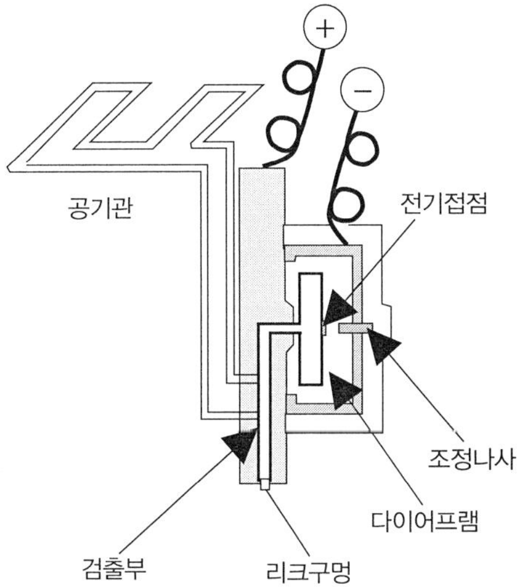

[그림 3-34] 차동식분포형 열감지기

(2) 열전대식 차동식 분포형 감지기

- 열전대부의 열전대에서 발생한 열기전력을 검출한다.

(3) 열반도체식 차동식 분포형 감지기

- 열반도체소자를 포함하는 감열부에서 발생하는 열기전력을 감지한다.

3. 정온식스포트형 열감지기

- 정온식 : 주위온도가 일정온도 이상되면 감지한다.

(1) 바이메탈을 이용한 정온식 스포트형 감지기

- [그림 3-35]의 바이메탈이 온도가 변하면 활곡하여 접점이 붙게 한다.

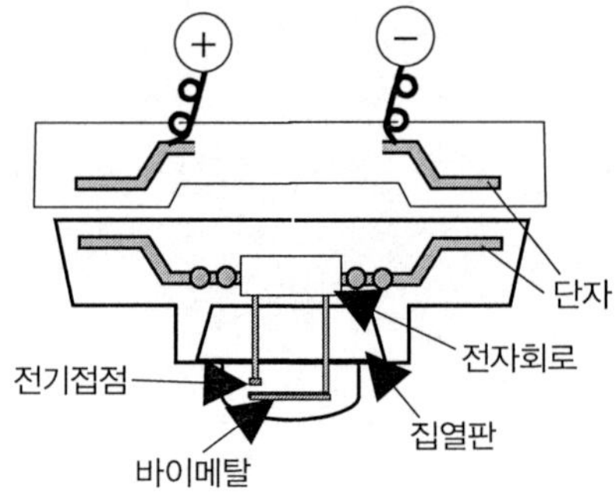

[그림 3-35] 정온식스포트형 열감지기

(2) 금속의 팽창계수 차를 이용한 정온식스포트형 감지기

- 금속팽창계수가 큰 외부금속판과 팽창계수가 작은 금속판으로 구성되며 외부금속판이 크게 팽창하면 접점이 붙게 된다.

(3) 가용절연물을 이용한 정온식스포트형 감지기

- 화재가 발생하면 절연물체가 녹아서 접점이 붙게 된다.

4. 정온식감지선형 열감지기

- 일국소의 주위온도가 일정온도 이상이 되면 [그림 3-36]의 감지선이 붙게 된다.

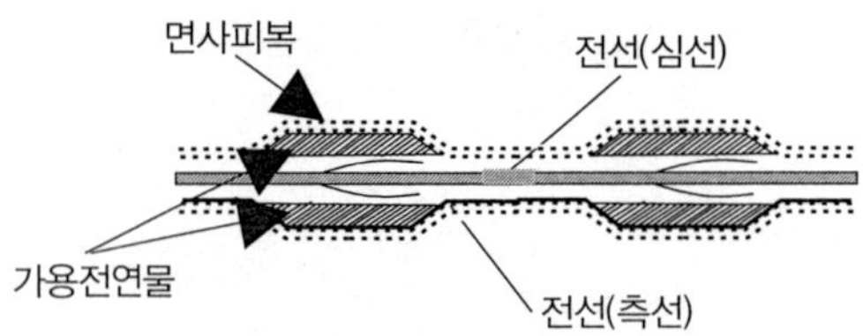

[그림 3-36] 정온식 감지선형 열감지기

5. 보상식스포트형

- 차동식과 정온식의 특성을 가진 감지기로, 주위온도의 상승률과 일정온도 이상이 되면 [그림 3-37]의 전기접점이 작동하여 감지하는 방식이다.

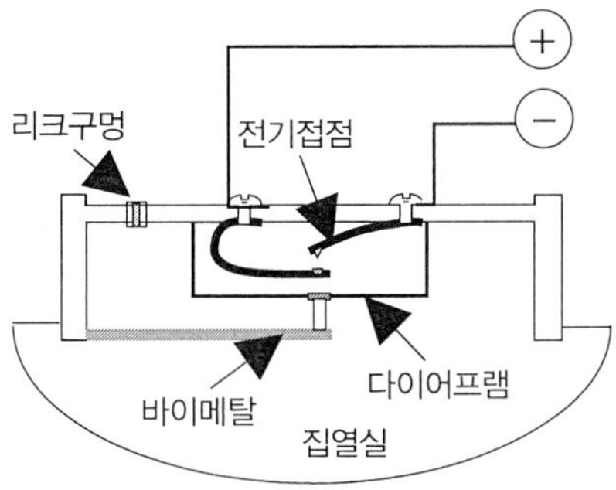

[그림 3-37] 보상형 열감지기

3.11.2. 연기감지기(Smoke Detector)

화재 발생시의 연기를 감지하는 연기감지기로는 이온화식과 광전식이 있고, 연기를 축적하여 20~30초 후에 동작하는 축적형과 순간적 농도를 검출하여 동작하는 비축적형이 있다.

1. 이온화식연기 감지기

연기가 [그림 3-38]의 외부이온실로 흘러들어오면 이온전류가 내부이온실의 이온전류보다 감소하는 것을 검출한다.

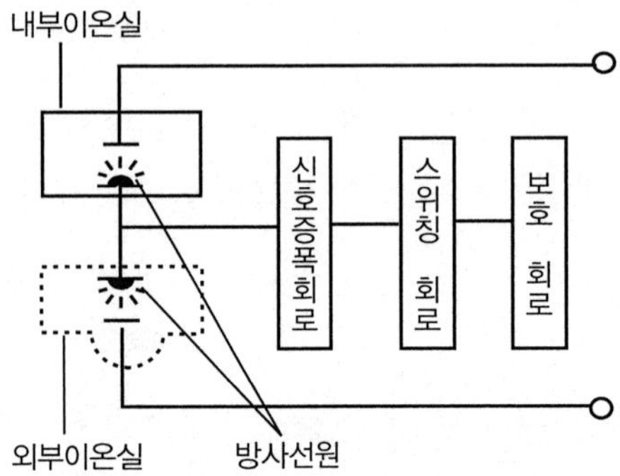

[그림 3-38] 이온화식 연기감지기

2. 광전식 연기감지기

(1) 스포트형 광전식 연기감지기

[그림 3-39]와 같이 주위의 빛을 차단한 암상자에 발광소자가 한 방향으로 빛을 발광하고, 산란광만 수광하는 위치에 광전소자를 위치, 암상자에 연기가 유입되면 광전소자가 수광하여 발보한다.

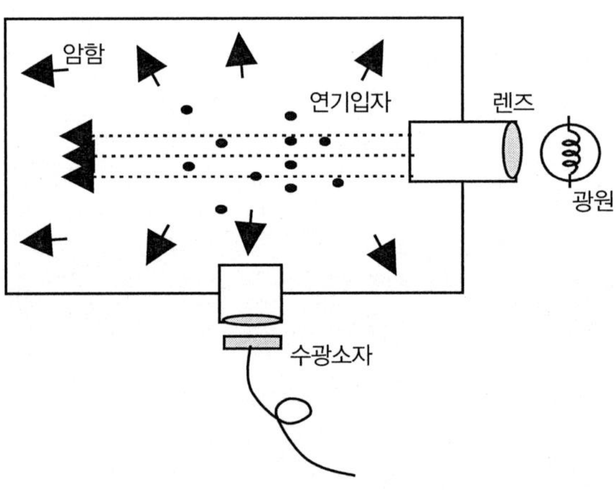

[그림 3-39] 광전식 연기감지기

(2) 분리형 광전식 연기감지기

투광부에서 빛을 투광하고 수광부에서 수광하다가 연기로 인하여 수광량이 변하면 감지한다.

3.11.3. 불꽃감지기(Flame Checker)

초기에 불꽃을 감지하여 대형 화재를 예방할 수 있는 감지기이다.

(1) 불꽃감지기의 동작원리

불이 발생하면 이산화탄소, 일산화탄소, 수증기, 탄화수소 그리고 탄소(C)성분의 가스가 발생되며 적외선(IR)과 자외선(UV)의 에너지도 방사된다. 불꽃의 적외선(IR)과 자외선(UV) 방사에너지를 검출하여 불꽃을 감지한다.

- **적외선 불꽃감지기**
  적외선(IR)에너지의 검출은 열선감지기에 사용되는 초전소자로 감지한다.
- **자외선 불꽃감지기**
  자외선(UV)에너지는 UVtron이라는 광전관으로 검출한다.
- **자외선 적외선 겸용 불꽃감지기**
  적외선 불꽃감지기와 자외선 불꽃감지기의 기능을 겸한 감지기이다.

(2) 불꽃감지기 특성

- 약 10m 거리 내의 불꽃 크기가 약 7cm인 불꽃(가스라이터 불꽃 크기)을 검지속도 0.2sec로 감지한다.
  ※ 크기가 1m인 불꽃은 약 25m에서 감지하며, 감지각도는 수평 및 수직 90도이다.

3.12. 방범경보시스템의 통보기

방범경보시스템의 모드(세트나 해제)에 관계없이 경비대상시설 내에 사람이 있을 때 관제시설에 이상신호를 전송하는 경우는 비상사태가 발생하거나, 구급이 필요한 때이다. 이 경우에는 통보기를 조작함으로써 이상신호를 전송한다.

3.12.1. 비상통보기

비상사태가 발생하여 관제시설에 통보하는 데 사용되는 기기는 누름 비상통보기, 발판 비상통보기와 무선 비상통보기가 있다.

1. 비상통보기(Panic Button Switch)

(1) 개요

비상사태 때에 손으로 눌러 접점을 변하게 하여 비상상황을 알린다.

(2) 특성

손으로 눌러 내장된 마이크로스위치의 접점을 변화시키며, 누른 상태가 특수한 복구장치로 복구할 때까지 유지된다.[30)]

(3) 사용상의 주의사항

① 비상사태 때에도 조작하기 용이한 위치에 설치한다.

② 장난이나 실수로 오조작이 없도록 위치를 선정하여야 한다.

---

30) *SECOM HANDBOOK*, 전게서, p. 536.

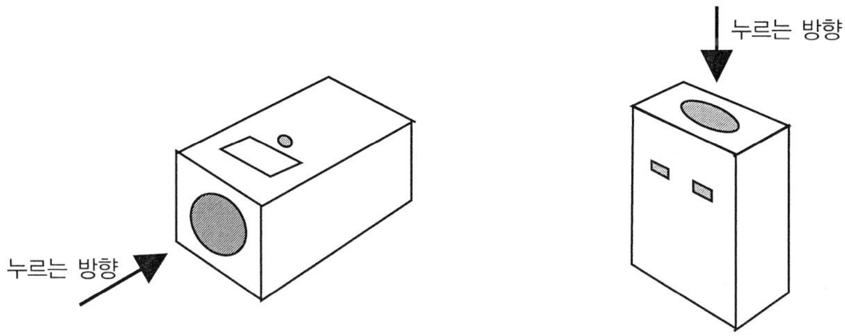

[그림 3-40] 비상통보기의 누르는 방향

2. 발판 비상통보기(Panic Foot Switch)

(1) 개요

비상사태 때에 발의 조작으로 접점을 변화시켜 비상상황을 알린다.

(2) 특성

발로 조작판을 위로 올리거나 발로 밟아 내장된 마이크로스위치의 접점을 변화시키며, 조작상태가 특수한 복구장치로 복구할 때까지 유지된다.[31]

(3) 사용상의 주의사항

① 범죄자에게 노출되지 않으면서도 조작이 용이한 위치에 설치한다.

② 장난이나 실수로 오조작이 없도록 위치를 선정하여야 한다.

---

31) *Op. cit.*

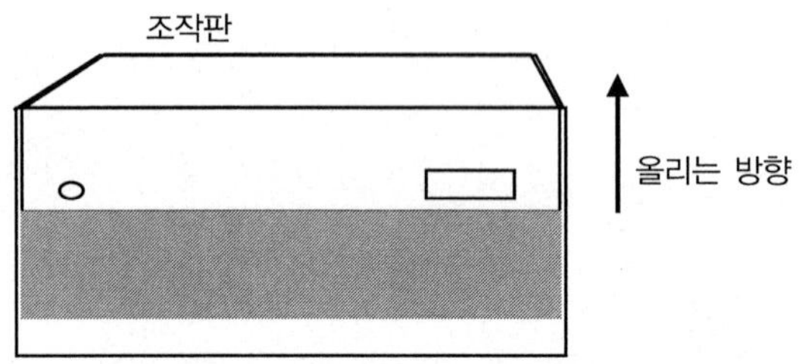

[그림 3-41] 발판 비상통보기의 조작 방향

3. 무선 비상통보기(Wireless Panic Button Switch)

(1) 개요

비상통보 조작기와 무선수신모듈로 구성되며, 조작기를 조작하면 전파, 음파 혹은 적외선 신호가 발사되고 이 신호를 무선수신모듈이 수신하여 주제어기로 이보함으로써 비상통보신호를 전송한다.

(2) 특성

조작기가 고정되지 않으므로 비상사태 때에 조작이 용이하다. 건전지로 동작하며, 목걸이형 혹은 휴대형이 있다.

(3) 사용상의 주의사항

① 부주의에 의한 오작동이 없도록 철저한 설명이 필요하다.
② 건전지의 전압을 확인하는 기능이 필요하다.
③ 사용자의 무관심으로 휴대나 보관을 소홀히 하지 않게 한다.

3.12.2. 구급통보기(Medical Alarm Switch)

(1) 개요

경비대상시설이 주택인 경우, 노약자나 병약자가 구급을 요청할 상태가 발생하여 기계경비업자 관제시설로 구급신호를 전송하고자 조작하는 기기를 구급통보기(Medical Alarm Switch)라 한다. 구급통보 조작기와 무선수신모듈로 구성되며, 조작기를 조작하면 전파, 음파 혹은 적외선 신호가 발사되고 이 신호를 무선수신모듈이 수신하여 주제어기로 이보함으로써 구급통보신호를 전송한다.

(2) 특성

건전지를 전원으로 사용하며, 목걸이형과 벽 부착용이 있다. 목걸이형은 [그림 3-42a]와 같이 2개의 누름단추(Button)를 눌러 2개의 스위치가 모두 닫힐 때(ON 상태) 신호를 발사한다.

벽 취부용은 [그림 3-42b]와 같이 욕실에 취부할 수 있도록 방수형으로 되어 있다.32)

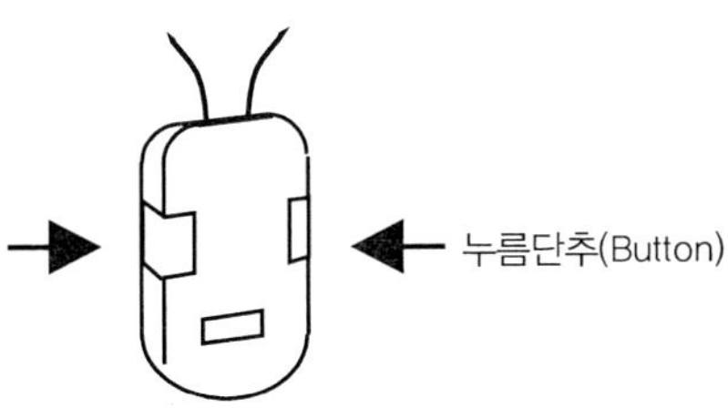

[그림 3-42a] 목걸이형 구급통보기

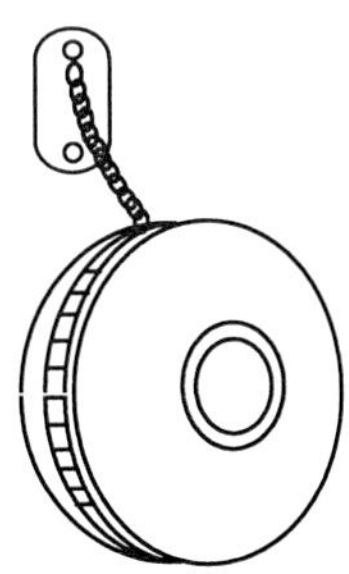

[그림 3-42b] 벽 취부용형 구급통보기

32) *SECOM HANDBOOK*, 전게서, p. 133.

(3) 사용상의 주의 사항

① 부주의에 의한 오작동이 없도록 철저한 설명이 필요하다.

② 항상 목에 걸거나 정해진 위치에 두도록 해야 한다.

③ 건전지의 전압을 확인하는 기능이 필요하다.

3.13. 방범경보시스템의 데이터통신

[그림 3-2]와 같은 방범경보시스템의 구성에서 통신채널(Communication Channel)을 통하여 경비대상시설측에서 관제시설측으로 데이터를 전송하며, 이는 데이터통신 중의 하나이다.

3.13.1. 데이터통신(Data Communication)

방범경보시스템의 관제시설에서 경비대상시설을 원격으로 감시하기 위해서는 현장의 시스템모드 및 이상 유무에 관한 정보가 필요하다. 데이터통신에서 정보(Information)란 사실, 개념 혹은 설명 등의 의미(Meaning)이고, 사실, 개념 혹은 설명 등을 통신에 적합하도록 사람이 혹은 자동적으로 시간에 대한 변화값으로 변환한 것을 데이터(Data)라 한다. 데이터를 송신측에서 수신측으로 전송하기 위하여 전기적 혹은 빛으로 처리한 것을 신호(Signal)라 한다.

[그림 3-43]은 데이터통신의 블록도이다.[33]

---

33) William Stallings, Ph.D., *DATA AND COMPUTER COMMUNICATION*, (New York : Macmillan Publishing Co., 1991), pp. 2~3.

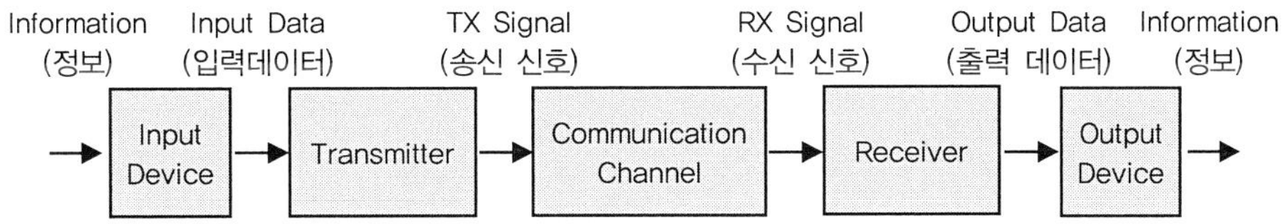

[그림 3-43] 데이터통신의 블록도

데이터(Data)는 아날로그데이터(Analog Data)와 디지털 데이터(Digital Data)로 구분되는데, 방범경보시스템에서 주제어기의 모드 및 이상유무에 관한 데이터는 디지털데이터이며, 현장의 음향이나 영상에 관한 데이터는 아날로그 데이터이다. 신호(Signal)는 아날로그 신호(Analog Signal)와 디지털 신호(Digital Signal)로 구분되며, 방범경보시스템에서는 주로 디지털신호로 전송된다. [그림 3-44a] 및 [그림 3-44b]에서 표시된 것과 같이 데이터를 아날로그 신호로 변환하여 통신할 때는 변조기(Modulator)와 복조기(Demo-dulator)가 사용되고, 디지털 신호로 변환하여 통신할 때는 엔코더(Encoder)와 디코더(Decoder)가 사용된다.[34]

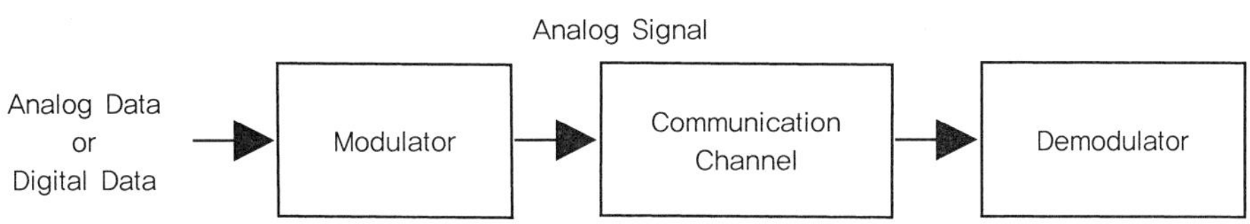

[그림 3-44a] 아날로그 신호를 위한 변조 및 복조

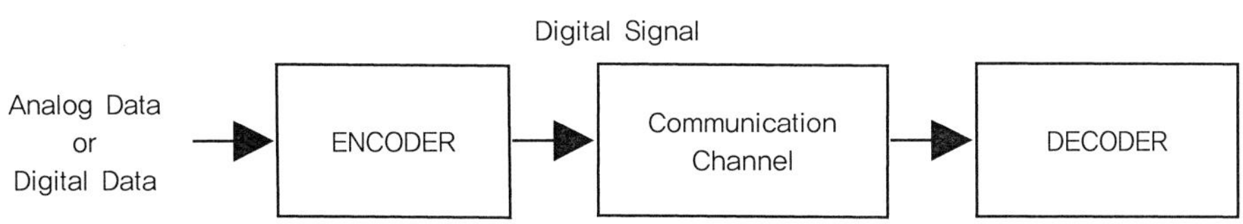

[그림 3-44b] 디지털 신호를 위한 엔코딩 및 디코딩

34) William Stallings, Ph.D., *Ibid.*, pp. 95~96.

방범경보시스템의 주제어기는 엔코딩(Encoding)하는 통신기능을 가지며, 관제수신장치(CS Data Receiver)는 디코딩(Decoding)하는 기능을 가진다.

디지털 데이터통신(Digital Data Communication) 방법은 동기식 통신방법(Synchronous Communication)과 비동기식 통신방법(Asynchronous Communication)이 있다.

동기식 통신(Synchronous Communication)은 데이터 통신에서 직렬전송을 하기 위하여 일정한 클럭 펄스(Clock Pulse)에 동기시켜 신호를 송수신하는 방식이다.[35)]

동기를 확립시키는 방법으로는 비트동기, 캐릭터동기 및 프레임동기 등이 있으며, [그림 3-45a, b]는 비트동기와 캐릭터동기의 설명도이다.[36)]

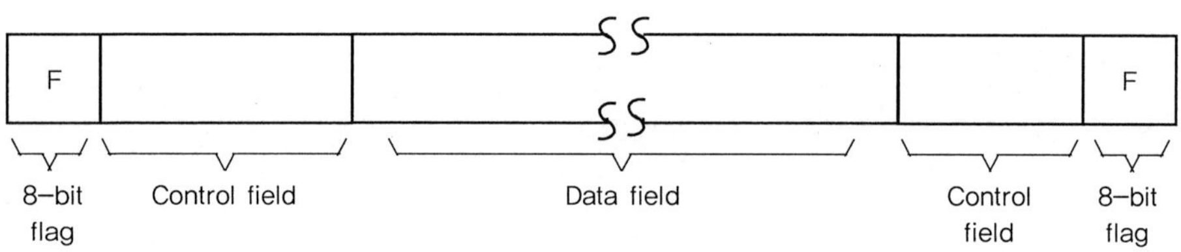

[그림 3-45a] 비트동기 프레임(Bit-oriented Frame)

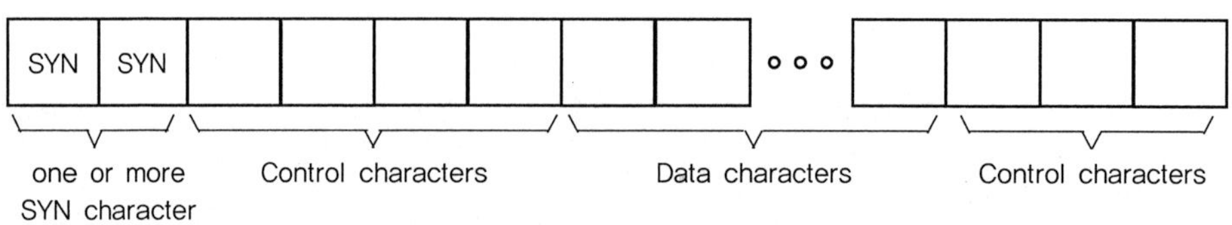

[그림 3-45b] 캐릭터동기 프레임(Character-oriented Frame)

비동기식 통신방법(Asynchronous Communication)은 타이밍을 생각하지 않고 데이터를 전송하는 방식의 통신이다.[37)]

35) 스마트 전기 · 전자 용어사전(서울 : 도서출판 탐구원, 1997), p. 1173.

36) William Stallings, Ph.D., *Ibid.*, pp. 134~138.

37) 스마트 전기 · 전자 용어사전, 상게서, p. 66.

비동기식 통신은 [그림 3-46a, b]와 같이 시작(Start)과 중지(Stop) 코드(Code)가 포함된 신호가 전송된다.

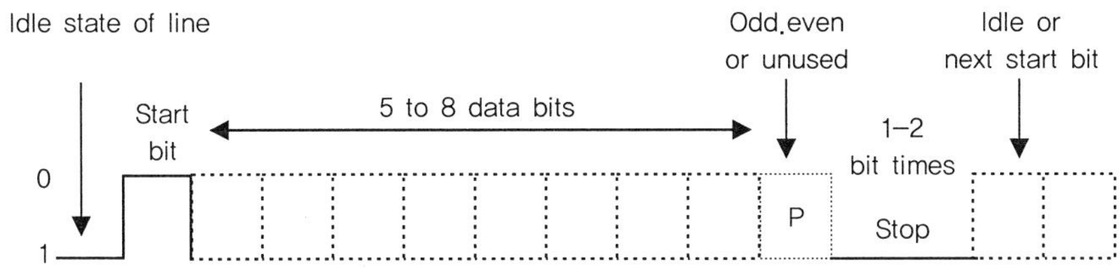

[그림 3-46a] 캐릭터 형식(Character format)

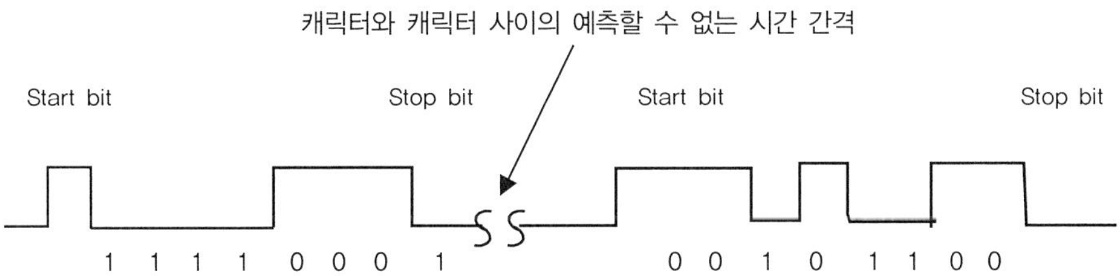

[그림 3-46b] 8-bit의 비동기 캐릭터 흐름 (Asynchronous Character Stream)

비동기식 통신은 동기식 통신에 비하여 효율이 20% 정도 떨어진다.[38]

방범경보시스템의 데이터 통신은 전송하는 데이터는 매우 중요하나 데이터량은 그리 많지 않고, 다수의 송신측에서 1개의 수신측으로 전송하는 시스템이므로 비동기식 통신방법이 많이 채택되고 있다.

3.13.2. 통신채널(Communication Channel)

멀리 떨어진 두 장소 간에 통신매체를 이용하여 데이터를 전송하는 통신로(通信路)를 통신채널(Communication Channel)이라 한다.[39]

---

38) William Stallings, Ph.D., *Op. cit.*.

39) 스마트 전기 · 전자 용어사전, 전게서, p. 224.

통신매체로는 유선매체인 평행대선(Parallel Wire), 꼬임쌍전선(Twisted Pair Wire), 동축케이블(Coaxial Cable), 광섬유케이블(Optic Fiber Cable)이 있고, 무선매체인 무선라디오전파(Radio Wave), 지상 마이크로파(Terrestrial Microwave) 및 인공위성 마이크로파(Satellite Microwave)가 있다.[40]

유선 통신매체(Guided Communication Media)의 특성은 〈표 3-1〉과 같다.[41]

〈표 3-1〉 유선 통신매체의 전송특성

통신 매체	Total Data Rate	대역폭 (Bandwidth)	중계국간 거리
Twisted Pair	4Mbps	250KHz	2~10Km
Coaxial Cable	500Mbps	350MHz	1~10Km
Fiber Optics	2Gbps	2GHz	10~100Km

무선 통신매체인 무선 라디오전파(Radio Wave)와 마이크로파(Microwave)의 근본적인 차이는 라디오전파는 전방향성(Omnidirectional)인 반면에 마이크로파는 지향성(Focusted)이라는 것이다.[42]

방범경보시스템의 데이터통신에 주로 사용되는 유선 통신매체는 평행대선이며, 통신매체가 제공되는 방법에 따라 통신채널을 분류하면 전용회선(Leased Direct Line), 공중교환 전화망(PSTN : Public Switching Telephone Network)과 전화보안시스템(TSS : Telephone Security System)이 있다. 무선 통신매체로는 무선데이터통신망(Radio Frequency Data Communication Network)과 이동통신전화망(Cellular Phone Network) 등이 방범경보시스템에 사용되는 통신채널이다.

40) William Stallings, Ph.D., *Ibid.*, pp. 68~87.

41) William Stallings, Ph.D., *Ibid.*, p. 67.

42) William Stallings, Ph.D., *Ibid.*, p. 86.

3.12.3. 전용회선(Leased Direct Line)

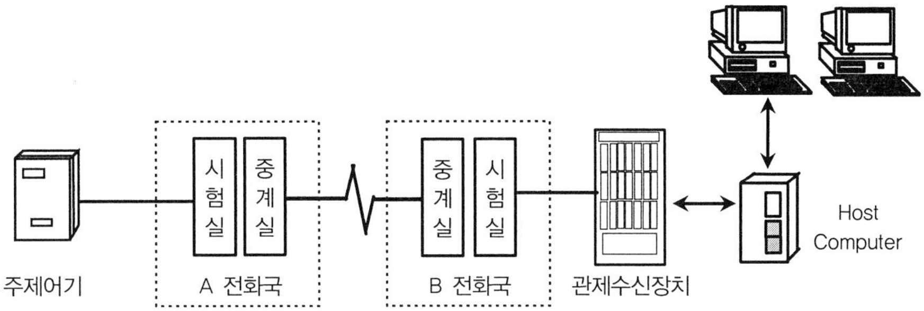

[그림 3-47] 전용회선 망구성도

(1) 망구성

전용회선이란 통신사업자의 통신회선을 특정 고객이 독점하여 사용할 수 있도록 구성하는 회선을 말하며, [그림 3-47] 전용회선 망구성도와 같이 전화국 교환실에 있는 공중교환기를 거치치 않고 Point to Point 방식의 1 : 1로 구성된다. 교환기를 거치지 않으므로 통신사업자가 허용하는 조건하에서 고객이 임의로 데이터나 음성 혹은 영상 등의 통신을 할 수 있다.

(2) 종류

통신사업자가 제공하는 시내 전용회선은 전화급전용회선과 각종 디지털전용회선이 있으며 〈표 3-2〉와 같다.

〈표 3-2a〉 전화급 전용회선

구 분	종 류	통신 조건	비 고
제1규격	2선식	300~3,400Hz대역의 회선으로 2,400bps로 통신가능	수용국내 혹은 수용국외에 따라 사용료 결정 수용국외는 1~6km, 7~12km, 13km 이상
	4선식		
제2규격	2선식	300~3,400Hz대역의 회선으로 9.6Kbps로 통신가능	
	4선식		

〈표 3-2b〉 디지털 전용회선

구 분	종 류	통신 조건	비 고
저속디지털	제1규격	50bps까지 통신 가능	수용국내와 수용국외로 구분하여 사용료 결정
	제2규격	300bps까지 통신 가능	
중속디지털	제1규격	2,400bps까지 통신 가능	수용국내와 수용국외로 구분하여 사용료 결정 수용국외는 1단계 (1~6km) 2단계 (7~12km) 3단계 (13km 이상) 으로 구분하여 사용료 결정
	제2규격	4,800bps까지 통신 가능	
	제3규격	9,600bps까지 통신 가능	
	제4규격	64Kbps까지 통신 가능	
고속디지털	제1규격	128Kbps까지 통신 가능	
	제2규격	192Kbps까지 통신 가능	
	제3규격	256Kbps까지 통신 가능	
	제4규격	384Kbps까지 통신 가능	
	제5규격	448Kbps까지 통신 가능	
	제6규격	512Kbps까지 통신 가능	
	제7규격	768Kbps까지 통신 가능	
	제8규격	1,024Mbps까지 통신 가능	
	제9규격	1,544Mbps까지 통신 가능	
	제10규격	2,048Mbps까지 통신 가능	
초고속 디지털	제1규격	45Mbps까지 통신 가능	
	제2규격	155Mbps까지 통신 가능	

자료 : 인터넷사이트(www.kt.co.kr, 2004), 한국통신홈페이지, 전용회선

방범경보시스템에 많이 사용되는 전용회선은 〈표 3-2b〉의 저속디지털회선 제1규격으로서 2선 1회선이다. 방범경보시스템 주제어기가 50~300bps의 통신속도로 데이터를 관제수신장치로 전송한다.

(3) 통신규약(Protocol)과 데이터 형식(Data Format)

두 단말기(Entity)간에 성공적인 데이터통신이 이루어지기 위해서는 무엇을, 어떻게 또 언제 통신할 것인가를 상호 수납하는 협약이 정해져야 하며, 이러한 협약을 통신규약(Protocol)이라 한다. 통신규약의 기본 요소는 데이터 형식(Data

Format), 코드 및 신호레벨을 포함하는 신텍스(Syntax)와 일치를 위한 조정정보, 오류 감소를 위한 신호를 포함하는 시멘틱스(Semantics)와 속도일치와 순서를 포함하는 타이밍(Timing)이다.[43]

방범경보시스템에서 전용회선을 통해 데이터통신을 할 경우의 통신규약과 데이터 형식은 경비업체마다 다르다.

(4) 특성

고객이 독자적으로 망을 구성하여 다양한 단말기를 접속할 수가 있고, 데이터를 지속적으로 송수신할 수 있으므로 회선장애를 20초 이내에 검출할 수가 있다. 통신량에 관계없이 월 사용료가 일정하다.

회선을 즉시 사용할 수가 없고, 회선 구축을 위한 시간이 소요된다.

(5) 사용상의 주의사항

① 관제수신장치 측의 대량 회선 장애에 대한 백업 대책이 필요하다

② 회선의 유지보수 체계가 필요하다.

(6) 통신속도별 사용장비

통신속도별 회선 종단장치는 다음과 같다.

- 저속급 50~9.6kbps : MODEM
- 중속급 9.6~56kbps : DSU; Data Service Unit
- 128~256kbps : HSM; High Speed Modem
- 고속급 512~2048kbps : CSU Router; Channel Service Unit

---

43) William Stallings, Ph.D., *Ibid.*, pp. 421～422.

3.13.4. 공중교환 전화회선망
(PSTN : Public Switching Telephone Network)

(1) 망구성

공중교환 전화회선은 [그림 3-48]과 같이 통신사업자의 공중교환기를 거쳐서 망이 구성된다.

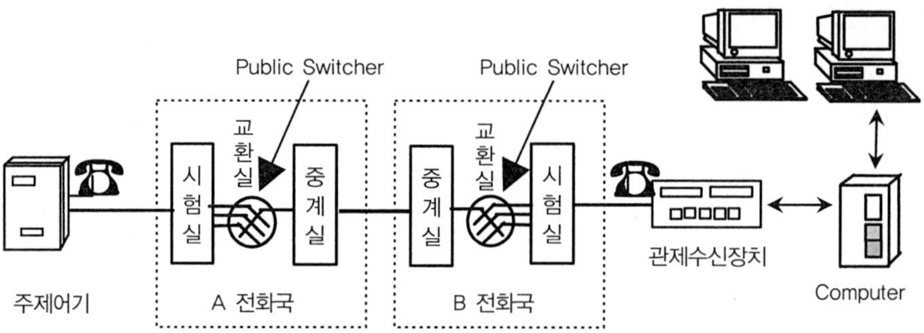

[그림 3-48] 공중교환 전화회선 망구성도

(2) 통신방법

[그림 3-48]의 주제어기가 관제수신장치에 연결된 전화번호를 호출(Dialing)하여 공중교환기가 회선을 접속시킴으로써 망이 구성되면, 이중톤 다주파신호(DTMF ; Dual Tone Multiple Frequency), 차동위상편이통신(DPSK ; Differential Phase Shift Keying) 또는 주파수편이통신(FSK ; Frequency Shift Keying) 방식으로 관제수신장치에 신호를 전송한다.

통신규약은 경비회사에 따라 서로 다르나, 미국에서 일반적으로 널리 사용되고 있는 주제어기의 신호전송부(Communicator)와 공중교환전화회선용 수신장치 사이에 이루어지는 전송절차 및 수신절차는 [그림 3-49a, b]와 같다.[44]

44) 이강열, 전게서, pp. 128~129.

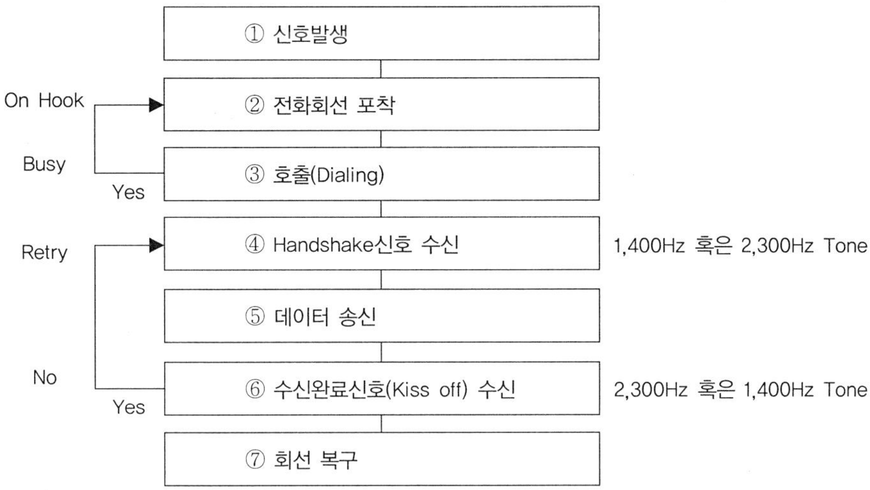

[그림 3-49a] 주제어기의 데이터 전송절차

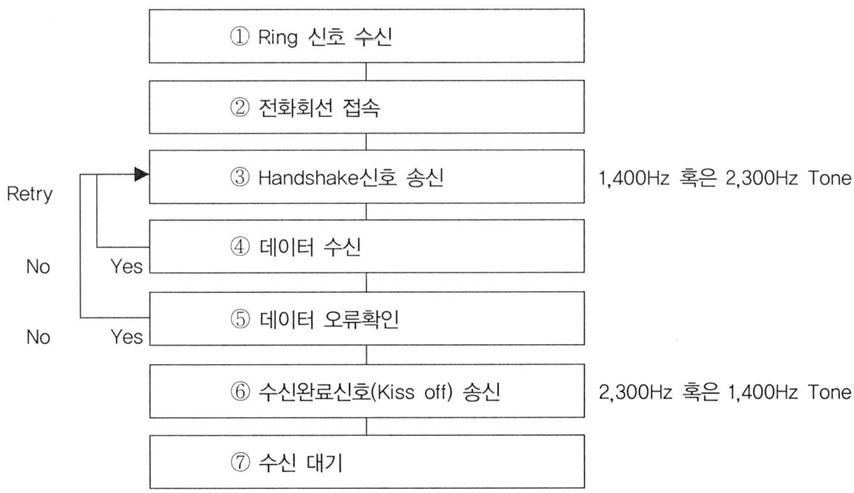

[그림 3-49b] 관제수신장치의 데이터 수신절차

(3) 특성

기존에 구성되어 있는 전화회선을 이용하여 데이터통신망을 즉시 구성할 수 있다.

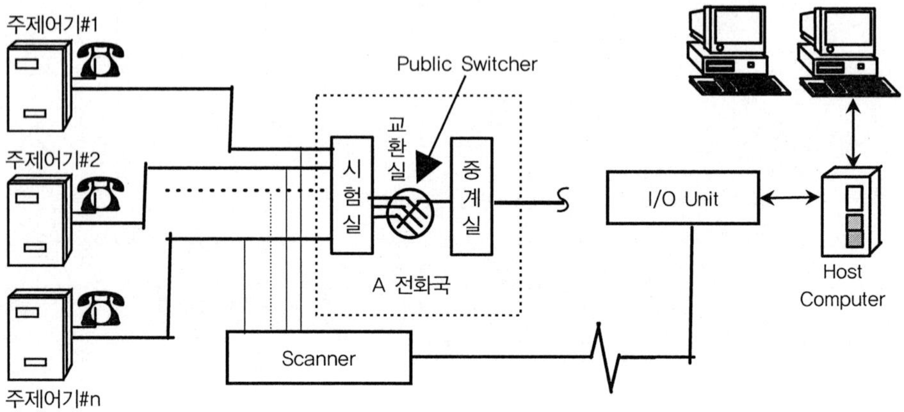

[그림 3-50] 전화보안시스템(TSS) 망구성도

호출(Dialing)에 의한 교환기의 접속 후에 데이터를 전송하고 수신할 수 있다. 데이터 전송 후 회선을 복구한 후는 교환기에 의한 접속이 되어 있지 않으므로 상대측의 회선장애를 검출할 수 없다. 통신 횟수와 시간에 따라 통신료가 정해진다.

(4) 사용상의 주의사항

① 회선 절단에 의한 통신 불능 대비책이 필요하다.
② 정시발보(定時發報)로 회선장애를 파악하도록 한다.
③ 의도적인 통화로 데이터통신을 방해하는 것에 대비해야 한다.
※ 통화와 데이터통신의 우선순위를 설정해야 한다.

3.13.5. 전화보안시스템(TSS : Telephone Security System)

(1) 망구성

TSS은 [그림 3-50]과 같이 공중교환기를 거치지 않고, 전화국의 시험실과 경비대상시설 간의 회선에 접속하여 회선의 장애유무를 확인하고 데이터를 통신할 수 있는 장치인 스캐너(Scanner)를 통하여 관제시설의 장치와 연결하는 망으로 구성된다.

(2) 특성

기존에 구성되어 있는 전화회선을 이용하여 즉시 데이터통신망을 구성할 수 있다. 주제어기와 스캐너(Scanner) 간에 데이터통신이 이루어지며 회선장애를 검출할 수 있다. 통신량에 관계없이 월 사용료가 일정하다.

(3) 사용상의 주의사항

① 스캐너의 장애 발생에 대한 백업대책이 필요하다

② 통신사업자의 통제에 따라야 한다.

3.13.6. 이동통신전화망(Cellular Phone Network)

(1) 망구성

이동통신전화망을 이용하는 것으로써 공중교환전화회선을 이용하는 데이터통신과 같다. 이동통신전화망의 구성에 사용되는 안테나는 [그림 3-51]과 같다.

[그림 3-51] 이동통신전화망의 안테나

(2) 특성

경비대상시설 밖에서 회선장애를 만들 수 없다는 점과 통화료 차이 이외는 공중교환전화회선을 이용하는 데이터통신과 같다.

3.13.7. 무선데이터통신망 (Radio Frequency Data Communication Network)

(1) 망구성

[그림 3-52]와 같이 관제센터와 무선데이터 통신서비스회사의 Server와는 전용회선, Server와 무선 기지국(Base Site)과도 전용회선으로 데이터통신이 이루어지나 무선기지국과 Wireless Device간에는 무선으로 데이터 통신망이 구성된다.

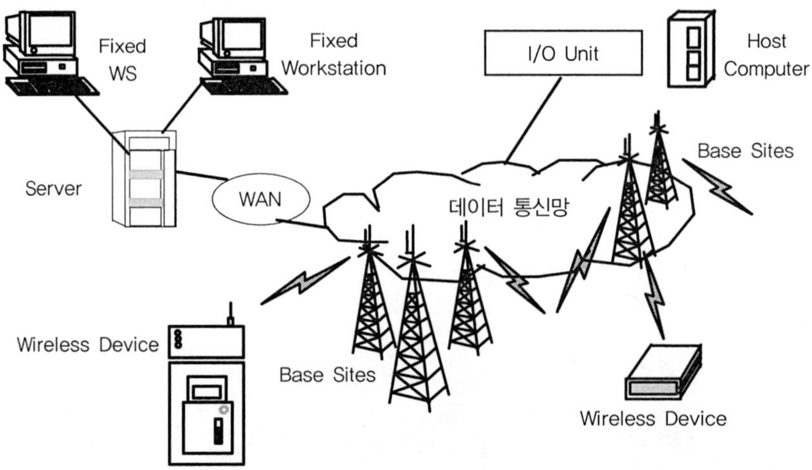

[그림 3-52] 무선데이터 통신망의 구성

(2) 특성

경비대상시설 밖에서는 회선장애를 만들 수 없으며 나머지는 공중교환전화회선을 이용하는 데이터통신과 같다.

무선통신모듈과 기지국간의 통신은 무선라디오전파(Radio Frequency RX 938~946 MHz, TX 898 MHz)로 데이터통신을 수행한다.

(3) 사용상의 주의사항

① 전계 강도가 충분한지 확인 후 사용해야 한다.
② 철문이나 철제 셔터를 닫은 후의 전계 강도를 확인해야 한다.
③ 정시발보(定時發報)로 회선장애를 파악하도록 해야 한다.

3.13.8. 기타 데이터통신망

위에서 설명한 통신채널 전용회선(Leased Direct Line), 공중교환 전화회선망(PSTN : Public Switching Telephone Network)과 전화보안시스템(TSS : Telephone Security System), 무선데이터통신망(Radio Frequency Data Communication Network)과 이동통신전화망(Cellular Phone Network)외에 업계의 연구진들은 기타의 통신채널을 개발하고 있다.

예를 들면, 케이블텔레비전(CATV) 망을 통한 데이터통신과 인터넷망(Internet)을 활용한 방범경보시스템의 데이터통신 등을 실용화하기 위한 연구가 진행되고 있다.

3.14. 관제 수신장치(Central Station Data Receiver)

방범경보시스템에서 경비대상시설의 주제어기 모드변화, 이상신호 혹은 확인용 신호를 전용회선, 공중교환전화회선, 전화보안시스템, 이동통신전화회선 혹은 무선데이터통신망 등의 통신채널을 통하여 관제시설로 전송하면 신호를 수신, 비교 분석하고 처리하여 관제요원이 감시업무를 수행하게 하는 모든 장치를 관제장치라 한다.

관제장치는 [그림 3-53]과 같이 전용회선을 통해 전송되어 오는 신호를 수신하는 전용회선 관제수신장치, 공중교환전화회선을 통해 신호를 수신하는 공중교환전화회선 관제수신장치가 있고 데이터 다중화장치(Multiplexer), 관제용 컴퓨터와 관제모니터로 구성되어 있다. 관제수신장치의 출력자료 및 관제용 컴퓨터의 출력자료를 인쇄하기 위한 프린터를 연결하여 사용한다.

관제장치는 일순간이라도 교류전원의 공급이 중단되면 안되기 때문에 무순단 전원공급장치(UPS : Uninterrupted Power Supply)로 전원을 공급한다.

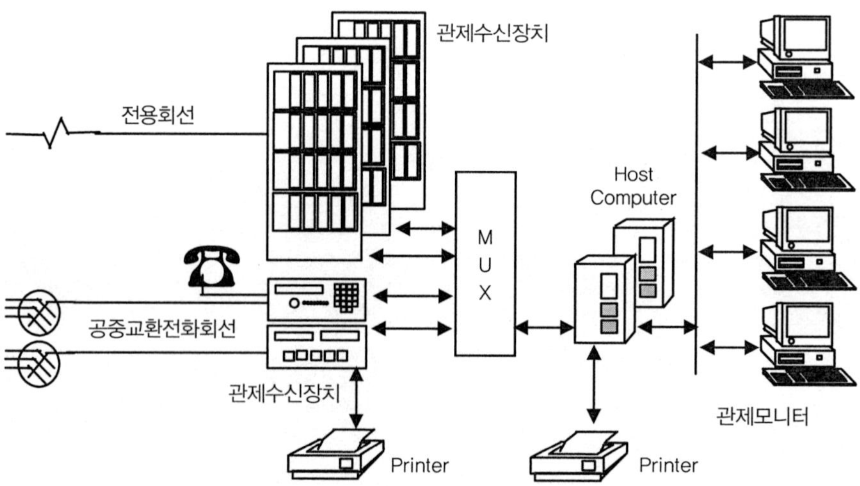

[그림 3-53] 관제장치의 구성

3.14.1. 공중교환 전화회선 관제수신장치 (PSTN Cenral Station Data. Receiver)

경비대상시설의 주제어기가 전송하는 경비용 데이터의 신호를 공중교환 전화회선(PSTN)을 통해 수신하고 디코딩(Decoding)하여 상위의 관제용 컴퓨터(Security Alarm System Server)에 전송하는 기기이다.

기계경비업자에 따라 수신장치의 기능이 서로 다르나, 미국에서 제조되어 각국에서 사용되고 있는 공중교환전화회선 관제수신장치는 다음과 같은 기능을 가지고 있다.

(1) 설정기능(Programming function) : 등록기능

키패드 및 선택스위치의 조작으로 기기의 기능을 선택하는 기능이다.

내 용

① 수신장치의 번지(Receiver No. Group No.)
② 시각(Real time)
③ 데이터형식(Data Format)
④ Handshake Signal, Kiss Off Signal(1,400 Hz or 2,300 Hz)
⑤ Ring Count
⑥ Line Fault Detection
⑦ Alarm Sound ON/OFF

(2) 통신기능(Communication function)

하위의 경비대상시설 주제어기와 데이터통신을 하고, 상위의 다중화장치 혹은 관제용 컴퓨터와 통신을 한다.

내용

① 경비대상시설 주제어기와 시스템 모드, 시스템 상태, 구역상태, 영역상태, 통신채널 상태에 관한 데이터를 통신한다. 미국에서 사용되고 있는 데이터 형식(Data Format)은 SIA(Security Industrial Association)가 표준화하고 있는데 예를 들면 〈표 3-3a, b〉와 같은 것이 있다.

② 상위의 관제용 컴퓨터에 주제어기로부터 수신하여 디코딩한 데이터와 통신채널 상태 및 자기진단 내역을 통신한다.

〈표 3-3a〉 4 and 2 Format

4011	32	4011	B3
ACC#	Burglary Zone 2	ACC#	Opening User3

〈표 3-3b〉 PID Format

ACC#	Format ID	Event Qualifier	Event Code	Group#	Zone#(or Use #)	
4012	18	1	130	01	001	....Alarm Burglary Zone 001 Group 01
4012	18	3	400	01	006	....Opening User Group 01

(3) 디코딩/엔코딩기능(Decoding/Encoding function)

경비대상시설의 주제어기가 통신채널을 통하여 전송한 신호를 수신하여 복원하는 디코딩(Decoding)에 의하여 상위의 컴퓨터에 데이터통신을 행한다. 쌍방향 통신의 경우에는 컴퓨터의 데이터를 엔코딩(Encoding)하여 경비대상시설 측으로 신호를 송신하는 기능이 있다.

(4) 감시기능(Supervision function)

수신장치의 입력측이나 출력측의 이상 유무를 감시하는 기능이 있다.

내용

① 상, 하위 감시 : 상위의 장치 및 하위의 장치의 이상 유무를 확인
② 통신채널 감시 : 통신회선의 이상 유무를 확인
③ 주변기기 감시 : 인쇄장치 등 주변기기의 작동 여부를 확인

(5) 표시기능(Display or Indicating function)

액정표시(LCD Display) 혹은 발광다이오드표시(LED Indicating)로 사용자 혹은 기술요원이 알 수 있게 표시하는 기능

내용

① 경비대상시설에서 수신하여 디코딩한 데이터
② 전원상태
③ 통신상태
④ 이상 및 장애 : 내용의 예는 〈표 3-4〉와 같다.

〈표 3-4〉 이상 및 장애 내용의 예

침입이상(Burglary), 화재이상(Fire Alarrm), 홀더업 비상(Hold up), 패닉 비상(Panic), 복구(Restore), 시험(Test), 해제(Opening/Disarming), 경계(Closing/Arming), 전지 저전압(Low Battery), 전원이상(Ac Failure), 수신장치 전지 저전압(Receiver Low Battery), 회선 장애(Telephone Line Fault), 프린터 장애(Printer Failure) 및 컴퓨터 장애(Computer Failure) 등

(6) 경보기능(Annunciating function)

장치의 장애 혹은 이상 상태를 주위에 알리기 위하여 램프를 점등 혹은 점멸시키거나 경보음을 발하는 기능이 있다.

(7) 출력기능(Output)

상위의 컴퓨터 장애시 혹은 오류 여부의 확인을 위하여 경비대상시설에서 전송한 신호를 수신하여 디코딩한 데이터를 인쇄할 수 있게 출력한다.

(8) 기억기능

경비대상시설 주제어기에서 전송한 신호를 수신하여 디코딩한 데이터를 상위의 컴퓨터에 전송 혹은 프린터에 출력을 완료할 수 있도록 내용을 기억하는 기능이 있다.

3.14.2. 전용회선 관제수신장치 (Central Station Data Receiver through Direct Line)

경비대상시설의 주제어기가 전송하는 경비용 데이터의 신호를 전용회선(Leased Direct Line)을 통해 수신하고 디코딩하여 상위의 관제용 컴퓨터에 전송한다. 그리고 디코딩한 데이터를 프린터(Printer)에 출력하기도 한다.

전용회선 관제수신장치의 기능은 공중교환전화회선 관제수신장치와 유사하고, 다음과 같은 특성이 있다.

① 경비대상시설 1건에 1회선씩 접속한다.

② 경비대상시설 주제어기와 50~300bps의 저속 디지털통신을 한다.

③ 경비대상시설 주제어기와 비동기 방식의 통신을 한다.

④ 경비대상시설 주제어기와 지속적인 통신을 함으로써 회선 장애를 검출할 수 있다.

⑤ 상위 컴퓨터와의 쌍방향 통신으로 통신장애 여부를 확인할 수 있다.

3.15. 데이터 다중화장치(Data Multiplexer)

[그림 3-54]에서 보인 바와 같이 관제수신장치가 복수이고 컴퓨터 입력측이 단수(One I/O Port)일 경우에는 데이터 다중화장치가 필요하다.

일반적으로 n개의 입력 데이터가 있고 1개의 링크(Link)가 있을 때, n개의 출력을 내기 위해서 다중화장치 MULTIPEXER 와 DEMULTIPLEXER가 사용되며 다중화의 설명도는 [그림 3-55a, b]와 같다.

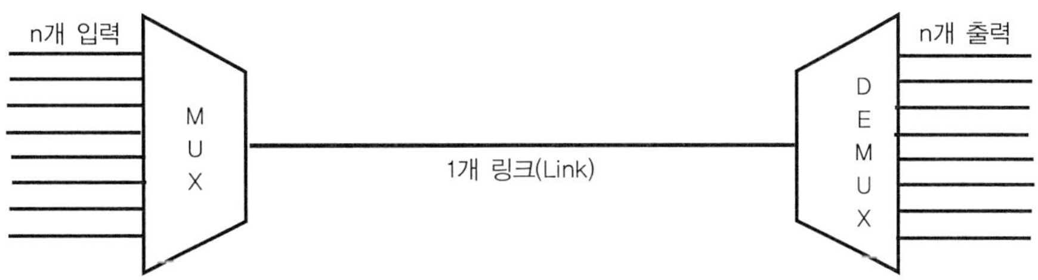

[그림 3-54] 데이터 다중화(Multiplexing)

다중화방법은 크게 구분하여 두 종류가 있고, 주파수분할 다중화방식(FDM : Frequency Division Multiplexing)과 시분할 다중화방식(TDM : Time Division Multiplexing)이 보편화된 방식이다.

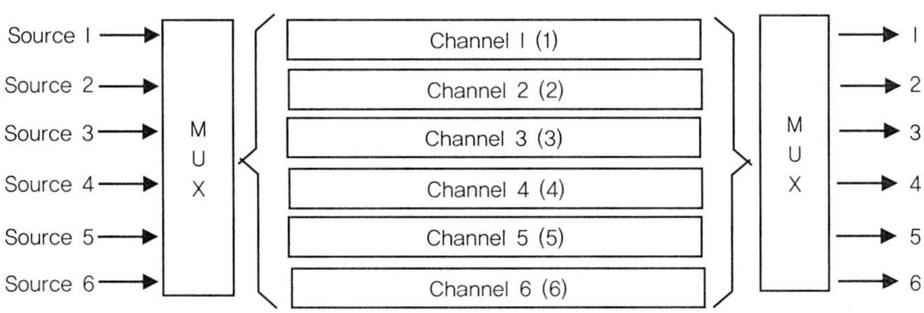

[그림 3-55a] 주파수분할 다중화(Frequency Division Multiplexing)

[그림 3-55b] 시분할 다중화(TDM ; Time Division Multiplexing)

주파수분할 다중화방식은 n개의 입력 데이터가 다중화를 위한 소스(Source)라면, [그림 3-55a]와 같이 n개의 다른 주파수로 변조되어 각각의 채널로 전송되고 소스와 같은 데이터가 출력된다.

시분할 다중화방식은 n개의 소스가 [그림 3-55b]와 같이 입력되면, 시간을 n개의 소단위로 분할하고, 어떤 간격으로 개개의 미소 시간을 써서 소스를 차례로 전송하는 방식이다.[45]

3.16. 방범경보시스템 관제 소프트웨어 (Central Station Monitoring Software)

방범경보시스템에서 경비대상시설의 제어기가 데이터를 신호화하여 관제센터로 전송하면 관제용 컴퓨터가 데이터를 처리하여, 관제요원이 감시업무를 수행하게 하고, 경비대상시설의 각종 정보와 처리한 내용을 기록하고 조회할 수 있게 하는 전산 소프트웨어를 관제 소프트웨어(Central Station Monitoring Software)라 한다. 관제 소프트웨어는 관제업무를 수행하는 회사마다 자체 개발하여 사용하기도 하고 일반적인 소프트웨어를 개발하여 공급하는 것을 구입하여 사용하기도 한다. 관제 소프트웨어는 감시용 소프트웨어(Alarm Monitoring Software)와

45) William Stallings, Ph.D., *Ibid.*, pp. 202~226.

조회용 소프트웨어(Index Monitoring Software)로 구성된다. 두 소프트웨어로 처리하여 1개의 모니터에 표시하는 것과 두 개의 모니터에 각각 표시하는 관제 소프트웨어도 있다.

3.16.1. 감시용 소프트웨어(Alarm Monitoring Software)

경비대상시설에 이상 혹은 경보시스템의 장애가 발생하면 이를 감시할 수 있게 하고, 또 조치한 내역을 입력할 수 있도록 하는 관제 소프트웨어를 감시용의 소프트웨어라 한다.

입력, 감시항목 및 출력내용은 다음과 같다.

(1) 초기입력

① 관제원 이름, 대처요원 이름
② 날씨

(2) 감시항목

① 현재시각	② 가입자 번호	③ 계약처명
④ 구역번호	⑤ 영역번호	⑥ 모드
⑦ 이상내용/변화내용	⑧ 발생시각	⑨ 지시 여부
⑩ 도착 여부	⑪ 추적 여부	⑫ 기타

(3) 조치내역 입력

① 지시 시각	② 출발 시각	③ 도착 시각
④ 경찰통보시각	⑤ 경찰도착시각	⑥ 소방통보시각
⑦ 의료통보시각	⑧ 설비통보시각	⑨ 고객통보시각
⑩ 고객도착시각	⑪ 원인/조치/통화자	⑫ 처리코드

(4) 출력내용(가입자별 이상 내역 및 처리, 지역별 이상 내역 및 처리)

① 현재시각 ② 가입자 번호 ③ 계약처명
④ 구역번호 ⑤ 영역번호 ⑥ 모드
⑦ 이상내용/변화내용 ⑧ 발생시각 ⑨ 지시시각
⑩ 출발시각 ⑪ 도착시각 ⑫ 경찰통보시각
⑬ 경찰도착시각 ⑭ 소방통보시각 ⑮ 의료통보시각
⑯ 설비통보시각 ⑰ 고객통보시각 ⑱ 고객도착시각
⑲ 원인/조치/통화자 ⑳ 처리코드

3.16.2. 조회용 소프트웨어(Index Monitoring Software)

경비대상시설의 이상을 감시하고 조치를 취하기 위한 정보를 조회하고, 결과를 조회하거나 보고하는 업무를 위한 관제 소프트웨어를 조회용 소프트웨어라 한다.

주요 조회내용은 다음과 같다.

(1) 관제정보 조회

① 위치약도/설계도/계통도
② 계약자 정보
③ 현상태 조회
④ 가입자별 현황

(2) 관제업무 내용 조회

① 세트/해제 시간
② 이상/장애 처리 내역
③ 미세트 및 처리

④ 무단해제 및 처리
⑤ 회선 장애 내역
⑥ 부분정지 및 전체정지 내역

(3) 운영실적 분석 집계

① 중요사항
② 사건 사고 및 이상 장애 처리 내역

(4) 운영품질 분석 집계

① 출동 소요시간
② 필요 출동률 및 불필요 출동률
③ 원인별 불필요 출동률

(5) 기타

① 경비대상시설별 특기사항
② 중요사항
③ 사건 · 사고 및 이상장애 처리 내역

3.17. 경비용 지령통신장치(SCS : Security Communication System)

방범경보시스템에서 관제요원이 감시기능을 수행하고 대처요원으로 하여금 대처기능을 수행하도록 하기 위하여 대처요원에게 지령(대처지시) 또는 연락을 하는 장치를 경비용 지령통신장치라 한다. 지령은 일반적으로 음성에 의하여 이루어지고 대처요원의 수령 여부를 음성으로 확인한다.

음성에 의한 지령의 방식에는 유선전화망 혹은 이동통신전화망을 이용하는 방식과 자가 무선통신망에 의한 무선통신 방식 혹은 주파수공용무선통신망이 있다. 음성에 의하지 않고 무선데이터통신에 의한 문자지령으로 확인하는 방법도 사용되고 있다.

3.17.1. 유선전화망(Telephone Network)

대처요원이 대기소인 발진기지에 대기하고 있는 경우에는 관제시설과 발진기지 사이의 일반 공중교환 전화회선 혹은 전용회선에 의한 핫라인(Hot line)으로 지령이 이루어진다.

일반 공중교환전화회선를 사용할 경우에는 발진기지에 2대 이상의 전화회선을 확보하여 지령 수신전용의 전화통신망을 구축하는 것이 바람직하다.

3.17.2. 이동통신전화망(Cellular Phone Network)

이동통신전화를 사용하여 지령을 한다. 이동통신전화를 사용할 경우는 대처요원이 관제요원을 거치지 않고 직접 계약처 혹은 사용자와 통화함으로써 업무수행에 차질을 가져올 수 있음에 유의하여 업무규정을 정하고 철저하게 관리해야 한다.

3.17.3. 자가 무선통신망(Private Radio Communication System)

경비업무용으로 주파수를 할당받아 자가 기지국을 설치하고 무선망을 구축하여 지령통신에 활용하며 그 계통도는 [그림 3-56]과 같다.

기지국과 이동국에는 전파를 송수신하는 송수신기(Transceiver)가 장착되어 있으며, 일반적으로 사용되고 있는 송수신기의 사양의 예는 〈표 3-5〉와 같다.

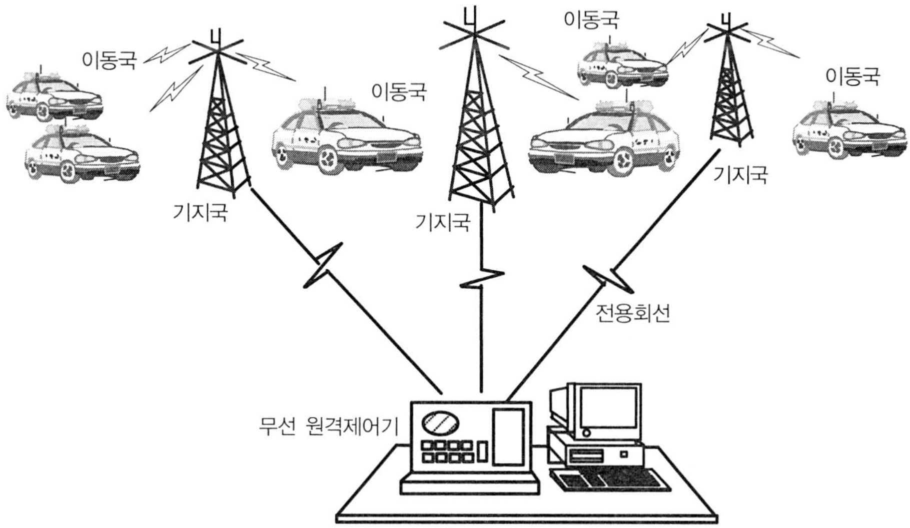

[그림 3-56] 자가 무선 통신망계통도

〈표 3-5a〉 경비업무용 무선통신기의 일반사양

Operating Frequency Range	406 MHz~490 MHz
Communication System	Press to talk
Channel Spacing (BW)	12.5 KHz
Channel Stepping	12.5 KHz
Maximum Offset Frequency	20 MHz~24 MHz
Duty Cycle	1 Minute TX, 4 Minutes RX
RF Impedance	50 Ohm

〈표 3-5b〉 무선송신기의 사양

Type of Modulation	FM with I.D.C
Deviation Limiting	± 2.5 KHz
Spurious Emission	Less than 25 µwatts(1 MHz to 3rd Harmonics)
Carrier Freq. Stability	within ± 2.5 ppm
RF Power Output	10~20 watts
Microphone Input	30 mV ± 3 dB
FM Hum and Noise Ratio	Greater than 4 db

〈표 3-5c〉 무선수신기의 사양

Type of Receiver	Crystal controlled Superheterodyne
Intermediate Frequency	45 MHz(1st IF), 455 KHz(2nd)
Local Frequency Stability	within ± 2.5 ppm
Sensitivity	Less than 0.30 μvolts
Adjacent Channel Selectivity	Greater than 65 db at ± 12.5 KHz
Spurious and Image Rejection	Greater than 70 db
Audio Output and Distortion	2 W/ 3% 5 W/ 3%
Audio frequncy response	within +1 ~ -3 db at 6 db/octave
Squelch sensitivity	0.2 μvolts ± 3 db

3.17.4. 주파수공용통신(TRS : Trunked Radio System)[46]

하나의 주파수를 전용으로 할당받아 한 업체 혹은 한 사람이 자가 기지국을 설치하고 무선망을 구축하여 통신을 하는 종전의 시스템과는 달리 할당된 소수의 주파수를 다수의 이용자가 공동으로 사용할 수 있는 이동통신방식을 주파수공용통신(TRS : Trunked Radio System)이라 한다. 즉 하나의 주파수로 1 대 1 통신하는 방법이 아니라 m 대 n 통신이 가능해 주파수 이용효율을 극대화할 수 있으며, 가입자간의 그룹통화, 개별무선통화, 일반전화와의 접속, 무선데이터전송 등의 다양한 통신이 가능하다.

통화시간에 제한이 있고, 같은 망의 가입자 이외의 불특정 다수와는 통신할 수 없다는 단점이 있다.

한국내에 800MHz 대역 200채널과 380MHz 대역 400채널 모두 600채널이 자가 주파수로 확보되어 있다.

46) 인터넷사이트(www.etnews.co.kr) 전자신문홈페이지, 전자용어사전.

호출방법

① 일제동보 : 가입자 모두를 동시에 호출

② 선별통화 : 원하는 가입자를 선별하여 통화

③ 긴급통화 : 지정된 호출번호를 자동으로 호출하여 구급기관과 접속

3.18. 방범경보시스템의 경보원격확인장치 (Alarm Verification System)

방범경보시스템에서 관제요원이 감시기능을 수행할 때 경비대상시설에서 발생하는 각종 이상을 포함하는 이벤트(event)의 데이터를 신호 전송하는 것에만 의존하는 경우 실보인지 오경보인지 확인하지 못함으로서 큰 사건, 사고가 발생하기도 하고 또 불필요 출동의 과다로 기계경비업무에 차질을 초래하는 사례가 많다.

현장의 소리 혹은 현장의 화상 등으로 현장의 상태를 원격 확인할 수 있게 하는 장치를 경보원격확인장치(Alarm Verification System)라 한다.

3.18.1. 음향 원격확인장치(Audio Alarm Verification System)

경비대상시설에서 이상이 발생하면 [그림 3-57]과 같이 주제어기의 출력이 음향 원격확인모듈을 정해진 시간(예 : 10분) 동안 활성화한다. 활성화된 시간동안에 관제소에서 호출한 후 현장의 마이크(Microphone)를 통하여 현장의 각종 소리를 청취함으로써 원격확인을 가능하게 한다.

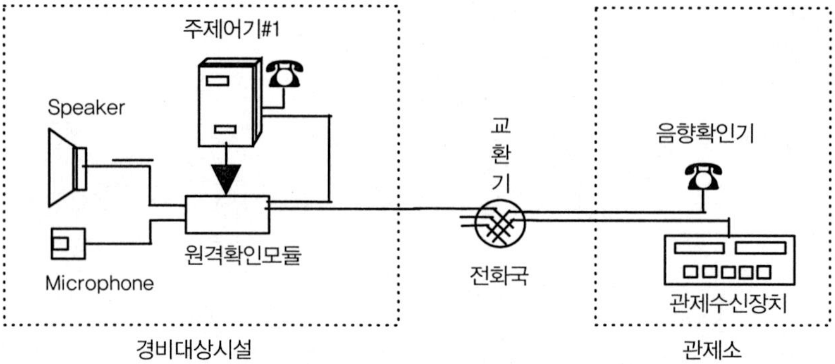

[그림 3-57] 음향 원격확인 시스템 구성도

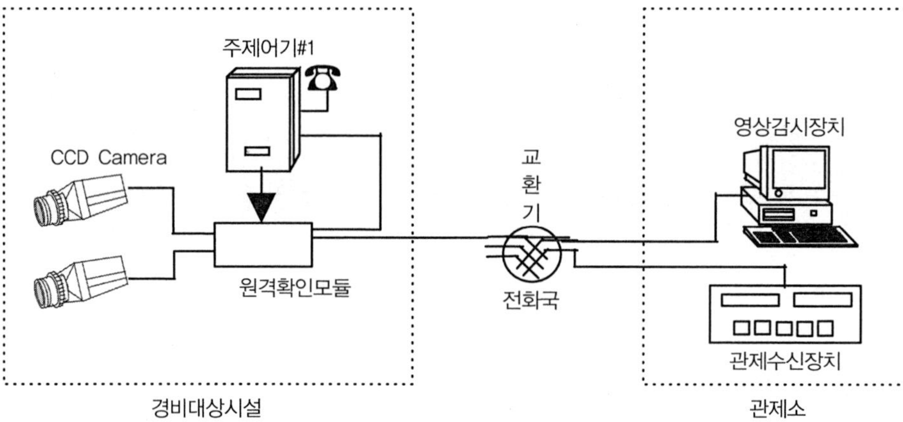

[그림 3-58] 영상 원격확인 시스템 구성도

3.18.2. 영상 원격확인장치(Video Alarm Verification System)

경비대상시설에서 이상이 발생하면 [그림 3-58]과 같이 주제어기의 출력이 영상 원격확인모듈에 신호로 입력되면 이 모듈이 관제소의 정해진 전화번호를 호출한다.

공중교환전화 회선망 혹은 인터넷망이 구성되면 현장의 카메라(CCD Camera)로 촬상한 영상 데이터를 압축하여 송출한다. 관제시설의 영상감시장치가 데이터를 화상으로 복원하여 현장의 화면을 확인하게 한다.

3.18.3. 기타 원격확인장치(Other Alarm Verification System)

"방범경보시스템에서는 범죄와의 전쟁이 아니라 오보와의 전쟁이다"라는 표현이 인용되어진다. 따라서 경비대상시설 현장상태에 관한 정보를 원격으로 정확히 확인하는 것은 방범경보시스템의 운용품질을 향상시키는 중요한 요소가 될 수 있다.

향후 기기제조업체나 서비스제공업체나 기술연구진들이 첨단기술을 활용하여 원격확인모듈을 개선하는 연구개발은 계속될 것이다.

3.19. 문 제

• 방범경보시스템 문제 •

3-1. 방범경보시스템의 기본기능을 들고 각 기능을 설명하여 보아라.

3-2. 방범경보시스템은 어떻게 구성되는가?

3-3. 경보(Alarm)란 무엇인가?

3-4. 오경보(False alarm)란 무엇인가?

3-5. 무감지(Unsensing)란 무엇인가?

3-6. 템퍼(Tamper)란 무엇인가?

3-7. 구역(Area)이란 무엇인가?

3-8. 영역(Zone)이란 무엇인가?

3-9. 종단저항(End of Line Resistor)이란 무엇인가?

• 주장치 문제 •

3-10. 방범경보시스템의 주제어기(Security Alarm Control Panel)의 구성요소는 무엇인가?

3-11. 방범경보시스템 주제어기의 기능은 무엇인가?
3-12. 방범경보시스템 주제어기의 모드는 어떤 것이 있는가?
3-13. 방범경보시스템의 주제어기를 세트하고 해제하는 모드 변화의 방법은 어떤 것이 있는가?
3-14. 방범경보시스템 주제어기의 영역감시회로는 어떻게 작동하는가?
3-15. 방범경보시스템 주제어기의 표시기능이란 무엇이며, 무엇을 어떻게 표시하는가?
3-16. 방범경보시스템 주제어기의 경보기능 방법은 어떤 것이 있는가?
3-17. 방범경보시스템 주제어기의 출력은 어떤 것이 있으며, 어떻게 활용되는가?
3-18. 방범경보시스템의 주제어기는 관제수신장치와 무엇을 어떻게 통신하는가?
3-19. 방범경보시스템의 주제어기는 주변기기와 무엇을 어떻게 통신하는가?
3-20. 방범경보시스템에서 주장치의 경보원격확인 기능은 무엇이며, 어떤 방법이 있는가?
3-21. 방범경보시스템 주제어기의 스케줄링 기능은 무엇을 어떻게 하는가?
3-22. 방범경보시스템 주제어기의 영역감시영역수가 경비대상시설의 영역수보다 부족할 때는 어떻게 하는가?
3-23. 영역확장기는 어떤 기능을 가지는가?
3-24. 방범경보시스템 주제어기의 주변기기는 어떤 기기가 있는가?
3-25. 방범경보시스템 주제어기 및 부제어기와 별도로 제어기 조작기능이 있는 기기는 어떤 것이 있는가?
3-26. 경비대상시설 현장에 설치되어 운영되는 프린터는 어떤 것이 있는가?
3-27. 방범경보시스템 주제어기와 프린터는 어떤 통신을 하는가?
3-28. 방범경보시스템 주제어기와 무선신호수신모듈 사이에는 어떤 통신을 하며, 무선신호수신모듈과 무선감지기 혹은 무선비상통보기와는 어떤 통신을 하는가?

3-29. 경보등은 어떤 목적으로 어디에 설치되는가?

3-30. 방범경보시스템 주제어기에 연결되어 사용되는 경보기는 어떤 것들이 있는가?

3-31. 피뢰기는 어떤 기능이 있으며 어디에 사용되는가?

• 전원공급기 문제 •

3-32. 방범경보시스템용 전원공급기의 구성요소는 무엇인가?

3-33. 방범경보시스템용 전원공급기는 어떤 기능이 있는가?

3-34. 방범경보시스템의 주제어기는 어떤 전원이 필요한가?

3-35. 방범경보시스템용 유전원 감지기는 어떤 전원이 필요한가?

3-36. 전원공급기의 변압이란 무엇인가?

3-37. 전원공급기의 정류란 무엇인가?

3-38. 전원공급기의 평활이란 무엇인가?

3-39. 전원공급기의 충전이란 무엇인가?

3-40. 전원공급기의 Near End Voltage란 무엇인가?

3-41. 전원공급기의 절체란 무엇인가?

• 방범경보시스템 감지기 문제 •

3-42. 리드스위치(Reed Switch)에 자석(Magnet)을 가까이 했다가 멀리 했다가 하면 무엇이 어떻게 변하는가?

3-43. 마이크로 스위치(Micro Switch)의 꼭지를 누르면 무엇이 어떻게 변하는가?

3-44. 리드스위치와 자석을 주요 소자로 사용하는 감지기를 들어 보아라.

3-45. 마이크로폰 소자(Microphone Element)는 어떤 성질이 있는가?

3-46. 바이메탈(Bi-metal)은 어떤 성질이 있는가?

3-47. 적외선 발광다이오드(Infrared LED)는 어떤 곳에 사용되는가?

3-48. 포토트랜지스터(Photo Transistor)와 포토다이오드는 어떤 성질이 있는가?
3-49. 적외선 LED와 포토트랜지스터를 주요 소자로 사용하는 감지기를 들어 보아라.
3-50. 초음파란 무엇인가?
3-51. 마이크로웨이브란 무엇인가?
3-52. 압전효과(Piezo effect)란 무엇이며 이러한 물리적 성질을 이용한 감지기는 어떤 것이 있는가?
3-53. 초전효과(Pyro-electric effect)란 무엇이며 이러한 물리적 성질을 이용한 감지기는 어떤 것이 있는가?
3-54. 도플러효과(Doppler effect)란 무엇이며 이러한 물리적 성질을 이용한 감지기는 어떤 것이 있는가?
3-55. 광전효과(Photoelectric effect)란 무엇이며 이러한 물리적 성질을 이용한 감지기는 어떤 것이 있는가?
3-56. 건 효과(Gunn effect)란 무엇이며 이러한 물리적 성질을 이용한 감지기는 어떤 것이 있는가?
3-57. 적외선 감지기는 어떤 종류가 있는가?
3-58. 가시광선, 근적외선, 그리고 원적외선의 파장은 얼마인가?
3-59. 면경계 열선감지기와 입체경계 열선감지기는 어떻게 하여 차이가 발생하는가?
3-60. 벽감지기와 진동감지기는 어떤 차이가 있는가?
3-61. 유전원 감지기는 어떤 것이 있으며 무전원 감지기는 어떤 것이 있는가?
3-62. 능동식 감지기와 수동식 감지기는 어떤 차이가 있는가?
3-63. 철문, 나무문 혹은 유리문 등의 현관문 개폐를 감지하는 감지기는 어떤 것들이 있는가?
3-64. 미닫이 창문 혹은 여닫이 창문의 개폐를 감지하는 감지기는 어떤 것들이 있는가?

3-65. 고정창의 유리파괴를 감지하는 감지기는 어떤 것들이 있는가?
3-66. 환풍기가 있는 곳에 설치하는 감지기는 어떤 것들이 있는가?
3-67. 셔터의 개폐를 감지하는 감지기는 어떤 것들이 있으며, 어떤 차이가 있는가?
3-68. 담장을 넘어 침입하는 것을 감지하는 감지기는 어떤 것들이 있는가?
3-69. 벽을 파괴하고 침입하는 것을 감지하는 감지기는 어떤 것들이 있는가?
3-70. 벽감지기의 감지범위는 어떠한가?
3-71. 진동감지기의 감지범위는 어떠한가?
3-72. 금고 파괴를 감지하는 감지기는 어떤 것들이 있는가?
3-73. 금고문의 개폐를 감지하는 감지기는 어떤 것들이 있는가?
3-74. 실내 공간에 침입하는 것을 감지하는 감지기는 어떤 것들이 있는가?
3-75. 경비대상시설의 옥외에 사용할 수 있는 감지기는 어떤 것들이 있는가?
3-76. 도시가스의 누출을 감지하는 감지기는 어떤 것들이 있는가?
3-77. LNG와 LPG 누설감지기를 어떤 위치에 설치해야 합리적인가?
3-78. 정전상태를 감지하는 감지기는 어떤 것들이 있는가?
3-79. 냉장고 혹은 냉동고의 온도 이상을 감지하는 감지기는 어떤 것들이 있는가?
3-80. 강도 혹은 테러범이 나타났을 때에 사용하는 것은 무엇인가?
3-81. 노약한 사람이 구급사항이 발생하여 도움을 요청할 때는 무엇을 사용하는가?
3-82. 비상통보기는 어떤 종류가 있는가?

• 데이터통신 문제 •

3-83. 방범경보시스템(SAS)의 주제어기와 관제수신장치간에 신호를 전송하는 데이터통신 매체는 어떤 것들이 있는가?

3-84. 방범경보시스템(SAS)의 주제어기와 관제수신장치 간에 신호를 전송하는 데이터통신채널들의 장단점은 무엇인가?

3-85. 엔코딩이란 무엇이며 디코딩이란 무엇인가?

3-86. 방범경보시스템(SAS)의 주제어기와 관제수신장치 간에 신호를 전송하는 데이터통신의 통신속도는 어떠한가?

3-87. 방범경보시스템(SAS)의 주제어기와 관제수신장치 간에 신호를 전송하는 데이터통신은 어떤 신호들이 있는가?

3-88. 전용회선(Leased Direct Line)과 공중교환전화회선(PSTNetwork)은 무엇이 어떻게 다른가?

3-89. 전화국의 교환실에는 어떤 장치가 있는가?

3-90. 전용회선(Leased Direct Line)의 특성은 무엇인가?

3-91. 공중교환전화회선(PSTN)의 특성은 무엇인가?

3-92. 방범경보시스템(SAS)에서 이동통신전화망(Cellular Phone Network)의 특성은 무엇인가?

3-93. 방범경보시스템(SAS)에서 전화보안시스템(TSS)의 특성은 무엇인가?

3-94. 무선데이터통신망의 특성은 무엇인가?

3-95. 관제수신장치의 통신기능은 어디와 통신하는 기능인가?

• 원격확인 장치문제 •

3-96. 방범경보시스템에서 경보원격확인(Remote Alarm Verification)이란 무엇인가?

3-97. 방범경보시스템에서 경보원격확인방법에는 어떤 것이 있는가?

3-98. 음향원격확인(Audio Alarm Verification)시스템의 구성도는 어떠한가?

3-99. 영상원격확인(Video Alarm Verification)시스템의 구성도는 어떠한가?

3-100. 방범경보시스템에서 경보원격확인기술의 발전방향은 어떠한가?

• 관제장치 및 관제소프트웨어 문제 •

3-101. 관제 데이터 수신장치는 무엇인가?

3-102. 관제장치의 통신기능은 어디와 어떻게 통신하는 것인가?

3-103. 데이터 다중화장치(MUX)는 무엇이며, 어떤 종류가 있는가?

3-104. 관제데이터 수신장치의 엔코딩 기능이란 무엇인가?

3-105. 관제데이터 수신장치의 디코딩 기능이란 무엇인가?

3-106. 관제소프트웨어(Central Station Monitoring Software)란 무엇인가?

3-107. 감시용 관제소프트웨어는 어떤 항목들을 감시하는 것인가?

3-108. 감시용 관제소프트웨어에서 어떤 것들을 입력하는가?

3-109. 조회용 관제소프트웨어는 어떤 것들을 조회하는 것인가?

3-110. 조회용 관제소프트웨어는 어떤 것들을 분석 집계하는가?

• 경비 지령통신 문제 •

3-111. 경비용 지령통신의 통신망은 어떤 것들이 있는가?

3-112. 경비용 지령통신의 유선통신망이란 무엇인가?

3-113. 경비용 지령통신의 이동통신전화망이란 무엇인가?

3-114. 경비용 지령통신의 무선통신망은 어떤 것들이 있는가?

3-115. 자가무선통신망(Radio Security Communication Network)과 주파수공용통신망(TRS : Trunked Radio System)은 어떻게 다른가?

제4장

방범경보시스템의 운영

제4장 방범경보시스템의 운영

우리나라 「경비업법」은 제2조에서 기계경비업무란 "경비대상시설에 설치한 기기에 의하여 감지 · 송신된 정보를 그 경비대상시설 외의 장소에 설치한 관제시설의 기기로 수신하여 도난 · 화재 등 위험발생을 방지하는 업무를 말한다"라고 규정하고 있다. 기계경비업무에 활용되는 시스템을 국내에서 '무인기계경비시스템'이란 용어를 표준화하고자 하지만, 서론에서 밝힌 바와 같이 경비업법에서 규정한 '기계경비업무'에 활용되지 않는 기계경비시스템도 많이 있기 때문에 본서에서는 '방범경보시스템'이라 했다.

방범경보시스템을 운용하는 것은 한국 「경비업법」에서 정한 용어인 '기계경비업무'를 말한다.

방범경보시스템을 이용하여 고객에게 기계경비업무을 제공하는 업무의 흐름(Job Flow)을 정리하면 다음과 같다.

① 시스템을 기획설계(Security Planning)하여 견적하고, ② 계약을 체결하고, ③ 시스템을 구성하는 방범기기를 설치(Installation)하며, 설치 완료 후 ④ 개통점검(Checking Communication)을 하고, ⑤ 계약상대방 또는 사용자에게 사용방법을 설명(Explanation of Operating System)한 후 기계경비업무를 개시한다.

직접적인 기계경비업무로는 ⑥ 관제업무(Monitoring Service), ⑦ 대처업무(Response or Beating Service), ⑧ 보수점검(System Maintenance), ⑨ 고객 고충처리(Customer Claim Response), 및 ⑩ 특별 서비스업무(Special Customer Services)가 있다.

기계경비업무의 궁극적인 목적은 인명의 사상 · 도난 혹은 화재 등의 위험발생을 방지하는 것이며, 이를 위하여 무감지를 없애고 오경보를 줄이는 고품질의 효율적 운영이 요구된다. 방범경보시스템 운영품질은 다음과 같은 6가지 주요 업무의 품질을 합리적으로 관리함으로써 고품질의 운영이 가능해진다.

① 계약의 품질

특별약관의 특성을 합리적으로 정하고 계약을 체결하며, 경비핵심대상 품목의 관리요건을 명확히 하고 기획설계 변경의 확인 및 관리가 이루어져야 한다.

② 기기의 품질

악조건 하에서의 신뢰성 시험 및 내구성 시험을 통한 품질관리가 이루어져야 하며 경제성도 고려되어야 한다.

③ 기획설계의 품질

무감지가 철저히 배제되고 오경보를 줄이며 경제성이 있는 기획설계가 요구된다.

④ 설치공사의 품질

신뢰성과 내구성을 고려하는 배관, 배선 및 기기취부가 이루어져야 하며 미려성이 고려되어야 한다.

⑤ 관제의 품질

경비대상시설로부터 수신한 데이터를 분석하고 저장된 정보를 조회하여 신속하고 정확하게 대처지시를 하거나 통보해야 한다.

⑥ 대처의 품질

불필요한 출동을 줄이고 필요 출동은 10분 이내 늦어도 20분 이내에 도착할 수 있도록 관리해야 한다.[1)]

---

1) 졸고, "기계경비시스템 운용현황 고찰과 운용품질 개선방안", 한국경호경비학회, 경호경비연구 제8호, 2004. 8, p. 199.

4.1. 기계경비업의 제공업무[2)]

기계경비업자는 방범경보시스템을 이용하여 경비대상시설에 관한 계약된 업무를 제공하기로 하고 계약상대방과 계약을 체결한다. 제공하는 업무는 다음의 전부 혹은 일부를 선택하여 계약을 체결한다.

(1) 방범업무

경비대상시설에 설치된 주제어기를 통해 세트하고 해제하는 조작을 함으로써 기계경비업무를 제공하는 시간대와 해제시간대를 구분한다. 방범경보시스템이 세트모드로 된 시간대에 경비대상시설에 도난 손실이 발생하지 않도록 예방하고 감시하고 대처하는 업무를 제공한다.

(2) 방재업무

방범경보시스템 주제어기의 세트/해제 모드와 관계없이 하루 24시간 화재나 가스누출 유무를 감시하고 계약상대방과 소방기관에 통보하는 업무를 제공한다.

(3) 비상통보 업무

1일 24시간 방범경보시스템 주제어기의 세트/해제 모드와 관계없이 경비대상시설에 위급 또는 비상사태가 발생하여 사용자가 비상통보기를 조작하면 관제시설('관제센터'라고도 함)에서 신호를 수신하여 경찰기관에 통보하고 대처요원이 현장에 출동하는 업무를 제공한다.

---

2) 이강열, 전게서, pp. 47~48.

(4) 구급통보 업무

경비대상시설 내에 사용자가 의료상의 구급을 요할 경우 구급통보기를 조작하면 관제시설에서 신호를 수신하고 정해진 병원 혹은 통보처에 통보하는 업무를 제공한다.

(5) 설비제어 업무

무인자동화은행(은행 CD/ATM 코너)의 출입문, 셔터를 설정된 시간에 자동으로 열리게 하고 닫기도 하며, 조명등, 표시등, 안내장치, 공조기, 감시카메라와 현금자동인출기의 전원을 설정된 시간에 공급하고 차단하는 설비제어 업무를 제공하고 또한 설정된 대로의 동작 여부를 감시 확인하는 업무를 제공한다.

(6) 설비이상 감시업무

각종 설비이상 감지기가 이상상태를 감지하여 주제어기가 신호를 전송하면 관제시설에서 정해진 설비관리회사 또는 사용자에게 통보하는 업무를 제공한다.

(7) 기타 특약업무

방범경보시스템의 관제시설은 1일 24시간 감시하고 있으며 또한 회사는 대처능력을 보유하고 있기 때문에 이러한 특성에 적합한 여러 가지 업무를 제공할 수 있다. 특별히 계약되는 업무의 제공이 가능하다.

4.2. 방범경보시스템 운영의 용어(Terminology)

(1) 방범경보시스템(Security Alarm System : 무인 기계경비시스템)

경비대상시설에 설치한 기기(감지기, 통보기 및 데이터 통신기능을 가진 주제어기)에 의하여 감지, 송신된 정보를 그 경비대상시설 외의 장소에 설치한 관제시설의 기기(관제수신장치)로 수신할 수 있게 한 계통을 말한다.

(2) 기계경비업무

방범경보시스템을 운용하여 원격으로 감시하고 경비대상시설의 도난 · 화재의 위험을 예방하고 계약에 따라 위 4.1항의 제공업무를 포함하는 업무를 말한다.

(3) 기계경비업무용 기기

방범경보시스템을 구성하는 감지기, 통보기, 주제어기와 그 주변기기 등 경비대상시설에 설치하는 기기를 말한다.

(4) 경비대상시설

기계경비업무를 제공하는 계약상대방의 시설로서 계약내용에 포함되는 시설을 말한다.

(5) 관제시설

방법경보시스템을 구성하는 기기 중에 경비대상시설 이외의 장소에 설치하여 경비대상시설물 원격으로 감시하는 시설을 말하며 '관제센터'라 하기도 한다.

(6) 기계경비업자

방범경보시스템을 사용하여 기계경비업무를 제공하는 회사를 말한다.

(7) 계약상대방

기계경비업무를 제공받기로 계약을 체결한 상대방을 말한다.

(8) 시설주

경비대상시설의 소유주 또는 관리자를 '시설주'라 한다.

(9) 사용자

방범경보시스템의 기기 중 경비대상시설에 설치한 기기를 사용하는 자를 사용자라 한다.

(10) 대응(대처)

방범경보시스템을 구성하여 관제시설에서 감시하고 경보신호를 수신하여 경비대상시설에서 조치해야 할 것을 지시하면 경비업자의 근무자가 현장으로 출동하여 필요한 조치를 취하는 것을 '대응' 또는 '대처'라 한다.

(11) 기기배치도

경비대상시설의 평면도 상에 경비구역(Area)과 경비영역(Zone)을 구분하며, 기계경비업무용기기를 설치할 위치를 계획하고 기기의 심벌(Symbol)로서 표기하는 도면을 말한다.

(12) 시스템계통도

기기배치도에 표시된 기계경비업무용기기로 시스템을 구성할 계통을 블록선도(Block Diagram)로 표시하는 것을 시스템계통도라 한다.

(13) 개통 점검

경비대상시설에 배관, 배선 및 기기를 취부함으로써 방범경보시스템을 구성하고, 각 감지기 및 통보기와 주제어기 간의 회로가 정확히 작동하는지 확인하며, 주제어기와 주변기기와의 통신이 이루어지는 것을 확인하고, 주제어기에서 경비에 필요한 데이터를 관제수신장치에 정확히 신호전송을 하는 것을 확인하는 것을 개통점검 또는 개통이라 한다.

(14) 고객관리카드

경비대상시설의 인명과 재산을 보호하는데 필요한 사용자, 경비대상시설 및 그 주변에 관한 정보를 정리한 카드를 고객관리카드라 한다.

(15) 경비개시

경비대상시설에 기기를 설치하고, 필요한 회로점검 및 통신을 확인한 후 계약내용대로 기계경비업무를 제공하는 것을 경비개시라 한다. 경비개시 후 사고가 발생하면 계약내용에 의한 배상 및 보상이 따르게 된다.

(16) 지령(대처지시)

관제요원이 대처요원에게 누가, 언제, 어디서, 무엇을 어떻게 해야 하는가 등의 대처를 지시하는 것을 지령 또는 대처지시라 한다.

(17) 통보

관제요원이 경비대상시설의 경보(이상) 혹은 시스템의 장애를 감시하고 계약에 따라 연락을 하거나, 사건 혹은 사고를 확인하고 필요한 곳에 연락하는 것을 통보라 한다.

(18) 발진기지

2대 이상의 대처차량과 차량에 탑승할 대처요원이 관제요원의 대처지시를 기다리며 대기하는 장소를 발진기지라 한다.

(19) 외주점검

대처요원이 경비대상시설에 도착 후 내부로 들어가기 전에 외부를 점검하는 것을 외주점검이라 한다.

(20) 내부점검

대처요원이 경비대상시설의 외주점검을 수행한 후 내부에 입실하여 내부를 점검하는 것을 내부점검이라 한다.

(21) 대처보고서

관제요원의 대처지시에 따라 대처요원이 경비대상시설에서 대처업무를 수행하고 그 결과와 원인 등을 기재하여 서명하고 경비대상시설 현장에 두고 퇴실하는데 이때 작성하는 서류를 대처보고서라 한다.

4.3. 방범경보시스템 기획설계(Security Planning)

경비대상시설의 지켜야 할 중요한 곳과 침입이 예상되는 취약점을 분석하여 감지기, 통보기, 주제어기 및 주변기기를 설치할 위치를 설정하고 시스템의 구성방안도 기획하는 과정을 방범경보시스템 기획설계 혹은 조사설계(SP : Security Planning)라 한다.

4.3.1. 기계경비시스템 기획 및 설계의 개요와 기본

1. 기획 및 설계의 개요

고객의 안전문제에 대해 전문가로서 철저한 진단을 하고, 계약내용의 서비스를 정확히 하기 위한 계획으로서 완벽한 기계경비시스템을 설계하는 과정이 기획설계(Security Planning)이다.

최소의 비용	→	최대의 효과
• 조기경보 • 오보배제 • 설치비 저감 • 운영비 절감		• 계약 본질 달성 (안심감 제공) • 도난, 화재 예방 (사고 확대 방지)

2. 기획 및 설계의 기본사항

(1) 현장조사

① 사전조사

② 방문조사

(2) 기획 및 설계

① 고객의 NEEDS 파악(예 출입통제, 재고관리, 자료유출 방지 등)

② 중요 경비대상 품목 파악(환금성 높은 것, 산업기밀, 보안사항)
③ 위협의 분석
④ 시스템의 선택
⑤ 기기(감지기)의 선택
⑥ 규제방법의 선택
⑦ 운용의 검토

(3) 도면 작성

4.3.2. 현장조사

현장조사를 철저히 함으로 기획 및 설계가 충실해진다.

1. 사전조사

① 업종파악
② 위치파악
③ 규모파악
④ 상담자 파악

2. 방문조사

① 고객의 요구파악(고객 NEEDS, 취약점 파악)
② 현장 입지조건 파악
③ 현장의 구조 실태 파악
④ 현장의 운용 실태 파악
⑤ 감지기 선정
⑥ 협의 사항

3. 건물 외부 현장조사

① 고객의 요구파악 : 취약구역(후사면, 이웃 점포, 경량벽 등)
② 인접 건물과의 상대적 요인
③ 거리, 창(비상계단/베란다/빗물받이)과의 배치 관계
④ 거래처 외부의 상황
⑤ 주변의 전주, 입구골목 등의 상황 확인
⑥ 휀스, 담의 상황
⑦ 방위의 확인

4. 건물 내부 현장조사

① 분전반, 전화단자함, 화재 수신반
② 중요물, 금고, 시고 등의 위치 및 보관상황
③ 규제대상인 출입문, 창, 셔터 등의 구조물 확인
④ 문 : 철문/나무문/유리문/샷시문 등의 종류, 개폐 및 시건장치 확인
⑤ 창 : 창의 유리(철망 삽입), 외부 격자 여부
⑥ 셔터 : 전동/수동, 평/파이프의 구별, 개폐 및 시건장치 확인

5. 기타 현장조사

(1) 공사 내용 파악

① 배관 및 배선공사의 확인
② 특수공사 여부 파악
③ 방폭, 방수, 방염공사 여부 파악
④ 공사가 가능한 시간대

(2) 설비내용 파악

① 화재경보 및 소화설비
② 수조, 공조, 엘리베이터 등
③ 설비의 보수계약 여부
④ 방위의 확인

4.3.3. 위험분석

1. 위험분석의 개요

안전한 상태를 위협하는 불안한 요소 또는 징후가 있는 듯한 상태를 파악하고, 고객의 요구(NEEDS)와 맞추어 분석하는 것이다.

2. 위험분석 항목

① 입지조건, 대상물, 건물의 구조
② 중요물의 보관방법, 사고의 위험도, 설비 등

3. 업종별 목적대상물

상점, 귀금속점, 금융기관, 학교 혹은 창고 등

4. 침입수단의 경향 분석

침입 사례 참조하여 분석한다.

4.3.4. 규제계획

1. 규제의 종류

① 외주규제
② 외부규제
③ 내부규제
④ 직접규제
⑤ 시설물규제

2. 규제의 조건

① 경비 대상물은 반드시 규제한다.
② 경비 대상물에 이르는 통로를 규제한다.
③ 과잉(반복)규제는 배제한다.
④ 입지조건에 따라 차등 규제한다.
⑤ 위험도, 업종, 면적, 제공업무에 따른 적절한 SYSTEM 결정
⑥ 귀중품, 현금 등은 규정된 금고를 설치하여 규제한다.
⑦ 각종 협의내용은 계약서 및 도면에 기록하여 첨부한다.

3. 외주규제

옥외의 펜스(벽), 대문 등에 감지기를 설치하여 침입을 규제하는 방법이다.

4. 외부규제

건물의 창, 문, 셔터, 창고의 경량벽 등의 내부 측에 감지기를 설치하여 침입을 규제하는 방법으로 1차 규제라 하기도 한다.

5. 내부규제

건물내부의 공간 및 문, 창 등을 감지기로 규제하는 방법으로 경로규제 또는 목적물 규제가 포함된다.

6. 직접규제

금고 등에 직접 감지기를 설치하고 침입을 규제하는 방법이다.

① 금고감지기와 진동감지기를 1조로 설치한다.
② 소형의 금고(150kg 이하)는 규제불가로 한다.
③ 반드시 열선감지기로 금고접근을 감지할 수 있게 병행 규제한다.
④ 금고는 앙카(Anchor)로 바닥에 고정하는 것이 원칙이다.
⑤ 한 영역(Zone)에 3개의 감지기 이하로 구성한다.
⑥ 귀중품, 현금, 유가증권은 금고에 보관하게 협약한다.

7. 시설물 규제

(1) 문

① 자석감지기에 의한 규제가 보편적이다.
② 방호력이 약할 경우 적외선감지기, 열선감지기로 규제강화한다.
③ 시건장치의 정상여부를 확인한다.

(2) 창

① 외부창은 자석감지기 설치가 기본이다.
② 위협에 따라 유리감지기, 적외선감지기, 열선감지기로 규제한다.
③ 고정, 매입창도 확인하여 위험도에 따라 규제한다.
④ 외부 고정창은 유리감지기 설치가 기본이다.

(3) 셔터

① 셔터감지기 설치가 기본이다.

② 귀금속, 모피점 등 중요업종은 출입문 및 유리에 대한 규제를 실시한다.

(4) 환기구

① 한 변이 30cm 이상의 경우 규제해야 한다.

② 환풍기 에어컨의 경우는 자석감지기로 규제한다.

(5) 경량벽

① 종류로는 스레이트, 함석, 합판, 석고보드, 인슈판넬 등이 있다.

② 경량벽은 도면에 표기하고, 담장감지기, 적외선감지기, 열선감지기로 규제한다.

(6) 천정

내부규제로 대신한다.

4.3.5. 비상버턴 및 경광등 계획

1. 비상버튼 설치기준

① 복수 개의 통보기를 설치하는 것을 원칙으로 한다.

② 역확인(역CHECK)이 가능한 곳에 설치한다.

③ 비상통보 업무만의 계약은 배제한다.

2. 비상램프

① 이상 발생시 대처요원의 대처유도가 용이하게 대로변에 설치한다.

② 부가적으로 경계실수(SET MISS)를 확인할 수 있게 한다.

4.3.6. 구역(Area) 및 영역(Zone) 설정

1. 구역(Area) 설정

구역(Area)이란 경계/해제를 별도로 조작하는 등 운영형태가 다른 동일 경비대상시설(계약처)의 부분을 말한다. 구역(Area) 분리의 필수조건으로 벽, 문, 셔터 등의 물리적인 구획이 있어야 한다.

2. 영역(Zone) 설정

① 제어기(Controller) 기준으로 시계방향으로 구성한다.

② 복수층의 경우 기준층을 기준하여 상층에서 하층순으로 구성한다.

③ 여러 구역(Area)으로 나뉠 경우 구역(Area)별 영역(Zone)을 구성한다.

④ 다른 종류 유전원감지기를 동일영역(Zone)에 구성하지 않는다.

⑤ 1개 영역(Zone)당 감지기 설치 수량을 준수한다.

⑥ 제어기의 영역(Zone) 부족 시 구분표시기 혹은 영역확장기(Zone Expander)를 사용한다.

⑦ 해당 영역(Zone)의 끝 감지기가 영역(Zone)표기에 적용된다.

4.3.7. 작성 도면 및 서류

기획 및 설계의 결과물로 기계경비시스템 기기배치도, 시스템 계통도, 기기명세서가 작성된다.

1. 방범경보시스템 기기배치도(Equipment Layout of SAS) 작성

경비대상시설의 평면도상에서의 효율적인 운영을 위하여 구역(Area)을 설정하고 금고, 귀중품 보관함 또는 창고 등의 지켜야 할 중요한 곳을 표시하며, 불법침입자의 예상 침입로를 표기한다.

예상 침입로에 적당한 감지기를 설치하도록 정해진 심벌(Symbol)로 표시하고 영역(Zone)을 구분한다. 주제어기, 부제어기와 주변기기의 설치위치도 표시한다.

2. 방범경보시스템 계통도(System Block Diagram) 작성

주제어기, 부제어기 및 주변기기로 시스템을 구성하고 정해진 심벌과 간략한 설명문으로 회로 및 통신로를 블록선도로 표시하고 계통도를 그린다.

계통도에는 다음과 같은 사항을 표시한다.

① 주제어기 심벌, 부제어기 심벌, 영역확장기 심벌(필요한 경우)
② 전원공급기 심벌
③ 주변기기 심벌
④ 구역명 및 구역번호(Area Number)
⑤ 영역명, 영역번호(Zone Number) 및 영역별 감지기의 심벌

3. 기계경비업무용 기기명세서(Equipment List)

시스템 구성을 위하여 설치할 기기명(Description), 형명(Model), 수량(Quantity) 및 단가(Unit Price)를 표시하고, 필요에 따라 기기의 주요 사양(Specifications)을 명기하는 기기명세서를 작성한다.

4.4. 방범경보시스템 설치공사(Installation)

방범경보시스템을 구성하는 기계경비업무용기기를 설치하고 전기적으로 연결하기 위한 배관 및 배선작업을 시스템 설치공사(Installation)라 한다.

설치공사는 통신공사면허를 가진 유자격 업체가 시공하는 것이 원칙이다. 〈표 4-1〉 및 〈표 4-2〉에서는 일반 전기공사와의 정신적 및 물리적 차이점을 비교하고 있다.[3)]

〈표 4-1〉 정신적 차이점

일반 전기공사	방범경보시스템 설치공사
• 건물이 기능을 가지기 위해 필요한 설치 • 상식적인 설비 • 사람은 설비를 마음에 두지 않는다. • 공사방법이 다소 조잡하여도 사람들이 별로 느끼지 못한다.	• 건물의 소유주 또는 사용자의 의지에 따름 • 특별한 설비 • 사람이 경보시스템에 마음을 두고 있다. • 공사방법이 조잡하면 사람들이 불쾌감을 느끼고, 시스템의 신뢰성이 떨어진다.

〈표 4-2〉 물리적 차이점

일반 전기공사	방범경보시스템 설치공사
• 빌딩, 사무실에 꼭 필요하다. • 법률로 지정되어 사용하며, 미관이 꼭 필요한 조건은 아니다. • 고장 발생이 남에게 주는 영향이나 위험이 적다. • 부분마다 독립된 설비 • 단품이라도 기기마다 독립된 기능을 갖는다. • 기기 자체가 장치이다.	• 빌딩, 사무실에 꼭 필요한 것은 아니다. • 배관재, 선재, 공사작업, 복장 및 태도 등에 신경을 써야 한다. • 1개의 고장이 전체에 영향을 준다. • 전체가 하나의 설비 • 전체 기기가 구성되어야 제 기능을 발휘할 수 있다. • 기기는 경보시스템을 구성하는 부품이다.

방범경보시스템의 특성으로 인하여 다음과 같은 순서에 따라 시스템을 설치한다.

---

3) 졸고, 전게논문, p. 202.

① 사용자와 공사일정을 협의한다.

② 주제어기 및 조작기의 위치를 정한다.

③ 평면으로 표시된 기기배치도상의 감지기를 입체적 조건과 현장의 물리적 조건을 고려하여 감지기를 설치할 위치를 표시하는 실표시(Seal Marking)를 한다.

④ 사용자의 의견을 참조하여 유선 비상통보기를 설치할 위치를 정한다.

⑤ 배선계획을 고려하여 배관재의 종류 및 배관경로를 정하고 배관작업을 한다.

〈표 4-3〉 배관 · 배선방법과 시설장소와의 관계

장소 \ 종류	옥내 노출 장소 건조한 장소	옥내 노출 장소 습한 장소	옥내 은폐장소 점검가능 건조한 장소	옥내 은폐장소 점검가능 습한 장소	옥내 은폐장소 점검불가 건조한 장소	옥내 은폐장소 점검불가 습한 장소	옥측 우선 내측 雨線內側	옥측 우선 외측 雨線外側	옥외 옥屋 외外	옥외 지중매립 地中埋立
케이블배선	▲	▲	○	○	○	×	▲	▲	▲	▲
금속전선관 배선	○	○	○	○	○	○	○	○	○	▲
합성수지전선관 배선	○	○	○	○	○	○	○	○	▲	▲
금속몰드 배선	○	×	○	×	×	×	×	×	×	×
합성수지몰드 배선	○	▲	○	▲	×	×	×	×	×	×
닥트 배선	○	×	○	×	×	×	×	×	×	×
가요전선관 1종 가요관	○	×	○	×	×	×	×	×	×	×
가요전선관 2종 가요관	○	○	○	○	○	○	○	○	○	×

[범례] ○ : 시설가능, × : 시설불가, ▲ : 선택적으로 시설가능

경보시스템 설치에 사용되는 배관재인 전선관의 종류는 다음과 같으며, 배관재별 설치장소는 〈표 4-3〉과 같다.

- 금속 전선관(Steel Conduit)

- 합성수지 전선관(Plastic Conduit)
- 가요 전선관(Flexible Conduit)
- 금속 몰드(Steel Mold)
- 합성수지 몰드(Plastic Mold)
- 닥트(Duct)

⑥ 배관재에 필요한 전선재를 입선하는 배선작업을 한다. 배선하는 전선은 다음과 같이 분류할 수 있다.

- 이벤트신호선(Event Signal Line)
- 영상신호선(Video Signal Line)
- 교류전원선(AC Power Line)
- 직류전원선(DC Power Line)
- 통신선(Communication Line) : 전화선

⑦ 주제어기, 주변기기, 감지기 및 비상통보기를 정해진 위치에 취부한다.

⑧ 기기에 결선작업을 한다.

⑨ 주제어기 및 부제어기의 기능을 설정하는 프로그래밍을 한다.

⑩ 모든 기기의 현장 작동시험을 행한다.

⑪ 현장의 신호를 중앙관제시설에 정확하게 전송하는가를 확인한다.

⑫ 청소와 정리, 정돈으로 공사를 마무리한다.

4.5. 방범경보시스템 개통점검(Checking Communication)

기계경비업무용기기의 설치공사를 완료한 후 방범경보시스템을 운영할 대처요원이 설치공사 내용과 설계도면 내용이 일치하는가를 확인하고, 회로의 작동과 데이터통신 및 신호전송을 점검하고 확인한다. 개통점검의 순서는 다음과 같이 행한다.

① 침입 예상로에 침입하는 것을 감지하는 것을 확인한다.
② 감지기가 감지할 때 주제어기 및 부제어기에 표시되는 것을 확인한다.
③ 주제어기 및 부제어기의 세트/해제 조작으로 모드가 이행되는 것을 확인 한다.
④ 주제어기와 주변기기와의 데이터 통신이 이루어지는 것을 확인한다.
⑤ 경비대상시설 현장의 변화상태를 중앙관제시설에 정확히 신호전송하는 것을 확인한다.

4.6. 기계경비업무의 사용설명(Explanation of Operating System)

방범경보시스템을 설치하고 개통점검 후 사용자와 시설주에게 다음의 내용을 설명해야 한다고 경비업법 시행령에서 규정하고 있다.

① 기계경비업무와 관련된 관제시설 및 출장소
② 경비대상시설에서 발생한 경보를 수신한 경우에 기계경비업자가 취하는 조치
③ 경비대상시설에 설치한 기계경비업무용기기의 설치장소와 종류 그리고 그 밖의 기계장치(출입통제시스템 혹은 CCTV시스템)의 개요
④ 오경보 발생원인과 송신기기의 유지관리법

그리고 기계경비업무용 기기의 주요기능, 경계조작 및 해제조작 방법, 업무제공을 위한 필요사항 등을 설명한다. 필요에 따라서는 설명회를 가졌고 사용자는 설명을 들었다는 사용자의 확인서를 받아두기도 한다.

사용자가 시스템의 내용과 사용방법을 완전히 이해함으로써 사건, 사고를 방지하고 불필요한 출동을 감소시킬 수 있어 완벽한 서비스를 제공할 수 있다.

4.7. 기계경비업무의 관제업무(Monitoring Service)

관제시설의 관제요원이 감시모니터의 관제화면에 표시되는 경보에 대하여 조회모니터 화면에서 정보를 얻어 신속하고, 정확하게 상황을 판단하여 경비대상시설의 사고확대를 미연에 방지하기 위한 조치를 취한다. 또 대처요원의 신변보호에 만전을 기하며, 불안전한 상태를 확인하고 정상화하기 위하여 필요한 지시와 종합적인 상황관리를 하고 계약상대방과의 계약내용을 성실히 이행함은 물론, 고객에게 다양한 서비스를 제공하는 업무를 행한다.

관제업무의 주요 내용은 다음과 같다.

① 경비대상시설 및 사용자 정보의 수집과 관리
② 경보(이상)신호의 수신에 의거하여 사고내용을 분석
③ 대처요원을 현장 파견하는 긴급출동 및 현장에서의 조치내용을 지시
④ 대처요원 및 첨단기술의 기기를 응용하여 사고내용, 규모 등을 확인
⑤ 경찰기관, 소방기관, 의료기관, 설비회사 혹은 계약처에 통보
⑥ 계약상대방 및 사용자의 요구사항, 고충 혹은 불만 등의 접수
⑦ 상사에게 보고하고 상사의 지시사항을 대처요원에게 전달

4.7.1. 경비대상시설 및 사용자 정보의 수집과 관리

대처요원이 경비대상시설의 위치, 구조, 사용자에 관한 정보 및 특기사항을 조사하여 기재한 고객관리카드의 내용를 관제용 컴퓨터에 입력하여 등록하고, 이상이 발생하면 이 정보를 조회하여, 신속하고 정확하게 상황을 판단하고 대처지시 및 확인업무를 수행할 수 있다.

고객관리카드는 다음의 내용을 포함하며 관제시설에 비치된다.

① 경비대상시설의 명칭, 주소, 전화, 팩스, 업종, 구조 및 면적
② 경비대상시설 내의 경비핵심품목과 사건, 사고 전력

③ 경비대상시설 건물의 전력, 동력, 가스, 소화전, 통신회선로

④ 계약상대방 및 사용자의 주민등록번호, 주소 및 전화번호

⑤ 관할 경찰서, 파출소 및 소방서명과 전화번호

⑥ 병원, 설비회사 및 통신회사의 연락처

⑦ 복수의 대처접근로

⑧ 계약상대방의 요구 혹은 회사의 판단에 따라 필요한 특기사항

고객관리카드에는 기획설계시에 작성된 시스템의 기기배치도, 계통도 및 기기명세서의 사본도 첨부한다.

4.7.2. 경비대상시설의 열쇠(Key) 수령과 관리

기계경비업자의 대처요원이 고객으로부터 경비대상시설의 출입문을 열 수 있는 열쇠 2개를 인수하고 열쇠 예탁증을 발급한다. 2개의 열쇠중 1개는 대처를 위한 긴급출동차량에 탑재하여 관리하고, 나머지 1개는 2차 대처를 위하여 관제시설 혹은 발진기지에 보관한다.

열쇠의 보관요령은 다음과 같다.

① 튼튼한 보관함에 보관하고 시건장치를 해야 한다.

② 열쇠의 출납대장을 비치하여 출납을 기록한다.

③ 보관 정책임자와 부책임자를 선정하고 책임자는 정해진 때 열쇠를 점검해야 한다.

4.7.3. 경비대상시설의 원격감시 업무(Monitoring Service)

관제요원은 감시모니터의 화면을 감시하여 경비대상시설의 경보(이상)신호가 수신되어 표시되는 것을 감시한다.

이상의 종류는 다음과 같다.

① 침입이상 : 경계중 외부에서 불법으로 침입했다는 경보
② 화재이상 : 화재감지기가 작동하여 화재수신반에서 이보하면 방범경보 시스템의 주제어기가 관제소로 신호 전송하는 경보
③ 비상통보 : 경비대상시설에 비상사태가 발생하여 사용자가 비상통보기를 조작한 경우의 경보
④ 은밀비상 : 비상통보기를 눌러도 현장에서는 소리가 나지 않는 것
⑤ 구급이상 : 고객 혹은 사용자가 의료상의 위급한 상태에 관한 경보
⑥ 설비이상 : 감시하는 설비에 이상이 발생했다는 경보
⑦ 가스누출 : LPG 감지기 및 LNG 감지기가 이상을 감지한 경보
⑧ 기기이상 : 경비대상시설의 기기의 뚜껑을 무단으로 열었거나 기능을 마비시켰다는 경보
⑨ 장치장애 : 관제시설의 수신장치 및 관련장치에 장애가 발생했다는 경보
⑩ 회선장애 : 전용회선 혹은 전화회선에 장애가 발생했다는 경보
⑪ 세트오작동/해제오작동 : 세트 혹은 해제조작의 잘못이 발생한 경우
⑫ 무단해제 : 해제금지 시간대에 사용자가 해제조작하는 경우
⑬ 위협해제 : 사용자가 위협을 당한 상태에서 강제로 해제했다는 경보
⑭ 전원 발정 이상 : 정해진 시간에 전원이 개폐되지 않은 경보
⑮ 서비스 관련 이상 : CD/ATM 이상, 현금부족, 전표부족, 입금이상, 입금충만, 카드걸림 혹은 기기장애 등의 이상경보
⑯ 기타 경보

4.7.4. 지령(대처지시) 업무[4)]

관제시설에서 경비대상시설을 원격으로 감시하여 방범경보시스템의 경보(이상)신호를 수신하였을 때는 관제요원은 발진기지 혹은 순찰중인 출동차량의 대

4) 졸고, 전게논문, p. 204.

처요원에게 이상발생 현장에 긴급출동하도록 지시한다.

(1) 관제요원은 상황처리의 원칙을 고려하여 지령업무를 수행한다.

상황처리의 5원칙은 다음과 같다.

① 간명의 원칙 : 오해가 없는 명확한 상황 제시와 지시를 한다.
② 단순의 원칙 : 상황별로 단일 지시를 한다.
③ 확인의 원칙 : 고객요청의 역 확인(Check), 이상정보의 현장 확인
④ 추적의 원칙 : 조치사항의 단계별 추적확인
(출동 → 접근 → 도착 → 외주점검 → 입실 → 내부점검 → 결과보고)
⑤ 종결의 원칙 : 이상발생 건은 반드시 정상화 혹은 임시조처 등으로 완결시키고 종결 처리하여야 한다.

(2) 긴급출동의 우선순위에 따라 대처지시를 한다.

관제요원은 경비대상시설로부터 수신한 이상신호에 의거하여 상황을 판단하고 대처요원에게 긴급출동을 지시한다. 복수의 이상이 동시에 수신되거나 비슷한 시간대에 수신되었을 경우에는 출동의 우선순위를 고려하여 지시한다.

(가) 기본사항

① 이상발생의 순서에 따라 지시한다.
② 이상발생 내용 중 인명과 관계되는 신호, 피해가 크게 예상되는 신호를 우선적으로 처리한다.
예 화재이상 > 비상통보 > 위협해제신호 > 회선장애 > 침입이상
③ 역확인(Check) 등에 의하여 이미 실사고로 판단된 경비대상시설에 우선 출동하도록 지시한다.

(나) 판단해야 할 항목

① 신호의 종류에 따라 실제 사고발생시에 피해의 범위가 큰 것을 고려하여 우선 처리하도록 지시한다.

② 경비대상시설의 업종에 따라 실제 사고발생시에 사회적 영향이 큰 것을 고려하여 우선 처리하도록 지시한다.

③ 과거에 사고가 발생한 이력이 있는 것을 감안하여 우선순위를 정하여 지시한다.

④ 경비대상시설까지의 출동거리를 판단하여 가까운 곳부터 출동하도록 지시한다.

4.7.5. 통보업무

기계경비업무에 있어서는 방범, 방재, 가스누출 혹은 설비이상 등에 따라 정해진 조치가 취해져야 하지만, 사고의 내용에 따라 경찰서, 소방기관, 의료기관, 가스회사 혹은 설비회사에 통보하는 것도 필요하다. 또 계약상대방과의 협력으로 계약내용을 수행할 수 있는 경우도 있기 때문에 계약상대방에게 연락할 필요가 있을 때도 있다.

(1) 통보방법의 기본

통보의 원칙은 사건, 사고가 일어나고 있음을 관계기관 혹은 회사에 신속, 정확하게 통보하여 전문기관 혹은 전문회사가 현장에서 대응할 수 있도록 한다. 통보는 6하(六何)원칙에 따라 통보할 필요가 있지만, 이 모두를 완비하는데 시간이 소요되어 타이밍을 놓쳐 효과적인 조치를 할 수 없을 경우가 있으므로 알고 있는 범위 내에서 신속히 통보하는 것이 중요하다. 즉 제1보를 통보하고 다음 정보가 수집되는 대로 제2보 및 제3보의 통보를 행할 수가 있다.

(2) 경찰기관에 통보

침입이상 혹은 비상통보의 경우, 사고의 정보가 수집되면 관할파출소, 관할경찰서 혹은 112 상황실로 통보하며 그 내용은 다음과 같다.

① 범죄의 종류
② 현재의 상황
③ 피해자의 상황
④ 현장의 주소 및 주위의 큰 건물
⑤ 통보자의 성명
⑥ 범인의 얼굴형태(윤곽, 머리형, 눈썹형, 눈모양, 코모양, 귀모양, 입모양), 입은 옷의 특징, 소지품 및 도주방향 등
⑦ 차량 도주의 경우는 차종, 색상, 번호 등을 아는 범위 내에서 통보

(3) 소방기관에 통보

화재 및 구급 발생시는 119로 통보하며 그 내용은 다음과 같다.

① 화재인지 구급인지의 종류 구분
② 소재지 및 명칭
③ 주위의 큰 건물
④ 건물의 용도
⑤ 빌딩의 경우 발화지점의 층수, 불이 번지고 있는지의 여부
⑥ 기타 소방활동에 필요한 사항(건물 내의 잔류 인원, 위험물 유무, 고압가스 유무 등)
⑦ 통보자의 성명

(4) 관련회사에 통보

가스누출 및 설비이상 신호를 수신했을 경우에는 계약서에 정해진 대로 통보한다.

(5) 계약상대방에게 연락

경찰기관, 소방기관 및 관련회사에 통보할 경우는 동일한 내용을 계약상대방에도 연락할 필요가 있다. 계약상대방의 전 사용자에게 연락할 필요가 있을 경우에는 순차전달 방법으로 연락할 수 있다.

4.7.6. 관제시설(Central Station : 관제센터)의 안전대책[5)]

관제시설은 정보를 관리하고, 대처지시를 하며, 관계기관에 통보하는 시설이므로 방범경보시스템 운영업무 수행의 중심이 되는 곳이다. 따라서 관제시설의 보안과 안전을 위한 철저한 대책이 수립되어야 한다.

(1) 보안대책의 수립

(가) 경비대상시설의 정보관리

정보에 부정하게 접근하는 것을 방지하여 정보가 누출되거나 과실로 인한 파괴를 방지하기 위한 대책의 수립이 필요하다.

① 컴퓨터 데이터의 접근을 통제하기 위한 Hardware적 및 Software적 보안대책을 세운다.

② 고객관리카드 및 컴퓨터정보의 원본은 특정의 보관장소에 보관한다.

5) 이상원, 전게서, pp. 108~109.

(나) 출입통제 및 관리

관제시설에는 출입통제시스템을 설치하여 외부인 혹은 관계자 외는 출입을 금지하는 대책이 수립되어야 한다.

(다) 주변 및 출입문의 감시

관제시설 외곽에는 외곽침입 감지시스템(PIDS)을 설치하고, 감시카메라로 구성되는 폐쇄회로 텔레비전시스템(CCTV System)을 설치하며, 출입문에도 감시카메라를 설치하여 관제시설 내부에서 감시할 수 있게 한다.

(2) 시설 및 설비의 안전대책 수립

(가) 정전대책

정전시에도 관제시설의 기능이 마비되지 않도록 무순단전원공급기(UPS : Uninterrupted Power Supply), 자가용 발전기 등을 설치한다. 또 컴퓨터 시스템은 공급전원의 전압 및 주파수의 변동이 없도록 정전압 정주파수 전원장치(CVCF : Constant Voltage Constant Frequency Power Supply)를 설치하여야 한다.

(나) 통신회선 장애시의 대책

관제시설 혹은 관제수신장치가 있는 건물 주변에는 경비대상시설의 신호를 수신하는 통신회신이 다량으로 인입되어 있다. 다량의 통신회선이 일시에 장애가 발생하지 않도록 통신구 혹은 작업구에 부정한 접근을 감지하여 경보하는 장치를 설치하거나 전화국 내부에 관제수신장치를 설치하는 등의 대책이 필요하다.

(다) 설비보수의 대책

관제장치 및 설비장애 발생시를 대비하여 예비기(Backup Equipment)를 비치하거나, 보수요원과의 연락방법을 명확하게 해 두어야 한다.

(라) 자연재해의 대책

① 내진대책

건물 자체를 충분한 내진구조로 하며, 컴퓨터가 설치된 방은 진동이 컴퓨터 및 주변기기에 전해지지 않는 구조로 한다.

② 풍수해 대책

기계장치가 설치된 방과 관제실은 홍수 등에 의한 침수가 되지 않는 장소에 설치하고 방수벽 등으로 보호되도록 한다.

③ 낙뢰 대책

낙뢰에 의한 이상전압 및 이상전류로 인하여 설비가 손상되는 일이 없도록 피뢰침과 피뢰기 등을 설치한다.

④ 방화대책

건물의 외벽, 주요 구조부는 불연성 재료를 사용하는 방화구조로 하고, 자동화재 경보설비 및 소화설비의 정비점검을 충분히 해야 한다. 또 컴퓨터나 관제장치가 설치된 기계실에는 하론가스 소화장치 혹은 이를 대체할 수 있는 소화장치를 설치해야 한다.

4.8. 기계경비업무의 대처업무(Alarm Response or Beat Service)

방범경보시스템은 기본기능인 지연기능(Delay function), 감지기능(Detection function), 감시기능(Monitoring function) 그리고 대처기능(Response function)이 갖추어져야 완전한 시스템이 구성된다.

관제업무는 감시기능을 수행하는 업무에 해당한다. 관제요원의 감시업무에 따라 필요한 경우 대처요원에게 경비대상시설로 긴급출동할 것을 지시하면, 대처요원이 경비대상시설 현장으로 출동하여 이상상태를 확인하고 사건, 사고를 방지하거나 확대를 방지하는 대처기능의 업무를 수행한다.

대처업무는 관제요원의 대처지시에 의하여 긴급출동을 하는 외에도, 순회 지시에 따라 행하는 순회업무 및 일정에 따라 행하거나 관제요원의 지시에 따라 행하는 보수점검 업무와 차량관리 업무 등이 수반된다.

4.8.1. 경비대상시설 및 사용자 정보의 수집과 관리

기계경비업무용 기기가 설치되고 기계경비업무의 제공이 시작될 때는 대처요원이 고객관리카드를 작성하면서 경비대상시설 및 사용자에 관한 정보를 수집한다. 고객관리카드 1부는 대처차량에 탑재하여 대처요원이 활용하며, 1부는 관제시설에 비치하는 데 그 내용은 관제업무의 것과 같다.

4.8.2. 경비대상시설의 열쇠(Key) 수령과 관리

기계경비업무용기기가 설치되고 기계경비업무를 제공하기 시작할 때 고객관리카드를 작성하며, 또 경비대상시설의 출입문 열쇠 2개를 수령하여 1개는 관제시설 혹은 발진기지에 보관하고 나머지 1개는 출동차량에 탑재한다.

열쇠의 보관 및 관리요령은 열쇠마다 계약처명을 표시한 표시판을 끈과 함께 묶고 여러 열쇠를 가지런하게 정렬할 수 있는 튼튼한 열쇠보관함에 수납하여 관리한다. 열쇠를 사용하기 위하여 꺼낼 때에는 견고한 끈이나 쇠줄로 연결이 되어 대처요원의 신체로부터 쉽게 떨어지지 않도록 휴대하는 것이 필요하다.

경비대상시설의 열쇠는 기계경비업무를 위한 대처업무 수행에만 사용해야 한다. 다만, 고객으로부터 열쇠지원요청이 있을 경우는 추가서비스 제공의 일환으로 사용자로 하여금 사용할 수 있도록 지원할 수도 있다.

4.8.3. 긴급출동 업무

긴급출동이란 경비대상시설에 경보(이상)가 발생했을 경우 관제요원의 지시에 따라 현장으로 출동하여 이상의 원인 및 상황을 확인하고 처리하여 정상화하는 것이다. 긴급출동의 업무흐름(Job Flow)은 [그림 4-1]과 같다.[6]

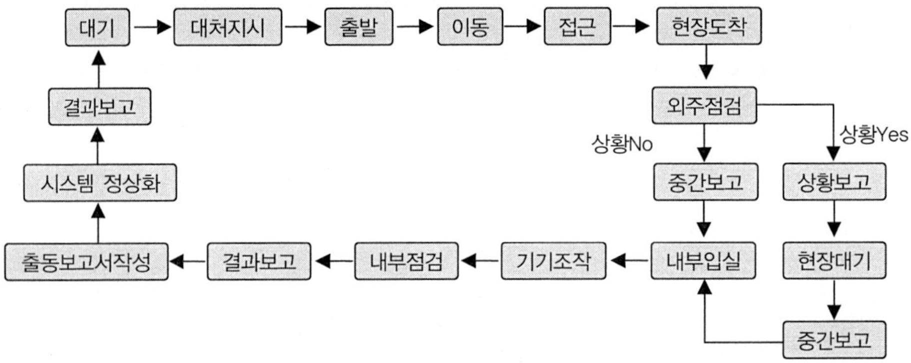

[그림 4-1] 긴급출동의 업무흐름도

(1) 대기

근무 중인 대처요원은 단독차량 발진기지(Depot) 혹은 통합차량 발진기지에서 대기하며 근무한다. 이때 관제시설과의 지령통신망은 항상 유지하고 있어야 한다.

(2) 대처지시 수령

관제요원으로부터 대처지시를 받는다. "언제, 어디서, 왜, 무엇을, 어떻게 하라"는 내용인가를 확인하고 복창한다. 대처지시를 받으면 다음의 행동요령에 따라 출발한다.

6) 졸고, 전게논문, pp. 206~207.

① 경비대상시설의 위치를 확인하고 복수의 접근로 중에서 가장 유리한 접근로를 선택한다.
② 해당 경비대상시설의 열쇠를 꺼내어 열쇠연결 고리에 연결한다.
③ 차량 주행거리 버턴을 눌러 "0"으로 하고 출발한다.

(3) 현장 접근[7]

(가) 접근방법(Approach)

원칙적으로 경비대상시설에 정면으로 접근하는 것은 피하고, 다음의 접근방법의 종류 중에서 상황에 따라 선택하여 접근한다.

① 정상접근(Normal Approach)

경비대상시설에 도착하면, 전방 50~100m 지점에 주차하고 보행으로 접근하는 방법이다.

② 전진후 역행 접근(Truck Back Approach)

경비대상시설을 통과하여 어느 정도의 거리를 두고 전진하여 주차하고 도보로 역행해서 접근하는 방법이다.

③ 더블 백 접근(Double Back Approach)

경비대상시설 앞에서 일단 정차하여 상황을 확인하고, 통과한 후 U턴하여 경비대상시설의 길 건너편에 주차하고 도보로 접근하는 방법이다.

④ 개구리식 접근(Frog Jump Approach)

경비대상시설 앞에서 정차하여 관찰하고, 재차 발차하여 통과하고 어느 정도 거리를 두고 주차한 후 도보로 접근하는 방법이다.

7) 이상원, 전게서, pp. 149~150.

⑤ **스퀴즈(Squeeze)**

경비대상시설과 가까운 곳에 엔진을 멈추고 조심스럽게 접근하는 방법이다.

(나) 접근중의 관찰

경비대상시설에 접근 중에는 다음과 같은 점에 유의하여 관찰한다.

① 주행 중 자기차를 따라왔다고 생각되는 차량 혹은 정차시에 자주 만나는 차량에 주의한다.

② 엇갈려 마주 오는 차량 중에 의심스럽다고 생각되는 차량의 특징을 기억한다.

③ 긴급출동차량의 표식을 보고 급히 속도를 내거나, 골목으로 꺾어지는 차량을 주의한다.

④ 정차중인 차량의 온기(溫氣), 적하물 및 그 안의 인물에 주의한다.

⑤ 야간의 보행자 특히 경비대상시설의 방향에서 걸어오는 사람의 소지품에 주의한다.

⑥ 긴급출동차량을 보기 시작한 보행자의 반응에 주의한다.

⑦ 경비대상시설건물의 근처에서 망을 보고 있는 사람, 건물이나 물건의 그늘에 숨어있는 사람의 거동에 주의한다.

(4) 점검 및 검색[8)]

경비대상시설의 사건, 사고를 방지하기 위하여 점검 및 검색업무는 매우 중요하다. 경비대상시설의 내부에 들어가기 전에 경비대상시설 전체를 관찰하고, 인접시설을 관찰하며 경비대상시설의 외주점검을 행한다. 그리고 내부로 입실하여 내부점검을 행한다.

---

8) 이상원, 전게서, pp. 151~152.

(가) 경비대상시설 전체의 관찰

현장에 접근하면서 다음 사항을 고려하여 경비대상시설 전체를 관찰한다.

① 건물 전체의 화재 여부
② 주차 중의 의심스러운 차량 혹은 출입문 부근에서 엔진을 시동한 상태로 정차하고 있는 차량 유무
③ 경비대상시설 주위의 배회자 유무
④ 경비대상시설 내부의 점등과 창에 비치는 이상한 불빛, 섬광 등
⑤ 건물 주변에서의 휘파람, 플래시, 라이터 불빛 등의 신호 유무

(나) 인접시설의 관찰

다음 사항을 고려하여 인접 건물을 관찰하는 것도 잊지 말아야 한다.

① 거주자가 없는 건물에서의 점등 유무
② 창고, 건축현장에서 보이는 담뱃불
③ 건물 주변의 차량 유무
④ 사람의 말소리

(다) 외주 점검

계약상대방의 피해를 최소화하고, 2차 재해를 방지하기 위한 시간을 확보하기 위하여 외주점검을 행한다. 즉 사고발생의 징후를 신속히 파악하고 이에 대응하는 조치를 취할 수 있는 시간을 확보한다.

외주점검의 행동원칙과 요령은 다음과 같다.

(1) 외주점검의 행동원칙

① [그림 4-2a, b]와 같은 좌회전 원칙(오른손잡이 기준)의 준수
② 문, 창문을 한 손으로 확인한다.

③ 밝은 곳의 행동을 피한다.

④ 휴대전등의 사용을 최소화한다(Short Flash)

⑤ 건물 코너, 출입문 뒤를 주의한다.

⑥ 사각지역 및 외주점검이 어려운 지역은 특히 조심해야 한다.

⑦ 점검하는 소리를 내지 않도록 조심한다.

⑧ 이상 발견시는 관제시설에 은밀하고 신속하게 보고하고 지시를 기다리며 외부에서 감시를 철저히 한다.

⑨ 범인과 조우했을 경우, 범인체포보다 대처요원의 신변안전이 우선임을 알고 방어위주의 대응을 한다.

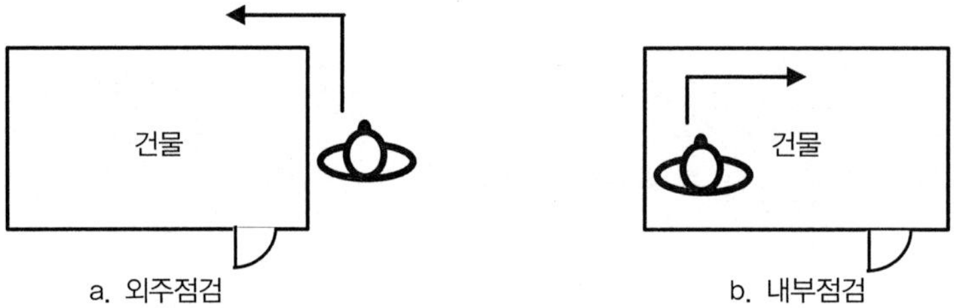

[그림 4-2] 경비대상시설 점검시 좌회전의 원칙으로 점검하는 방법

(2) 외주점검의 요령

〈범죄의 흔적 유무 점검〉

① 경비대상시설 주변의 산만한 담배꽁초 혹은 성냥개비

② 지상에 방치되어 있는 사다리 혹은 항상 놓여 있던 사다리의 변화

③ 침입가능 장소에 놓여 있는 드럼통, 빈 상자 혹은 기타 발판

④ 건물의 상단에 드리워져 있는 줄

⑤ 건물 창가 혹은 벽면에 가까이 있는 차량

⑥ 지상에 남겨진 물품, 침입용 도구 혹은 발자국

〈범행의 흔적〉

⑦ 셔터의 개방

⑧ 유리창의 개방 혹은 파손

⑨ 지상에 떨어진 유리조각

⑩ 스레이트 및 베니어판의 파손

〈내부 관찰〉

⑪ 건물내의 이상한 소리

⑫ 건물 내부에서 들리는 말소리, 움직이는 사람소리, 불빛

(라) 내부점검

경비대상시설의 내부에 들어가서 다음의 행동원칙을 준수하면서 점검을 수행한다.

① 행동을 가능한 한 감춘다.

② 문 및 창문의 시건 상태를 한 손으로 확인한다.

③ 내부에 들어가서 어둠에 익숙할 때까지 잠시 기다린다.

④ 소리 발생에 주의한다.

⑤ 휴대용 손전등의 사용을 억제한다.

⑥ 좌회전의 원칙을 준수한다.

⑦ 점검은 좌측에서 우측으로, 하층에서 상층으로 한다.

⑧ 모퉁이, 문 뒤, 그늘진 곳 및 어두운 곳을 주의한다.

⑨ 엘리베이터 등과 같은 동력시설의 이용을 금한다.

⑩ 계단을 오르내릴 때는 벽면을 이용함으로써 위에서 물건이 떨어지는 것에 대비한다.

(5) 호신용구 및 호신술 사용

대처업무 수행 중 범인으로부터 자기 자신이 공격을 받거나, 타인을 구조하는 긴급한 경우에 한하여 호신용구나 호신술을 사용한다. 따라서 "현행범 체포 등에서 단순히 상대의 저항력을 뺏는다"라는 목적 외에는 사용하지 않아야 한다.

(가) 경봉 사용시의 주의사항

① 긴급출동 등의 경봉을 사용해야 할 경우 이외에는 들고 다니지 말아야 한다.

② 경봉은 정당방위, 긴급피난 또는 현행범 체포시에만 사용한다.

③ 경봉으로 범인을 때리는 부위는 신체부위의 목 이하로 한다. 머리부분을 때릴 경우 과잉방어로 될 우려가 있다.

(나) 호신술을 사용할 때의 주의사항

① 상대에게 주는 타격은 제압하는 데 필요한 최소한도에서 멈춘다.

② 순간적인 상대방의 태도, 흉기 소지 여부, 범인 수 등을 확인하고 지형 혹은 물건 등을 자기에게 유리하고 쓸모 있도록 한다.

③ 흉기를 소지하고 있는 범인에게는 함부로 돌진하거나, 접근하거나 덤벼들지 말고 신속히 그 장소를 떠나서 관제시설에 보고한다.

④ 상대가 복수일 경우는 항상 상대가 시야에 들어오도록 위치하고 제압의 기회를 엿보거나 신속히 그 장소를 떠나서 관제시설에 보고한다.

⑤ 대처요원이 복수일 경우는 상호 연락을 취하며 행동한다.

⑥ 상대를 완전히 제압한 후라도 경찰관에게 인계하기 전까지 상대의 거동이나 주변의 상황에 주의하여 불의의 공격을 받지 않도록 한다.

(6) 경보(이상) 발생시의 대처업무 요령

(가) 침입이상 발생시

침입이상을 발견한 경우에는 있는 그대로의 현장 상황을 관제시설에 보고하고 관제요원의 지시에 따라서 행동해야 한다. 또 최악의 사태를 생각하고 경찰기관의 지원을 요구하는 등의 초동조치를 행하는 것이 중요하다.

경비대상시설에 범인이 침입한 것을 확인한 경우에는 다음과 같은 곳으로 도주할 것을 고려하여 경찰이 도착할 때까지 경계태세를 취한다.

① 침입구
② 어두운 창 또는 문
③ 보일러, 기계실 혹은 화장실 등의 창 또는 문

경찰관이 도착한 경우는 경계를 계속하면서 그 때까지 다음의 사항을 포함한 확인내용을 설명한다.

① 범행의 내용 및 수법
② 단독범행인가 복수범행인가
③ 건물의 구조
④ 범인의 외관(윤곽, 머리형, 눈썹, 눈모양, 코모양, 귀모양)
⑤ 흉기 소지 여부

(나) 화재이상 발생시

경비대상시설의 외벽이 불에 타고 있거나, 유리창을 통하여 불길이 보이거나, 밖으로 연기가 새어나오는 것 등으로 화재 발생을 판단한다.

불길이 천장에 닿기 이전에는 초기소화가 가능하나, 불길이 천장에 도달한 경우는 초기소화는 어려운 경우가 많으므로 관제시설에 우선 보고하여 지시를 받는다.

(다) 설비이상 발생시

설비이상을 발견하면 관제시설에 연락하고 관제요원이 관련 설비회사에 통보할 수 있도록 한다.

(라) 구급이상 발생시

구급이상을 발견하면 관제시설에 보고하고, 관제요원이 의료기관에 통보할 수 있도록 하면서, 가능한 범위 내에서 응급조치를 취한다.

(7) 보고 및 보고서 작성

(가) 관제시설에 보고

대처요원은 긴급출동의 지시를 받고 출발, 현장도착, 외주점검 중간결과 그리고 내부점검의 중간결과를 6하원칙의 6개 요소 중 확보되는 대로 관제시설에 보고한다. 실 사고가 발생한 것을 확인했을 경우에도 침착하게 6하원칙을 고려하여 관제시설에 보고하고 지시를 기다린다.

(나) 사용자에게 보고서 작성

긴급출동이나 방범경보시스템 작동 중에 경비대상시설의 내부에 출입했을 때는 출동대처보고서를 작성하여 현장에 남겨둔다. 출동대처보고서는 고객이 안전한 서비스의 제공을 느끼게 하는 수단이 되기도 한다.

출동대처보고서를 작성할 때는 다음 사항에 유의한다.

① 날짜, 시각 및 분을 정확하게 기재한다.
② 정확하고 알기 쉬운 표현을 쓴다.
③ 올바른 문장 및 문자를 사용한다.
④ 간단명료하게 기재한다.
⑤ 정중한 문체를 사용하여 기록한다.

4.8.4. 순회업무

순회란 방범경보시스템의 경보(이상)신호 유무에 관계없이 경비대상시설에서 발생할 수 있는 도난, 화재 또는 기타 사고를 미연에 방지하는 업무 중 하나이다. 관제요원의 지시에 따라 경비대상시설의 건물 외부와 내부를 점검하면서 안전상태를 확인하거나 불안전한 상태를 발견하여 필요한 조치를 취한다. 따라서 순회는 무의식적으로 돌아다니는 것이 아니라 인간의 뛰어난 오감을 최대한 활용하여 관찰함으로써 경비대상시설의 안전을 지키기 위한 업무수행이다.

순회는 경비대상시설의 업무시간 이외에 침입자의 유무 또는 내부에 존재하는 재해의 원인을 신속히 발견하고 불안전한 상태를 정상화하는 업무다.

그 외에 잔류자를 확인하거나 최종 퇴실자의 점검미비사항 혹은 불완전한 설비유무 등을 확인하고 그 내용을 기록하여 계약상대방 혹은 사용자에게 안전에 대한 조언을 해주는 것도 중요하다.

(1) 순회의 종류는 다음과 같은 것들이 있다.

① 계약순회 : 계약의 조건에 따라 정해진 시간에 순회하는 것

② 강화순회 : 기계경비업자의 사유나 통신회선의 장애로 시스템의 기능이 정상적이지 못할 경우 정상화될 때까지 잠정적으로 순회하는 것

③ 대체순회 : 경비개시 이전이라도 계약상대방의 요청에 따라 하는 순회

④ 임시순회 : 특정 경비대상시설 혹은 특정 지역에 침입사고가 집중적으로 발생할 경우에 사고 예방을 위하여 안정될 때까지 순회하는 것

(2) 순회업무의 행동요령

경비대상시설에 안전을 제공하는 목적을 수행하는 중에도 대처요원의 안전은 지켜져야 한다. 순회업무의 행동요령은 긴급출동시 점검 및 검색요령에 준한다.

4.9. 방범경보시스템 보수점검(Maintenance)[9)]

방범경보시스템의 효율적인 운영으로 기획설계한 대로의 기능을 유지하여 경비대상시설의 사건, 사고를 예방하기 위하여 기기 및 배관, 배선을 점검하고 정상상태가 아니면 수리 혹은 수리의뢰를 하는 것을 시스템 보수점검업무(System Maintenance)라 한다. 보수점검으로는 정기적 보수점검, 장애 발생시 보수점검, 오경보다발시 보수점검 및 특별 보수점검이 있다.

각각의 점검업무를 마치면 반드시 그 결과를 2부의 '보수점검표'에 기재하여 계약상대방 혹은 사용자에게 설명하고 서명날인 후 각 1부씩 보관하도록 한다.

4.9.1. 정기적 보수점검

경비대상시설의 보안도에 따라 기간을 설정하고, 각 경비대상시설별로 일정을 정하여 일정대로 방문하여 보수점검업무를 행한다.

(1) 준비사항

정기적 보수점검을 위하여 다음과 같은 사항을 준비해야 한다.

① 고객관리카드
② 출입용 열쇠
③ 정기적 보수점검표(Pre-maintenance Check List)
④ 측정기(Measurement, Multi tester)
⑤ 공구(Tools)
⑥ 사다리(Ladder)
⑦ 휴대용 손전등(Lantern)
⑧ 보수용품(Spare parts)

9) 졸고, 전게논문, pp. 208~209.

(2) 점검사항

정기적 보수점검업무는 중점점검과 세밀점검으로 구분하며 〈표 4-4〉와 같다.[10)]

〈표 4-4〉 점검내용 및 확인사항

	점검내용 및 확인사항	중점점검	세밀점검
점검내용	도면과 설치기기의 대조(종류 및 수량)	○	●
	Fuse, Battery 및 Lamp의 점검	○	●
	경비대상시설내의 기기외관 점검 및 청소	○	●
	배관 및 배선의 노후 여부 및 부착상태		●
	감지기 작동 여부		●
	주제어기의 작동 및 관제수신기와 신호전송		●
	주변기기의 작동		●
확인사항	고객관리카드의 기재내용 변경 유무	○	●
	출입용 열쇠의 변경 유무	○	●
	고객의 요청사항	○	●
	경비대상시설의 증축 혹은 개축 및 배치변경 또는 인접건물 등 주위환경 변화에 따른 설계 변경의 필요성		●
	불완전 설비의 유무		●

(3) 점검요령

① 도면과 설치기기의 대조

기획설계의 설계도면 대로 기기가 설치되었는지 확인하고 정상적인 작동을 하는지를 점검한다.

내부변화와 증개축 여부 및 인접건물에 의한 새로운 위험이나 취약성의 발생여부를 중점적으로 확인한다.

10) 졸고, 전게논문, p. 208.

② 퓨즈(Fuse), 축전지(Battery) 및 램프(Lamp)의 점검

규정치의 퓨즈 사용 여부와 축전지(Back-up Battery)의 수명연한을 확인하고 필요하면 교환한다. 축전지는 수명연한이 되지 않았다 하더라도 전지액 누출, 방전 혹은 파손이 발견되면 교환한다. 각종 소모성 램프도 점검하고 불량품은 교환한다.

③ 경비대상시설 내의 기기외관 점검 및 청소

주제어기, 주변기기 및 감지기를 점검하여 청소하고, 사용불가능한 기기는 보수용 기기로 교환한다. 사용자의 과실로 파손된 기기의 경우는 교환한 후 파손확인서를 받는다.

④ 배관 및 배선의 노후 여부 및 부착상태

배관의 고정상태를 점검하고 탈락된 배관은 수리하여 고정시킨다. 배선이 노후되었는지를 점검하고 재배선 공사가 필요하다고 판단되면 전담부서에 재공사를 의뢰한다.

⑤ 감지기 작동 여부

각 영역(Zone)에 연결된 감지기의 성능을 차례로 시험한다. 측정기(Multi tester)로 각 영역의 감시회로에서 저항치를 측정할 수 있도록 하고 감지기가 작동할 때 회로가 개방 혹은 단락되는가를 확인한다.

⑥ 주제어기의 작동 및 관제수신기와 신호전송 확인

기기를 조작하여 세트 및 해제 신호와 각종 경보신호를 전송하게 하고 관제시설에서 이 신호들을 정확하게 수신하는가를 점검한다.

⑦ 주변기기의 작동

주변기기들도 제 기능을 발휘하는가를 점검한다.

⑧ 고객관리카드의 기재내용 변경 유무

경비대상시설의 정보와 사용자의 정보를 기록한 고객관리카드 내용이 현장의 상황과 일치하는가를 확인하고 상이점이 있으면 수정한다.

⑨ **출입용 열쇠의 변경 유무**

지참한 열쇠로 출입문의 시해정이 가능한가를 확인하고 열쇠가 맞지 않으면 교환하도록 한다. 이때 열쇠의 예탁증도 수정하여야 한다.

⑩ **고객의 요청사항 청취**

경비대상시설의 시설주 및 사용자로부터 기계경비업자에 대한 요망사항 혹은 요청사항을 진지하게 청취하여 회사에 반영한다.

⑪ 경비대상시설의 증축 혹은 개축 및 배치변경 또는 인접건물 등 주위 환경 변화에 따른 설계변경의 필요성 확인

⑫ **불완전 설비의 유무**

- 각종 출입문의 시건장치 점검
- 화재수신반의 오경보 혹은 기능마비를 확인
- 누전차단기를 점검하여 불량이 확인되면 고객에게 보수 의뢰

(4) 장애 및 고장 발견시의 조치

점검 결과 장애 혹은 고장을 발견하면 원칙적으로 현장에서 정상화되도록 조치를 취하여야 한다. 그러나 기술력의 부족 혹은 기기 및 재료가 부족하거나 작업량이 현저히 많으면 전담부서에 공사의뢰를 할 수 있다.

4.9.2. 장애 발생시 보수점검

시스템의 장애가 발생하여 장애신호를 접수할 경우 해당 기기를 점검하고 장애를 처리한다.

4.9.3. 오보 다발시 보수점검

오보가 빈번히 발생하는 경비대상시설의 명세를 작성하고 오보율과 중요도 등을 고려하여 우선순위에 따라 방문하여 점검한다.

오보가 빈번한 영역의 감지기, 기기의 설치상태와 배선상태를 점검하며 오보를 유발할 만한 주위환경 등을 점검하여 오보의 원인을 분석하고 보수한다.

4.9.4. 특별 보수점검

연말연시, 명절날의 전후 혹은 휴가철에 은행 혹은 정부기관 등의 보안도가 높은 경비대상시설을 선정하여 세밀점검을 행하고, 필요에 따라서는 그 결과를 정리하여 계약상대방에게 제출하기도 한다.

4.10. 고객 고충처리(Customer Claim Response)

서비스업의 상품이 경쟁력을 가지려면 고객만족이 필수적이고 매우 중요하다. 고객만족을 위하여서는 고객의 소리에 귀를 기울여야 한다. 고객의 칭찬이나 고객의 불만이나 고객의 고충을 듣는 채널을 넓혀야 한다. 이와 같은 고객 고충처리는 다음과 같은 과정을 거치는 것이 보편적이다.

① 고객의 불만이나 고충을 접수: 대처요원의 보수점검시, 관제시설 혹은 고객센터에서 접수한다.
② 분류 및 처리부서 선정
③ 처리부서에서 고객과 협의하여 방문계획 수립
④ 고객을 방문하여 불만내용 및 고충내용 확인
⑤ 고충처리

⑥ 고객관리부서에 처리내용 통보

⑦ 고객관리부서의 담당이 고객을 방문하거나 전화상으로 고충처리의 만족도를 확인한다.

⑧ 고충처리내역을 정리하여 통계분석도 하고 고객의 불만이나 고충을 사전에 방지할 수 있도록 업무의 질을 향상시키도록 한다.

4.11. 문제

• 기계경비업무 및 용어문제 •

4-1. 기계경비업무란 무엇인가?

4-2. 기계경비업무는 어떤 업무를 제공하는가?

4-3. 경비대상시설이란 무엇인가?

4-4. 관제시설이란 무엇인가?

4-5. 개통점검이란 무엇인가?

4-6. 한국「경비업법 시행령」에서는 개통점검시 경비업자가 계약상대방에게 무엇을 설명해야 한다고 규정하고 있는가?

• 기획설계 및 설치공사 문제 •

4-7. 방범경보시스템의 기획설계(Security Planning)는 무엇을 하는 것인가?

4-8. 방범경보시스템의 기획설계는 어떤 순서로 하는 것인가?

4-9. 방범경보시스템의 기획설계는 무엇을 작성하는 것인가?

4-10. 방범경보시스템의 기획설계에서 감지기 선택시 고려사항은 무엇인가?

4-11. 시스템계통도에는 무엇을 표시하는가?

4-12. 시스템의 기기배치도에는 무엇을 표시하는가?

4-13. 기계경비업무용 기기의 설치공사와 일반전기공사는 어떻게 다른가?

4–14. 기계경비업무용 기기의 설치공사는 어떤 순서로 추진하는가?

4–15. 기계경비업무용 기기의 설치공사에 쓰이는 배관재는 어떤 종류가 있는가?

4–16. 기계경비업무용 기기의 설치공사에 쓰이는 배선재는 어떤 종류가 있는가?

4–17. 금속전선관은 어떤 곳에 사용할 수 있고 어떤 곳에 사용하는 것에 주의를 요하는가?

4–18. 합성수지전선관은 어떤 곳에 사용할 수 있고 어떤 곳에 사용하는 것에 주의를 요하는가?

4–19. 가요전선관 1종은 어떤 곳에 사용할 수 있고 어떤 곳에 사용하는 것에 주의를 요하는가?

4–20. 가요전선관 2종은 어떤 곳에 사용할 수 있고 어떤 곳에 사용하는 것에 주의를 요하는가?

4–21. 합성수지몰드는 어떤 곳에 사용할 수 있고 어떤 곳에 사용하는 것에 주의를 요하며 어떤 곳에 사용할 수 없는가?

• 관제업무 문제 •

4–22. 관제업무란 무엇인가?

4–23. 관제업무의 주요 내용은 무엇인가?

4–24. 경비대상시설 및 사용자정보는 어떤 내용을 포함하는가?

4–25. 고객관리카드에는 어떤 내용을 포함하는가?

4–26. 관제상황처리의 원칙은 무엇인가?

4–27. 기계경비업무 제공을 위한 관제업무에서 분류하는 경보(이상)의 종류는 어떤 것들이 있는가?

4–28. 관제업무 수행시 긴급출동 지시의 우선순위는 어떠한가?

4–29. 관제업무 수행시 통보업무는 어디에 통보하는 것인가?

4–30. 경찰통보시에 어떤 내용을 통보하는가?

4–31. 관제업무 수행시 계약상대방에 연락은 어떤 경우에 어떻게 하는가?

4-32. 관제시설에 대한 안전대책으로는 무엇을 해야 하는가?

• 대처업무 문제 •

4-33. 대처업무란 무엇인가?

4-34. 대처업무의 주요 내용은 무엇인가?

4-35. 긴급출동업무의 흐름은 어떠한가?

4-36. 현장접근 방법은 어떤 것이 있는가?

4-37. 대처업무 수행시 경비대상시설 전체 관찰과 인접시설 관찰은 어떻게 하는가?

4-38. 대처업무 수행시 외주점검의 원칙은 무엇인가?

4-39. 대처업무 수행시 내부점검의 원칙은 무엇인가?

4-40. 대처업무 수행시 경봉사용의 주의사항은 무엇인가?

4-41. 대처업무 수행시 호신술을 쓸 때의 주의사항은 무엇인가?

4-42. 대처업무에서 침입이상 발생시의 업무요령은 무엇인가?

4-43. 대처업무에서 화재이상 발생시의 업무요령은 무엇인가?

4-44. 대처업무 수행 후 보고는 누구에게 무엇을 어떻게 하는가?

4-45. 출동대처보고서 작성시 유의해야 할 사항은 무엇인가?

• 고객만족 및 보수점검 문제 •

4-46. 기계경비업무에서 보수점검이란 무엇인가?

4-47. 기계경비업무에서 보수점검에는 어떤 종류가 있는가?

4-48. 기계경비업무에서 보수점검시에 점검내용은 무엇인가?

4-49. 기계경비업무에서 보수점검시에 확인내용은 무엇인가?

4-50. 기계경비업무 제공중 고객고충처리란 무엇인가?

4-51. 기계경비업무 제공중 고객고충처리는 어떤 과정을 거치는가?

4-52. 기계경비업무에서 고객고충처리 후 고객만족도 확인은 왜 필요한가?

제5장

출입통제시스템

제5장 출입통제시스템

5.1. 출입통제시스템의 개요 (General Description of Access Control System)

출입통제시스템이란 주요 시설물 혹은 주요 지역의 출입장소(Access Point)에 허가된 사람 또는 차량을 식별하여 출입(Access)할 수 있도록 효과적으로 통제하고 관리하는 시스템이다. 연구기관, 주요 사무실, 오피스텔, 금융기관의 주요시설 등 규제가 필요한 곳의 출입문 등의 저지장치(Deterrent)에 전기정이나 전동기 등을 설치하고, 인증 혹은 인식장치에 의하여 출입이 허가된 사람이나 차량을 식별하여 저지장치를 개폐할 수 있도록 하고, 외부 손님은 별도로 마련된 안내실의 안내와 통제를 받을 수 있게 운영한다.[1]

5.2. 출입통제시스템의 구성(ACS Configuration)

출입통제시스템을 구성하는 기본 요소는 [그림 5-1]과 같다.

---

1) Robert L. Barnard, *Intrusion Detection Systems, Second Edition*(Boston MA : Butterworth-Heinemann, 1988), pp. 357～358.

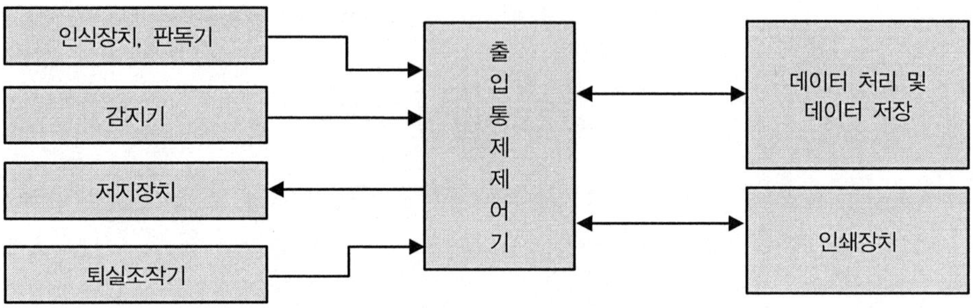

[그림 5-1] 출입통제시스템의 구성요소

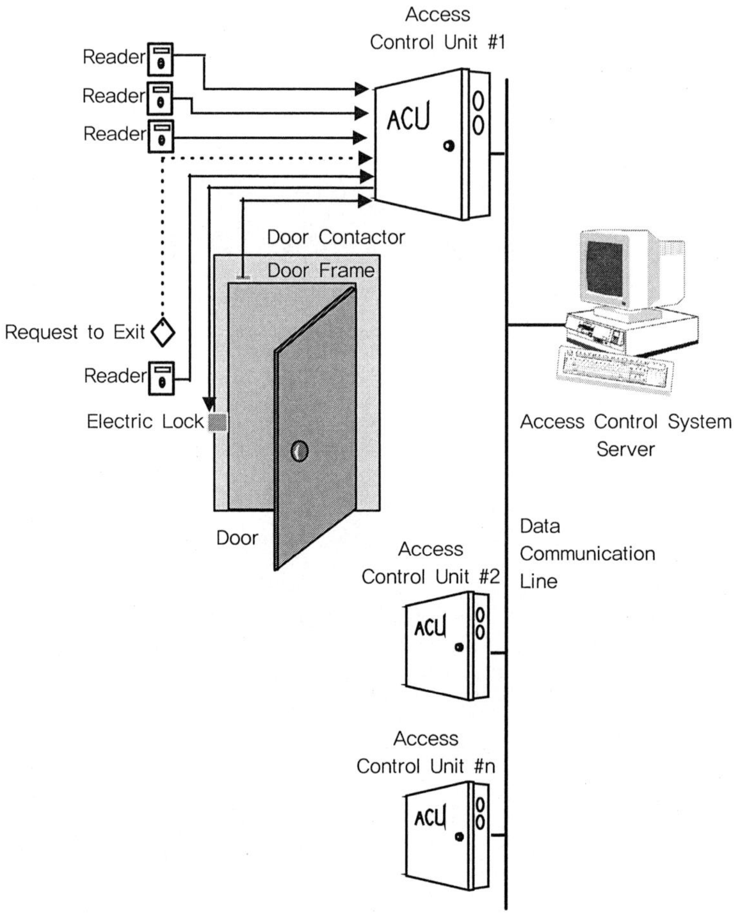

[그림 5-2a] 출입문 통제 출입통제시스템 구성 예

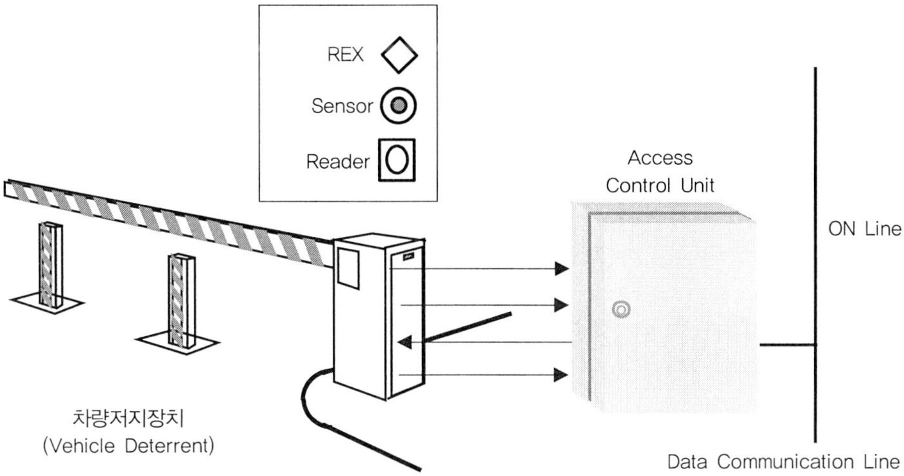

[그림 5-2b] 차량통제 출입통제시스템 구성 예

실제적인 출입통제 시스템의 구성 예를 보면 [그림 5-2a] 및 [그림 5-2b]와 같으며, [그림 5-2a]는 인증 혹은 인식장치를 연결할 수 있는 출입통제 제어기(ACU) n개를 출입통제시스템용 컴퓨터(Server)에 On-line으로 망을 구성하여 출입문을 통제하는 출입통제시스템의 예이다.

[그림 5-2b]는 차량의 출입을 통제하는 출입통제시스템의 예이다.

Off-line으로 운영할 수가 있고, 컴퓨터와 망을 구성하여 On-line으로도 운영할 수 있다.

출입통제시스템은 폐쇄회로텔레비전(CCTV System)과 연계하여 시스템을 구성함으로써 기계경비시스템의 효율을 더욱 제고시킬 수도 있다.

5.3. 출입통제시스템의 용어(Terminology)

(1) 자격증명(Credential)

개인별로 자기 본인임을 증명하는 도구를 말한다. 출입통제시스템에서 개인을 증명할 수 있는 카드, 토큰, 생체의 물리적 형상 등이 출입이 허가된 사람 혹은 차량의 자격증명이 될 수 있다.[2)]

(2) 허가된 사람(Authorized Person), 허가된 차량(Authorized Vehicle)

주요 시설물 혹은 주요 지역의 관리책임자가 출입을 해도 좋다고 허가한 사람 또는 차량을 말한다.

(3) 허가되지 않은 사람(Unauthorized person), 허가되지 않은 차량

주요 시설물 혹은 주요 지역의 출입을 허가 받지 않은 사람 또는 차량을 말한다.

(4) 인식장치, 판독기(Credential Reader)

출입장소에 출입이 허가된 사람이나 차량임을 자격증명하는 도구를 식별하는 기기를 인식장치 혹은 판독기(Credential Reader)라 한다.

(5) 출입유효함(Validated)

출입통제시스템에서 출입장소를 출입할 수 있도록 개인별로, 장소적으로, 시기적으로 허가가 유효한 상태를 출입유효함이라 한다.

---

2) Joel Konicek and Karen Little, *Security, ID System and Locks*(Boston MA : Butterworth-Heinemann, 1997), p. 27.

(6) 출입장소(Access Point)

출입통제를 하고자하는 주요 시설 및 주요 지역을 출입할 수 있는 문을 출입장소(Access Point)라 한다.

(7) 인증 혹은 인식처리(Authenticating or Identifying Transaction)

출입통제시스템에서 허가된 사람 혹은 차량의 자격증명을 판독하는 행위를 인증처리 혹은 인식처리라 한다. 개인신분번호(PIN)를 입력하거나, 카드를 판독하는 것을 인증(Authentification)이라 하고, 생체형상을 인식하는 행위 등을 인식(Identification)라 한다.

(8) 확인오류(Verification Error)

출입을 통제하기 위하여 인식처리를 함에 있어서 본인을 타인으로 인식처리하거나(Type I Error), 타인을 본인으로 인식 처리하는 오류(Type II Error)를 확인오류라 한다.[3]

(9) 확인시간(Verification Time)

출입을 통제하기 위하여 인식처리 함에 있어서 생체인식인 경우는 사람마다 독특한 생체정보를 확인하기 위하여 수백 혹은 수천 포인트를 확인해야 한다. 인식처리를 하기 위하여 확인하는데 소요되는 시간을 확인시간이라 한다.[4]

(10) 퇴실조작(Request to Exit)

출입통제를 하는 주요 시설 혹은 주요 지역에 허가된 사람이나 차량이 들어가서 필요한 업무를 완료하고 나오려 할 때 감지기가 감지하도록 하거나 누름스위

---

3) Joel Konicek and Karen Little, *Ibid.*, p. 37.

4) Joll Konicek and Karen Little, *Op. cit.*

치(Button Switch) 등을 조작하는 것을 퇴실조작이라 한다.

저지장치에 설치된 전기정에 손잡이(Handle)가 있을 경우는 별도의 퇴실조작이 필요 없으나, 그렇지 않은 경우의 전기정이나 전동기는 퇴실조작이 필요하다.

5.4. 출입통제시스템의 자격인증 및 인식방법 (Authenticating Identifying Credentials)[5]

사람 또는 차량의 출입을 통제하기 위하여 출입이 허가되었는지 또는 출입급수(Access Level)는 어떻게 되는지를 판별하여야 한다. 이러한 판별을 위하여 여러 가지 인증 혹은 인식방법이 응용되고 있으며, 일반적으로 사용되고 있는 인증 혹은 인식방법을 정리해 보면 다음과 같다.

(가) 키패드(Keypads) 조작방법

① 개인신분번호 인증(Personal Identification Number : PIN Authentication)

(나) 카드 혹은 토큰 인식

① 바코드카드 인증(Bar Coded Card Authentication)

② 천공카드 인증(Hollerith Cards Authentication)

③ 바리움페라이트카드 인증(BaFe Cards Authentication)

④ 자기스트립카드 인증(Magnetic Strip Card Authentication)

⑤ 적외선카드 인증(Infrared Cards Authentication)

⑥ 광카드 인증(Optical Cards Authentication)

⑦ 비접촉카드 인증(Proximity Card Authentication : RF Cards)

⑧ 집적회로카드 인식(Smart Card Identification : IC Cards)

---

5) Joel Konicek and Karen Little, *Ibid.*, pp. 34~51.

⑨ 위건드식카드 인증(Wiegand Card Authentication)

(다) 생체인식(Biometrics Identification)

① 지문 인식(Fingerprint Identification)

② 손모양 인식(Hand Geometry Identification)

③ 홍채 인식(Iris Identification)

④ 망막 인식(Retina Identification)

⑤ 정맥 인식(Vein Recognition)

⑥ 얼굴 인지(Facial Recognition)

⑦ 음성 인식(Voiceprint Identification)

⑧ 필체 인식(Signature Identification)

⑨ 이중생체 인식(Multiple Biometric Pattern)

각각의 인식방법에 따라 인증 혹은 인식장치(Reader)가 필요하며, 출입하고자 하는 사람이나 차량을 판독하여 데이터를 출입통제 제어기(ACU : Access Control Unit)에 전송하면 출입통제 제어기가 판단하여 전기정(Electric Lock) 혹은 기타의 저지장치(ACS Deterrent)를 제어하도록 한다.

5.4.1. 개인신분번호 인증(Personal Identification Number Authentication)

숫자와 문자로 조합된 개인신분번호(PIN)를 등록하고 또한 출입등급을 설정한다. 키패드(Keypad)로 비밀번호를 입력하면 이를 인증한다. [그림 5-3]과 같이 개인신분번호인증과 자기스트립 카드인증을 병용하는 경우도 있다.

특성

① 가장 간단하고 오류가 적은 인증방법이다.

② 비밀번호의 노출이 용이하여 보안도가 낮다.

[그림 5-3] 일반적인 키패드와 카드리더의 조합형 인식장치

5.4.2. 바코드카드 인증(Barcoded Card Authentication)

[그림 5-4]와 같이 밝은 선과 어두운 선(Bar)으로 "0"과 "1"로 구성되는 이진부호(Binary Code)를 표시한 것을 데이터화하고 이를 광막대기(Optical Wands), 광총(Optical Gun) 혹은 스캐너(Scanner) 등의 판독기(Reader)를 이용하여 데이터를 판독하여 허가된 사람 혹은 차량인지 인증한다.

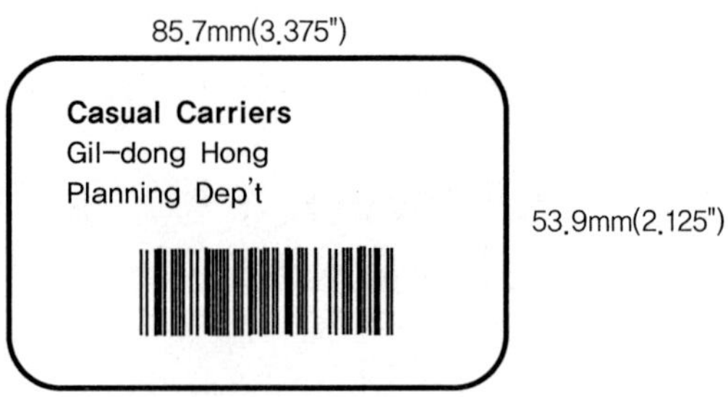

[그림 5-4] 바코드 카드의 예

특성

① 비교적 간단하고 비용이 저렴하여 간이출입통제에 활용될 수 있다.

② 출입통제 외에 다방면의 용도에의 이용이 용이하다.
③ 복제하기가 쉬워 보안도가 가장 낮다.

5.4.3. 천공(穿孔)카드 인증(Hollerith Cards Authentication)

[그림 5-5]와 같이 카드에 패턴에 따라 구멍을 뚫어 "ON"과 "OFF"에 의한 데이터를 만든다. 빛을 통과시키거나 금속 붓으로 전기적인 접속을 시키거나 못시키거나 함으로써 데이터화할 수가 있다.

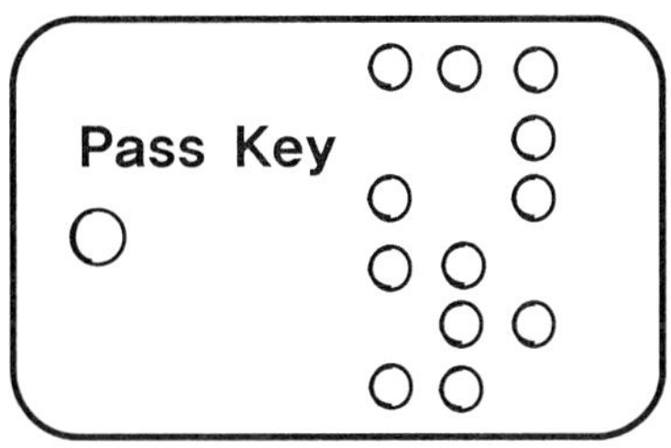

[그림 5-5] 천공 카드의 예

특성

① 제조가 간단하고 비용이 저렴하다.
② 전자계의 영향으로 데이터의 손실이 발생하지 않는다.
③ 복제하기가 용이하다.

5.4.4. 바리움페라이트카드 인증(BaFe Cards Authentication)

판독기(Reader) 속에 미리 코드화된 자화점(Magnetized Spot)의 배열(Array)로 된 프로그램 카트리지가 있고, 프로그램 카트리지와 출입용카드 삽입공간과의 사이에는 개별 자석들이 있으며 움직이는 슬라이더(Slider)와 금속판(Metal Plate)이 있다. 슬라이더에는 데이터화된 구멍이 있고 데이터에 해당하는 자석이 슬라이더 구멍으로 떨어지면 금속판은 떨어지는 자석들을 설계된 위치에서 정지시키어 슬라이드가 움직일 수 없게 되어 있다.

출입용카드가 삽입되면 카드에 있는 바리움페라이트 자석이 금속판에 있는 판독기의 자석을 위로 올려 밀게 되고 슬라이드가 자유롭게 움직이게 되며, 슬라이드가 전방에 있는 마이크로스위치를 작동할 수 있게 된다.

특성

① 출입용카드를 복제하기 어렵다.
② 기후와 열악한 환경의 변화를 받지 않는다.
③ 강한 자계에서 데이터가 지워지거나 변형될 수 있다.
④ 같은 출입용카드를 여러 사람이 가지고 있게 되고, 한 개라도 분실하면 프로그램 카트리지를 교체해야 하고 나머지 출입용카드를 모두 재발급해야 한다.

5.4.5. 자기스트립카드 인증(Magnetic Strip Card Authentication)

[그림 5-6]과 같이 플라스틱제의 띠(Strip) 표면에 산화철 등의 분말을 입힌 자기스트립(Magnetic Strip)으로 된 카드에 필요한 데이터를 자기적으로 기억시킨다. 자기스트립은 4개의 트랙(Track)으로 데이터를 기억시킬 수 있다. 3개의 트랙을 사용하는 경우에는,

첫째, 트랙에는 79개의 문자나 숫자(210 bits/Inch)를 기억시키며, 대개 사용자의 이름과 부서에 관한 데이터를 기억시킨다.

둘째, 트랙에는 40개의 숫자를 75 bits/Inch로 기억시키며 보통 출입통제용 코드로 쓰인다.

셋째, 트랙에는 설비코드(Facility code 또는 Water Mark라 함)를 기억시킨다. 설비코드를 사용함으로써 카드의 종류를 3배로 만들 수가 있다.

자기카드 판독기(Magnetic Card Reader)로 자기 카드의 데이터를 판독함으로

써 허가된 사람(Authorized person) 또는 허가된 차량을 확인하여 출입장소를 출입할 수 있게 하는데 널리 사용되고 있다.

소모성 카드가 아닐 경우에는 플라스틱의 변화로 내자율(coercive force rate)이 높은 카드를 제조하기 위한 노력을 하고 있다.

[그림 5-6] 자기스트립 카드의 예

특성

① 간단한 인증방법으로 제조비가 저렴하다.
② 사용자가 데이터를 엔코딩할 수가 있고, 적절한 Encoded Format을 이용하여 복제를 어렵게 할 수 있다.
③ 보안도가 비교적 낮아 비밀번호 인증방법과 병행하여 운영된다.
④ 자기 카드 판독기(Reader)에서 조작해야 하므로 불편한 점이 있다.
⑤ 자기 카드의 자기적 데이터가 주변의 자력으로 손상될 수 있다.

5.4.6. 적외선카드 인증(Infrared Cards Authentication)

카드에 정해진 양의 적외선을 통과시킬 수 있는 바코드(Bar Code)를 만들어 둔다. 바코드의 패턴은 사람의 눈에 보이지 않는다. 판독기의 적외선 감지소자가 통과하는 적외선 레벨을 감지하여 바코드의 패턴을 검출함으로써 카드를 인증한다. 확인의 정확도는 적외선 감지기의 품질과 보수유지에 달려 있다.

특성

① 적외선 코드를 쉽게 복제할 수 없다.
② 외부의 강한 자계에서도 데이터가 쉽게 지워지지 않는다.
③ 카드 제조공장에서만 엔코딩할 수 있다.
④ 카드 값이 비교적 비싸다.

5.4.7. 광 카드 인증(Optical Cards Authentication)

컴퓨터에 사용되는 CD(Compact Disk)와 같이 카드표면에 강한 레이저(LASER)로 홈을 만들면서 많은 데이터를 수록한다. 3.42~4.20 Mbytes의 데이터를 수록할 수 있다. 카드에 수록된 데이터를 읽기 위하여 약한 레이저를 조사하고 홈에 수록된 데이터에 따른 반사광의 양을 검출한다. 최근에 개발된 카드이나 널리 사용되지는 않고 있다.

특성

① 많은 데이터를 카드에 수록할 수 있어 멀리 있는 컴퓨터와 판독기간의 통신시간을 절약할 수 있다.
② 외부의 강한 자계에서도 안전하다.
③ 기계적으로 고장이 날 가능성이 높다.

5.4.8. 비접촉카드 인증(Proximity Cards : RF Cards Authentication)

카드나 토큰의 확인을 위하여 판독기에 접촉하거나 삽입하지 않고 인증처리(Authenticating Transaction)를 하는 방법이다. 라디오파(Radio Frequency Wave)를 이용하는 방법으로 판독기를 노출시키지 않아도 되므로 보안성 높은 방법이다. [그림 5-7]과 같이 RF카드에 인덕턴스(Inductance)를 갖는 코일과 커패시턴스(Capacitance)를 갖는 콘덴서로 공진회로를 구성하고 고유의 개인식별코드를 수록한 집적회로(IC)가 연결되어 있다.

동작원리는 [그림 5-8]과 같이 RF카드판독기(RF Card Reader)가 라디오파의 신호(RF Signal)를 지속적으로 발사하고 있고, RF카드를 접근시키면 RF카드의 공진회로가 라디오파의 신호에 공진하여 응답한다.

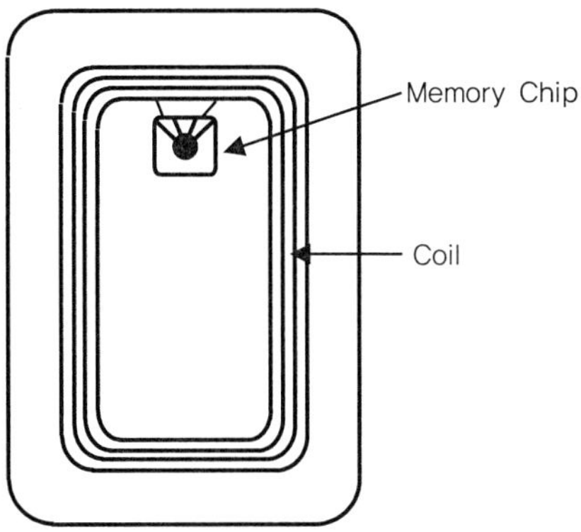

[그림 5-7] 비접촉카드의 내부

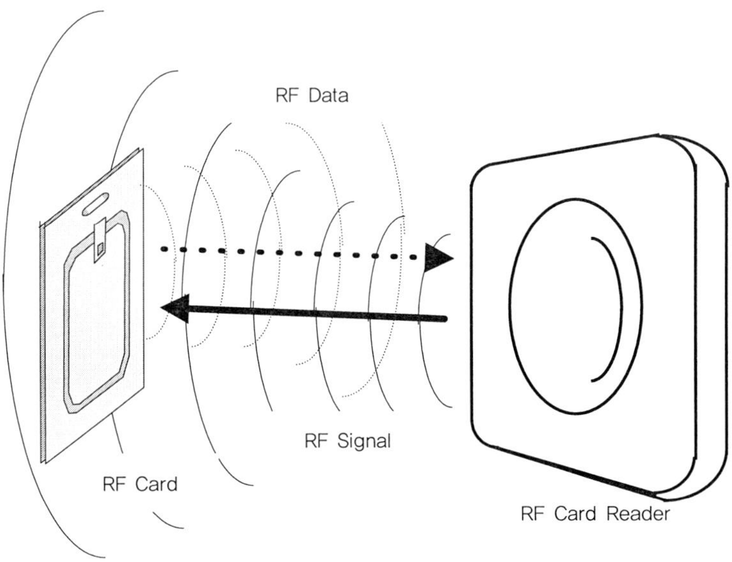

[그림 5-8] RF카드와 RF카드 판독기 동작원리

내장된 집적회로는 자기 고유의 개인신분번호(PIN)에 해당하는 RF Data를 반송파에 실어 발사하게 한다. RF카드판독기는 RF Data를 수신하여 카드가 유효한가를 판별한다.

비접촉 카드나 토큰 인증방법은 능동식(Active)과 수동식(Passive)의 두 종류가 있다.

(1) 능동식 비접촉 카드 및 토큰 인증방법(Active Proximity Card and Tokens)

카드 및 토큰에 작은 건전지(Lithium battery)를 내장하여 판독기에 응답하며 RF데이터를 전송하는 전원으로 사용한다. 판독기와의 거리가 30m(100 feet)의 간격까지 비접촉인증처리가 가능하다. 건전지의 수명이 5~7년 정도가 되며, 건전지가 내장되어 두께가 두껍게 되므로 [그림 5-9]와 같이 토큰 모양이 되거나 두꺼운 카드 모양으로 제조된다.

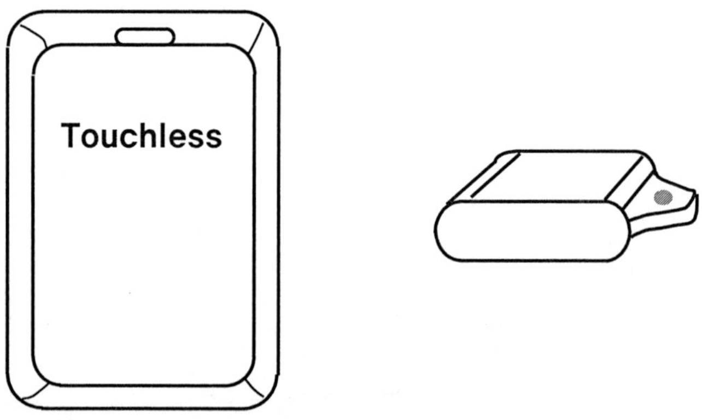

[그림 5-9] 능동식 비접촉 카드와 토큰

(2) 수동식 비접촉 카드(Passive Proximity Card)

판독기의 RF신호에 응답하고 고유의 개인식별코드의 RF데이터를 전송하는 전원은 판독기가 발사하는 RF신호의 전자계 에너지를 이용한다. 인증처리 간격은 약 20cm(8 Inches)이며, 처리간격을 넓히기 위한 기술연구가 진행되고 있다.

특성

① 비접촉식의 인증방법으로 사용이 간편하다.
② 카드의 복제가 불가능하여 보안도가 높다.
③ 교란 혹은 파괴(Vandalism)하기 어렵다.
④ 내후성이 높다(Excellent in weather extremes).
⑤ 카드당 제조비용이 많이 든다.

5.4.9. 집적회로카드 혹은 스마트카드 인식 (Smart Card 혹은 IC Cards Identification)

[그림 5-10]과 같이 카드에 마이크로프로세서와 기억소자(Memory) 칩(chip)을 내장하여 많은 정보를 수록할 수 있는 방법이다. 이 칩(chip)은 자기의 비밀번호와 코드를 생성하도록 프로그램할 수 있고 복잡한 암호화 기능도 있다. 카드에 내장된 칩(chip)에 데이터를 저장할 수 있으므로 출입통제 이외에 연산, 암호기능 외에 비용관리 등의 광범위한 분야에 응용할 수 있다.

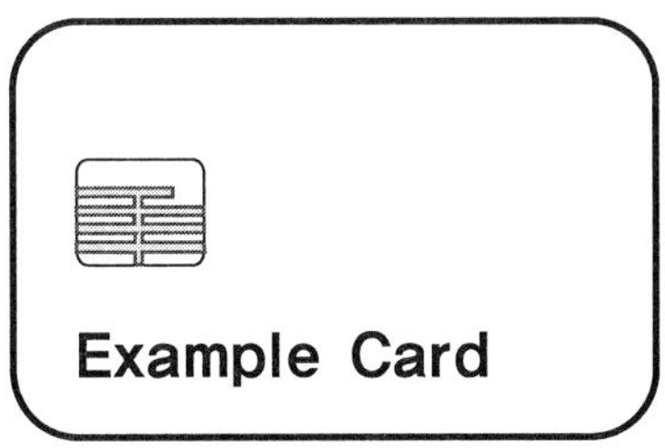

[그림 5-10] 스마트 카드(Smart Card)의 예

스마트카드(Smart Card)는 다음과 같이 3종류가 있으며 기술발달에 따라 앞으로 더욱 발전된 스마트카드가 개발되어 보급될 전망이 크다.

(1) 기억전용 카드(Memory-only)

400 bits 이상의 데이터를 기억할 수 있게 되어 있으며, 일회용 프리페이드카

드시스템(Prepaid Card System)에 많이 사용되고 있다.

(2) 보안기능 기억회로 카드(Memory circuit with hard-wired security logic)

1~4Kbits의 기억소자에 데이터를 입력, 지움 및 재입력할 수 있다.

암호화를 할 수 있고, 개인신분번호(PIN)를 비교할 수 있는 기능이 있다.

(3) 전기능 마이크로컴퓨터 카드(Full fledged microcomputers)

운영시스템(Operating System)을 갖춘 완전한 컴퓨터로서 광범위한 응용에 적합한 프로그램 능력이 있는 칩(chip)을 내장한 카드이다. 1~8Kbits의 RAM(Random Access Memory)과 ROM(Read Only Memory)을 포함하여 보안기능을 위한 운영이 가능하다.

특성

① 삽입 접촉식의 인식처리방법과 비접촉 인식처리방법이 있다.
② 위조가 어려우며 보안도가 높다.
③ 교란 혹은 파괴(Vandalism)를 하기 어렵다.
④ 많은 데이터를 카드에 수록할 수가 있어 멀리 있는 컴퓨터와 판독기간의 통신시간을 절약할 수 있다.
⑤ 카드당 비용이 많이 든다.

5.4.10. 위건드카드 인증(Wiegand Cards Authentication)

위건드효과(Wiegand Effect)를 응용한 위건드와이어를 [그림 5-11]과 같이 윗줄과 아랫줄로 배열하여 “0”과 “1”로 데이터화한 카드가 위건드카드(Wiegand Card)이다.

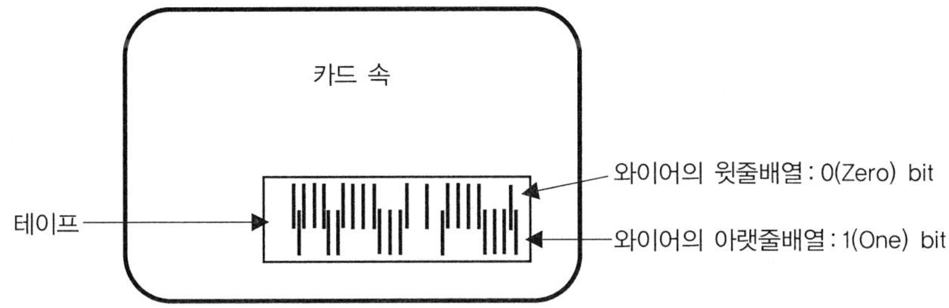

[그림 5-11] 위건드와이어의 배열

[그림 5-12]에서는 위건드효과를 설명한다. 퍼멀로이(50Ni, 50Fe) 등의 강자성 재료로 만든 와이어에 적당한 가공을 하면 와이어의 외각(Shell)의 보자력을 중심핵(Core)의 보자력보다 크게 할 수 있다.

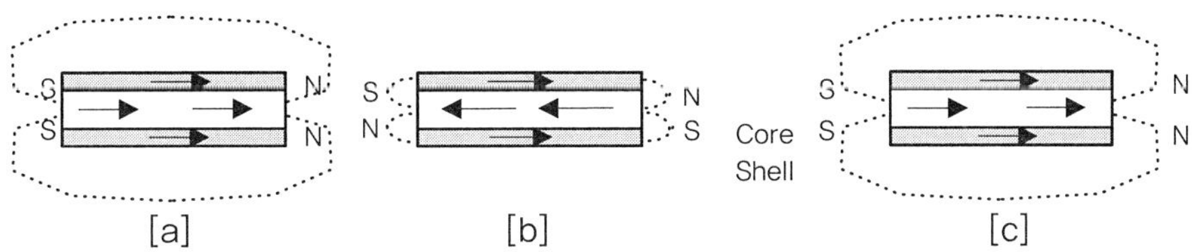

[그림 5-12] 위건드효과 설명도

그림 [a]와 같이 강한 외부자장에 의하여 외각부(Shell)와 핵부(Core)가 동일 방향으로 자화되어 있다가 역방향의 약한 자장을 가하면 그림 [b]와 같이 핵부의 자화방향이 바뀌지만 보자력이 높은 외각부는 바뀌지 않기 때문에 자계는 그림과 같이 약해진다. 카드 판독기에 카드를 삽입하여 처음의 방향으로 자장을 가하면 그림 [c]와 같이 핵부의 자화방향을 환원시킬 수 있고, 핵부와 외각부의 자계가 상호작용하는 결과 고속의 자화스위칭에 의하여 급속한 자속변화가 일어나면서 수 Volts의 전압 펄스가 유기된다.

이러한 전기적인 신호를 “0”과 “1”의 데이터화함으로써 코드화가 가능하다.

특성

① 비접촉식의 인증방법이다.

② 보안도가 높다.

③ 내후성이 높다(Excellent in weather extremes).

④ 카드당 비용이 많이 든다.

이상의 각종 카드인증 방법 중에서 보편적으로 출입통제시스템에 많이 사용되는 카드인증방법의 특성을 비교해 보면 〈표 5-1〉과 같다.

〈표 5-1〉 카드인증 방법의 특성비교표

항 목	RF 카드	SMART(IC)카드	자기스트립 카드	BAR CODE카드
인증방법	무선전자파에 의한 비접촉식 판독	판독기(Reader)에 카드를 접촉/삽입하여 판독	판독기(Reader)에 카드를 삽입하여 판독	스캐너가 Bar-Code를 독취하여 판독
감지거리	사람출입 : ~2m 차량, 물류 : ~30m	접촉/삽입	삽입	스캐닝
보안성	복제 불가	복제 불가	복제 가능	복제 가능
수 명	Passive;반영구적 Active : 5~10년	IC 삽입부분 손상시까지	3년	Bar-Code 손상시까지
내구성	강	중	약	약
편리성	편 리	다소 불편	불 편	불 편
전원공급	불필요	필 요	불필요	불필요
오류 (ERROR)	거의 없음	거의 없음	자주 발생	자주 발생
투자비	높음	높음	저렴	저렴

생체인식(Biometrics Authentication)방법은 인체학적인 특성을 이용하여 개인을 식별하는 방법인데, 생체인식은 다음과 같은 기술적 특징이 요구된다.

① 보편성(Universality) : 모든 사람이 가지는 특성

② 영구성(Permanence) : 변하지 않고, 변경도 할 수 없는 특성

③ 독특성(Uniqueness) : 개인별 고유 특성

④ 획득성(Collectivity) : 정량화, 데이터화 할 수 있는 특성

⑤ 기만성(Circumvention) : 부정사용을 할 수 없는 특성

⑥ 수용성(Acceptability) : 거부감을 주지 않는 정도의 특성

⑦ 필요성능(Performance) : 정확성, 신속성, 강건성을 갖춤

5.4.11. 지문 인식(Fingerprint Identification)

만인부동, 종생불변의 특성을 가지고 있는 지문(Fingerprint)의 개인별 특징을 추출하여 신원을 인식하는 방법이다. 10,000~250,000 Points의 개인별 고유 정보를 등록할 수 있다.

지문인식에 나타나는 생체의 특징을 Minutia라 하는데 [그림 5-13a]와 같이 단점(ending)과 분기점(bifurcation)의 특징을 추출하는 방법과 [그림 5-13b]와 같이 코어(core)와 델타(delta)의 특징을 추출하는 방법 등이 응용된다.

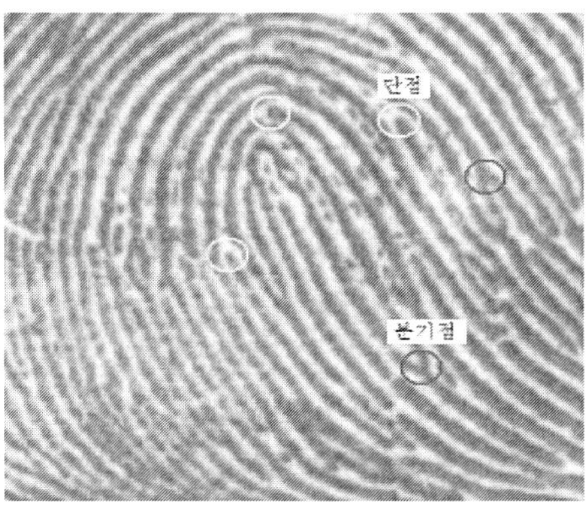

[그림 5-13a] 지문의 단점과 분기점

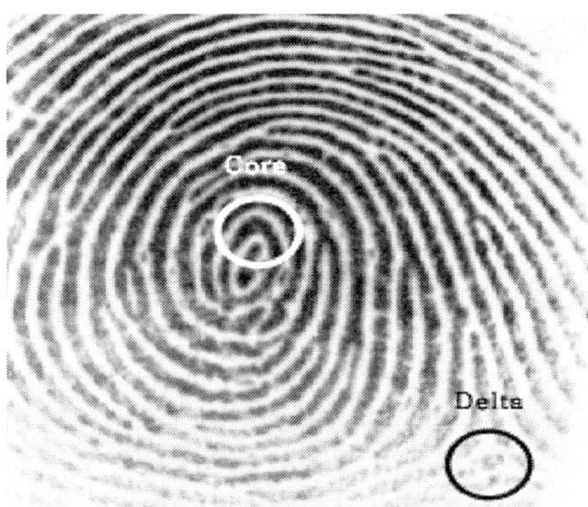

[그림 5-13b] 지문의 코어와 델타

특성

① 등록시간(Enrollment) : 10~20 seconds

② 확인시간(Verification time) : 1.2~3 second

③ 확인오류율(Verification error)이 비교적 작다.

④ 보안도가 높다.

⑤ 판독기가 고가이나, 점차 저렴한 판독기의 개발이 진행되고 있다.

5.4.12. 손모양 인식(Hand Geometry Identification)

스탠퍼드대학의 연구팀이 약 4,000명의 손 형태를 수집하여 분석한 결과 각 개인마다 고유의 특징이 존재한다는 것을 확인하였다. 이를 이용하여 개인을 인식하는데 응용하고 있다.

[그림 5-14]는 손모양 인식기의 예이며 손과 손가락의 길이, 넓이, 두께를 측정하여 개인을 식별한다.

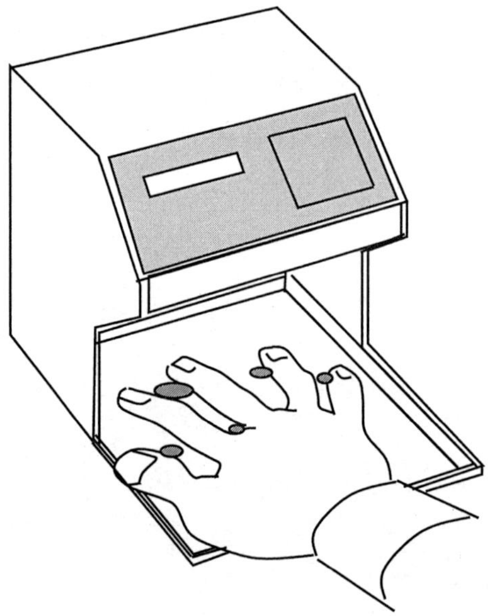

[그림 5-14] 손모양 인식기 예

특성

① 등록시간(Enrollment) : 2 minutes or less

② 확인시간(Verification Time) : 2~5 seconds

③ 확인오류률(Verification Errror)이 비교적 큰 편이다.

④ 정보량이 불과 10여 바이트 정도로 제품화가 용이하다.

5.4.13. 홍채 인식(Iris Identification)

사람마다 눈(Eye)이 모두 다르다. 각 사람의 홍채(Iris) 모양은 출생할 때부터 확정되어지며, 쌍둥이라도 그 모양이 다르다는 연구결과가 있다.

[그림 5-15]와 같이 개인별로 고유의 홍채 모양, 홍채의 명암 패턴을 영역별로 분석하여 사람을 인식하는 방법이 홍채인식(Iris Identification)이다.

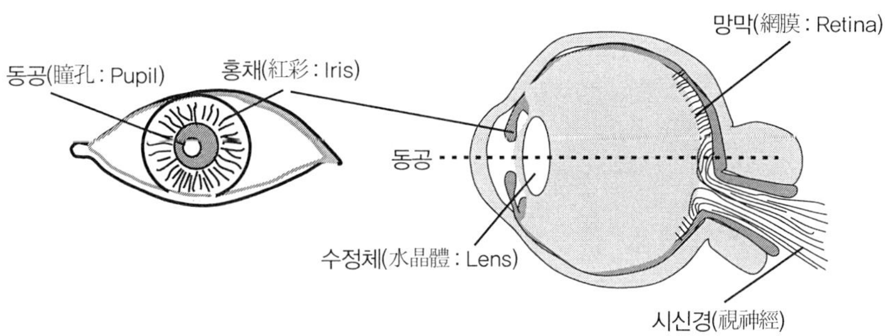

[그림 5-15] 사람의 눈

홍채(Iris)의 특성을 확인하는 홍채인식(Iris Identification) 방식은 자연스러운 상태에서 획득한 눈동자의 영상을 이용하게 되므로 인식과정에서의 거부감이 거의 없는 방법이다

특성

① 등록시간(Enrollment) : 1 minute

② 확인시간(Verification) : 1~2 seconds(단, 눈꺼풀이 안구를 많이 덮고 있는 사람은 홍채를 확인하는데 시간이 걸리는 경우가 있다)

③ 확인오류율(Verification Error)이 매우 작다.

④ 보안도가 매우 높다.
⑤ 판독기가 고가이다.

5.4.14. 망막 인식(Retina Identification)

[그림 5-15]와 같이 사람의 안구 배면에 위치한 망막(Retina)의 모세혈관의 구성이 만인부동, 종생불변의 특성을 지니고 있는 점을 이용하여 개인신원식별에 이용하는 방법이 망막인식(Retina Identification)방법이다.

망막의 혈관패턴을 읽기 위하여 적외선이 투사되는 위치에 눈의 초점을 맞추어야 하는 등의 불편하고 두려운 점이 있다.

5.4.15. 정맥 인식(Vein Recognition)

적외선을 이용하여 손등의 정맥을 촬영하고 필요한 고유의 특징부분을 추출하여 개인신원식별에 이용하는 생체인식의 한 종류가 정맥인식방법이다.

특성

① 카드 지참이나 번호 암기 등의 번거로움이 없고 분실의 염려가 없다.
② 보안성이 매우 높다.
③ 확인오류율(Verification Error)이 비교적 작다.
④ 하드웨어의 구성이 복잡하고 전체적인 비용이 매우 크다.

5.4.16. 얼굴 인지(Facial Recognition)

산 사람의 얼굴 화상을 카메라로 촬영하고 데이터베이스에 등록되어 있는 화상과 비교하여 신원을 확인하는 방법이다. 뉴롤네트, 모자이크, 액티브, 칸토우 그리고 타원 기법 등을 이용하여 얼굴을 식별한다. 얼굴모양은 변할 수 있는 특징이기 때문에 2차원 인지기술에서 3차원 인지기술을 이용하는 등의 정확도를 높이기 위한 기술개발이 진행되고 있다.

특성

① 별도의 인식장치가 필요 없다.
② 카메라로 화상을 촬영하여 비강제적으로 자연스럽게 인지자료를 확보할 수 있어 범죄용의자 색출 등에도 활용될 가능성이 크다.
③ 사용자의 기분에 따라 표정이 변할 수 있다.
④ 주위의 조명에 많은 영향을 받게 된다.

5.4.17. 음성 인식(Voiceprint Identification)

사람의 음성을 주위환경의 잡음으로부터 분리하여 추출하고 LPC(Linear Predictive Coding)와 같은 특징을 추출한다. 백터 양자화 기법에 의해 코드북을 작성하고, 실제 상황에서 입력된 음성신호의 LPC계수를 이 코드북과 비교하여 개인별로 인식한다. 이외에도 HMM 및 신경회로망을 이용하는 방법도 이용되고 있다.

특성

① 등록시간(Enrollment) : 0.3 minutes
② 인식시간(Verification Time) : 8.8 seconds
③ 확인오류율(Verification Error)이 비교적 큰 편이다.
④ 원격지에서도 전화 등을 이용하여 신분을 확인할 수 있다.
⑤ 별도의 교육이 필요하지 않고, 시스템의 가격이 저렴하다.
⑥ 사용자가 목이 쉴 경우에 오류가 발생할 수도 있다.
⑦ 타인의 목소리를 흉내 내는 경우에 오류가 발생할 수 있다.
⑧ 사용시에 강도 높은 소음이 있는 환경에서는 음성신호 추출이 어렵다.

5.4.18. 필체 인식(Signature Identification)

개인마다 서명하는 방법이 모두 상이하다. 서체, 획의 순서, 펜의 압력, 허공에서의 펜 움직임, 서명 속도, 서명 소요시간을 분석 · 종합하고 시간에 따른 서명변화를 학습하여 자동적으로 인식하는 방식을 통해 개인의 신원을 확인 · 인식하는 방법이다.

특성

① 등록시간(Enrollment) : 3~6 minutes
② 확인시간(Verification Time) : 5~10 seconds
③ 확인오류율(Verification Error)이 큰 편이다.
④ 홍채나 지문인식방법보다 비용이 저렴하다.
⑤ 전자상거래, 인트라넷 혹은 전자결재 분야와 겸용할 수 있다.
⑥ 서서히 변하는 개인의 서명습관을 학습하여 인식할 수 있는 기능도 포함한다.

5.4.19. 이중생체 인식(Multiple Biometric Pattern ID)

손가락과 같이 위조할 수 있는 신체부위를 위조하지 못하도록 다른 생체인식을 동시에 처리하는 경우도 있다. 예를 들면, 지문을 인식하면서 혈액의 산소포화 상태도 측정함으로써 위조지문을 색출한다.

생체인식방법을 비교해 보면 〈표 5-2〉와 같다.

〈표 5-2〉 생체인식방법의 특성과 기기 비교표(1997년 현재)

	다용도	영구성	독특성	획득성	프라이버시	불쾌감	기만성	비 용
지문인식	우수	우수	우수	보통	심각함	없음	없음	보통
손모양인식	보통	우수	우수	우수	없음	없음	없음	저가
정맥인식	우수	보통	우수	양호	없음	없음	없음	고가
홍채인식	우수	우수	우수	보통	없음	약간있음	없음	고가
망막인식	우수	우수	우수	보통	없음	있음	없음	고가
음성인식	양호	변화가능	취약	양호	없음	없음	중간	저가
얼굴인식	보통	변화가능	보통	어려움	문제없음	관계없음	약간있음	고가
필체인식	양호	변화가능	취약	양호	없음	없음	있음	저가

5.5. 출입통제시스템의 제어기

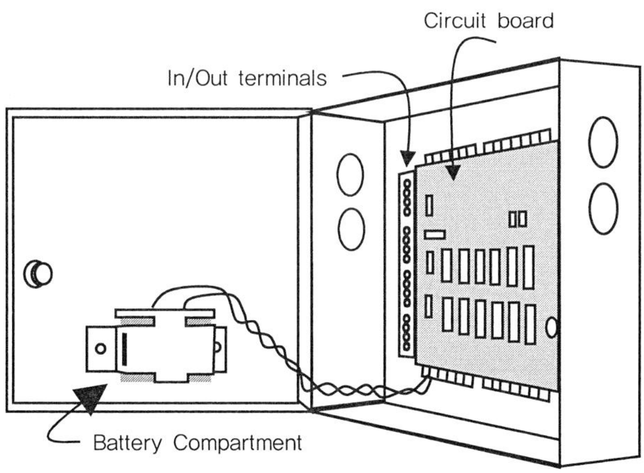

[그림 5-16] 출입통제시스템 제어기(ACU : Access Control Unit)

출입통제 제어기는 출입통제시스템의 출입장소(Access Point)와 가까운 위치에 설치되고, 판독기(Reader), 퇴실조작기(REX) 또는 감지기와 연결되어 입력회로를 구성하며, 스케줄러(Scheduler) 혹은 상위 컴퓨터로부터 신호를 수신하여 전기정 또는 자동문(Auto Door)을 시해정하는 신호를 출력하는 제어기이다.

또한 출입통제에 필요한 정보의 기록 및 조회를 위하여 상위의 컴퓨터(Access Control System Server)와 데이터를 송수신한다.

출입통제 제어기(ACU)는 다음의 기능 중 전부 혹은 일부를 가진다.

(1) 설정기능(Programming function) : 등록기능

출입통제시스템 운용에 필요한 각종 항목(Parameter)을 입력하는 기능으로서, 키패드 조작이나 출입통제시스템용 컴퓨터에서 원격으로 설정한다.

내용

① 전기정 종류
② 문 개방 감시시간
③ 제어가능 입력신호의 종류
④ 제어가능 출력신호의 종류
⑤ 시정 모드의 종류
⑥ 비밀번호 입력 횟수
⑦ 그룹 설정

(2) 저지장치 개폐기능(Openning/Closing ACS Deterrent)

출입을 통제하는 물리적 저지장치를 열고 닫게 하는 기능이다.

내용

① 출입문에 설치된 전기정의 시해정
② 자동문(Auto Door)를 제어하는 제어반에 개폐신호 송신
③ 기타 차량의 저지장치를 개폐하는 기능

(3) 이상검출기능(Trouble Detection Function)

기기의 입력측, 출력측 이상 혹은 장애 유무를 검출하는 기능이다.

내용

① 해정 불량 : 전기적으로 해정될 수 없는 경우
② 시정 불량 : 전기적으로 시정될 수 없는 경우
③ 문 개방시간 초과 : 설정된 문 개방시간 이상 문이 열려 있는 경우
④ 강제 문 개방
⑤ 판독기 입력오류 : 설정된 횟수 이상 비밀번호의 입력 혹은 인식처리 조작
⑥ 카드 방치 : 설정된 시간 이상 인식카드를 삽입해 놓은 경우
⑦ 방범 이상 검출
⑧ 비상통보 혹은 위협해제 검출

(4) 통신기능(Communication function)

출입통제를 위한 판독기와 데이터를 송수신하고, 또한 데이터의 기록 및 조회를 위하여 상위의 컴퓨터(ACS Server)와 데이터통신을 하는 기능이다.

통신방법

출입통제 제어기는 컴퓨터와 통신하는 단말기에 해당하며, 제어통신망(Control Network)의 노드(Node)로서 작동한다. 출입통제시스템에 사용되는 제어통신망은 [그림 5-17]과 같은 다중분기망(Multi-drop Network 혹은 BUS Network)과 [그림 5-18]과 같은 루프망(Daisy-chain Network 혹은 Loop Network)을 구성하고 통신한다.[6)]

---

6) Joel Konicek and Karen Little, *Ibid.*, pp. 168～171.

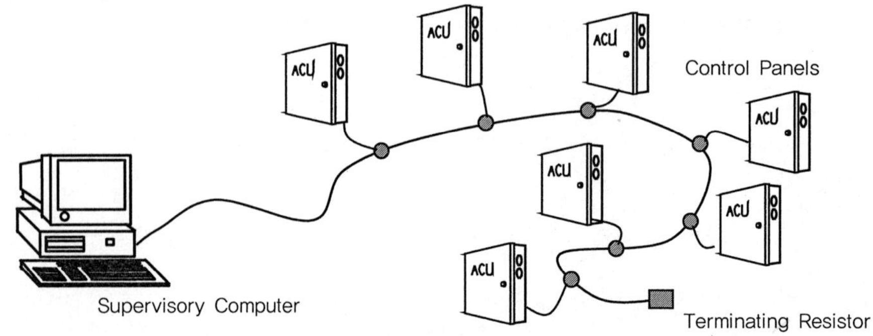

[그림 5-17] 멀티드롭 제어통신망(Multi-drop Network)

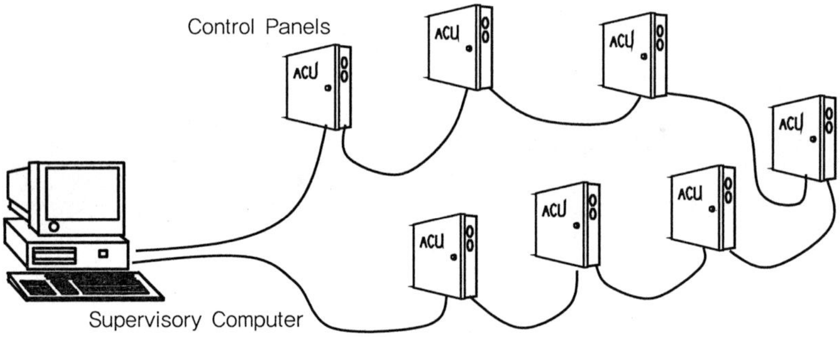

[그림 5-18] 루프 제어통신망(Daisy-chain Network)

다중분기(Multi-drop)망은 LAN(근거리 통신망)의 한 구성형태로 모든 노드가 하나의 통신선로(버스)에 연결된 것으로서 일반적으로 이 네트워크에서는 노드(Node) 간의 상충을 피하기 위해 토큰 링 방식을 사용한다. 또 출입통제시스템으로 사용되는 망은 15m 이상으로 커지는 경우가 있으므로 RS-232C 규격으로는 데이터 전송이 불가능하여 RS-485 또는 RS-422 규격으로 통신하며, 1.2Km(4,000feet)마다 혹은 32노드(Nodes)마다 중계기(Repeater)를 필요로 한다.

여기서 RS-232C라 함은 컴퓨터와 단말기 또는 각종 주변 장치를 접속하기 위해 CCITT의 권고에 따라 미국의 EIA가 정한 직렬 통신 인터페이스의 통신규격을 말한다. 1976년에는 데이터통신 시스템에 적합한 새로운 규격으로 RS-422, RS-423

및 RS-485가 제정되었다.[7]

루프(Daisy-chain)망에서는 첫 노드(Node)가 컴퓨터로부터 데이터를 수신하고 다음 노드에 송신하며, 다음 노드는 같은 방법으로 수신과 송신하고, 마지막 노드는 컴퓨터에 송신한다. 따라서 중계기를 설치하지 않아도 되고, 중간의 한곳에서 노드가 제거되거나 통신선이 절단되어도 데이터통신을 할 수 있다.

내용

① 판독기(Credential Reader)와의 통신 : 사용자 인식 데이터를 수신
② 상위의 컴퓨터(ACS Server)와의 통신 : 사용자 출입정보를 송신하고, 원격 조작 신호를 수신
③ 퇴실조작기(조작표시기)와의 통신 : 퇴실 조작신호의 수신

(5) 출력기능

제어기와 연결된 프린터에 출입장소(Access Point)의 출입내용을 인자(印字)하기 위한 데이터를 출력하는 기능이 있다.

(6) 스케줄링 기능

일정을 정해 놓고, 정해진 일정 및 시간에 따라 판독기가 작동하게 하는 기능이 있다.

(7) 기억기능

사용자의 출입정보를 시간 데이터와 함께 기억해 두고, 필요할 때 조회할 수 있게 하는 기능이다.

---

7) 인터넷사이트(www.etnews.co.kr, 2004) 전자신문홈페이지, 전자용어사전.

5.6. 출입통제시스템의 저지장치(ACS Deterrent)[8]

출입통제시스템은 근본적으로 허가되지 않은 사람이나 차량 등이 출입장소를 통과하지 못하게 물리적으로 저지하고, 허가된 사람과 차량만이 출입장소를 출입할 수 있게 하는 시스템이다.

출입통제시스템에 설치되는 저지장치는 다음과 같은 기본기능이 있어야 한다.[9]

① 구분기능(Define) : 보호해야 할 구역의 경계를 분명히 하는 기능

② 지연기능(Delay) : 원하지 않는 교통은 저지하는 기능이며, 정지시킬 필요는 없다.

③ 지도기능(Direct) : 적절한 교통을 원활하게 지도하는 기능

또한 저지장치에는 들어가기는 어렵게 하더라도, 나가는 것은 쉽게 해야만 한다.

사람 출입을 저지하기 위하여 철문, 나무문 혹은 유리문에 각각 적합한 전기정을 설치하여 통제하는 이외에 회전문, 턴스타일(Turnstile) 혹은 자동문 등의 특수한 장치가 사용되고 있다.

차량의 출입을 저지하는 장치로 [그림 5-19a, b, c]와 같이 ① 차량 차단기 및 볼라드(Automatic Bollard), ② 차량 본체 저지장치(Road Block), ③ 차량 타이어 저지장치(Tire Killer) 및 기타 여러 가지의 장치가 있으며 대테러 보안장치로도 사용되고 있다.

---

8) Joel Konicek and Karen Little, *Ibid.*, pp. 58~62.

9) *Op. cit.*

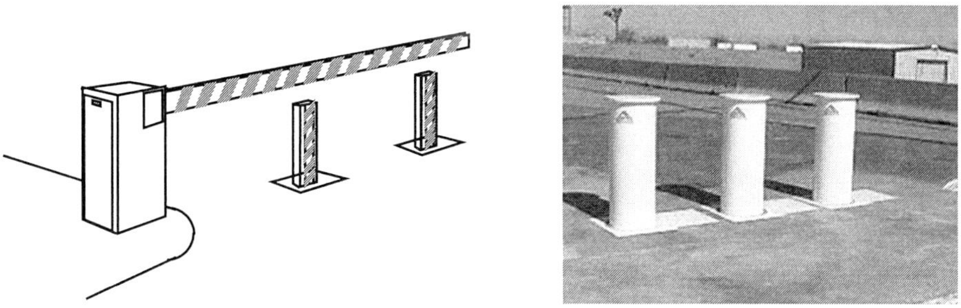

[그림 5-19a] 차량 차단기와 자동볼라드(Automatic bollard)

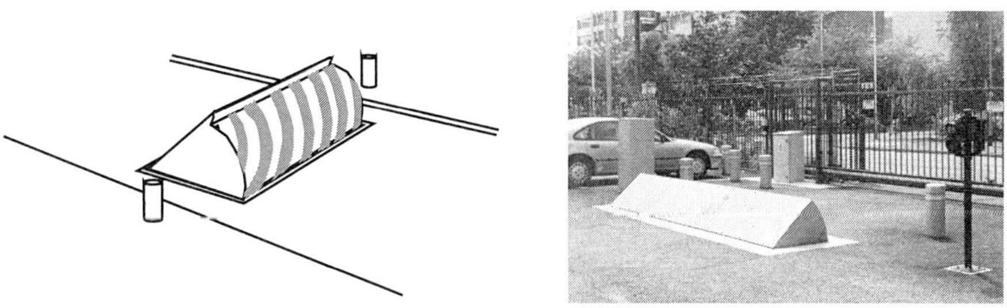

[그림 5-19b] 차량 본체 저지장치(Road Block)

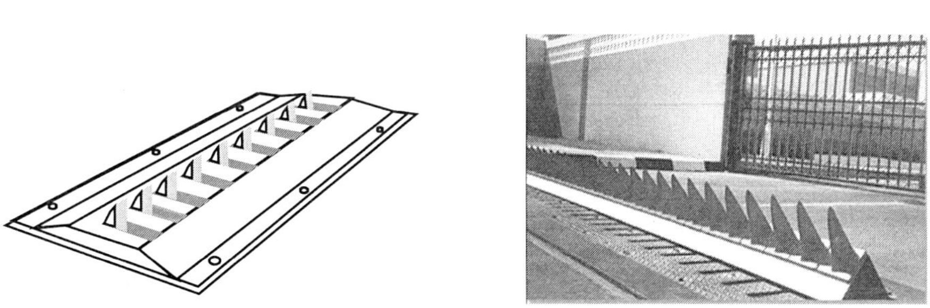

[그림 5-19c] 차량 타이어 저지장치(Tire Killer)

5.7. 전기정(Electric Door Lock)

철문, 나무문 혹은 유리문을 닫을 경우 자동적으로 잠그고(施錠) 전기적인 신호를 보내면 열리게(解錠) 하는 장치를 전기정(電氣錠)이라 하고 다음과 같은 종류가 있다.

(1) 일반 전기정(Electric Locksets)

일반 전기정은 [그림 5-20]과 같이 전기신호에 의하여 솔레노이드로 잠금장치(Latch Bolt)를 들고나게 해서 하는 방식의 일반적인 전기정이다.

일반전기정은 순시 통전 해정형과 통전시 해정형 및 통전시 시정형의 3종류가 있다. 단방향의 철문 또는 나무문에 설치하여 사용한다. 손잡이가 있는 일반 전기정을 설치한 출입장소에서는 퇴실조작기가 필요 없다.

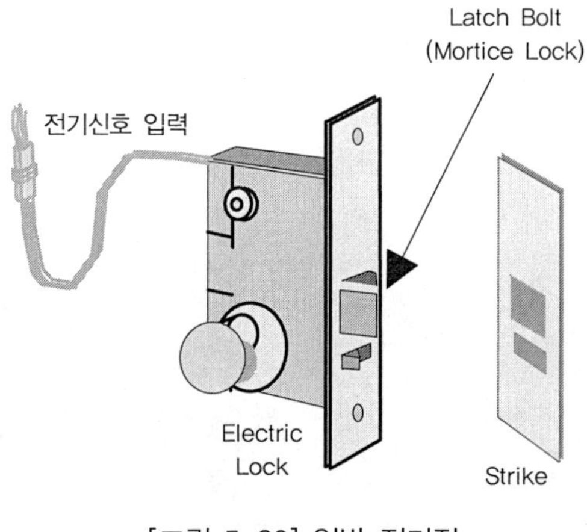

[그림 5-20] 일반 전기정

(2) 전기 스트라이크(Electric Strike)

[그림 5-21]과 같이 전기신호에 의하여 스트라이크를 변형시켜 문을 개폐하는 방식의 전기정을 전기 스트라이크(Electric Strike)라 한다.

전기 스트라이크도 순시 통전 해정형과 통전시 해정형 및 통전시 시정형의 3종류가 있고 단방향의 철문 또는 나무문에 설치하여 사용한다.

손잡이가 있는 전기스트라이크를 설치한 출입장소에서는 퇴실조작기가 필요 없다.

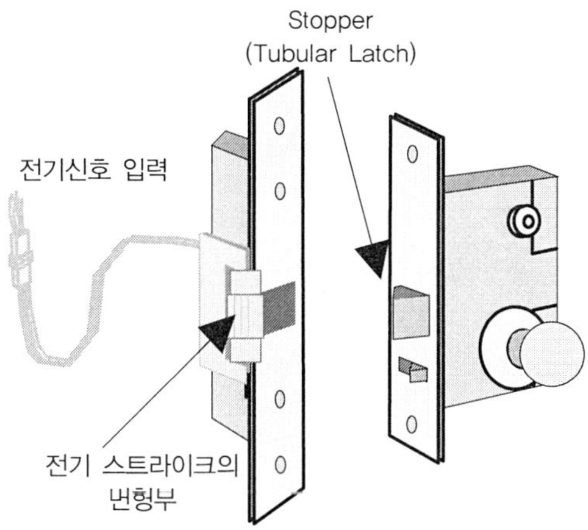

[그림 5-21] 전기스트라이크

(3) 데드볼트식 전기정(Electric Deadbolt Locks)

전기신호에 의하여 [그림 5-22]와 같은 데드볼드(Dead bolt)를 소형 전동기(Motor)로 구동하여 풀리게 함으로써 문을 열게 하는 통전시 해정 방식의 전기정이다.

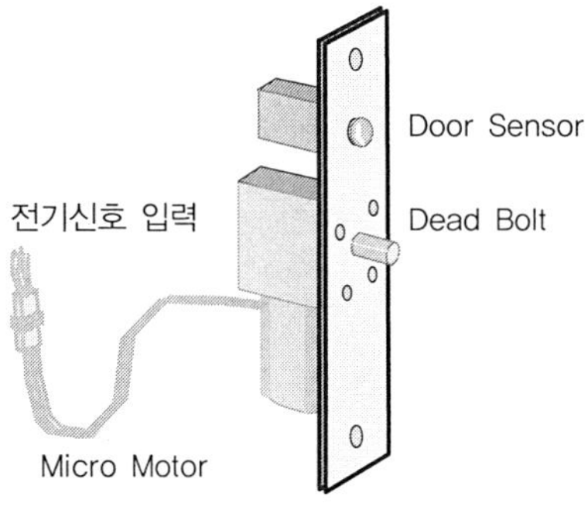

[그림 5-22] 데드볼트식 전기정

철문, 나무문이 양방향 개폐인 경우 또는 강화유리문이 양방향 개폐인 경우에 설치되어 사용된다. 데드볼트식 전기정이 설치된 문을 나갈 때 손잡이로 문을 열 수 없으므로 퇴실조작기가 필요하다.

(4) 전자식 전기정(電磁式 電氣錠 : Electromagnetic Locks)

[그림 5-23]과 같은 전자석을 문틀에 설치하고, 자성체를 문짝에 설치하여 문이 닫혔을 때는 강한 자력을 유지하여 열리지 않게 하다가 전기신호에 의하여 자력이 소멸되면 문이 열리게 하는 통전시 시정방식의 전기정이다. 통전시 시정방식의 전기정은 방화문에는 유리하나 보안이 극히 높게 요구되는 주요시설에는 사용하지 않는 것이 좋다.

단방향으로 개폐되는 강화유리문에 설치되어 사용된다. 전자식 전기정이 설치된 문을 나갈 때 퇴실조작기가 필요하다.

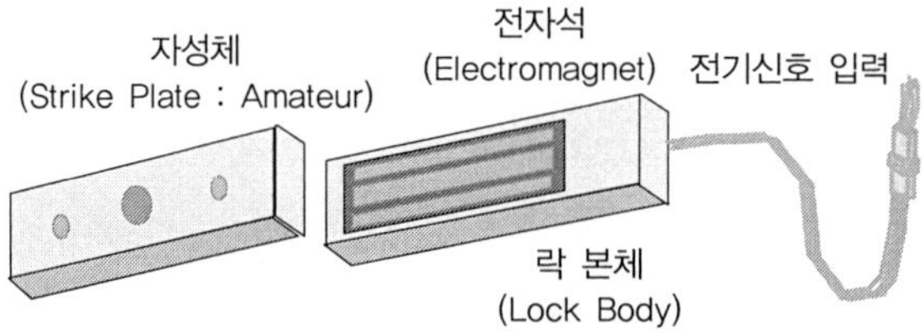

[그림 5-23] 전자식 전기정

(5) 에어 로크(Air Lock)

에어 로크(air lock)는 양쪽 끝에 기밀문이 달린 강판 원통으로 이루어져 있는데, 한쪽의 문은 외부에서 에어 로크(air lock)로 통하고 다른 하나는 에어 로크(air lock)에서 압축공기실로 통하며, 기밀문 중 하나는 항상 닫혀 있어야 하므로 보안성이 큰 경우에도 사용된다. 에어 로크(air lock)에는 2가지 형태가 사용되는데, 터널용 수평 에어 로크와 잠함용 수직 에어 로크(air lock)가 있다.

5.8. 출입통제시스템의 소프트웨어 (Software for Access Control System)

중앙 통제실에 있는 출입통제용 컴퓨터(Access Control System Server)에 설치되어 운용되는 소프트웨어로서, 설치된 모든 출입통제 제어기(ACU)를 통합 처리하며 제어기로부터 수신한 데이터를 저장하고, 출입현황을 조회하거나 원격으로 출입통제장치를 조작할 수 있게 하는 소프트웨어이다. 또한 다른 기계경비시스템 혹은 CCTV시스템과 연동할 수도 있다. 출입통제시스템의 소프트웨어는 다음의 3가지 구성요소(components)를 갖추어야 한다.[10)]

- 사용자 인터페이스(the user interface) : 컴퓨터 사용자가 소프트웨어가 어떻게 되어 있고 어떻게 사용되어지는가를 보여주는 것이며, 주로 그래픽 사용자 인터페이스(GUI : Graphic User Interface)가 포함된다.
- 데이터베이스(Database) : 자료 관리 및 조회기능을 갖는다.
- 데이터통신(Data Communication) : 통신기능을 갖는다.

또한 출입통제용 소프트웨어는 다음과 같은 기능의 전부 혹은 일부를 가지고 있다.

(1) 프로그램 보안기능

사용자명과 비밀번호를 입력해야 프로그램을 사용할 수 있다.

(2) 시스템 관리기능

① 출입통제 장비가 연결되는 통신포트 및 전송속도를 선택한다.
② 시스템의 날짜와 시간을 설정하여 출입통제 제어기에 전송한다.

10) Joel Konicek and Karen Little, *Ibid.*, pp. 175~184.

③ 자료의 저장 복구, 데이터베이스(Database)와 text 간의 변환 처리하는 관리기능이 있다.

④ 프로그램 관리자의 로그인과 암호를 관리하는 기능이 있다.

⑤ 출입자들이 출입할 수 있는 시간대를 설정하는 시간스케줄 관리기능이 있다.

⑥ 출입자들이 출입할 수 있는 지역을 설정하는 출입지역 관리기능이 있다.

⑦ 주전산기(Main Server)에 장애 혹은 이상이 발생하면 예비전산기(Redundancy Server)로 제어권이 자동으로 전환되게 한다.

(3) 자료(Database)관리기능

① 출입자들의 신상명세 및 출입그룹을 관리하며 조회 및 전송한다.

② 기타 자료관리

- 부서 및 직위 코드관리
- 출입문 정보관리
- 등록된 출입그룹들의 출입지역별 출입시간대를 지정

(4) 자료현황 조회 및 출력기능

① 전체 출입내역

② 출입 위치별 출입내역

③ 출입자별 출입내역

④ 출입 유형별 출입내역

⑤ 기타

(5) 제어기능

① 비상시에 출입문 등의 저지장치를 원격으로 개폐할 수 있다.

② 각종 감지기와 연계하여 해당 계전기(Relay)를 제어할 수 있다.

③ APB(Anti-Pass Back)제어 : 입실시에 인증 혹은 인식처리(Authenticating Transaction)를 하고 퇴실시는 처리를 하지 않거나, 입실시 인증 혹은 인식처리를 하지 않은 사람이 퇴실시 처리를 할 경우 다음 출입문에 출입(Access)을 할 수 없도록 하는 제어기능을 갖게 할 수 있다.

(6) 감시기능

감시기능을 위한 감지기가 감지하여 경보를 발하게 하거나, CCTV 시스템 등의 타 시스템과 연동하게도 하며 지정된 곳으로 이상 정보를 통보하게 한다.

(7) 통신기능

출입통제시스템의 통신기능은 눈에 띄지 않으나 시스템의 올바른 운영을 위해서는 가장 중요한 부분이다. 주전산기(Main Server)가 부전산기(Client), 제어기(ACU)들과 통신을 함에 있어서 어떤 정보가 먼저, 어디로 가야 하며, 필요한 정보가 정확히 전달되었는지 확인하는 기능이다. 뿐만 아니라 연동되는 침입감지시스템 혹은 CCTV시스템의 기기들과도 통신을 원활하게 하는 기능도 포함된다.

5.9. 출입통제시스템의 운용(Operating Access Control System)

출입통제시스템을 운용하는 것은 시스템을 기획설계(Security Planning 혹은 Design)를 하고, 장치 및 기기를 설치(Installation)하고 회로구성과 통신을 위한 배관과 배선(Wiring)을 하고, 신원인식장치를 관리하는 것을 포함한다.

5.9.1. 기획설계(Security Planning or Design)

출입통제시스템은 주요 지역(Area) 및 주요 시설(Facility or Building)에의 물리적인 통제를 목적으로 출입통제 장치 및 기기(Components)를 모으는 것이다. 출입통제 장치 및 기기뿐만 아니라 침입감지기와 CCTV시스템의 기기들을 종합하는 것을 시스템종합(SI : System Integration)이라 한다.[11]

대상시설을 검토하고 시스템을 종합하여 기기배치도, 시스템계통도, 기기명세서를 작성하는 것이 출입통제시스템의 기획설계이다.

출입통제시스템을 설계하는 것은 적어도 다음과 같은 것을 포함하여야 한다.

(1) 시스템의 크기(System Size)

현재와 미래의 다음 사항을 고려하여 크기를 선택한다.

① 통제되어야 할 문(Door)의 수
② 문을 출입하는 사람들의 수
③ 감시해야 할 감지기의 수
④ 기기 간에 전송되는 데이터의 양
⑤ 제조업체가 다른 장치 및 기기들 간의 호환성
⑥ 전원 및 접지 등의 공사

(2) 시스템의 안전대책

어떤 시스템이라 할지라도 구성요소(Components)에 고장이 생기는 수가 있음을 고려하여, 어느 한 구성요소가 고장이 나더라도 가능한 한 시스템 기능이 유지되도록 설계해야 한다. 필요한 경우에 예비기기(Redundant)를 포함하는 설계를 한다.[12]

---

11) Joel Konicek and Karen Little, *Ibid.*, pp. 161~162.
12) Joel Konicek and Karen Little, *Op. cit.*

5.9.2. 설치(Installation)

출입통제시스템의 설치공사는 기계경비시스템 설치공사의 정신적 및 물리적 특성을 고려하여 설치한다.

(1) 출입문

철문, 나무문 또는 강화유리문에 설계된 전기정을 설치하고 문을 열어놓아도 항상 원위치로 닫히도록 도어클로즈(Door closer)를 설치한다.

(2) 배관 및 배선

출입통제 장치 및 기기간을 연결하는 배선재는 거리, 신호의 종류, 통신량과 속도에 따라 선정하여 배선한다.

출입통제 제어기와 판독기, 전기정 및 감지기 사이는 [그림 5-23b]와 같은 꼬임쌍(Twisted pair)의 전선을 배선한다. 꼬임쌍의 전선은 빌딩의 전동기, 계전기 혹은 변압기 등의 인접 전기제품으로부터의 전기적인 잡음(Electric noise) 및 전자기 방해(EMI)에 의한 신호간섭을 경감하는데 도움을 준다.

컴퓨터와 노드(Nodes)간의 데이터 통신을 위한 배선은 [그림 5-23d]와 같은 차폐된 꼬임쌍 케이블(STP : Shielded Twisted Pair)을 사용한다.

차폐된 케이블은 데이터통신을 하는 동안 외부의 전기적인 잡음(Electric noise)이나 전자파를 차단한다.

영상신호를 통신할 경우는 [그림 5-24g]와 같은 동축선(Coaxial cable)을 배선한다. 간단한 영상신호선 배선의 경우에 [그림 5-24f]와 같은 UTP선을 사용하기도 한다.

출입통제를 위한 장거리통신을 할 경우는 [그림 5-24h, i]와 같은 광섬유케이블(Optic Fiber Cable)을 배선한다. 광섬유 소선(Optic Fiber Unit)은 전기적인 방해를 전혀 받지 않으며, 동축선보다 11배, 꼬임쌍 전선보다 15배의 장거리를 신호 감

쇄 없이 통신할 수 있다.[13]

배선을 위한 배관공사는 방범경보시스템의 배관공사 방법에 따라 한다.

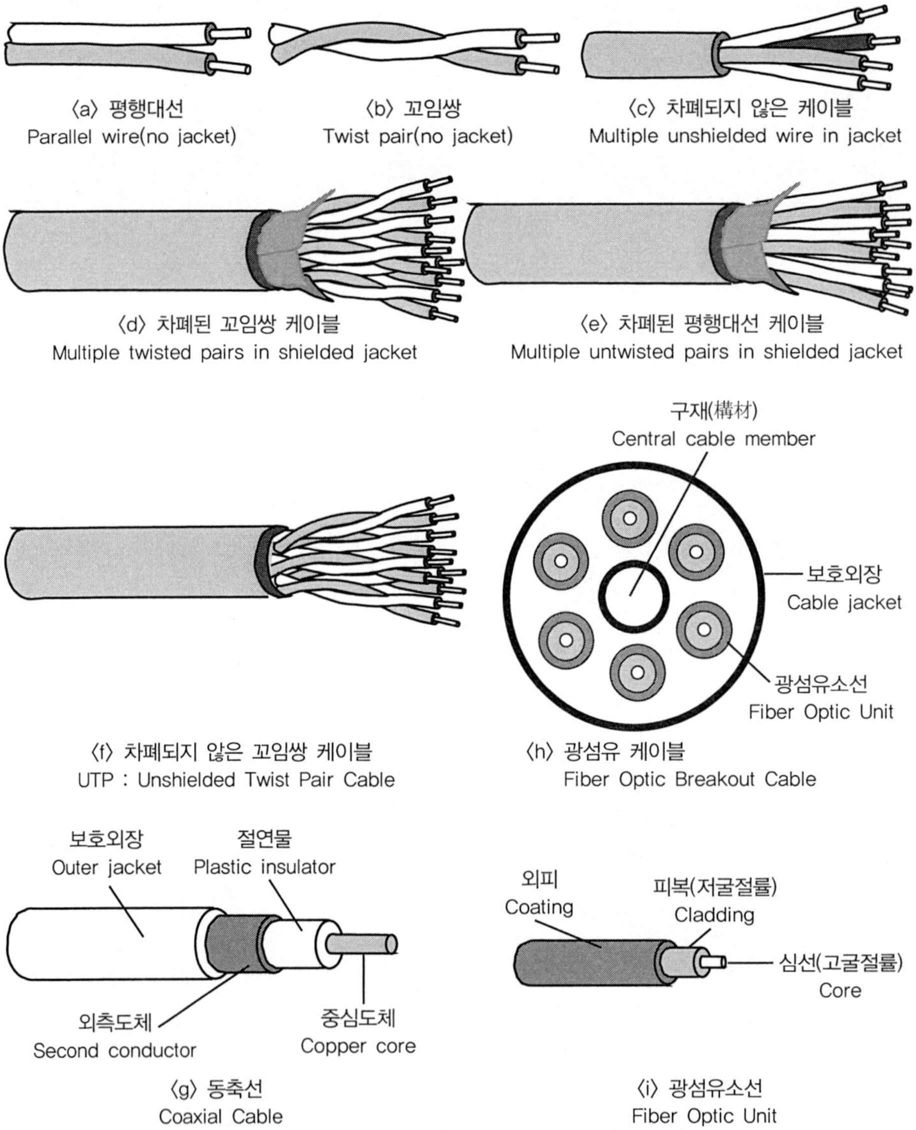

[그림 5-24] 배선재의 예(Samples of Communication Cable)

13) Joel Konicek and Karen Little, *Ibid.*, pp. 135~137.

5.9.3. 자격증명의 관리(Credential Management)[14]

신분인식장치를 어떤 기술을 도입하여 제조되고 설치되더라도, 사용자의 성실성(User's Honesty)에 따라 그 대상물의 보안이 유지된다.

출입통제시스템이 성공적으로 운용되려면 다음과 같은 과정으로 신분인식장치가 관리되어져야 한다.[15]

(1) 등록과정(Enrollment procedures)

시스템 사용자의 명칭, 시간대, 출입등급, 출입장소에 관한 데이터를 입력하고, 정기적으로 주소 변경, 승급 승진 등의 새로운 정보를 입력한다.

다음 사항을 고려하여 자료의 종류를 선정하고 데이터를 입력한다.

① 성명
② 주소 및 연락처
③ 배경 정보(주민등록사항, 운전면허, 건강기록, 가족명 등)
④ 직장 정보(직원명, 직원 주소, 부서명, 직위 등)
⑤ 병역사항(필요한 경우)
⑥ 상벌사항(필요한 경우)
⑦ 기타 참고사항(종업원, 가족, 이웃, 공민권 등)

(2) 추적과정(Tracking procedures)

자격증명의 카드, 생체인식 형상 등이 아직 시스템 사용자의 것인가, 또 변했거나 닳아 못 쓰게 되지는 않았는가를 추적해야 한다. 일정한 시간적 간격을 두고 재발급을 위한 계획이 수립되어야 한다.

---

14) Joel Konicek and Karen Little, *Ibid.*, pp. 28~29.
15) Joel Konicek and Karen Little, *Op. cit.*

(3) 종료과정(Termination procedures)

출입통제에 허가된 사람 또는 차량의 자격이 정지되면 종료처리를 해야 한다. 자격증명이 출입통제시스템에 작동하지 않는다 하더라도 발행된 모든 자격증명은 검색해야 한다는 규정이 만들어져야 한다. 그렇게 함으로써 위조를 방지할 수 있다.

5.10. 문제

• 출입통제시스템 및 용어문제 •

5-1. 출입통제시스템이란 무엇인가?

5-2. 출입통제시스템의 구성요소는 무엇인가?

5-3. 자격증명(Credential)이란 무엇인가?

5-4. 인증 혹은 인식처리(Transaction)란 무엇인가?

5-5. 확인오류(Verification Error)란 무엇이며 어떤 것이 있는가?

5-6. 퇴실조작(Request to Exit)이란 무엇인가?

• 인식방법 문제 •

5-7. 사람이나 차량의 인증 혹은 인식방법을 크게 구분하면 어떤 것들이 있는가?

5-8. 개인신분번호(PIN) 인증방법의 특성은 무엇인가?

5-9. 자기스트립카드 인증방법의 특성은 무엇인가?

5-10. 비접촉카드(Proximity Card, RF카드) 인증방법의 동작원리는 무엇인가?

5-11. 비접촉카드(Proximity Card, RF카드) 인증방법의 종류는 어떤 것들이 있는가?

5-12. 비접촉카드(Proximity Card, RF카드) 인증방법의 특성은 무엇인가?
5-13. 집적회로카드(SMART CARD) 인식방법의 특성은 무엇인가?
5-14. 집적회로카드(SMART CARD) 인식방법의 종류는 어떤 것들이 있는가?
5-15. 위건드 카드(Wiegand Card)의 인증원리는 무엇인가?
5-16. 지문인식방법의 특성은 무엇인가?
5-17. 손바닥 인식방법의 특성은 무엇인가?
5-18. 홍체인식방법 그리고 망막인식방법의 특성은 무엇인가?
5-19. 정맥인식방법의 특성은 무엇인가?
5-20. 얼굴 인지방법의 특성은 무엇인가?
5-21. 음성 인식방법의 특성은 무엇인가?
5-22. 필체 인식방법의 특성은 무엇인가?
5-23. 이중 생체인식은 왜 필요한가?

• 제어기 및 정보처리 문제 •

5-24. 출입통제 제어기(ACU)는 어떤 기능을 포함하는가?
5-25. 출입통제 제어기(ACU)의 개폐기능이란 무엇인가?
5-26. 출입통제 제어기와 출입통제시스템 컴퓨터와는 어떤 통신을 하는가?
5-27. 출입통제시스템용 소프트웨어는 어떤 기능을 포함하는가?

• 저지장치 문제 •

5-28. 사람 및 차량의 저지장치는 어떤 기능을 갖추어야 하는가?
5-29. 사람출입을 통제하는 저지장치는 어떤 종류가 있는가?
5-30. 차량출입용 저지장치는 어떤 종류가 있는가?

• 전기정 문제 •

5-31. 전기정을 구조상으로 분류하면 어떤 종류가 있는가?

5-32. 통전시 시정형의 전기정은 어떤 특성을 가지는가?

• 출입통제시스템 운용문제 •

5-33. 출입통제시스템 기획설계시에 포함해야 하는 것은 무엇인가?

5-34. 출입통제시스템의 크기를 결정하기 위해 무엇을 고려해야 하는가?

5-35. 자격증명의 관리는 어떤 과정을 수행해야 하는가?

제 6 장

CCTV시스템

제6장 CCTV시스템

6.1. CCTV시스템의 개요

폐쇄회로 텔레비전 시스템(Closed Circuit Television System)을 약해서 CCTV시스템이라 하고 화상감시시스템이라 말하기도 한다.

Television은 "멀리"라는 의미의 그리스어 tele와 "보다"라는 의미의 라틴어 vision과의 합성어로서 정지 또는 움직이는 사물을 시간적 지연없이 전기의 힘에 의해 멀리서 보는 장치를 의미한다.

TV System은 영상정보를 불특정 다수인에게 전달하는 시스템을 개방회로(開放回路)텔레비전시스템이라 하며, 영상정보를 특정의 목적으로 특정의 수상자(受像者)에게 전달하는 시스템을 폐쇄회로(閉鎖回路)텔레비전시스템(Closed Circuit Television System)이라 한다.

무선텔레비전방송(Radio Television Broadcasting)과 유선텔레비전방송(Cable Television Broadcasting : CATV Broadcasting)은 개방회로텔레비전시스템이고, 교육용, 공업용, 의료용, TV전화 회의용 및 방범감시용으로 폐쇄회로텔레비전시스템(CCTV System)이 이용되고 있다.

반도체 기술의 발전으로 저렴하면서도 성능 좋은 고체카메라의 개발이 활발히 진행되고 있고, 영상의 디지털화 기술발전과 시스템의 편리성에 따라 향후 CCTV시스템의 응용분야가 더욱 확대될 것으로 전망된다.

6.2. CCTV시스템의 구성

CCTV System의 기본 구성요소는 [그림 6-1]과 같이 ① 피사체를 촬영하여 광정보를 전기신호로 변환하는 촬상계, ② 전기신호를 원격지에 전송하는 전송계 그리고 ③ 전송되어온 전기신호를 영상정보로 재생하는 수상계로 구성된다. 시스템이 커지고 복잡하게 되면 ④ 기본 구성요소를 제어하는 제어계가 필요하고 또 ⑤ 영상의 기록 및 재생하는 요소인 영상기록 및 재생계가 추가되기도 한다.[1]

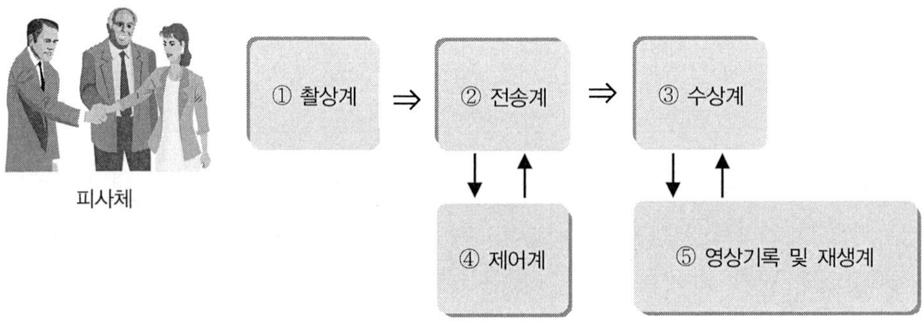

[그림 6-1] 시스템의 기본 구성요소

[그림 6-2]는 CCTV시스템 구성의 한 예이다. 카메라, 렌즈, 카메라하우징, 카메라 회전기 및 신호수신기가 촬상계의 기기이고, 동축선, 꼬임쌍 전선 및 광섬유케이블 등이 전송계의 구성요소가 된다. 그리고 화상감시 모니터가 수상계이다.

[그림 6-2]의 VDA, Matrix Switcher, P/T/Z controller 등이 제어계에 해당하는 기기이며, Time Lapse VCR 및 Digital Video Recorder 등이 영상기록 및 재생계의 기기에 해당한다.

카메라 대수가 많지 않은 경우 혹은 카메라 수가 많고 촬상계와 수상계간의 거리가 멀다든가 하는 여러 가지의 조건에 따라 다양한 시스템 구성이 이루어질 수 있다.

---

1) 이상원, 전게서, p. 77.

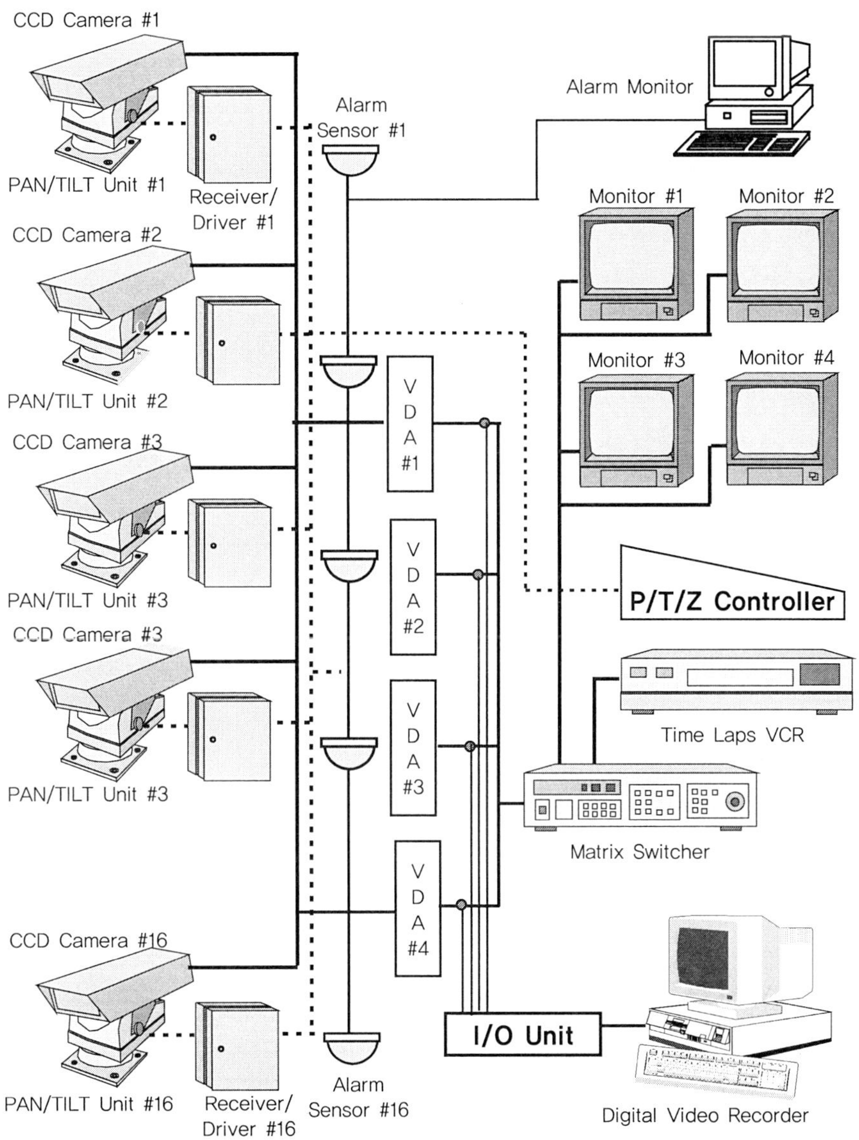

[그림 6-2] CCTV System 구성의 예

6.3. CCTV시스템의 용어

6.3.1. 카메라 및 렌즈에 관한 용어

(1) 카메라 화소수(Picture Element)

촬상소자는 피사체로부터 받은 영상을 여러 개의 작은 점으로 구분하여 전기적인 신호로 변환한다. 따라서 화면을 세밀한 그물눈으로 분해해 가면 작은 점을 배열한 것으로 나타나는데, 이러한 하나하나의 점을 화소라 하며 pixel로 나타낸다. CCD로 된 고체촬상소자인 경우 촬상소자의 크기가 클수록 화소수를 많게 할 수 있고 화소수가 많을수록 세밀한 화면을 만들 수 있다.

(2) 카메라 수평해상도(Horizontal Resolution)

카메라가 촬상하여 어느 정도 상세하게 재생할 수 있는가를 정량적으로 표시한 것을 해상도라 한다. [그림 6-3a]와 같이 판별 가능한 수직선의 화살표 방향인 수평적 화소수를 수평해상도라 하며 TV Line으로 표시한다.

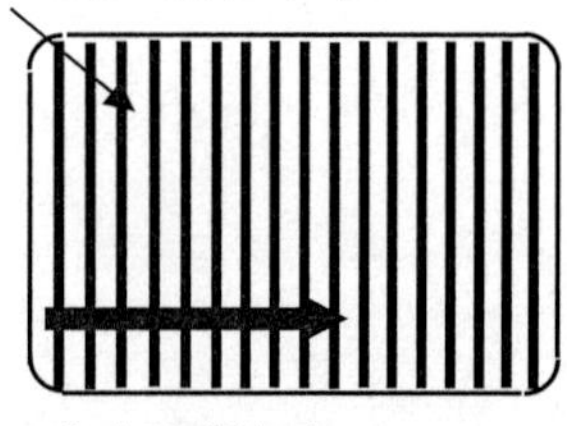

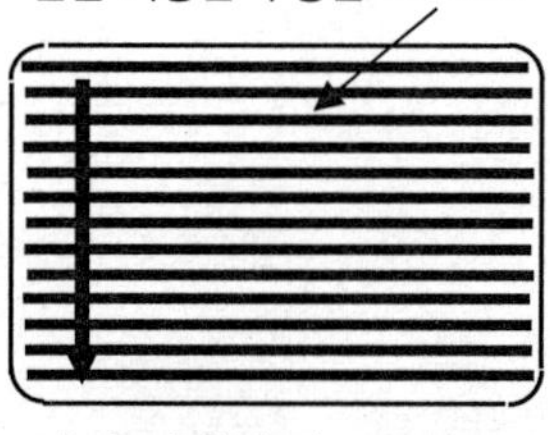

[그림 6-3a] 수평해상도(Horizontal resolution) [그림 6-3b] 수직해상도(Vertical resolution)

(3) 카메라 감도(Sensitivity)[2]

CCTV 카메라의 감도는 3200°K 의 색온도 광원이 2000 lux일 때 1 Vp-p(volt

2) Vlado Damjanovski, *CCTV*, (Boston MA : Butterworth-Heinemann, 2000), pp. 131~132.

peak-to-peak)의 영상신호를 발생시키는 데 필요한 최저의 조리개 개방구경(minimum F-stop)을 말한다.

(4) 카메라 필요최저조도(Minimum Illumination)

카메라가 사람이 볼 수 있는 영상신호를 촬상하는 데 필요한 피사체에 비추어지는 가장 어두운 밝기의 조도를 말하며 단위는 Lux로 표시한다.

[그림 6-4]에서 보인 바와 같이 달이 없는 맑은 하늘의 밤에 별빛에서 감시하려면 0.001 lux, 초승달이 있는 밤에 감시하려면 0.01 lux 보름달이 있는 밤에 감시하려면 0.1 lux의 감도를 가진 카메라를 사용해야 한다.

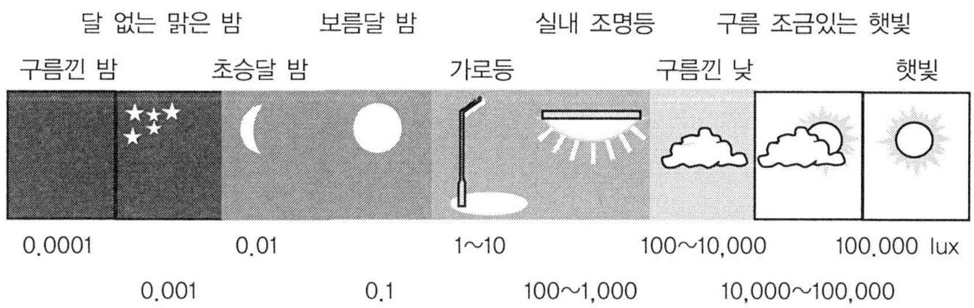

[그림 6-4] 조도

(5) 영상출력 레벨(Video Output Level)

촬상소자가 촬상한 신호를 전자회로가 증폭하여 출력단자로 출력하는 것을 말하며 흔히 출력 임피던스 75 ohm에서의 출력전압으로 표시한다.

(6) 영상 신호대 잡음비(Video S/N Ratio)

성능이 좋은 카메라는 외부의 전기적 잡음이 가해져도 촬상소자에 유기되는 잡음은 적다. 영상신호(Video Signal)와 촬상소자에 유기되는 전기적 잡음(Noise)과의 비를 신호대 잡음비(Signal/Noise Ratio : S/N Ratio)라 한다. S/N Ratio가 큰 카메라가 어두운 피사체를 더 잘 볼 수 있게 하는 성능 좋은 카메라이다.

(7) 렌즈 초점거리(Focal Length)

촬상렌즈의 광학적 기준면으로부터 무한대 거리에 있는 피사체의 광학상이 [그림 6-5]와 같이 한 곳에 모이는 위치를 초점(Focus)이라 하며 대안렌즈의 기준면과 초점까지의 거리를 초점거리(Focal Length)라 한다.

카메라 렌즈의 초점거리가 f = 14mm보다 짧은 것을 광각렌즈라 하고 f = 14mm보다 긴 것을 협각렌즈라 한다.

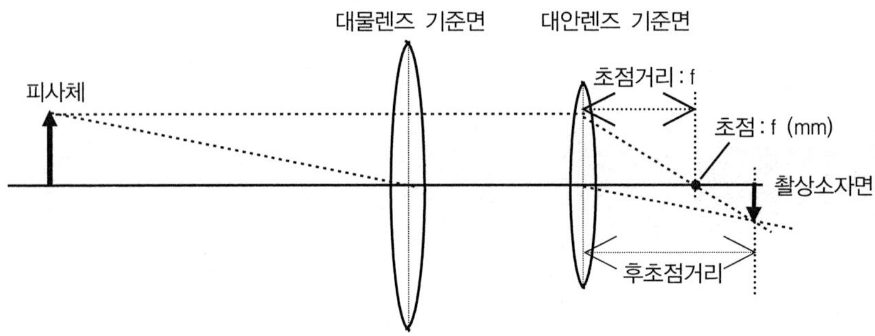

[그림 6-5] 렌즈의 초점과 초점거리

(8) 후초점거리(Back-focusing Length)

[그림 6-5]에 보인 바와 같이 무한대 거리에 있는 피사체가 아닌 경우 광학상이 촬상소자면에 모이게 되며 대안렌즈 기준면과 촬상소자면과의 거리를 후초점거리라 한다.

(9) 렌즈 최대구경비 : F 값(F-Number)[3)]

카메라용 렌즈는 [그림 6-6]과 같이 대물렌즈(Objective Lens)와 대안렌즈(Ocular

---

3) Vlado Damjanovski, *Ibid.*, pp. 44~46.

Lens)로 구성된다.

그림에서와 같이 대물렌즈의 품질에 의하여 결정되는 최대로 크게 할 수 있는 대물렌즈의 최대입광유효구경면(Entry pupil)을 a 및 a′라 하고 대안렌즈의 품질에 의하여 결정되는 대안렌즈의 최대출광유효구경면(Exit pupil)을 b 및 b′라 하면 a, a′, b 및 b′에 의하여 렌즈의 유효최대구경 d가 결정된다.

초점거리 f와 유효최대구경 d와의 비를 F값(F-Number)이라 하며, 렌즈가 빛을 받아들일 수 있는 능력을 나타낸다. 즉,

F = f/d 로 나타내며, d=f/F 이므로

초점거리가 일정하면 F값이 작을수록 더 큰 유효한 구경으로 조리개를 열수 있으므로 빛을 더 많이 받아들일 수 있다.

일반적으로 F = 1 : 1.4보다 작은 비율(예 F = 1 : 1.2)의 렌즈를 고감도 렌즈라 하고 더 큰 비율(예 F = 1 : 1.8)의 렌즈를 저감도 렌즈라 한다.

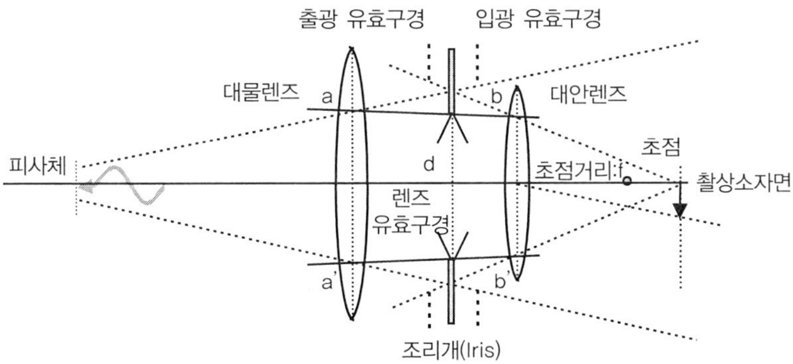

[그림 6-6] 최대구경비 : F값

(10) 렌즈 마운트(Lens Mount)[4)]

카메라에 렌즈를 장착할 때 렌즈의 대안부의 기준면과 촬상소자면과의 거리를 정확히 하는 후초점거리 맞추기(Back-focusing)를 함으로써 명확한 상을 얻을

4) Vlado Damjanovski, *Ibid*, pp. 70~72.

수 있다. 이를 위해 2가지의 규격화가 되어 있다.

촬상관 카메라에 적합한 C-mount는 촬상소자면과 렌즈 앞면과의 거리가 17.5mm(정확히는 17.526mm)이며 나사는 1.00/32mm이다.

고체카메라는 크기가 작아졌으므로 카메라의 소형화에 따른 규격화로 CS-mount가 정해졌으며, 그 거리는 12.5mm이고 나사는 C-mount와 같이 1.00/32mm이다.

CS-mount의 렌즈를 C-mount의 카메라에 장착하기 위하여 [그림 6-7]과 같은 두께 5mm의 아답터링(Adapter Ring)이 필요하다.

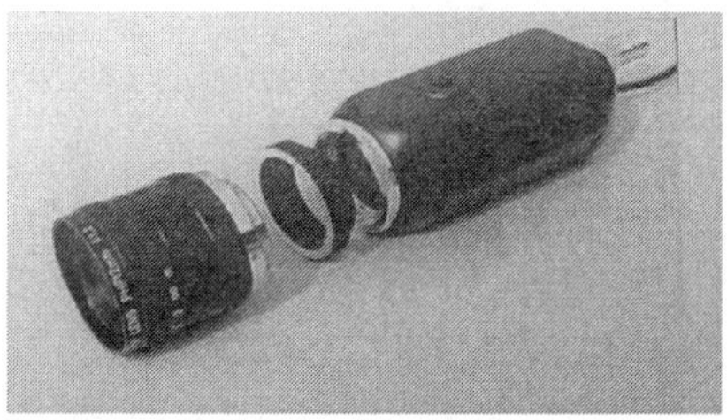

[그림 6-7] CS/C 마운터 아답터링

(11) 렌즈의 화각(Lens Angle)[5]

렌즈의 화각은 [그림 6-8]과 같이 대물렌즈와 피사체 간의 거리와 피사체의 크기(수평크기 W × 수직크기 H)에 의하여 결정되는 각을 말한다.

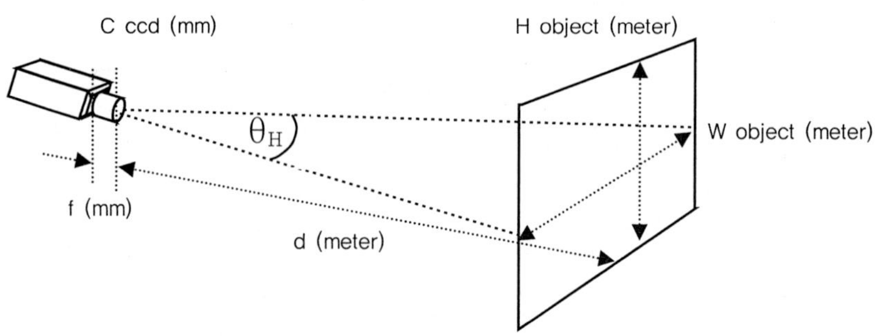

[그림 6-8] 렌즈의 화각(Lens-angle)

5) Vlado Damjanovski, *Ibid.*, pp. 62~63.

수평화각 θ_H = $2\tan\text{-}1\frac{W}{2d}$

수직화각 θ_V = $2\tan\text{-}1\frac{H}{2d}$

(12) 피사체 심도(Depth of field)[6)]

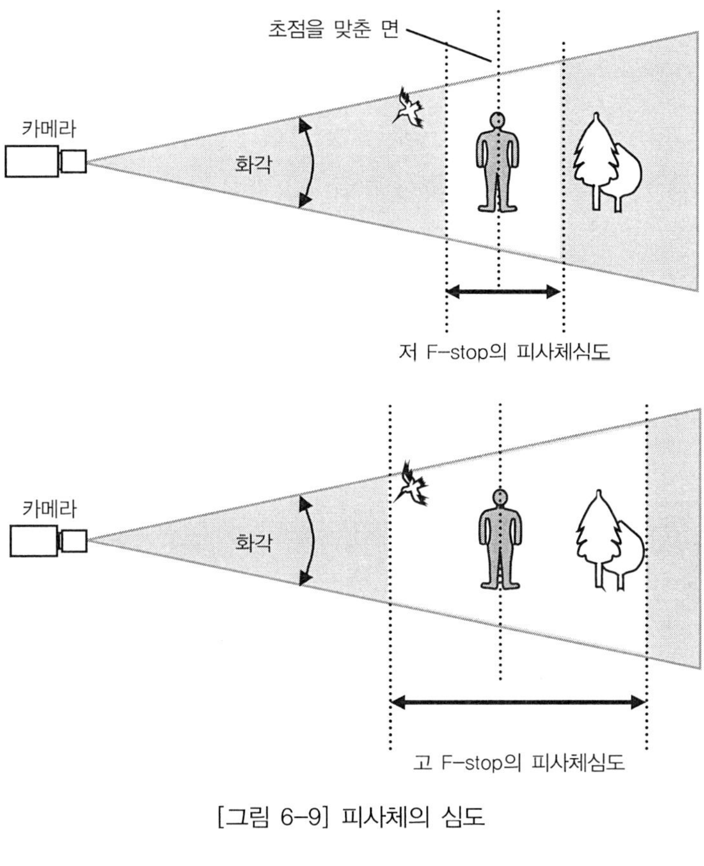

[그림 6-9] 피사체의 심도

[그림 6-9]와 같이 피사체에 깊이가 있을 때 렌즈의 초점을 피사체의 어느 한 면에 맞추면 그 피사체의 이론적인 면의 앞 부위와 뒷 부위가 초점에서 명확히 나타난다. 이렇게 상이 명확히 나타나는 여유도를 피사체의 심도라 한다.

6) Vlado Damjanovski, *Ibid.*, pp. 47～49.

(13) 스미어(Smear)[7]

고체 촬상소자를 사용하는 카메라에 고휘도인 점의 광이 입력되면 화면상에 하이라이트로부터 아래로 흰 꼬리를 긋는 현상이 발생한다. 이는 화소에서 넘치는 전하가 신호선이나 전송부로 흘러 들어가서 생기는 현상으로 이를 스미어라 한다.

(14) 암전류(Dark Current)

카메라에 들어오는 빛을 차단하더라도 약간의 신호전류가 흐르는 경우가 있다. 이러한 신호전류를 암전류라 하며 주위의 온도에 따라 변한다. 이 때 발생하는 전압을 블랙 레벨(Black Level)이라 한다.

(15) 자동이득조정회로(AGC : Auto Gain Control Circuit)[8]

CCTV 카메라의 전자회로 중 입력특성의 어떤 범위 내에서는 자동으로 영상출력 레벨(Video Output Level)을 일정하게 유지하는 회로를 말한다.

(16) 자동감도조정회로(ASC : Auto Sensitivity Control Circuit)

CCTV 카메라의 전자회로에서 자동으로 감도를 일정하게 유지하게 하는 회로를 자동감도조정회로(ASC : Auto Sensitivity Control Circuit)라 한다.

(17) 자동블랙레벨조정회로(ABC : Auto Black Level Control Circuit)

CCTV 카메라의 전자회로는 암전류의 변화에 대하여 자동으로 Black Level을 일정하게 유지하게 하는 회로를 포함하며 이 회로를 ABC(Auto Black Level Control Circuit)라 한다.

---

7) 최신전자 · 전기용어사전(서울 : 도서출판사 세화, 1993), p. 868.

8) 상게서, p. 66.

(18) 줌렌즈(Zoom Lens)

어떤 범위 내에서 렌즈의 초점거리를 연속적으로 변화시킬 수 있는 렌즈를 줌렌즈라 한다. 렌즈의 밝기와 초점의 위치는 바뀌지 않고 카메라의 위치를 고정시키고 초점거리를 크게 함으로써 멀리 있는 피사체를 크게(Tele) 촬상하거나, 초점거리를 작게 함으로써 가까이 있는 파체를 넓게(Widely) 촬상할 수 있게 한다.

따라서 초점거리를 크게 하여 크게 촬상하는 것을 줌인(Zoom In)이라 하고, 피사체를 넓게 촬상하는 것을 줌아웃(Zoom Out)이라 한다.

6.3.2. 텔레비전 시스템에 관한 용어

(1) 주사방식(Scanning System)

피사체를 촬상소자로 촬상하여 수상기에 그림으로 나타내는 방법은 규정되어진 방식으로 주사하여 화면을 구성한다. 미국, 캐나다, 일본 및 한국 등지에서 흑백의 경우에 EIA(Electronic Industry Association)방식을, 컬러인 경우에는 NTSC (National Television System Committee)에 의하여 결정된 주사방식을 사용하고, 유럽, 아프리카, 호주 및 뉴질랜드에서는 흑백의 경우에는 CCIR(Committee Consultatif des Radiotelecommmunique)방식을, 컬러인 경우는 독일에서 개발한 PAL(Phase Alternate Line)방식으로 주사하는 카메라와 수상기를 사용한다. 프랑스, 프랑스의 식민국가, 러시아 및 이집트에서는 SECAM(Sequentiel a memoire)방식의 주사방식을 채용하고 있다.

모든 방식의 화면은 폭 : 높이가 4 : 3의 비로 구성되며, EIA/NTSC 방식의 화면은 525개의 주사선으로 구성되고 초당 30 Frames 즉 60 field로 주사된다. CCIR/PAL과 SECAM 방식의 화면은 625개의 주사선으로 구성되고 초당 25 Frames 즉 50 field로 주사한다.

(2) 아날로그 영상신호(Analog Video Signal)

텔레비전의 영상은 화면(Frame : 2 fields)들의 연속적인 표시이다. 이들 화면은 화소(Pixel)들로 형성된다. [그림 6-10]과 같이 화면을 이루는 각각의 화소들의 크기가 연속적인 크기로 된 신호를 아날로그 영상신호라 한다.

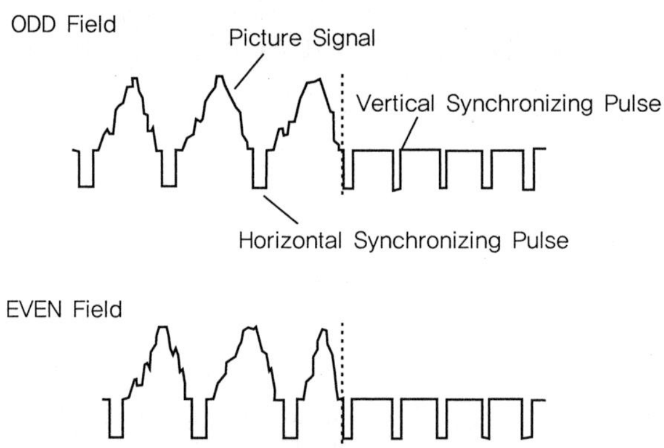

[그림 6-10] 아날로그 영상신호

(3) 디지털 영상신호(Digital Video Signal)

텔레비전의 화면을 형성하는 각 화소를 8 bits의 디지털 데이터로 하여 2^8= 256 레벨로 나타낸 불연속적인 신호가 디지털 영상신호이다. 디지털 영상신호는 "0" 과 "1"이라는 데이터이므로 외부의 전기적인 잡음의 영향을 받지 않기 때문에 화질이 향상됨으로써 아날로그 영상신호와 차별화된다.

(4) 디지털 영상의 압축(Digital image and compression)[9)]

디지털 영상신호를 저장(Store), 검색(Retrieve) 및 전송(Transmission)할 경우 데이터량이 많으면 처리할 수 없으므로 데이터를 압축하여 사용한다. 압축방법은 무손실압축(Lossless compression)과 손실압축(Lossy compression)이 있다. 무손실

9) Vlado Damjandovski, *Ibid.*, pp. 216~224.

압축 방법은 4 : 1로 압축할 수 있으나, 고비용의 방법이므로 특수한 경우의 방송용으로 사용되고 있고, MPEG-1, MPEG-2(Motion Picture Expert Group), MPEG-4, JPEG(Joint Photograph Expert Group) 및 Wavelet 등이 보편적으로 많이 사용되는 방법이다.

① **MPEG-1**

시간에 따라 연속적으로 변하는 동화상 비디오 데이터의 압축과 코드 표현을 통하여 정보전송을 이루는 방법이다. 이 표준규격은 DAT(디지털오디오테이프), 방송용 VCR, 대화형 CD, CD-롬 등에서 화상과 음성을 디지털방식으로 압축하는 데 활용하고 있다. 250 : 1~450 : 1의 비율로 데이터압축이 가능하고, 처리속도는 1.5~3.5 Mbps이다.

② **MPEG-2**

음향신호을 포함하는 시간에 따라 연속적으로 변하는 동화상을 MPEG-1 방법에 비해 해상도와 전송속도를 대폭 강화해서 한 차원 발전된 영상신호를 압축 및 복원하는 방법이며, 처리속도는 1.5~100 Mbps이며 HDTV 혹은 DVD(Digital Versatile Disk)에 채택되고 있다.

③ **MPEG-4**

MPEG-4는 양방향 멀티미디어를 구현할 수 있는 화상통신용 동영상 압축기술이다. MPEG-1, MPEG-2 표준이 만들어짐에 따라 기존의 방송, 통신과 컴퓨터산업간의 경계가 없어지고 서로 융합되어 복합적이고 다양한 서비스들을 제공하기 시작했다.

그러나 호환성에 문제가 생기자 이러한 요구를 반영하여 1993년부터 연구하기 시작한 것이 MPEG-4이다. 대역폭이 적은 통신매체에서도 전송이 가능하고 양방향멀티미디어를 구현할 수 있는 A/V(Audio/Video) 표준 부호화 방식이다.

MPEG-1, MPEG-2가 압축률을 높여 빠른 전송을 하는 데 중점을 둔 반면, MPEG-4는 64 kbps급의 초저속 고압축율 실현을 목적으로 하고 있다.

④ JPEG

컬러 순간 동작 이미지상(Still digital images)을 작은 블록으로 나누어 많은 양의 이미지 정보를 줄이는 DCT(Discrete Co-sine Transformer)알고리즘 으로 압축하는 방법이며, 10 : 1~25 : 1의 비율로 압축할 수 있다.

⑤ Wavelet

영상신호를 상이한 주파수와 해상도로 분석하여, 작은 주파수 블록으로 분류하고 JPEG처럼 프레임 단독으로 압축 및 복원하는 방법이며 JPEG보다 고압축률(프레임당 320×240 해상도 기준으로 3KB), 고화질의 방법이다. 특히 CCTV시스템에 적합한 압축방법이다.

(5) HDTV(High Definition Television)

디지털 영상신호를 방송용으로 채택하여 수평, 수직해상도가 2배 정도가 되고, 화면은 30mm 필름 영화의 화면과 유사하게 16 : 9로 하였으며, 음질도 CD수준으로 양질의 음향을 방송할 수 있는 텔레비전 시스템이다.

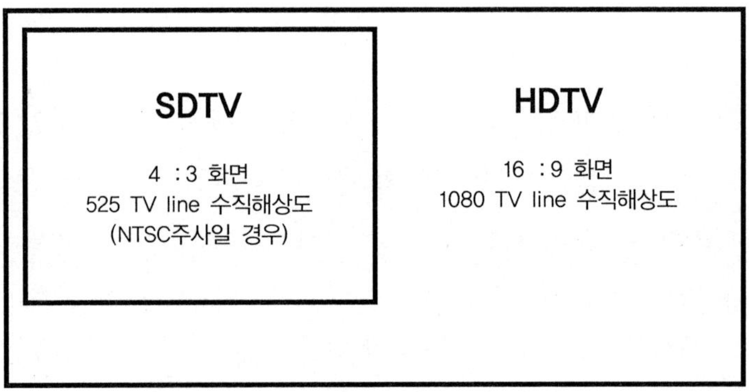

[그림 6-11] 기존의 TV와 HDTV 비교

(6) TV 영상입력단자

① AV 단자(Audio Video terminal)

Composite 단자라고도 하며, 보통의 컬러 텔레비전 수상기에 아날로그 음향신호와 영상신호를 입출력하는 단자로서, [그림 6-12]와 같은 모양이다.

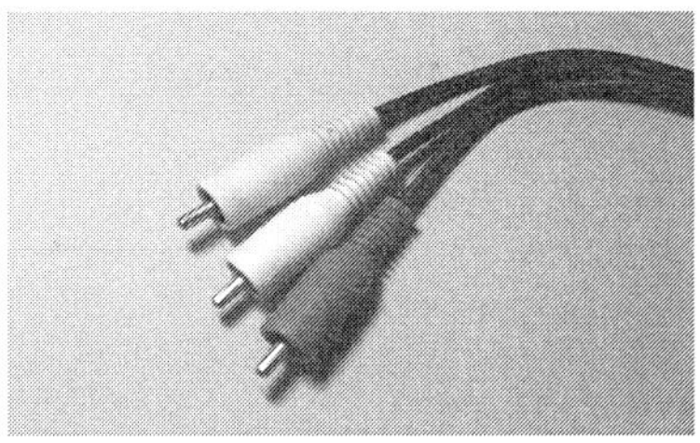

[그림 6-12] AV terminal

② BNC 커넥터(BNC connector) ; Bayonet-Neil-Concealment)

이더넷(Ethernet)의 일종인 Thin-Net에서 사용하며 통신기기 등에 사용되는 동축 케이블용 연결단자이다. [그림 6-13]과 같은 모양인 BNC 커넥터 IEEE 802.3 규격의 표준 커넥터로, 한쪽 커넥터를 다른 커넥터에 삽입하여 90도 회전하면 고정(Lock)되어 10 BASE-2 동축 케이블을 트랜시버 혹은 CCTV 고체카메라에 접속한다.

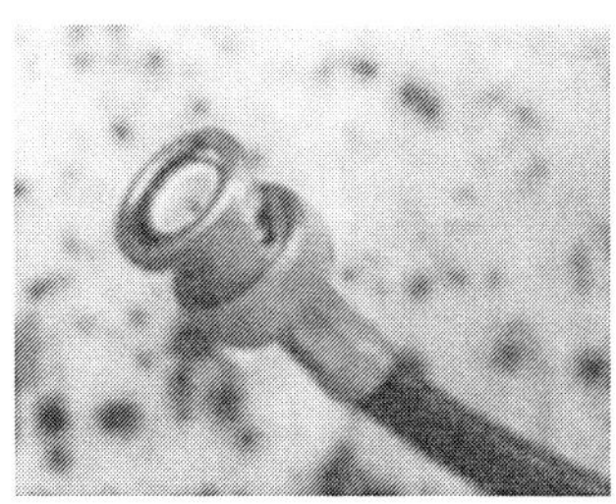

[그림 6-13] BNC connector

③ RGB 단자(RGB terminal)

컬러 텔레비전 수상기에 컴퓨터나 그래픽스 시스템으로부터 영상신호를 입출력하여 표시장치(VDU)로 사용할 수 있도록 마련한 적(R), 녹(G), 청(B) 3개의 단자이다. 실제에는 수직 및 수평 편향회로를 위한 H, V 단자와 접지단자도 포함하는 8핀 접속기구가 사용된다.

④ S-영상 단자(S-VHS Terminal)

[그림 6-14]와 같은 모양의 텔레비전 수상기에 아날로그 영상신호를 입력하는 단자이다. Composite 단지의 단점인 휘도의 문제를 해결하기 위하여 휘도와 관련된 신호를 별도로 분리해서 전송한다.

[그림 6-14] S-영상단자

6.4. CCTV시스템의 카메라(CCTV Camera)

카메라는 피사체로부터 받은 빛을 전기적 영상신호로 변환하는 기기이며, 빛을 전기적 신호로 변환하는 소자를 촬상소자라 한다. 촬상소자는 촬상관 혹은 반도체가 있다. 촬상관을 사용하는 카메라를 촬상관 카메라라고 하며 반도체 집적회로를 사용하는 것을 고체 카메라라고 한다.

6.4.1. 촬상관 카메라

흑백카메라와 컬러카메라가 있으며 컬러카메라는 빛을 적(赤; R), 청(青; B), 녹(錄; G)으로 분해하여 색채정보를 얻는다. 컬러카메라가 빛을 R, G, B로 구분하는 방법에 따라 분류되는 3관식 컬러카메라, 2관식 컬러카메라 및 단관식 컬러카메라가 있다. 촬상관으로는 비디콘(VIDICON), 뉴비콘(NEWVICON), 컬리콘(COLICON), 트랜비콘(TRANVICON) 및 SIT 등이 있으며, 일반적으로 많이 사용되고 있는 VIDICON의 구조는 [그림 6-15]와 같다.

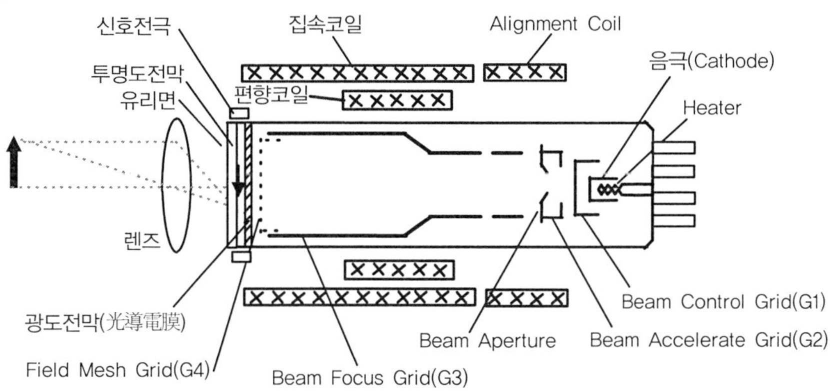

[그림 6-15] 비디콘(VIDICON)의 구조

비디콘의 광도전 재료로는 3황화안티몬(Sb2S3)이 사용되고, 다른 촬상관의 광도전 재료로는 CdSe, PbO 혹은 ZnSe와 ZnxCd1-xTe(In) 및 Sb2S3의 구조가 사용된다.

촬상관은 분광감도특성(Photosensitivity)의 원리로 촬상한다. 렌즈를 통해 광도전막에 상이 생기면 빛의 강도에 비례하여 전자방출(electron's ejection)이 일어나고, 음극에서 발생하는 전자빔이 광도전막을 주사하여 전기적인 영상신호를 얻는다. 음극에서 발생하는 전자빔을 NTSC 혹은 PAL방식으로 주사하는 것은 편향코일로 하며, 전자빔을 집속하는 것은 집속코일에 의한다. 전자빔의 집속하는 품질에 따라 수평해상도(Horizontal resolution)가 결정된다. 촬상관 카메라의 광도전막(Photo layer)은 렌즈를 통해 빛이 들어오지 않더라도 암전류(Dark current)가 생기게 한다.

각종 촬상관의 분광감도특성은 [그림 6-16]과 같다. 비디콘 촬상관은 짙은 보라색(dark violet)을 목표로 하고 뉴비콘은 남색(dark blue)을 목표로 하여 사용된다.

흑백 비디콘 카메라는 F/1.4 렌즈를 사용할 경우 최저조도가 5~10 lux가 되고 수동 조리개로(manual iris)만 사용할 수 있다. 뉴비콘은 같은 조건하에서 최저조도가 1 lux 정도가 되어 감도가 비디콘에 비해 높고, 자동 조리개를 사용할 수 있다.

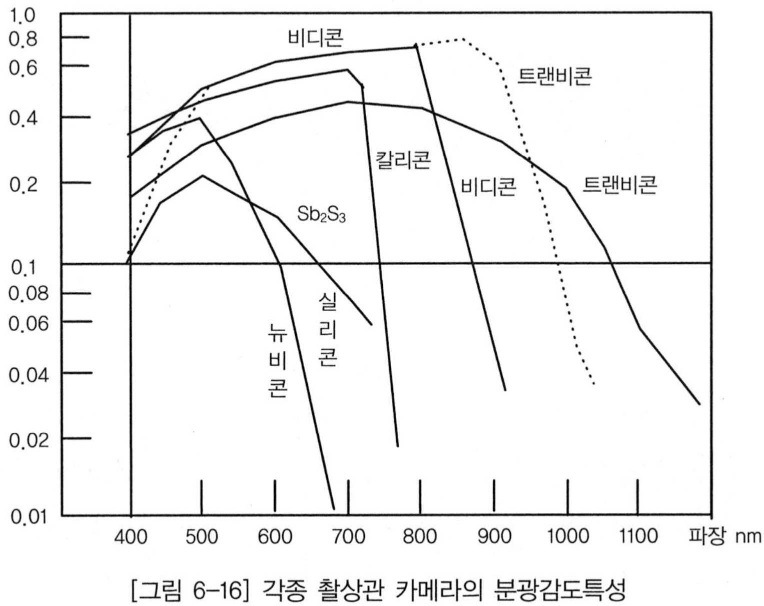

[그림 6-16] 각종 촬상관 카메라의 분광감도특성

6.4.2. 고체 카메라

반도체 집적회로 제조기술의 발달로 고체 촬상소자가 개발되어 촬상관을 대체하고 있다. 고체 촬상소자로는 전하결합소자(CCD : Charge Coupled Device),

MOS(Metal Oxide Semiconductor) 및 BBD(Bucket Brigade Device) 등이 있다. 일반적인 고체카메라 모양은 [그림 6-17]과 같다.

[그림 6-17] CCD 카메라

(1) CCD 카메라

CCD는 n형 반도체 기판 표면에 0.1μm 정도의 두께를 가진 절연층을 사이에 두고 금속 전극을 배열한 셀이 형성되어 있다. 이 금속 전극에 전압을 가하거나 빛을 가하면 반도체 표면의 전위가 낮은 부분을 좌우로 이동시키고 축적된 전하를 이에 맞추어 전송시킬 수 있다. 이를 Shift Register나 기억장치로 응용하기도 하고 카메라의 고체 촬상소자로 사용한다.

고체 촬상소자를 사용한 카메라는 촬상관 카메라에 비해 해상도, 변질, 다이나믹 레인지 등에서 불리하나 소형, 경량, 저 소비전력, 긴 수명, 내진성 및 무잔상 등의 특성을 가지고 있어 CCTV 시스템에 많이 사용되고 있다.

CCD 촬상소자는 [그림 6-18]과 같은 모양이고 크기가 여러 종류인 소자가 사용되고 있으며, 실제 촬상면(Image area)은 [그림 6-19]와 같다.

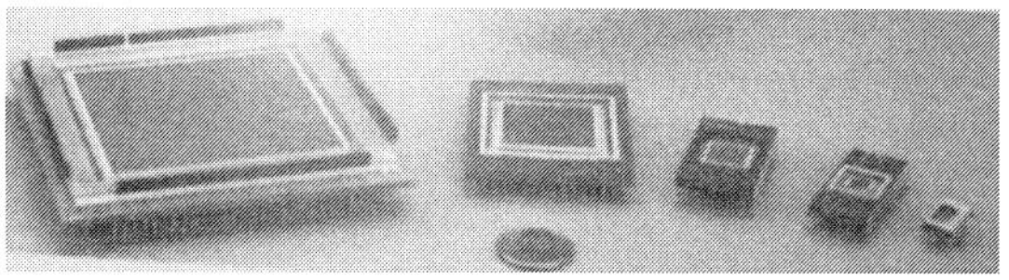

[그림 6-18] 촬상소자의 모양

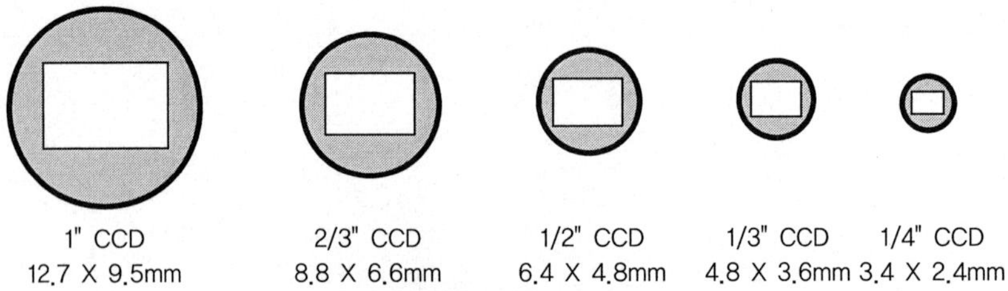

[그림 6-19] CCD 소자 크기와 촬상면의 크기

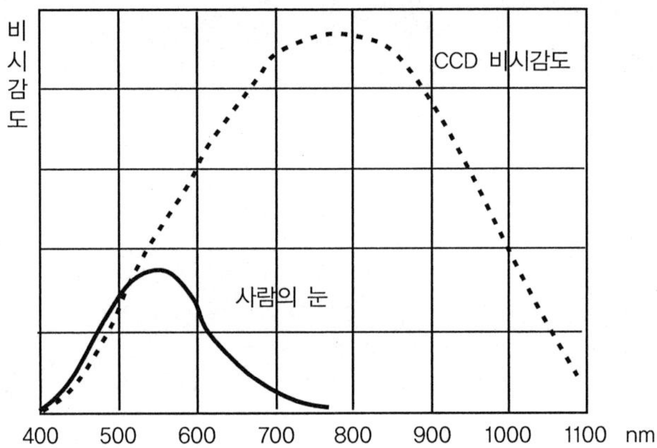

[그림 6-20a] 사람의 눈 및 CCD 칩의 비시감도

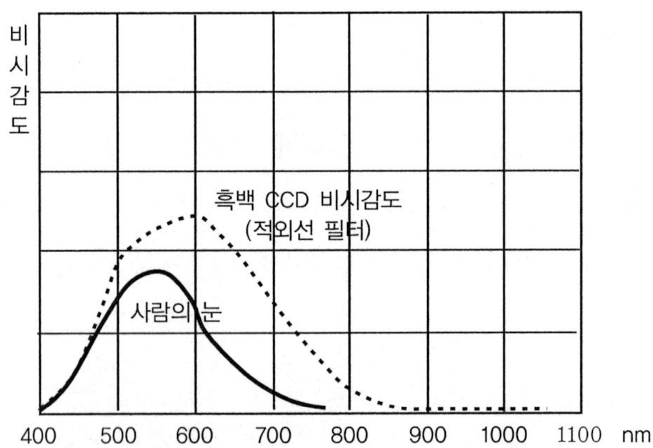

[그림 6-20b] 사람의 눈 및 적외선차단필터 사용한 CCD 칩의 비시감도

고체카메라에 사용되는 CCD는 인터라인 전송 CCD와 프레임 전송 CCD가 있다.

인터라인 전송 CCD(Interline transfer CCD)란 픽셀(수광 소자)의 열(列)과 열 사이에 수직 전송 CCD라 부르는 전송(轉送) 경로를 설치하여, 픽셀이 축적된 전하를 이 경로를 통해서 전송하는 형식의 전하 결합소자(CCD)를 말한다. 보급형 디지털 카메라에 사용되는 CCD는 모두 이 방식을 채용하며 픽셀을 읽는 방식에 따라서 격행 주사와 순차 주사로 분류된다.

프레임 전송 CCD(Full frame transfer CCD)란 픽셀 그 자체가 전송 경로 역할까지 겸하는 것은 풀 프레임(full frame) CCD라 부르는데, 동일한 픽셀수를 가진 인터라인 CCD에 비해 수광 면적이 넓기 때문에 감도는 높지만 현재 보급형 디지털 카메라는 실시간으로 데이터를 읽지 않기 때문에 이 방식을 채용하지 않고 있다.

[그림 3-19]에서 보는 바와 같이 가시광선의 파장은 380~780nm의 범위이고, 가시영역의 빛도 사람의 눈이 느끼는 정도는 파장에 따라 다르며 특성은 [그림 6-20]과 같다. 이를 비시감도곡선(比視感度曲線)이라 한다.

CCD 칩의 비시감도는 [그림 6-20a]와 같이 사람의 눈보다 적색과 근적외선부근에서 높다. 컬러 CCD카메라는 적외선 부근의 빛을 차단해서 [그림 6-20b]와 같은 비시감도로 만들어 자연색에 가까운 상을 만들 수가 있고, 해상도가 좋아지게 한다.

(2) CMOS 카메라

MOS(Metal-Oxide-Semiconductor)는 금속산화막을 처리하여 만든 P형 반도체 및 N형 반도체이다. P형 MOS 전계효과 트랜지스터와 N형 전계효과 트랜지스터를 하나의 칩에 만들고 양쪽채널을 직렬로 하여 서로 부하로서 작용시킨 저 소비전력의 반도체를 CMOS(Complementary MOS)라 한다.

CCD 칩은 기본적으로는 MOS와 같은 작동을 하나 그 제조기술은 다르다. CCD 칩은 clock 펄스 신호가 있어야 작동한다는 것이 불리한 조건이 되는 경우도 있다. CCD 칩이 촬상한 후의 카메라 기능을 발휘하기 위한 Clock-driver, timing logic, 신호 처리등을 위하여 별도의 칩이 필요하다.

그러나 CMOS는 촬상의 기능을 가질 수 있도록 하고, 카메라가 필요로 하는 각종 기능도 포함시키는 반도체로 설계하여 VLSI(Very Large Scale Integration) 제조기술로 제조할 수 있어, 저렴하고 표준화된 촬상소자가 될 수 있다. CMOS 촬상소자는 동일 칩에 카메라 기능을 포함하고 Time logic, 노출조절, Analog to Digital 변환기능, 전기적 잡음 감소기능을 포함시킬 수 있다. CCD 칩보다 빛을 감지하는 칩 면적(chip area)이 작다는 불리한 점도 있다.

(3) 약광 강화 카메라(Low light intensified camera)

고체 카메라로 어두운 피사체를 촬상할 경우 촬상소자가 감지할 수 있도록 특별한 장치를 하는 방법이 있다. 렌즈와 고체 카메라 사이에 강화장치(Intensifier)를 사용하는 방법과 광섬유판(Fiber optic plate)을 사용하는 방법이 있다. 이외에 카메라 제조회사별로 여러 방법을 개발하고 있다.

(4) 적외선 카메라(IR Camera)

적외선영역에서도 충분한 감도를 가진 CCD를 사용한 카메라를 적외선카메라라 한다. 또 적외선발광다이오드를 사용한 적외선 광원과 II(Image Intensifier)를 사용한 일체형 적외선 카메라도 만들어지고 있다.

6.5. CCTV 시스템 카메라 렌즈(CCTV System Camera Lens)

CCTV 카메라 렌즈는 피사체로부터의 빛 정보를 촬상관 카메라의 광도전막 혹은 고체카메라의 촬상소자에 상을 모으는 광학소자이다. CCTV 시스템의 촬상관 카메라에는 일반 사진용 카메라에 사용되는 것보다 구경이 작은 C-Mount 렌즈가 전문적으로 사용되고 있다. 이 렌즈의 마운트부 직경은 25.4mm(1")이고 렌즈 설치 기준면에서 초점면까지의 거리는 17.526mm로 정해져 있다. 고체 카메라가 소형화되면서 CS-Mount 렌즈가 사용되고 있으며, 마운트부의 직경은 C-Mount 렌즈와 같고, 기준면에서 초점면까지 거리는 12.5mm로 되어 있다.

CS 마운트 렌즈의 종류를 분류해 보면 다음과 같다.[10]

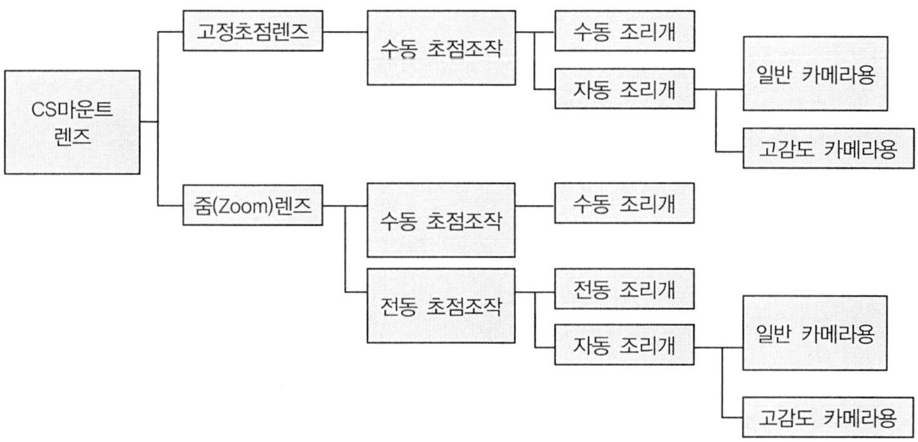

6.5.1. 일반 카메라 렌즈

CCTV 카메라용으로 사용되는 일반 렌즈의 예를 들면 〈표 6-1〉과 같고, 카메라의 CCD소자 크기에 따라 적용되는 렌즈의 예는 〈표 6-2〉와 같다.

10) 高橋正明, CCTV監視시스템基礎講座, (東京 : 産業開發機構(株), 1998), pp. 25~34.

〈표 6-1〉 CS 마운트 렌즈의 예

		Monofocal	Monofocal	Monofocal	Zoom	Zoom
초점거리(f)		6mm	8mm	12mm	6~2mm	8.5~68mm
최대구경비(F)		1:1.4	1:1.4	1:1.4	1:1.4	1:1.4~1.8
동작방법,Iris		Auto Iris	Auto Iris	Auto Iris	Auto Iris	Auto Iris
Focus		Manual	Manual	Manual	Manual	Remote cont.
화각	1/2"	H:56.4° V:43.4°	H:43.6° V:33.0°	H:29.9° V:22.4°	H:59.6° V:47.0°	H:41.9° V:31.5°
	Tele				H:33.9° V:25.9°	H:5.4° V:4.1°
	1/3"	H:43.6° V:33.4°	H:33.4° V:25.4°	H:22.6° V:17.1°	H:47.7° V:37.6°	
	Tele				H:27.1° V:20.7°	
대상물 거리		0.2m~∞	0.2m~∞	0.3m~∞	0.2m~∞	
후초점거리		13.143mm	14.137mm	11.759mm	10.8mm	10.56mm

〈표 6-2〉 카메라의 촬상소자 크기별 CS 마운트 렌즈의 예

1/4" Camera	1/3" Camera	1/2" Camera	2/3" Camera	1" Camera
2mm wide	2.5mm wide	4.8mm wide	4mm wide	8mm wide
3mm wide	4mm wide	6.5mm wide	8mm wide	12.5mm wide
6mm 표준	8mm 표준	12.5mm 표준	16mm 표준	25mm 표준
8mm 망원	12.5mm 망원	16mm 망원	25mm 망원	50mm 망원
12.5mm 원망원	16mm 원망원	25mm 원망원	50mm 원망원	75mm 원망원
4~40mm Zoom	4~40mm Zoom	8~80mm Zoom	12.5~75mm Zoom	16~160mm Zoom

6.5.2. 특수 카메라 렌즈

폐쇄회로텔레비전시스템용 카메라 렌즈로서 특수용도의 것들을 살펴보면 다음과 같다.

(1) 광각 렌즈(Wide Angle Lens)

한 대의 카메라로 넓은 시야를 감시할 수 있게 하기 위하여 화각을 크게 하는 렌즈를 선택한다.

180도 이상의 화각을 갖는 광각렌즈를 어안렌즈라 한다.

(2) 핀홀 렌즈(Pin Hole Lens)

빛의 수광구가 작은 것과 경동이 긴 렌즈로서 비밀감시, 혹은 특수 생산설비의 감시에 사용된다.

(3) 프리즘 렌즈

렌즈의 끝에 프리즘을 붙인 것으로서, 프리즘 부분만을 천장이나 벽면에 노출하여 설치함으로써 비밀감시에 적합하다.

(4) 옵티클 렌즈

렌즈에 고정 밀러와 회전 밀러를 조합시킨 것으로서, 카메라를 움직이지 않고 수평 방향의 시야를 확대하는 경우에 사용된다.

(5) 프리셋트 줌렌즈(Pre-set Zoom Lens)

한 대의 카메라로 미리 정한 여러 장소를 감시할 수 있게 하기 위하여 프리셋트 줌렌즈를 사용한다. 이는 줌렌즈와 프리셋트 컨트롤러(Preset Controller)를 조합하여 구성한다.

6.5.3. 렌즈 선정시 고려사항

CCTV 카메라용으로 렌즈를 선정할 때는 다음 사항을 고려해야 한다.

(1) 화면 치수

화면 치수는 촬상소자의 크기 1/4", 1/3", 1/2", 2/3" 및 1"에 따라 정해지며, 〈표 6-2〉를 고려하여 렌즈를 선정해야 한다. "1용 렌즈를 2/3"카메라에 사용할 수는 있으나 그 반대의 경우는 사용할 수 없다.

(2) 화각

화각은 카메라 렌즈의 초점거리 로 정해진다. [그림 6-21]의 카메라와 피사체와의 거리 d(meter), 감시하고자 하는 피사체의 폭 W(meter)을 기준으로 다음과 같은 간이 공식으로 렌즈를 선정할 수 있다. 촬상소자의 폭을 C_{ccd}.(mm)라 할 때 렌즈의 초점거리 f를 선정하는 공식이다.[11)]

$f = C_{ccd}. \times d/W$

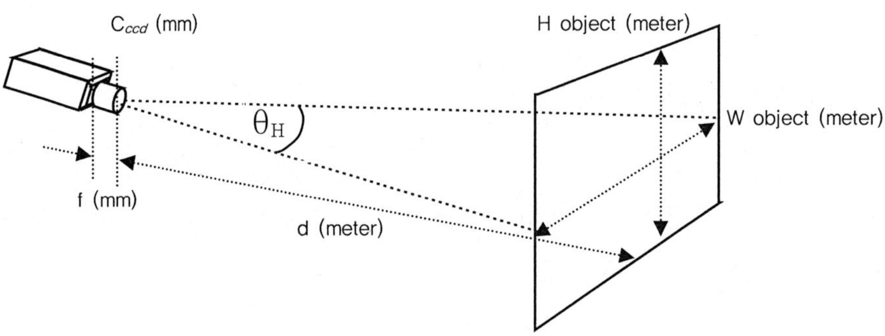

[그림 6-21] 렌즈의 화각

11) Vlado Damjanovski, *Ibid.*, p. 62.

(3) 피사체 크기, 거리 그리고 심도와 초점 심도

감시하고자 하는 피사체의 깊이를 고려하여 초점 심도의 정성적인 성질을 참조하여 렌즈를 선정한다.

피사체 심도와 초점 심도의 일반적, 정성적인 성질은 다음과 같다.

① 렌즈의 조리개를 작게 할수록 심도는 길어진다.
② 렌즈의 초점거리가 짧은 만큼 심도는 길어진다.
③ 피사체까지의 거리가 떨어진 만큼 심도는 길어진다.

(4) 밝기(Brightness)

어느 정도 밝은 광학상이 얻어질 것인가는 카메라의 감도를 제약하는 중요한 요소의 하나이다. 광학상의 밝기와 렌즈 및 피사체의 밝기 사이는 다음과 같은 관계가 있다.

$$\text{광학상의 밝기} \propto \frac{(\text{렌즈의 투과율}) \times (\text{피사체의 밝기})}{(\text{렌즈의 개구직경})^2}$$

화면의 주변은 광학상의 중심에 비해 밝기가 감소한다. 렌즈 중심을 거쳐 촬상면에 도달하는 렌즈의 밝기를 I_0, 렌즈보다 θ도 기울어진 방향에 있는 피사체의 촬상면의 밝기를 I_θ라 하면 다음의 관계식이 성립한다.

$$I_\theta \propto I_0 \cos 4\theta$$

렌즈의 밝기는 어두운 피사체를 감시하기 위하여 조리개를 얼마나 크게 열 수 있는가에 좌우되는데 F－값(F－Number＝f/d)으로 나타내며, F－값과 렌즈의 밝기는 다음과 같다.[12)]

12) 高橋正明, 전게서, p. 38.

F-값	0	1.4	2.0	2.8	4.0	5.8	8.0	11	16	22
밝기	1	1/2	1/4	1/8	1/16	1/32	1/64	1/128	1/256	1/512

(5) 조리개 제어(Iris control)

옥외 감시의 경우 피사체의 조도는 야간의 10 lux 이하에서부터 주간 맑은 날의 100,000 lux 정도까지 크게 변화한다. 카메라가 자동 감도조정 회로를 가지고 있어 1,000 : 1까지의 자동제어 범위를 가지고 있다. 그러나 피사체의 조도의 변화가 크면 자동으로 조리개를 조정하는 기능을 가진 렌즈가 필요하다. EE Lens (Electric Eye Lens)는 자동으로 조리개를 조정하는 렌즈이다.

EE렌즈에는 렌즈 자체가 CdS 수광부를 가지고 피사체의 밝기를 감지하여 조리개 날개를 구동하는 CdS 방식과, 카메라 영상신호 출력을 받아서 그 레벨의 변화를 감지하여 조리개 제어 모터를 구동하는 비디오방식이 있다.

EE렌즈를 사용할 때 다음과 같은 점에 주의해야 한다.

① CdS방식 EE렌즈는 조리개 날개가 극히 가볍게 움직이므로 진동을 주면 조리개 상태가 변한다.

② 비디오 방식 EE렌즈의 조리개 제어에는 직류모터가 사용되므로 수명이 1,000~1,500시간으로 비교적 짧다.

③ 고감도 EE렌즈 중에는 컬러 카메라에 부적당한 것이 있기 때문에 품종을 확인하고 사용하여야 한다.

④ 자동조리개 조정에는 전역에서 수초의 시간이 걸리므로 피사체의 조도가 매우 빠르게 변하는 경우에는 화상의 질이 떨어지는 데 주의해야 한다.

6.6. 카메라 하우징(Camera Housing)

CCTV 카메라를 가혹한 조건하에 설치할 경우에는 카메라의 보호조치가 필요하다. 카메라를 보호하기 위한 함체를 카메라 하우징이라 하고 그 예는 [그림 6-22a, b]와 같다.

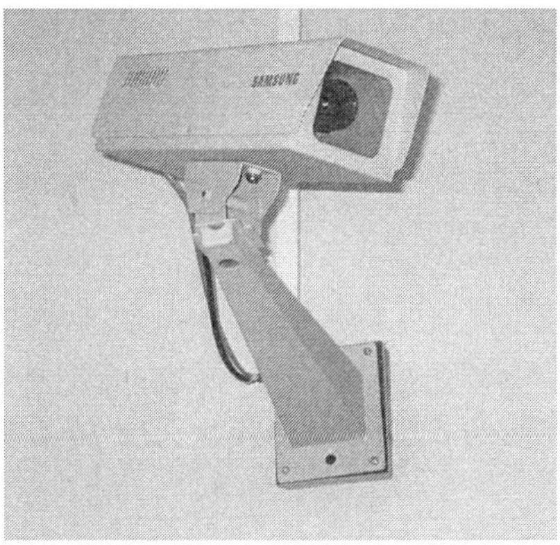

[그림 6-22a] 옥내용 하우징

[그림 6-22b] 옥외용 하우징

카메라를 보호해야할 요건을 열거하면 다음과 같다.[13)]

① 주위 온도가 0~40℃의 범위를 넘는 곳에서 사용할 경우
② 직사일광이나 풍우를 맞는 경우
③ 먼지가 많은 장소에서 사용하는 경우
④ 습도가 높거나 부식성 가스나 염분이 있는 경우
⑤ 기계적 보호가 필요한 경우
⑥ 특수선 피복, 수중 혹은 전기적 차폐를 요하는 경우
⑦ 방폭 조치를 요하는 등의 특수 환경에 설치하는 경우

13) 이강열, 전게서, p. 138.

카메라 하우징을 용도나 구조면에서 분류하면 다음과 같다.[14)]

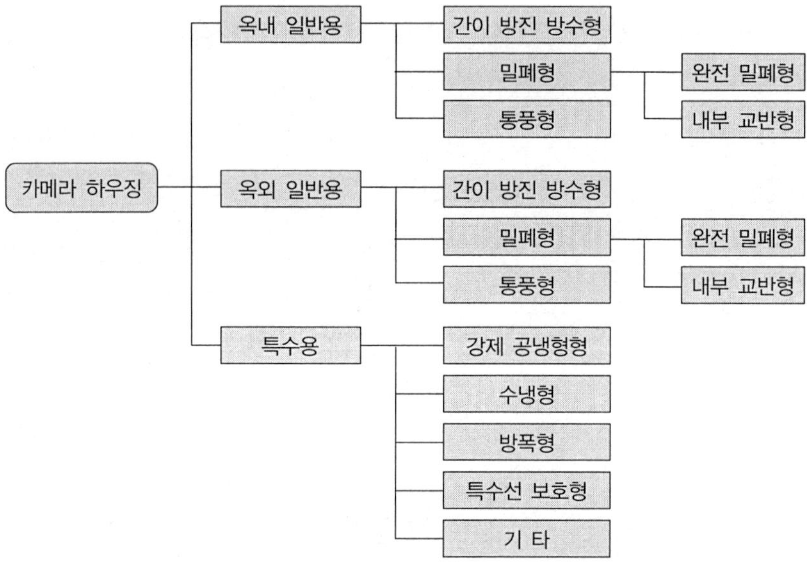

6.6.1. 일반용 카메라 하우징

옥내 카메라 하우징은 방진의 목적으로 사용되므로 단순한 케이스에 가깝다. 옥외용 카메라 하우징은 직사 일광을 차단하는 차광후드, 유리창의 물방울을 닦는 와이퍼, 이슬이나 서리를 제거하는 디프로스터(Defroster), 저온에서 카메라를 보호하기 위한 히터 혹은 일광 직사를 피하게 하는 프로텍터(Sun Protector) 등이 장치되어 있다.

6.6.2. 특수용 카메라 하우징

특수용 카메라하우징으로는 다음과 같은 것들이 있다.

14) 高橋正明, 전게서, pp. 51~57.

(1) 강제 공냉형 및 수냉형 카메라 하우징

주위 온도가 높은 환경에서 사용하는 카메라는 하우징을 냉각시켜야 한다. 하우징의 구조를 2중으로 하고 그 중간에 공기 혹은 물을 강제로 통하게 하여 냉각시키며 내부온도를 40℃ 이하로 유지한다. 전면 유리창 부분은 열선 흡수형 강화유리가 사용되고, 표면에는 압축공기에 의한 Air Curtain을 만들어 먼지 부착방지와 열 차단을 꾀하기도 한다.

(2) 방폭형 카메라 하우징

가연성 가스나 가연성 액체 증기가 있는 장소에 카메라를 설치할 경우에는 설치 설비에 의한 폭파 유기나 화재 발생을 방지하기 위하여 방폭형 설비를 사용하는 것을 의무화하고 있다. 방폭형 설비는 해당 규정에 합격한 것을 사용해야 한다.

(3) 특수선 보호형 카메라 하우징

X선이나 Υ선 등 특수선의 피폭을 받는 장소에서는 두꺼운 납판으로 된 하우징을 사용하며, 창유리는 산화 세륨이 든 납유리를 사용하는 특수하우징이 필요하다.

6.7. 카메라 회전기(雲臺 : PAN/TILT Unit)

CCTV 카메라는 화상감시 목적으로 사용되고 있으므로 방향을 고정시키지 않고, 카메라를 상하 또는 좌우로 조정하는 회전기가 있고 화상감시자가 원격으로 조정하면 그 전기적인 신호를 수신하여 회전기의 전동기를 구동할 만한 충분한 전류를 만드는 부속 기기가 필요하다.

6.7.1. 카메라 회전기(雲臺 : PAN/TILT Unit)

카메라의 방향을 좌우(左右)로 회전시키는 것을 Panning이라 하며 상하로 방향을 조정하는 것을 Tilting이라 한다. 카메라와 하우징을 장치에 고정시키고 그 방향을 좌우/상하로 조정하게 하는 장치를 PAN/TILT Unit라 한다. PAN/TILT Unit는 수동식과 전동식의 2종류가 있다. 전동 PAN/TILT는 카메라의 감시방향을 원격 제어할 수 있게 되어 있다. 모양은 [그림 6-22b]와 같다.

6.7.2. 카메라 방향 조정 수신기(Signal Receiver/Driver)

PAN/TILT Unit를 원격 제어하기 위하여 필요한 기기가 Signal Receiver/Driver이다. 원격지에서 제어신호를 수신하는 수신부(Receiver)와 PAN/TILT Unit를 구동할 수 있는 전력으로 증폭하는 전력 증폭부(Driver)로 구성된다.

외관은 [그림 6-23]과 같다.

[그림 6-23] 카메라 방향조정 수신기

6.8. 영상신호 전송방식(Video Transmission Method)

피사체의 이미지를 카메라가 촬상하면 전기적인 신호로 변환되어 수상계에 전송되어야 한다. CCTV시스템에서는 영상신호(Video signal)와 조정 데이터 신호를 전송하는 매체가 필요하며, 다음과 같은 매체(Media)가 사용되고 있다.15)

- 동축케이블(Coaxial cable)
- 꼬임쌍 전선(Twisted pair cable)
- 마이크로웨이브 무선망(Microwave link)
- 라디오파 무선망(RF open-air transmission)
- 적외선 망(Infrared link)
- 전화회선망(Telephone line)
- 광섬유케이블(Optic Fiber cable)

6.8.1. 동축케이블(Coaxial cable)에 의한 전송

동축케이블 매체로 하여 짧은 거리에서 간단하게 영상신호를 전송하는 방식이다. [그림 5-23f]에서 보인 바와 같이 중심도체에 영상신호를 전송하고 외측도체를 접지하는 방법이므로 대지 불평형전송(Unbalanced video transmission)이라 한다. 외부도체가 중심도체를 보호하면서 접지되어 외부의 전자기방해(EMI : Electromagnetic Interference)를 차폐한다.

장거리에서는 대지 불평형전송이기 때문에 저주파부에서는 지전류의 영향을 받기 쉽고, 설치상의 조건에 따라 고주파의 유도를 받을 수 있다.

동축케이블의 특성임피던스는 75Ω이며, 케이블의 종류별 신호감쇠는 [표 6-3]과 같다.16)

15) Vlado Damjanovski, *ibid*, pp. 229~253.

16) Vlado Damjanovski, *Ibid.*, p. 238.

〈표 6-3〉 동축케이블의 신호감쇠 비교표

동축케이블 Coaxial cable	특성임피던스(Ω) Impedance	외부 직경(mm) Overall diameter	신호 감쇠 (dB/100m @ 100MHz)
RG-179B/U	75	2.5	17.4
RG-59B/U	75	6.15	3.3
RG-6B/U	75	6	2.2
RG-11B/U	75	10	1.3

P/T/Z Unit에 장착된 카메라와 연결하는 경우는 유연성이 있는 RG-179B/U 케이블을 사용하고, 장거리에 신호감쇠를 적게 하는 영상신호 전송에는 RG-11B/U의 동축케이블을 사용하고 단자는 BNC (Bayonet-Neil-Concealmant)커넥터를 연결한다.

6.8.2. 꼬임쌍 전선(Twisted pair cable)에 의한 전송

기존의 꼬임쌍 전선을 통하여 4 MHz 대역의 흑백 또는 컬러 텔레비전 영상신호를 비디오베이스 밴드로 전송하는 평형전송(Balanced video transmission)방식이다. 그 특성은 다음과 같다.

① 여러 종류의 전선을 사용할 수 있다.
② 선로가 꼬여있기 때문에 EMI 혹은 저주파 잡음에 의한 신호간섭을 경감한다.[17)]
③ 흑백 영상신호의 경우 2,000m에 중계기, 컬러 영상신호의 경우 1,000m에 중계기를 설치하며, 30 중계까지 가능하다.
④ 파일럿 신호에 의한 AGC기능이 있다
⑤ 파일럿 신호의 레벨을 감시하여 이상시에 경보를 발할 수가 있다.

17) 스마트 전기 · 전자용어사전(서울 : 도서출판 탐구원, 1997), p. 1258.

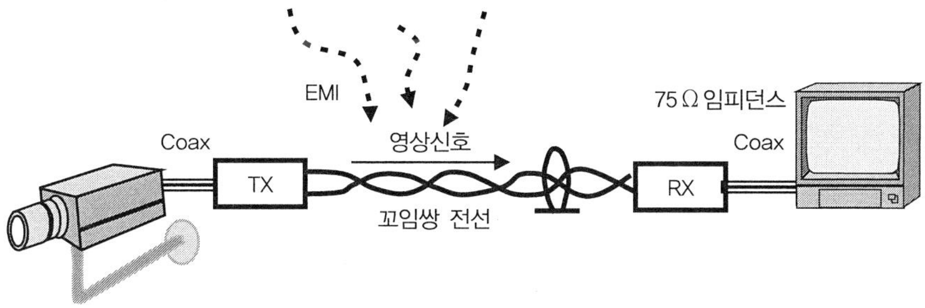

[그림 6-24] 평형 영상신호 전송

6.8.3. 마이크로웨이브 무선망(Microwave link)에 의한 전송

[그림 3-19]에서 보인 바와 같이 300MHz에서 3,000GHz(3THz)까지의 주파수에 해당하는 전파를 마이크로웨이브라 한다. 1GHz에서 10GHz대의 마이크로웨이브를 영상신호 전송용반송파로 사용할 수 있다. [그림 6-25]와 같이 포물선 접시형 안테나(Parabolic dishes antenna)로 신호를 송수신하며 FM 변조로 전송한다. 영상신호의 전송만을 위해서는 단방향통신(Unidirectional)을 하지만 PTZ 조정신호의 전송을 위하여 쌍방향통신을 할 수도 있다.

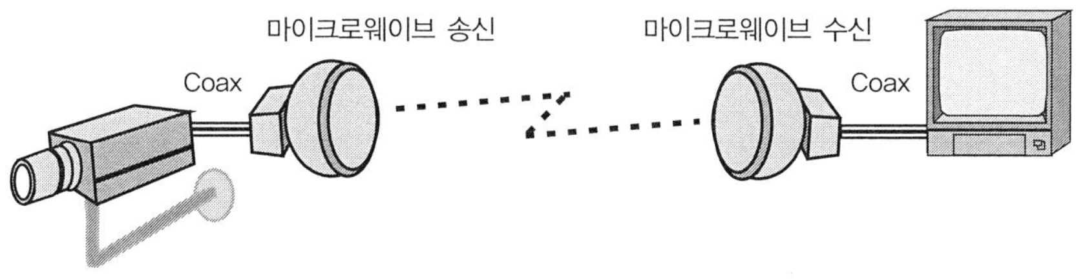

[그림 6-25] 마이크로웨이브 무선 영상신호 전송

마이크로웨이브 무선망으로 영상신호를 전송하는 방식은 다음과 같은 특성이 있다.

① 영상신호의 전송을 할 경우 대역폭(Bandwidth)을 7MHz로 할 수 있어 신호의 감소가 없다.

② 케이블을 설치할 수 없는 곳에서도 전송을 할 수 있다.

③ 장거리 전송인 경우 유선 통신보다 경제적이다.

④ 재해 시에도 전송로의 장애가 없다.

⑤ 안개나 눈 등의 환경조건에 영향을 받을 수 있고, 강한 바람이 불 때 안테나의 진동으로 화면이 영향을 받을 수 있다.

⑥ 10GHz대의 주파수는 공공성이 높은 경우가 아니면 주파수 관할 기관으로부터 허가가 나오지 않는다.

6.8.4. 라디오 주파수 전파 무선망(RF wireless Network)에 의한 전송

영상신호를 VHF 혹은 UHF대의 주파수로 변조하여 전송할 수 있다. 따라서 [그림 6-26]과 같이 휩안테나(Whip Antenna) 혹은 Yagi 안테나로 신호를 송수신한다.

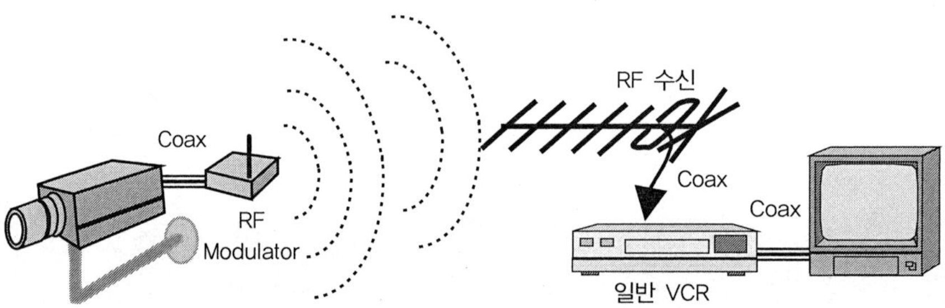

[그림 6-26] Radio Frequency 무선 영상신호 전송

RF 무선망으로 영상신호를 전송하는 방식은 다음과 같은 특성이 있다.

① 음향신호와 같이 전송할 경우 음향신호(Audio signal)는 FM으로, 영상신호는 AM으로 변조하여 전송한다.

② 대역폭(Bandwidth)을 좁게 전송하므로 화상품질이 떨어질 수 있다.

③ 케이블을 설치할 수 없는 곳에서도 전송을 할 수 있다.

④ 재해 시에도 전송로의 장애가 없다.
⑤ 이동국과 고정국 또는 이동국 상호간에 영상신호를 전송할 수 있다.
⑥ 하나의 정보원으로부터 여러 곳으로 정보의 전송이 가능하다.
⑦ 금속장애물이 아닌 경우라면 벽, 나무 등 장애물을 통과할 수 있다.

6.8.5. 적외선 무선망(Infrared wireless link)에 의한 전송

적외선을 광 반송체(Light carrier)로 하여 영상신호를 무선으로 전송하는 방법이다. [그림 6-27]과 같이 영상신호를 변조한 적외선을 투광기가 송신하면 수광기가 이를 수신하여 수상기에 화상이 보이게 한다. 흑백 영상, 컬러 영상 혹은 음향신호를 1km까지 전송할 수 있다. 적외선 무선망 전송방식은 다음과 같은 특성을 가진다.

① 허가를 얻을 필요가 없다.
② 투광기 부근이 고온이 되지 않게 관리해서 벽, 지붕 혹은 금속으로 된 물체에서 발산하는 적외선을 수광기가 검출하지 않게 해야 한다.
③ 안개, 비 혹은 뜨거운 바람 등의 기후조건에 영향을 받을 수 있다.

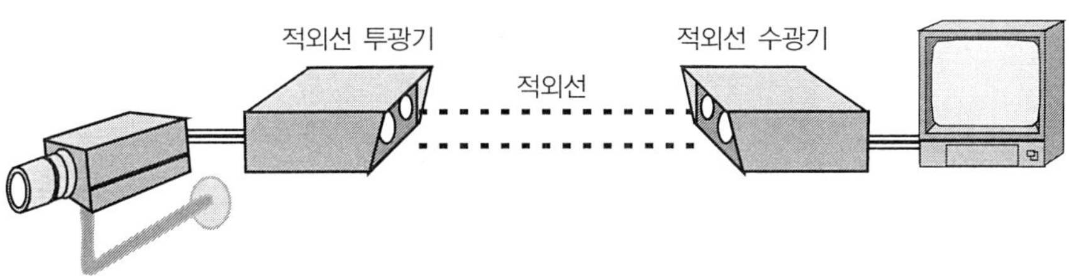

[그림 6-27] 적외선 무선망으로 영상신호를 전송

6.8.6. 전화회선(Telephone line)에 의한 전송

전화회선을 이용하여 영상신호를 전송하는 방법은 카메라가 아날로그 영상데이터를 포착(Capturing)하며, 디지털 형식으로 변환(Digitizing)하여 RAM에 저장(Storing)하였다가, 계기를 주면(Triggering) 주파수 변조(FM)하여 전화회선을 통하여 전송한다. 수신측에서는 수신한 디지털신호를 아날로그 데이터로 변환하여 정지화상을 만든다. 초기에는 전송 속도가 매우 느렸으나, 이미지 처리기술과 데이터 압축기술로 Fast-Scan 송수신기를 개발하여 사용하게 되어 빠른 속도로 영상신호를 전송할 수 있다.

Fast-Scan 송수신기를 선택하려면 다음 사항을 고려해야 한다.

① 화상의 해상도(화소수 : Pixel)는 어떠한가?
② 흑백인가 컬러인가?
③ 영상신호와 P/T/Z 조정신호와 동시에 전송하는가?
④ 전송속도는 어떠한가?

전화회선은 공중교환전화회선(PSTN : Public Switched Telephone Net work)가 있으며 최선의 변복조기(MODEM)를 사용하면 14,000bps로 영상신호를 전송할 수 있다.

종합정보통신망(ISDN : Integrated Services Digital Network)을 통하여 영상신호를 64 Kbps의 빠른 속도로 전송할 수 있고, 여러 개의 채널을 다중화 함으로써 128 Kbps까지 속도를 올릴 수 있다.

이동전화통신망(Cellular Phone Network)을 이용하여 영상신호를 전송할 수 있어 이동 중에도 화상감시를 할 수 있을 뿐만 아니라 ROAM-ing에 의하여 산업화된 세계 곳곳에 가서도 영상정보 이미지를 수신할 수 있다. 이동전화망을 통하여 9,600 bps의 속도로 영상신호를 전송한다.

6.8.7. 광섬유케이블(Optic Fiber Cable)에 의한 전송

[그림 5-23g, h]의 광섬유 케이블(Optical Fiber Cable)을 이용하여 광통신을 함으로써 영상신호 전송시스템의 다양화, 고규격화 및 컬러화가 가능해지고 있다. 광섬유 케이블 통신방식의 기본원리는 [그림 6-28]과 같이 전기신호를 광신호로 변환하고 이 광신호를 광섬유 케이블을 통하여 전송하여 수신한 뒤 다시 전기신호로 변환한다.

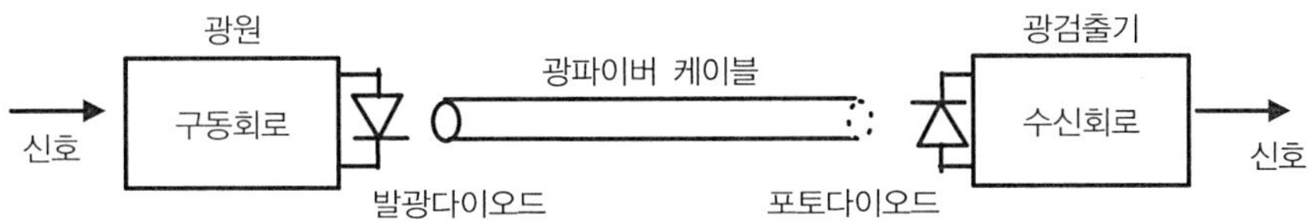

[그림 6-28] 광섬유 케이블 통신방식의 기본 구성

광섬유 케이블 통신의 특징은 다음과 같다.

① 광섬유 케이블 자체의 외경이 매우 작아 설치면적 효율이 높다.
② 광섬유 상호간의 누설이 적으며 뛰어난 광대역의 전송로이다.
③ 장거리 전송시에도 신호의 감쇠가 적다. RG-59B/U 동축케이블이 10 MHz에서 30dB/Km의 감쇠율인데 비하여 광섬유케이블은 1.5dB/Km이다.
④ 소재가 유리이기 때문에 정전, 전자유도 낙뢰 등의 장애가 없다.
⑤ 외부의 전자기 방해에 영향을 받지 않는다.
⑥ 전송로에서 부정하게 연결할 수 없으므로 보안성이 높다.
⑦ 비용이 점점 저렴하게 되고 있다.

한편, 불리한 점으로는

- 단자처리를 특수공구로 해야 하며, 다른 매체에 비하여 정교한 작업을 요한다.

- 신호를 Switching 하거나 Routing(우회)하기가 어렵다.

[그림 6-29]는 광섬유 케이블 통신에 의한 영상신호 전송장치의 예이다.

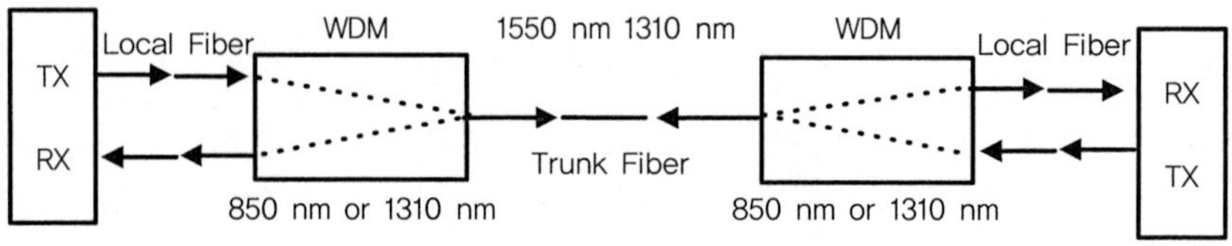

[그림 6-29] WDM을 사용하여 영상신호 다중화 전송의 예

하나의 전송로인 Trunk Fiber Cable을 통하여 다른 복수의 신호를 상향 및 하향으로 전송이 가능하도록 다중화하는 변환장치로 WDM(Wave Division Multi-plexing Converter)이 있다. 하나의 Trunk Fiber Cable에 파장이 1,310nm의 신호파와 1,550nm의 신호파로 분할하여 다중화함으로써 1개의 Optic Fiber를 통하여 상향 및 하향으로 전송하는 사용 예를 보이고 있다. 한 개의 광섬유 소선을 통하여 카메라측에서 상향으로 영상신호(Video Signal)를 모니터측으로 전송하고, 모니터측에서 P/T/Z 조정신호(Control Signal)를 하향으로 전송한다.

6.9. 영상분배기(Video Distribution Amplifier)

CCTV시스템에서 1대의 카메라로 영상신호를 다수의 모니터 혹은 영상기기에 공급하는 기기를 영상분배기(Video Distributor)라 한다. 이 분배기는 신호 감쇄를 줄이는 단순한 분배기와 영상분배 증폭기(VDA : Video Distribution Amplifier)가 있다.

VDA는 전압이득이 1 : 1이고 하나의 입력에 다수의 출력을 내기 위한 증폭기이며 그 사용 예는 [그림 6-30]과 같다.

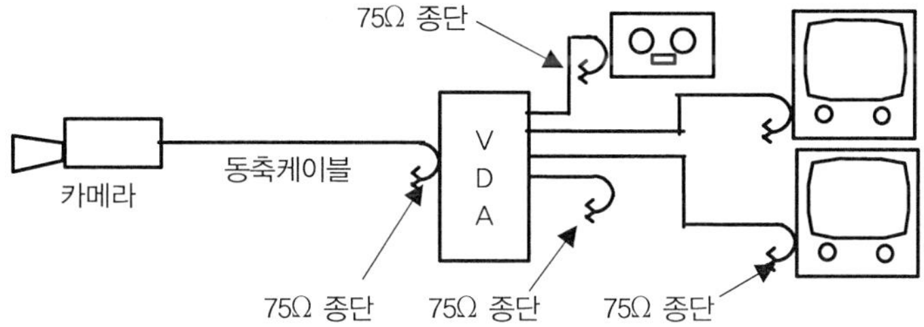

[그림 6-30a] 영상분배의 기본형

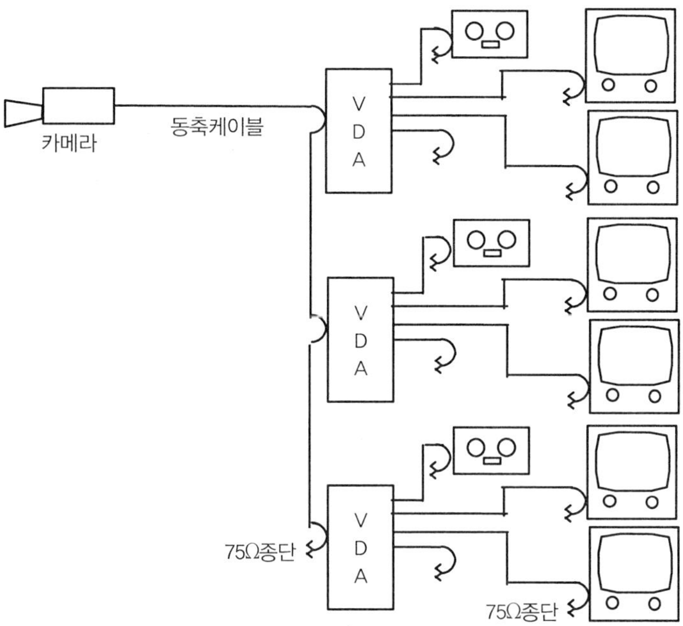

[그림 6-30b] DVA 브릿지 접속에 의한 다수 영상분배의 예

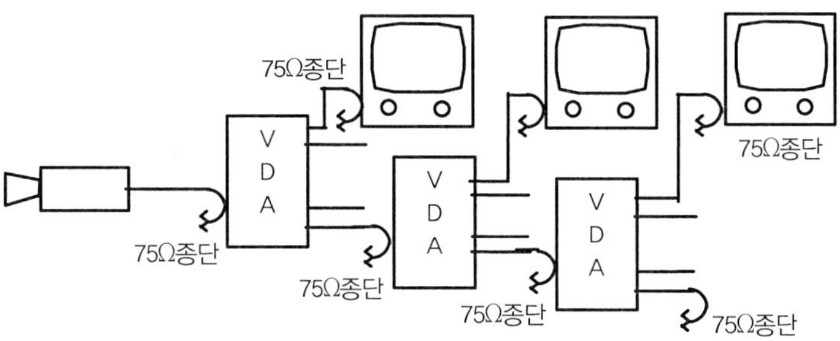

[그림 6-30c] DVA 종속 접속에 의한 다수 영상분배의 예

6.10. 영상 전환기 (Sequential Video Switcher & Matrix Video Switcher)

다수(n)의 카메라 화상을 소수(m)의 영상 모니터로 전환(Switching)하여 감시할 수 있게 하기 위하여 영상전환기를 사용한다. (단, n>m)

영상전환기는 순차적 영상전환기(Sequential video switcher)와 행렬식 영상전환기(Matrix video switcher)가 있다.

6.10.1. 순차적 영상전환기(Sequential Video Switcher)

다수의 카메라로부터 입력되는 영상화상을 2~3초간 표시하고 한 개씩 순차적으로 전환하면서 1개의 출력장치에 출력한다. 간단한 것은 4-회로가 있고, 6-회로, 8회로, 12-회로, 16-회로 및 20-회로의 전환기가 있다.

영상전환기의 기본형은 [그림 6-31a]와 같이 통상 75Ω의 임피던스로 표준화하여 영상기기 상호간에 영상신호를 송수신하고, 고 임피던스 회로가 필요할 경우는 [그림 6-31b]와 같은 회로를 구성한다.

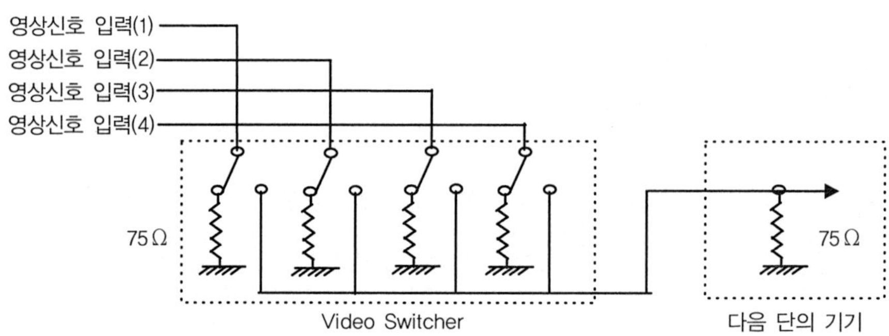

[그림 6-31a] 75Ω 전환방식의 Sequential Video Switcher

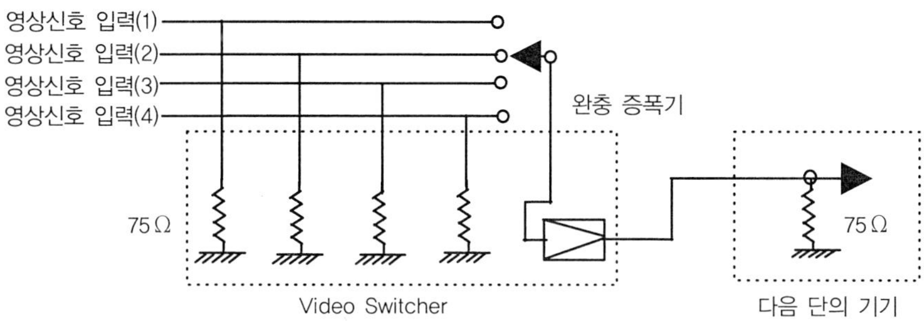

[그림 6-31b] 고 임피던스 전환방식의 Sequential Video Switcher

6.10.2. 행렬식 영상전환기(Matrix Video Switcher)

전자식 접점으로 신속하게 전환하면서 1개의 영상신호를 2개 이상의 다음 단 기기로 동시에 출력하기도 하며, 다수의 영상신호 입력을 1개의 출력을 내기도 하는 전환기이다.

영상전환과 연동하여 PAN/TILT/ZOOM 제어계를 전환하는 시스템도 구성해서 운용할 수 있다.

6.11. 화면 분할기(Screen Splitter)

4~8개의 카메라로부터 수신한 영상신호를 한 개의 Monitor나 VCR로 감시 혹은 기록할 수 있게 하기 위하여 화면을 분할하는 기기를 사용한다.

1개의 모니터에 동시에 4개의 화상으로 분할하여 나타내는 4분할기(Quad Splitter 혹은 Quad compressor)가 많이 사용되고 있다.

8개의 카메라로부터 입력되는 영상신호를 운용하는 시스템 구성 예에서는 다음과 같은 기능을 수행할 수 있다.

① 3가지 방법으로 사용할 수 있다. 즉 1~4 카메라 표시, 5~8 카메라 표시

그리고 1~4 카메라와 5~8 카메라를 교대로 표시하게 한다.

② 한 화면(Screen)에 표시(Display)되는 4개 화상(Pictures)중 한 개 화상만을 크게 하나로 표시하게 한다.

③ 4분할 화면을 정지화면(Still Image)으로 정지시킨다.

④ 8개 카메라 화상을 정해진 시간대로 차례로 표시하게 한다.

⑤ 카메라 명칭을 표시한다.

⑥ VCR Playback Signal 입력단자가 있다.

6.12. 영상 다중화장치(Video Multiplexers : MUX)

하나의 전송로로 복수의 독립된 정보를 다중으로 전송하는 장치를 다중화장치 혹은 다중화기(Multiplexers)라 한다.

영상 다중화장치(Video Multiplexer)는 디지털 이미지처리 기술로 신속하게 순차적 영상전환을 하여, 하나의 전송로를 이용, 복수의 수상기로도 감시할 수 있게 하거나, 복수의 녹화시스템 채널을 연결하여 사용할 수 있게 하는 장치이다. 또 [그림 6-32]와 같이 복수의 카메라 측을 한 개의 Monitor나 녹화기로 감시 혹은 녹화할 수 있게도 한다.

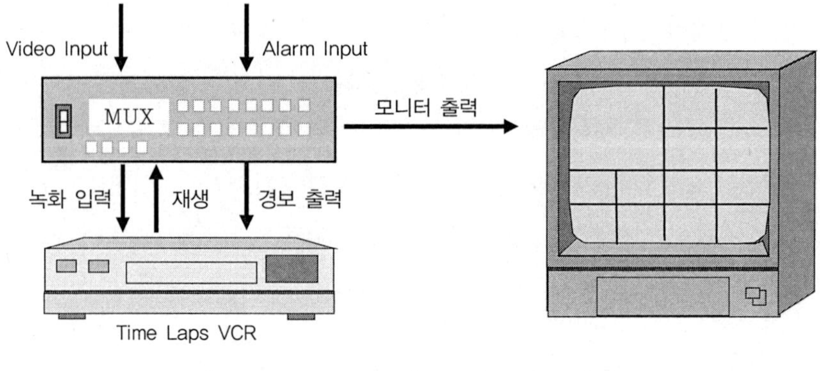

[그림 6-32] 영상 다중화장치 사용 예

주요 기능을 정리하면 다음과 같다.

① 8~16개의 카메라로부터 입력된 영상을 한 개의 모니터에 1, 4, 6, 7, 10, 13 혹은 16개로 분할하여 나타낸다.
② 카메라의 생영상을 감시하면서 VCR 혹은 DVR의 저장화상을 재생할 수 있고, 반대로 저장화상을 재생하면서 생 화상(Live picture)을 감시할 수도 있다.
③ 여러 카메라를 전환(Switching)함으로써, 복수의 화면(Multi Screen)이 원활하게 보이게 한다.
④ 생 화상 혹은 저장화상을 확대/축소(Electronic Zoom) 및 정지(Still Image)시킨다.
⑤ 화상 기록장치(VCR, DVR)의 자동 녹화신호를 제어한다.
⑥ 8~16개의 감지신호(Alarm Signal)를 입력될 수 있다.
⑦ 카메라 명칭 및 시간 데이터를 나타낼 수 있다.

6.13. 움직임 검출기능(Video Motion Detection : VMD)

수상기에 입력되는 영상신호에 화면 중 설정된 부위에 변화가 있는지 분석하여, 변화가 있으면 경보출력을 내도록 하는 기능이다. 수상기의 화면상에 부위를 표시해 놓고 사람이나 움직이는 물체의 그림이 나타나면 영상신호가 강해지거나 약해지거나 하게 되고, 이를 검출하여 경보음을 내기도 하고 릴레이 출력도 낸다.

6.14. 화상감시 모니터

모니터는 영상신호(Video Signal)를 화상(Picture)으로 재현하는 장치로서 CCTV 시스템 사용자가 직접 접하는 수상계이다. 브라운 관(Braun Tube)을 사용하여 전기신호를 광학신호로 변환하는 일반형과 특수용도에 사용되는 특수 모니터가 있다.

6.14.1. 브라운관 모니터(Braun Tube Monitor 혹은 CRT Monitor)

브라운관은 음극선관(Cathode-Ray Tube : CRT)이라고도 하며, 구조는 [그림 6-33]과 같다.

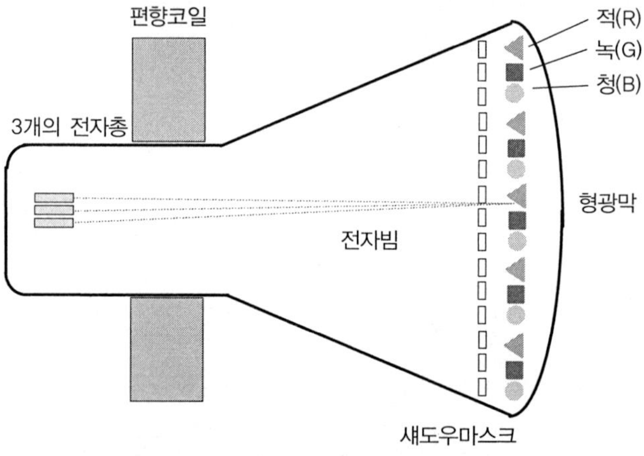

[그림 6-33] Shadow Mask형 브라운관의 구조도

섀도우마스크(Shadow Mask)형 브라운관은 적색, 청색 및 녹색의 형광체를 모자이크 모양으로 규칙적으로 칠해 놓은 형광막과 3개의 전자빔을 발사하는 전자총 및 편향코일로 구성되어 있으며, 분명한 콘트라스트와 높은 해상도가 요구되는 고품질의 모니터에 사용된다.

브라운관의 크기는 대각선의 길이를 인치(1inch = 25.4mm)로 표시하는데 흔히 9인치에서 21인치까지의 것이 많이 사용된다.

브라운관 모니터의 종류를 기능적으로 분류하면 ① 영상모니터, ② VTR모니터 및 ③ TV수상기 등의 종류가 있고 각각 흑백모니터와 컬러 모니터가 있다.

(1) 영상모니터

방송국 Preview Monitor 혹은 Line Monitor 등으로 많이 사용되고 있는 것으로서, RF튜너, IF부, 검파부, 음성회로 및 스피커는 내장되어 있지 않다. 일반적으로 많이 사용되고 있는 영상 컬러 모니터의 규격 예는 〈표 6-4〉와 같다. 가정용 TV수상기와 다르게 영상 증폭회로의 주파수 대역을 가능한 넓게 7~8 MHz까지 늘려 놓았으며, 수평 해상도가 중심부에서 500~600 TV lines 이상으로 비교적 고해상도이다.

〈표 6-4〉 컬러 영상모니터의 규격 예

내 역	사 양	비 고
주사방식	NTSC(혹은 PAL)	
CRT	12". 15", 17", 19", 21"	
Horizontal Resolution	500~600 TV lines	at center
Input Video Signal	0.5V~2.0 Vp-p	
Output Video Signal	35~50 Vp-p	
Input Impedance	75Ω	
Scan Size	화상부분의 10% 이상 오버스캐닝	
Power Supply	AC220V(혹은 AC110V)	
Power Consumption	30~50W	

(2) VTR 모니터

영상모니터와 TV수상기의 기능을 모두 겸비한 것으로 주로 VTR의 기록 재생용으로 설계되었다. TV↔VTR의 전환 스위치가 있어 TV방송을 수신할 수 있다.

영상과 음성의 라인 입력단자를 각각 갖추고 있어 CCTV 카메라의 영상과 음성을 모니터할 수도 있다.

(3) TV수상기

일반 TV수상기도 CCTV 모니터로 사용할 수 있다. 그러나 CCTV 카메라의 영상신호 대역폭이 5.6MHz 이상이 요구되는데 비해서, TV수상기의 영상대역폭은 약 4MHz에 불과하기 때문에 영상 모니터보다 해상도가 떨어진다.

6.14.2. 특수 모니터

CCTV시스템에 사용되는 브라운관 모니터 이외에, 특수 용도로 사용되는 것으로는 다음과 같은 것들이 있다.

(1) X-선 모니터

X-ray상을 모니터로 보는 것으로 X-선 검색장치의 감시용모니터로 사용된다.

(2) 큰 화면 모니터

여러 사람이 크게 볼 수 있도록 한 대 면적 모니터로 다음과 같은 것이 있다.

① Multi vision

② Projection Monitor

③ Digital micromirror display

④ LED lamp display

(3) 패널면 모니터

평판화 모니터 혹은 벽걸이식 모니터로 다음과 같은 것이 있다.

① LCD Monitor
② Plasma Display Panel(PDP)
③ Field Emission Display(FED)

(4) 고해상도 모니터

서류 조회용 혹은 현미경용 모니터로서 수평 해상도가 800 TV lines 이상인 것이 있다.

6.15. 녹화기(Video Recorder)

영상신호를 기록하는 장치로는 아날로그(Analog)방식의 VTR(Video Tape Recorder) 혹은 VCR(Video Cassette Recorder)과 디지털 녹화장치(Digital Video Recorder : DVR)가 있다.

6.15.1. 아날로그 녹화기(VTR : Video Tape Recorder)

VTR은 강자성체를 입힌 자기 테이프에 자기 헤드(Magnetic Head)를 접촉시켜 영상신호와 음향신호를 자기 패턴(Magnetic pattern)으로 기록하고 필요할 때 재생하는 기기이다.

VTR의 종류를 자기테이프(Magnetic Tape)의 취급방법에 따라 분류하면 다음과 같다.

① 오픈 릴식 녹화기(Open reel video recorder)
② 카세트식 녹화기 : VCR(Video Cassette Recorder) 혹은 VTR(Video Tape Recorder)
③ 카트리지식 녹화기(Cartridge video recorder)

VCR은 테이프의 형식에 따라 Beta 형식(일본 SONY사 개발)과 Video Home System(VHS : Victor, Hitachi, Sharp, Mitsbishi & Matsushita가 채택)과 V코드II식 등이 있으나, VHS식이 보편화되어 사용되고 있다.

CCTV시스템을 녹화시간에 따라 분류하면 실시간으로 녹화하는 실시간 녹화기(Realtime Cassette Recorder)와 간헐적 녹화방법을 선택할 수 있는 Time Lapse Video Cassette Recorder(TL VCR)가 있다. TL VCR은 2시간 짜리 Cassette로 2, 12, 24, 48, 72, 96, 120, 168, 240, 360,480, 720 혹은 960시간 동안 녹화할 수 있도록 선택하여 사용할 수 있다.

6.15.2. 디지털 녹화기(DVR : Digital Video Recorder)

CCTV시스템의 영상을 저장하는 장치로서는 보통 아날로그 녹화기인 VCR이 사용되고 있으나 카세트 테이프(Magnetic Cassette Tape)를 이용하므로 Magnetic Tape의 특성상 7~8회 반복사용하면 화질이 떨어지고, 화상검색에 많은 시간이 소요될 뿐 아니라 화상을 원거리로 전송하거나 각종 신호를 제어하는데 제한이 있다. 이러한 질적 및 관리 운영상의 한계점을 개선하기 위하여 카메라가 촬상한 영상데이터를 디지털로 변환, 압축하여 PC의 HDD (Hard Disk Driver)에 저장하는 장치가 디지털녹화장치(DVR)이다.

디지털녹화장치는 다음과 같은 기능을 포함한다.

① 영상 포착 및 변환기능(Pictures Capturing and Digitizing)

화상 하나씩(Frame 혹은 Field)을 포착하여 디지털 데이터로 변환하는 기능이다.

② 영상 데이터 압축기능(Compressing)

디지털 데이터를 MPEG-2 방식 혹은 MPEG-4 방식 등으로 10~250 : 1로 압축하는 기능이다.

③ **녹화기능(Local Logging)**

각종 감지기가 감지하거나 자동감지 기능이 작동하거나 또는 지정된 시간 일정대로 압축된 디지털 영상 데이터를 HDD에 저장하는 기능이다. 6.4GB의 HDD에 컬러 화상 약 150,000 Frame 정도 저장할 수 있다.

- Sequential Recording
- Event Recording

④ **감지기 감시기능(Sensing)**

방범감지기, 화재감지기 혹은 기타 설비이상 감지기를 입력단자에 연결하면 해당 감지기의 감지상태를 감시하여 녹화 혹은 영상신호 전송을 하게 한다.

⑤ **움직임 검출기능(Video Motion Detection)**

Motion Detection 기능을 채택함으로써, 별도의 감지기(Sensor) 없이 움직이는 물체를 자동으로 감지하여 자동 녹화를 할 수 있게 하는 기능이다.

⑥ **경보기능(Alarming)**

감지기의 감지 혹은 움직임 검출의 경우, 조명등을 비추거나 경보음을 울리며 비상 녹화하는 기능이다.

⑦ **다이얼링 기능(Dialing)**

전화회선을 통하여 영상신호를 전송하기 위해 수신측을 호출하는 기능이다.

⑧ **화상 전송기능(Transmitting)**

압축된 데이터를 전송하는 기능으로는 두 가지 방식이 있다.

- Sequential Transmitting
- Event Transmitting

PSTN 혹은 전용회선을 이용하여 4,800~115,200 bps로 데이터를 전송하면 0.3~3 fps(Frames Per Second)의 속도로 보내게 된다.

⑨ **현장 감시 및 순간 검색기능(Local Monitoring & Retrieving)**

카메라가 촬상한 화상을 현장에서 확인할 수 있으며 저장되어 있는 화상을 시간 혹은 검색어(카메라, 위치 혹은 기타 데이터)의 입력으로 즉시 검색을 할 수 있다. 검색한 화상은 PC program으로 확대/축소도 가능하다.

⑩ **영상전환기능(Video Switching)**

다수의 카메라 화상을 순차적으로 전환한다.

⑪ **화면 분할기능(Screen Splitting)**

분할 화면 감시 모드에서 1, 4, 6, 9, 16분할을 선택하여 1개의 화면에서 다수의 화상을 동시에 감시할 수 있다.

⑫ **다양한 화면 표시기능(GUI : Graphic User's Interface)**

감시모드에서의 다양한 분할화면 및 Motion Detection 기능과 감지되는 카메라, 감지기(Sensor) 신호 그리고 PAN/TILT/ZOOM 제어상태 등을 한 개 화면에 표시 혹은 조작할 수 있다.

⑬ **실시간 발생기능(Real Time Clock Generating)**

실시간을 자체에서 발생하여 표시하는 기능이다.

⑭ **원격제어 기능(Remote Control Function)**

원격지로부터 현장의 각종 기기의 전원을 개폐할 수 있고, 자동제어를 위한 시간설정도 할 수 있다.

⑮ **PAN/TILT/ZOOM 기능**

현장에서도 PTZ 조정을 할 수 있고, 원격지에서도 사용자가 카메라 방향 및 초점거리를 조정을 할 수 있다.

⑯ **영상 지능화**

움직이는 영상의 수를 세어주는 카운팅(Counting) 기능, 움직이는 물체를 따라 다니는 추적(Tracking) 기능, 움직이는 물체가 설정된 영역을 침범하는 것을 인지하는 기능과 특수한 행동을 하는 것을 인지하는 기능 등을 탑재한다.

디지털녹화장치의 특성을 정리하면 다음과 같다.[18]

① 다양한 GUI로 사용자가 편리하게 표시 및 조작할 수 있다.
② 녹화된 화상을 신속하게 검색할 수 있다.
③ 디지털 데이터를 다양한 목적으로 처리할 수 있다.
④ 몇 번이든지 양질의 화상을 재생할 수 있다.
⑤ VHS 테이프보다 많은 양의 화상을 HDD에 저장할 수 있고, HDD가 다 차게 되면, 자동으로 다른 기기에 자료를 이관시키거나 버리게 한다.
⑥ 부정한 목적으로 영상자료를 변경 혹은 손상(Tampering)할 수 없다.
⑦ 외부나 내부의 전기적인 잡음(Electric Noise)에 대한 면역성이 강하다.

6.16. 영상 프린터(Video printer)

감시화면(Live image)이나 저장된 화상을 검토 혹은 증빙용으로 인쇄할 필요가 있을 경우 영상프린터를 사용한다. 영상프린터는 흑백 인쇄용과 컬러 인쇄용이 있다.

흑백 인쇄 프린터는 열감광지에 팩스밀과 같은 원리로 인쇄한다. 컬러 인쇄의 경우, VCR에 저장된 아날로그 데이터를 인쇄할 경우는 비디오 이미지 프린터(Video Image Printer)를 사용하고, DVR에 저장된 디지털 데이터를 인쇄할 경우는 일반 컴퓨터용 컬러 프린터(Color Printer)를 DVR에 연결하여 인쇄한다.

18) Vlado Damjanovski, *Ibid.*, pp. 214~215.

6.17. CCTV시스템의 운용

방범경보시스템, 출입통제시스템과 화상감시시스템을 포함하는 기계경비시스템을 운용하는 것은 시스템을 기획설계(Security Planning 혹은 Design)를 하며, 장치 및 기기를 설치(Installation)하고 회로구성과 통신을 위한 배관과 배선(Wiring)을 하며, 시스템을 활용하는 것이다.

CCTV시스템의 운용을 설계, 설치 및 활용을 중심으로 정리하면 다음과 같다.

6.17.1. 기획설계(Security Planning or Design)[19]

CCTV시스템의 기획설계는 고객 및 사용자의 요구사항을 충분히 파악하여 촬상계 기기, 전송매체, 수상계 기기, 제어장치와 녹화장치를 선택하여 설치할 위치를 정하고 계통을 구축하는 것이다. 출입통제장치와 침입감지기와 CCTV시스템의 기기들을 선정하여 모으는 것을 시스템종합(SI : System Integration)이라 하며, 시스템을 종합하여 기기배치도, 시스템계통도, 기기명세서를 작성하는 것이 CCTV시스템의 기획설계이다.

(1) 고객 요구사항 파악

CCTV시스템을 설치하고자 하는 고객이나 사용자는 대개 CCTV시스템에 관하여 이해하고 있는 사람들이다. 다만, 설계자는 최신의 새로운 기술, 새로운 장치에 대하여 고객보다 많은 정보를 가지고 있다는 것이다. 따라서 고객과 충분히 대화하여 다음의 사항들을 파악해야 한다.[20]

① CCTV시스템을 설치할 주목적은 무엇인가?
② 누가 몇 사람이 화상을 감시할 것인가?

19) Vlado Damjanovski, *Ibid.*, pp. 299~306.
20) Vlado Damjanovski, *Op. cit.*

③ 흑백으로 할 것인가? 컬러로 할 것인가?
④ 카메라를 어디에 몇 대나 설치할 것인가?
⑤ 몇 대의 카메라를 고정하고 몇 대의 카메라를 PTZ 조정할 것인가?
⑥ 몇 개의 모니터가 필요하고, 컨트롤 키보드는 몇 개가 필요한가?
: 통제실(Control room)을 확인하고 결정한다.
⑦ 감시화면(Live Image)을 감시할 것인가? 녹화하여 나중에 증빙자료로 사용할 필요가 있는가?
⑧ 어떤 전송매체를 사용할 수 있는가?
⑨ 얼마의 예산이 책정되어 있는가?

(2) 현장조사

고객의 요구사항을 파악한 후 현장을 조사하고 다음 사항에 관한 정보를 얻는다.

① 카메라의 종류, 흑백인지 컬러인지, 해상도는 어느 정도의 것이 필요한가?
② 렌즈의 화각, 줌 확대의 배율은 어떤 것이 필요한가?
③ 카메라 하우징은 어떤 것이 필요한가?
표준, 방수, 돔형인가 혹은 특수 하우징이 필요한가?
④ 조도는 어떠하며, 야간의 조명상태는 어떠한가? 감시방향이 동쪽인지 서쪽인지? 여름과 겨울에 태양의 위치는 어떠한가?
⑤ 수상계를 설치할 통제실(Control room)의 면적, 공간 그리고 어떤 콘솔이 필요한가?
⑥ 모니터의 해상도(Resolution), 크기(Size), 위치(Position), 설치할 곳(Mounting)은 어떠한가?
⑦ 전원 공급은 어떠한가? UPS가 필요한가?
⑧ PAN/TILT Unit를 설치하면 어떻게 마운팅하고, 경보시 미리 방향을 지정할 필요가 있는가?

⑨ 평면도 상에 카메라 위치를 표시하고 카메라가 설치될 위치의 명칭을 정한다.

6.17.2. 설치(Installation)[21)]

(1) 촬상계 설치

취부할 기기의 중량을 고려하고 PTZ 조정을 하는 기기이면 회전하고 상하로 작동하는데 장애물이 없게 취부한다.

(2) 배관배선

전송매체를 결정하고 영상신호 전송, 전원공급, PTZ 조정신호 전송용 배선을 결정하고 배관을 결정한다.

배관재와 배선재를 기계적인 손상, 전자기 방사, 자외선, 비, 공기 중의 염분으로부터 보호하는 것을 고려하여 배관 배선을 한다.

복잡한 배선에 케이블 표시(Cable marking)를 함으로써 시스템을 효율적으로 관리하게 하는 것이 매우 중요하다.

(3) 수상계 설치

모니터를 설치할 때 주의해야 할 사항을 정리하면 다음과 같다.

첫째, 햇빛이나 조명기구의 빛이 직접 브라운관에 들어오지 않도록 한다.

둘째, 모니터 뒷쪽이 밝은 곳은 피한다.

셋째, 모니터의 브라운관은 눈의 높이보다 약간 낮게 설치한다.

넷째, 방열을 고려하여 설치한다.

다섯째, 자기(磁氣)를 발생하는 전기 기기에서 멀리 설치한다.

---

21) Vlado Damjanovski, *Ibid.*, pp. 306~308.

(4) 기능설정

시스템 구성요소의 기기나 장치 중에 기능을 설정해야 하는 것은 적절하게 프로그래밍한다.

(5) 공동확인(Commissionings)[22)]

CCTV시스템을 설치하고, 고객의 시스템 관리자 혹은 사용자와 함께 다음의 사항을 공동으로 확인한다.

① 모든 배선의 단자처리는 정확하게 되었는가?
② 시스템의 모든 구성요소에 적합한 전압의 전원이 공급되는가?
③ 카메라와 렌즈는 각 위치에 정확하게 취부되었는가?
④ 조도 변화에 따라 자동조리개는 만족하게 작동하는가?
⑤ 녹화기(Recorder)를 설치하였다면 효율적으로 녹화하고 있는가?
⑥ 모든 시스템 제어기능(Pan/Tilt/Zoom, Focusing)은 적절한가?
⑦ Pan/Tilt 한계설정은 정확한가?
⑧ 카메라가 미리 정한 방향(Preset positioning)으로 정확하게 향하는가?
⑨ 보조 조명은 충분한가?
⑩ 정전시의 UPS로부터의 전원공급은 몇 시간 계속되는가?

6.17.3. CCTV시스템 활용[23)]

(1) 교육훈련과 매뉴얼

고객이나 사용자에게 시스템의 사용에 관하여 설명하면서 운영메뉴얼을 제공한다. 운영메뉴얼에는 시스템 구성요소인 기기 혹은 장치들 각각의 사용설명서

22) Vlado Damjanovski, *Ibid.*, pp. 310~311.
23) Vlado Damjanovski, *Ibid.*, pp. 311~313.

(Component manual)도 첨부되어야 한다. 훌륭한 시스템은 기능적으로도 인정받아야 하고 문서상으로도 인정받아야 한다.

(2) 인계 인수(Hand over)

시스템 공급자가 고객에게 정식으로 인계한 때부터 공식적인 보증기간이 시작되는 것이다.

(3) 예방적 유지보수(Preventative maintenance)

시스템 설치시에 보증기간을 정하여 유지보수를 하도록 하고, 보증기간이후에는 별도로 유지보수계약을 체결하고 시스템을 유지 관리한다.

기기제조업체가 추천하는 기간마다 혹은 연 2회 정도 점검표에 따라 시스템을 조사한다. 카메라 고정 브라겟트가 헐거워졌는지 부식되었는지 조사하여 손질하고, 돔, 카메라 하우징, 모니터 화면, VCR 헤드를 청소하고 고치며, 카메라 후초점거리 조정(Back-focucing) 등을 행한다.

큰 시스템인 경우에는 행열식 영상전환기(Matrix video switcher)의 기능 설정을 고객의 요청에 따라 변경하는 것도 포함한다.

6.18. 문 제

• CCTV시스템 및 용어문제 •

6-1. 개방회로 텔레비전시스템과 폐쇄회로 텔레비전시스템은 어떻게 다른가?

6-2. 텔레비전(Television)이란 무슨 말인가?

6-3. CCTV System의 기본 구성요소는 무엇인가?

6-4. 화소수(Pixel)란 무엇인가?

6-5. 수직해상도(Vertical resolution) 및 수평해상도(Horizontal resolution)란 무엇인가?

6-6. 텔레비전의 주사방식은 어떤 것들이 있는가?

6-7. 텔레비전의 입력단자로는 어떤 것들이 있는가?

• 카메라 및 렌즈문제 •

6-8. CCTV 카메라는 어떤 것이 있는가?

6-9. CCD란 무엇인가?

6-10. CCD는 어떤 크기의 것들이 사용되고 있는가?

6-11. CMOS란 무엇인가?

6-12. CMOS카메라는 어떤 특성이 있는가?

6-13. 가시광선의 파장과 근적외선의 파장은 얼마인가?

6-14. 빛의 성질 중 가장 중요한 3가지 성질은 무엇인가?

6-15. 카메라의 최저조도란 무엇인가?

6-16. 영상신호대 잡음비(S/N Ratio)란 무엇이며 어떤 의미가 있는가?

6-17. 카메라 렌즈는 어떤 역할을 하는가?

6-18. 카메라와 렌즈를 결합하는 방법은 어떤 것이 있는가?

6-19. 렌즈 선정시 고려해야 할 것은 무엇인가?

6-20. 렌즈의 초점거리(f)가 큰 경우와 작은 경우에 촬상되는 그림은 어떻게 다른가?

6-21. 렌즈의 최대구경비(F)가 1 : 1.2 인 경우와 1 : 1.8인 경우는 어떻게 다른가?

6-22. 렌즈의 조리개는 어떤 역할을 하는가?

6-23. 렌즈의 화각이란 무엇인가?

6-24. 피사체의 심도란 무엇이며 어떤 경우에 심도가 깊게 되는가?

6-25. 줌렌즈(Zoom Lens)란 무엇인가?

6-26. CCTV 카메라의 특수 렌즈는 어떤 것들이 있는가?

6-27. CCTV 카메라를 설치할 때 카메라하우징이 왜 필요한가?

6-28. 옥외용 카메라하우징은 옥내용보다 어떤 장치를 추가해야 하는가?

• CCTV시스템 기기 문제 •

6-29. PAN/TILT Unit란 무엇이며, TILTING이란 무슨 말인가?

6-30. 전동 PAN/TILT Unit를 원격으로 제어할 때 신호를 수신하는 기기는 무엇인가?

6-31. 영상분배기(Video Distributor)는 무슨 기능을 가지는 기기이며 어떤 경우에 사용되는가?

6-32. 영상전환기는 어떤 종류가 있는가?

6-33. 행렬식 영상전환기(Matrix Switcher)는 어떤 경우에 사용하는가?

6-34. 영상 다중화장치(Video Multiplexer)는 어떤 기능을 가지는 장치이며, 어떤 경우에 사용하는가?

6-35. 화면분할기(Screen Splitter)는 어떤 기능을 가지는 기기인가?

6-36. 브라운관 모니터(Braun Tube Monitor)는 어떤 종류가 있는가?

6-37. 특수 모니터는 어떤 것들이 있는가?

• 신호전송 및 녹화 문제 •

6-38. 영상신호 전송방식은 어떤 종류가 있는가?

6-39. 동축케이블에 의한 영상신호 전송과 평행대선에 의한 방법은 어떠한 차이가 있는가?

6-40. 마이크로웨이브 무선망에 의한 영상신호 전송방법의 특성은 무엇인가?

6-41. 전화회선에 의한 영상신호 전송을 위하여 Fast-scan 송수신기를 선택하려면 무엇을 고려해야 하는가?

6-42. 전화회선에 의하여 정지화상을 전송하려면 어떤 기능이 필요한가?

6-43. Cellular phone network를 이용하여 영상신호를 전송하려면 어떤 속도로 전송할 수 있는가?

6-44. 광섬유케이블에 의한 영상신호전송의 특성은 무엇인가?

6-45. 광섬유케이블 통신방식의 기본구성을 설명하여라.

6-46. 영상데이터의 압축방법은 어떤 것이 있는가?

6-47. 영상데이터를 기록하는 장치는 어떤 것들이 있는가?

6-48. 디지털 녹화기는 어떤 기능을 가지는가?

6-49. 디지털 녹화기는 아날로그녹화기에 비하여 어떤 유리한 특성이 있는가?

• CCTV 운용문제 •

6-50. CCTV시스템 기획설계를 위하여 고객요구사항을 파악할 때 어떤 것을 파악해야 하는가?

6-51. CCTV시스템 기획설계를 위하여 현장조사를 할 때 어떤 정보를 얻어야 하는가?

6-52. CCTV시스템을 설치하고 계약상대방과 같이 공동으로 확인할 사항은 무엇인가?

6-53. CCTV시스템의 원활한 활용을 위하여 어떻게 해야 하는가?

6-54. 8개의 CCD 카메라가 촬상한 영상을 1개의 모니터로 감시할 수 있는 CCTV System을 두 가지로 구성해 보고 계통도를 그려보아라.

6-55. PAN/TILT Unit에 장착된 옥외용 CCD카메라 16대를 4개의 모니터로 감시하면서 녹화도 할 수 있는 CCTV 시스템을 구성하고 계통도를 그려보아라.

Electronic Security Systems and Services

제7장

외곽침입감지시스템

제7장 외곽침입감지시스템

7.1. 외곽침입감지시스템의 개요(General Description of PIDS)

경비대상지역이 보호해야 할 건물(경비대상시설)과 외곽 방책으로 경비대상지역 외부와 경계선으로 구분되어지는 옥외구역 외곽 방책을 통해 침입하는 것을 감지하는 시스템을 '외곽침입감지시스템'(PIDS : Perimeter Intrusion Detection System 혹은 Exterior Intrusion Detectors)이라 한다. 침입자가 외곽 방책을 침입하면 그 시설의 상주 경비원이 침입자를 건물에 접근하지 못하게 대응할 수 있는 최대한의 시간을 확보하기 위하여 외곽에서 침입경보를 얻는 것이 매우 중요한 것이다.[1)]

7.1.1. 외곽침입감지시스템의 고려사항

옥외구역은 건물 내부와 달라 혹독한 조건하에서 무감지(Unsensing 혹은 Failure)나 기능불능(Malfunction)도 없어야 하며, 오경보(False alarm & Nuisance alarm)도 적어야 한다는 특징이 있다.

외곽침입감지시스템을 운용하는데 있어서는 다음 사항을 고려해야 한다.[2)]

① 지표를 덮고 있는 식물들

---

1) Robert L. Barnard, *INTRUSION DETECTION SYSTEM, Second Edition*, (Boston MA : Butterworth-Heinemann, 1988), p. 71.

2) Robert L. Barnard, *Ibid.*, pp. 74~77.

② 소동물
③ 짙은 안개, 비, 먼지, 눈 혹은 번개 등의 기후환경
④ 주위를 질주하는 차량
⑤ 감지영역의 길이
⑥ 방수, 방우, 방적 드리고 탬퍼링(Tampering) 대책의 함체
⑦ 동작 온도

7.1.2. 외곽 방책(Perimeter Barrier)

경비대상시설의 외곽방책(Perimeter Barriers)은 그 시설을 지키기 위한 제1차 저지선이 되며, 다음과 같은 기능의 전부 혹은 일부를 갖는 물리적 보안시설(Physical Security)이다.

① 경비대상지역의 최 외곽 법적 경계선을 정한다.
② 경비대상지역의 경계선을 따라 출입을 저지함으로써 허가된 사람만 드나들 수 있도록 제어하고 통제한다.
③ 외곽침입감지기를 설치하여 불법침입을 감지하고 검증할 수 있게 보조한다.
④ 공개적인 행동이 요구되는 방책이 있음으로써 외부인이 임의로 침입하는 것을 저지한다.
⑤ 침입자가 그의 침입 의도를 공개적으로 나타내게 한다.
⑥ 경비대상시설에 침입하는 시간을 지연시킴으로써 침입감지의 가능성을 높인다.

외곽 방책으로서는 벽돌담(Brick or Block Wall), 돌담(Stone Wall), 철조망(Barbed Wire) 및 능형담장(Chain Link Fence or Net Fence) 등이 있고, 자연적인 방책(Natural barrier : 나무 울타리, 물)이 있다. 가장 보편적인 방책으로는 [그림 7-1]과 같은 능형담장(Chain-link fence)이 많이 설치되고 있다.

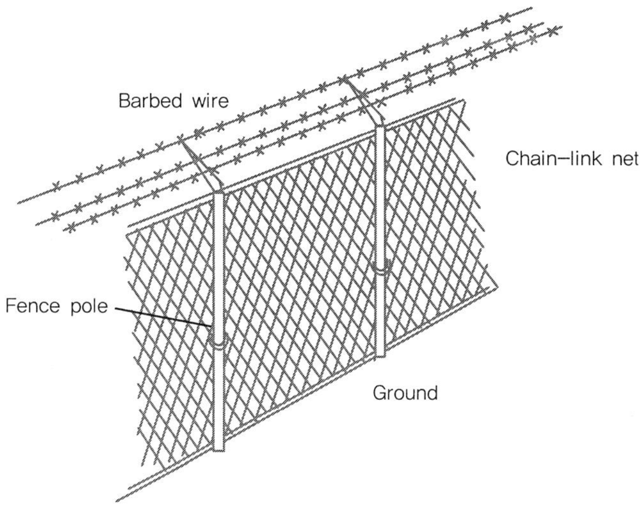

[그림 7-1] 능형 담장(Chain link fence)

7.1.3. 외곽침입감지시스템의 분류

외곽침입감지기는 [그림 7-2]와 같이 울타리동요감지기(Fence Disturbance Sensors), 담장접근감지기(Fence Approach Sensor 혹은 Invisible Barrier Detectors)와 지하매설 감지기(Buried Line Sensor)가 있다.[3)]

외곽침입감지시스템은 [그림 7-2a]와 같이 울타리동요감지기만 설치한 것을 기본 보안시스템(Basic Security), [그림 7-2b]와 같이 울타리동요감지와 담장접근감지기와 조화를 이루어 설치한 것을 중급 보안시스템(Medium Security)이라 하며, 세 가지를 모두 갖추어 설치한 시스템을 고급 보안시스템(High Security)이라 하여 구분할 수 있고, 각각의 감지시스템을 분류하여 정리하면 〈표 7-1〉과 같다.

3) Robert L. Barnard, *Ibid.*, pp. 72~74.

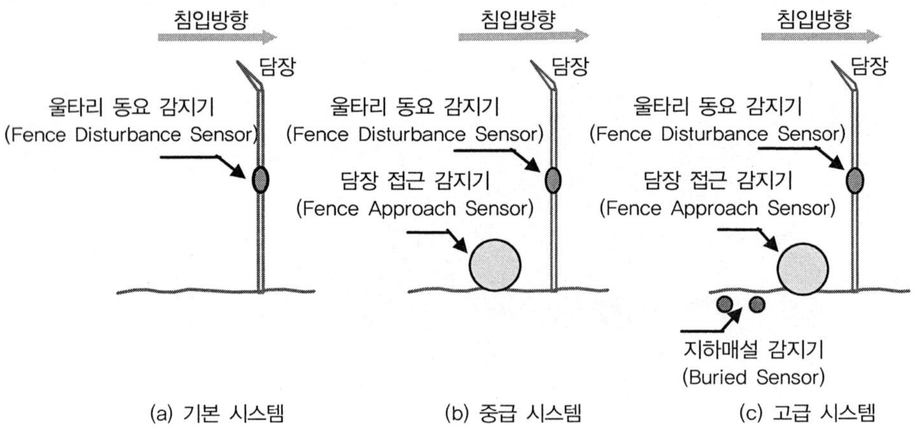

[그림 7-2] 외곽침입감지기의 분류

〈표 7-1〉 외곽침입감지기의 분류

울타리 동요 감지기 (Fence Disturbance Sensor)	담장 접근 감지기 (Fence Approach Sensor)	지하매설 감지기 (Buried Sensor)
• 전기접점 변환 감지기 (Electromechanical Transducer) • 압전 변환 감지기 (Piezoelectric Transducer) • 지진동 변환감지기 (Geophonic Transducer) • 장력 감지기 (Taut-Wire Switches) • 케이블 진동감지기 (Cable Vibration Sensor) • 광섬유 진동 감지기 (Optic Fiber Cable Vibration Sensor) • 광섬유망 감지기 (Optic Fiber Cable Net Sensor) • 광라인형 보안시스템 (RayFort Security Fence System)	• 적외선 감지기 (Photo-electric Sensor) • 마이크로웨이브 감지기 (Microwave Sensor) • 전계 감지기 (Electric Field Sensor) • 정전용량 감지기 (Capacitance sense wire Sensor)	• 수평 전계 감지기 (Horizontal Electric Field Sensor) • 균형 압력 감지기 (Balanced Pressure Sensor) • 지진동 감지기 (Geophonic Sensor) • 케이블 진동 감지기 (Ported Cable Sensor) • 광섬유 진동 감지기 (Optic Fiber Cable Vibration Sensor)

7.2. 외곽침입감지시스템의 구성(PIDS Configurations)

광활한 지역의 경비대상지역인 경우에 외곽침입감지시스템을 구성한 예를 들면 [그림 7-3]과 같다.

외곽 방책에는 감지소자(Sensor)와 현장제어반(Zone Processing Unit)으로 구성되는 감지기와 현장제어반이 별도로 필요 없는 감지기를 설치한다.

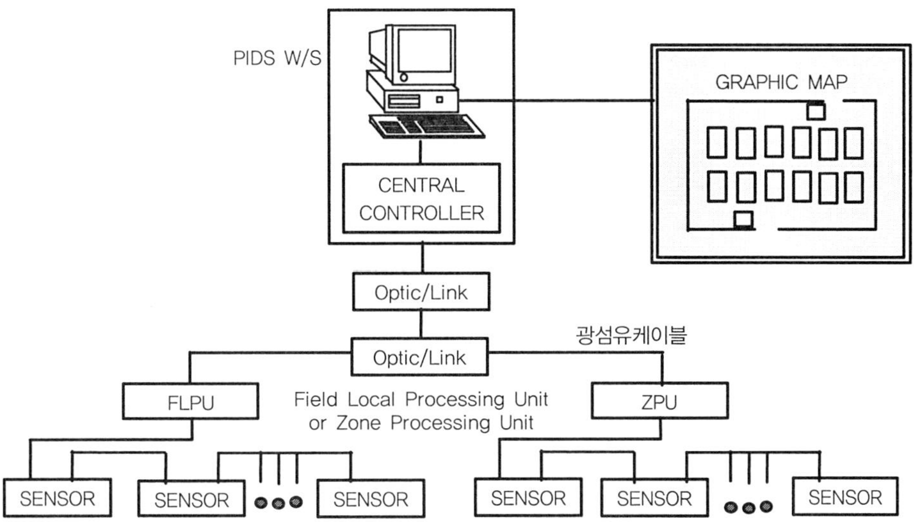

[그림 7-3] 외곽침입감지시스템의 구성도

7.3. 외곽침입감지시스템의 용어(Terminology in PIDS)

(1) 경비대상시설

인명과 재산의 도난, 화재의 위험으로부터 예방하는 경비업무의 제공 대상이 되는 건물 혹은 내부구역을 경비대상시설이라 한다.

(2) 경비대상지역

인명과 재산의 도난, 화재의 위험으로부터 예방하는 경비업무의 제공 대상이 되는 시설인 건물과 건물 외부구역을 모두 포함하여 '경비대상지역'이라 한다.

(3) 경계선(Boundary)

경비대상지역과 그 지역외부와의 경계가 이루어지는 선을 경계선이라 한다.

(4) 외곽(Perimeter)

경비대상지역과 그 지역 외부와의 경계가 이루어지는 경계선 부위에 방책이 있는 장소를 외곽이라 한다.

(5) 서지전압(Surge voltage)

낙뢰 혹은 주위의 고압전원의 영향으로 충격성이 높은 이상전압을 말하며, 외곽침입감지기는 이에 대안 충분한 대책을 세워야 그 기능을 다할 수 있다.

(6) 전자기방해(EMI : Electromagnetic Interference)

전자적 방해에 의하여 장치, 기기 또는 시스템의 성능이 저하가 되는 것이다. 기기의 경우 외부에 방해를 주는 경우와, 외부에서 방해를 받는 경우가 있고 방해를 주는 경우에는 국가 규정에 따라 제재를 받는다.

(7) 감지기 감도

감지기(Sensor)란 빛이나 소리, 압력, 변위, 진동, 자계 혹은 전계 등 각종 물리량이나 이온, 가스성분, 당분 등 여러 가지 화학량을 신호처리하기 쉬운 전기나 빛의 신호로 변환하는 소자 또는 기기인데, 전기 혹은 빛으로 변하기 위하여 입력되는 최소한의 물리량 또는 화학량과의 비를 감도라 한다.

외곽침입감지기를 설치한 경우 계절에 따라 감도를 조절해 주어야 무감지 혹은 오경보가 적어진다.

(8) 기타

경보 혹은 이상(Alarm), 무감지(Unsensing), 오경보(False Alarm)라는 용어는 방범경보시스템과 동일하다.

7.4. 외곽침입감지기와 운용 (Perimeter Intrusion Detectors and Application)[4]

7.4.1. 전기접점 변환 감지기(Electromechanical Transducer)

(1) 감지원리

철망 담장에 부착한 변환기가 담장의 철망이 절단되거나 침입자가 담장을 넘기 위해 가하는 기계적 진동으로 인하여 기계적 전기접점을 변화시킴으로써 전기적 단속신호를 발생시키고, 단속신호를 현장제어반이 수신하여 단속횟수를 카운팅하고 설정된 시간동안 기준이 되는 횟수이상의 단속횟수가 되면 경보신호를 발하게 한다.

전기접점 변환기는 크게 2종류로 구분되는데, 한 종류는 관성 스위치(Inertia Switch 혹은 볼센서 : Ball Sensor)방식이고, 또 다른 종류는 수은 스위치(Mercury Switch)방식이다.

볼센서의 방식은 담장의 동요가 없을 때는 볼센스에 의한 접점이 폐쇄(Normal Close)되어 있다가 동요가 있을 때 전기적 단속이 생기는 방식이고, 수은 스위치

4) Rober L Barnard, *Ibid.*, pp. 83~142.

방식은 정상에서는 전기적 개방상태(Normal Open)에서 담장의 동요에 의하여 전기적 단속을 발생하는 방식이다.

볼센스에 의한 방식의 감지기를 제조하는 일부 회사는 충격감지기(Shock Sensor)라고 상품명을 정하기도 한다.

(2) 특성

① 감지거리 : 100m(300 feet)
② 설치가 용이하다.
③ 비용이 저렴하다.
④ 비, 바람, 동식물에 의한 오경보가 많다.
⑤ 낙뢰에 약하다.

(3) 운용(運用)

능형 담장의 매 지주(Fence post)마다 취부하거나 매 3번째 지주에 취부한다. 변환기들(Transducers)은 볼센서 방식의 경우 직렬회로로 수은스위치 방식의 경우 병렬회로로 현장제어반에 연결되는데 신호선(Signal cable)은 금속전선관 속에 배선되는 것이 좋다.

7.4.2. 압전 변환 감지기(Piezoelectric Transducer)

(1) 감지원리

능형 담장에 압전소자(Piezoelectric Element)인 변환기를 취부해 놓으면 담장의 철망이 절단되거나 침입자가 담장을 넘기 위해 가하는 기계적 진동이 압전효과에 의하여 전기적 신호로 변환된다. 변환기에서 현장제어반으로 연결하는 신호선에는 대역필터(Band pass filter)를 연결하여 필요한 전기적 신호만 현장제어반으로 입력되게 하여 오경보를 감소시킨다.

(2) 특성

전기접점 변환기 방식과 유사하다.

(3) 운용(運用)

변환기를 철망 혹은 담장의 지주에 10m(30 feet) 간격으로 취부하고, 변환기들을 병렬회로로 현장제어반에 연결한다.

7.4.3. 지진동 변환 감지기(Geophonic Electric Transducer)

(1) 감지원리

[그림 7-4]는 지진동 변환기의 구조도이다. 영구자석은 변환기 하우징에 고정되어 있고 코일넝어리는 용수철로 연결되어 있다. 능형 담상에 취부된 변환기가 진동을 받으면 영구자석과 코일덩어리는 서로 다르게 변화하므로 코일 덩어리의 도선이 영구자석에 의한 자계 속에서 움직이는 결과가 되기 때문에 코일 도체에 기전력(EMF)이 생기고, 연결된 신호선으로 전기적인 신호가 발생한다.

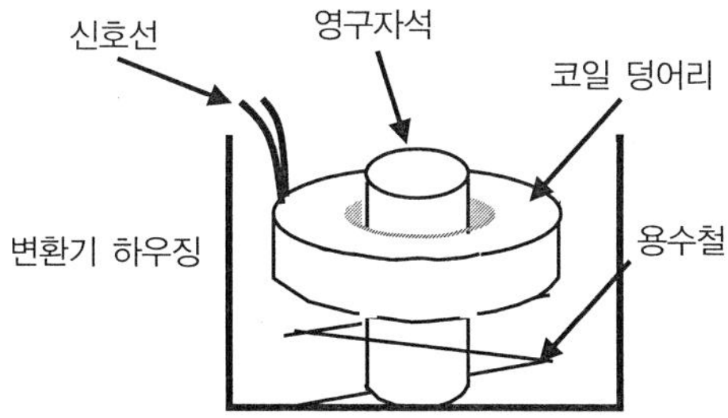

[그림 7-4] 지진동 변환기 구조도

(2) 특성

전기접점 변환기와 유사하다.

(3) 운용(運用)

능형 담장의 철망 가운데 6m(20 feet)마다 변환기를 취부하여 시스템을 구성한다.

7.4.4. 장력감지기(Taut-wire switches)

(1) 감지원리

장력감지기소자(Taut-wire switch)가 철조망 지주에 고정되어 있고, [그림 7-5]와 같은 감지소자 내부는 실린더형의 도체가 소자 하우징에 고정되어 있으며, 그 가운데는 가소성의 합성수지로 연결된 도체 막대기로 되어 있다. 도체 막대기 부위에 철조망 선이 연결되었다가 철조망 선(Barbed wire)이 장력을 받으면 이 도체막대기가 기울어져서 실린더형의 도체와 전기적 접점이 생긴다. 이신호가 현장제어반으로 입력된다.

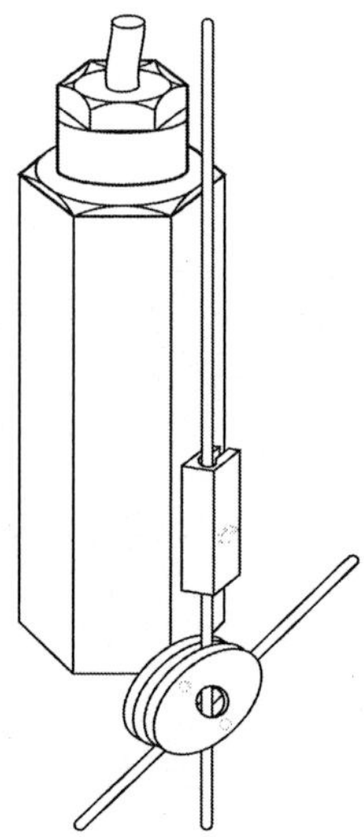

[그림 7-5] 장력감지기 설치 예와 감지소자

(2) 특성

① 감지거리 : 1구간 50m를 5구간까지 연장 가능하다.
② 오경보를 줄일 수 있다.
③ 고장시 특수요원에 의한 장시간 수리가 필요하다.
④ 낙뢰에 약하다.
⑤ 기기가 고가이며 설치비용이 크다.

(3) 운용(運用)

철조망으로 방책을 구성할 때도 장력감지기를 사용할 수 있다. 감지소자를 지주에 취부하고 도체막대기 부위는 철조망 선을 연결하여 균형된 장력을 가해준다. 철조망 선을 받쳐주는 막대기는 느슨하게 받쳐 주도록 하여 장력의 변화가 감지소자의 도체막대기 부위에 쉽게 영향을 주도록 한다.

철조망 선은 지면에서 10cm(4 inches)부터 시작하여 15cm(6 inches) 간격으로 설치한다.

능형 담장이 설치되어 있는 경우에도 설치가 가능하다. 철조망을 건너거나 지하로 굴을 파고 침투하는 것은 감지할 수 없으므로 지하매설 감지기를 추가로 설치할 필요가 있다.

7.4.5. 분극 케이블 감지기(Electret Cable or Ported Cable Sensor)

(1) 감지원리

[그림 7-6a]의 절연물을 저손실 유전체로 만들어 중심도체를 둘러싸게 하고 영구 분극화시키면 유전체에 전하가 축전되도록 되어 있다. 보호외장은 내후성이 강한 합성수지로 외측도체를 둘러싸고 있다. 변환 동축선(Tranducer cable)이 기계적인 변형이 되거나 응력을 받으면 아날로그 신호가 유기된다.

[그림 7-6b]와 같이 변환 동축선을 철망에 플라스틱 타이로 고정시킨다. 담장

에 동요가 생기면 변환 동축선에 아날로그 신호가 발생하여 현장제어반에 신호가 입력된다.

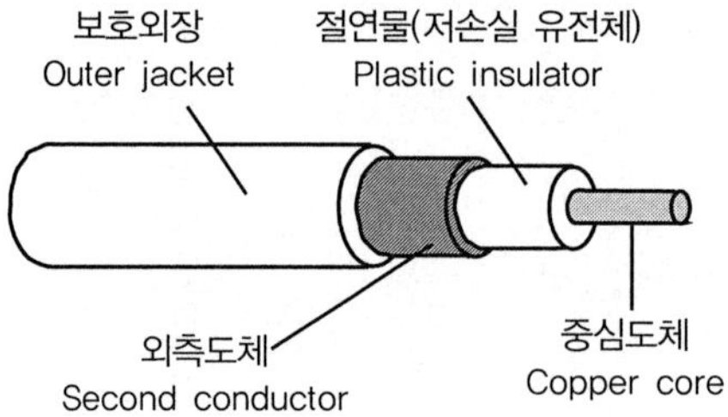

[그림 7-6a] 분극 케이블 : 변환 동축선

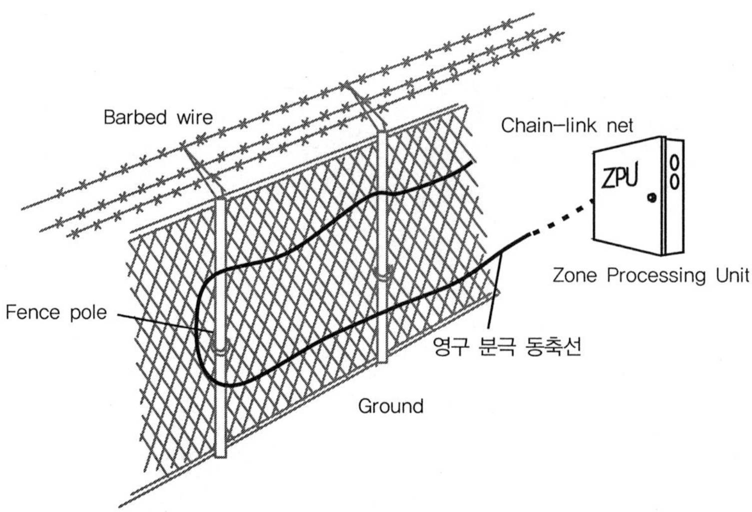

[그림 7-6b] 분극 동축선을 능형 담장에 설치한 예

(2) 특성

① 감지거리 : 150m

② 설치가 용이하다.

③ 비, 바람, 동식물에 의한 오경보가 많다.

④ 낙뢰에 약하다.

(3) 운용(運用)

현장제어반에 변환 동축선을 300m(1000 feet)까지 연결할 수 있으나 감지 영역의 거리는 100m(300 feet)로 하는 것이 바람직하다. 능형 담장의 철망에 플라스틱 타이로 50cm(18 inches) 간격으로 동축선을 고정시킨다.

현장제어반은 혹독한 기후에도 견딜 수 있게 외장을 하여 첫째 감시영역의 담장 지주에 취부한다. 변환 동축선이 아닌 신호선은 금속전선관에 배선을 해야 낙뢰에 의한 시스템의 파손을 막을 수가 있다.

7.4.6. 광섬유 진동 감지기(Optic Fiber Cable Vibration Sensor)

(1) 감지원리

[그림 7-7]의 심선에 변형이 일어나면 심선을 통하여 한쪽에서 투광하고, 다른 쪽에서 수광하는 빛의 양이 달라진다. 광섬유 케이블선을 철망에 [그림 7-6b]와 같이 고정하였을 때 철망에 동요가 일어나면 송수신하는 광량이 변하고, 이것을 현장제어반(Zone Process Unit)이 전자적으로 처리하여 울타리 동요를 감지할 수 있게 한다.

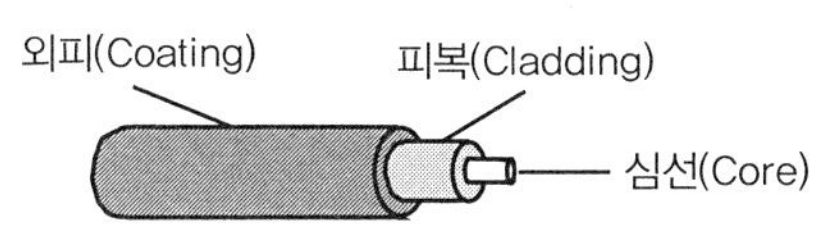

[그림 7-7] 변환용 광섬유 소선(Optic Fiber Unit)

(2) 특성

① 감지거리 : 사용자 희망거리

② EMI와 무관하다.

③ 비, 바람, 동식물에 의한 장애가 적다.

④ 낙뢰에 강하다.
⑤ 수명이 길다.
⑥ 설치가 용이하다.
⑦ 시스템의 비용이 많이 소요된다.

(3) 운용(運用)

감지 영역의 거리를 설정할 때는 담장이나 벽 등의 경계물의 재료를 고려하여야 하고, 담장의 동요의 형태를 결정할 때는 능형 담장의 절단인지 혹은 월장인지 등의 침입형태를 고려하여 결정해야 소기의 목적을 달성할 수가 있다.

7.4.7. 광섬유망 감지기(Optic Fiber Cable Net Sensor)

(1) 감지원리

광섬유로 그물을 만들어 감지기로 사용한다. 교차쇠를 이용하여 광섬유로 된 그물을 만들어 기존의 능형 담장에 상단 고정쇠와 하단 고정쇠 등으로 기존의 능형 담장이나 벽돌담에 견고하게 설치한다.

광섬유의 심선에 적외선 레이저를 입사하여 광섬유를 통과한 레이저광을 수신하고 있다가 담장을 침입할 때 끊어지기 쉬운 광섬유를 절단하게 되면 현장제어반이 경보를 발하게 한다. 광섬유가 절단되면 반사광을 분석하여 이상 징후와 이상 위치도 원격으로 탐지할 수 있다.

(2) 특성

① 감지거리 : 사용자 희망거리
② EMI와 무관하다.
③ 비, 바람, 동식물에 의한 장애가 적다.
④ 낙뢰에 강하다.

⑤ 수명이 길다.

⑥ 설치가 용이하다.

⑦ 시스템의 비용이 많이 소요된다.

(3) 운용(運用)[5)]

광망을 과도하게 잡아 당기거나 충격을 주지 말아야 한다. 뿐만 아니라 광망이나 광케이블 위에 무거운 물건을 올려놓거나 밟거나 하면 광섬유 케이블에 손상을 입힐 수 있다.

광섬유 케이블에 파손이 생기면 특수부품을 사용하여 전문가가 접속해야 한다.

7.4.8. 광 라인형 보안시스템(RayFort Fence System)

(1) 감지원리

심선이 플라스틱으로 된 광섬유로 [그림 7-8]과 같이 기존의 담장에 부가적으로 설치하여 광 송신부에서 광을 투광하고 광 수신부에서 수신을 한다. 침입자가 침입할 때 광섬유에 굴곡이 생기거나 또는 절단이 일어나면 광 수신측에서 수신하는 광량이 변하는 것을 현장제어반이 처리하여 경보신호를 통합감시제어기(Central Control Panel)로 전송하게 한다.

(2) 특성

① 광섬유 진동감지기 및 광섬유망 감지기의 장점을 살린 감지기이다.

② 플라스틱 광섬유의 심선(Core)은 직경이 1mm이다(외경 3mm).

③ EMI와 무관하다.

④ 비, 바람, 동식물에 의한 장애가 적다.

---

5) 이강열, 전게서, p. 970.

⑤ 낙뢰에 강하다.

⑥ 수명이 길다.

⑦ 설치가 용이하고 고장 수리가 용이하다.

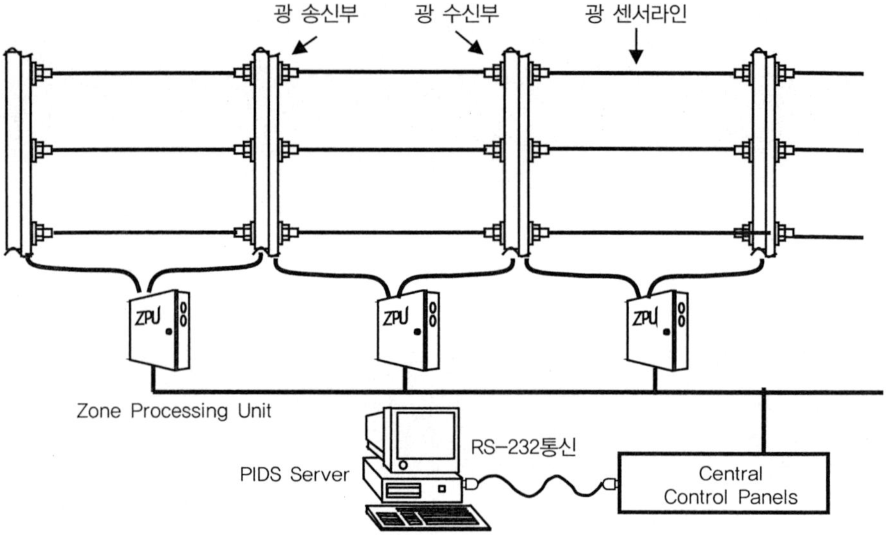

[그림 7-8] 담장용 광 라인형 보안시스템 구성

(3) 운용(運用)[6]

단위센서의 권장길이는 100m이며, 센서 라인 간격은 하단은 10cm, 상단은 15cm로 한다. 그림과 같이 광 송신부와 광 수신부를 담장 기둥에 양쪽 끝단에 각각 위치한다.

현장제어반(Zone Processing Unit)인 광 처리 제어기에 광 송신부와 광 수신부를 모두 연결한다.

6) 이강열, 전게서, p. 970.

7.4.9. 전계 감지기(Electric Field Sensor)

(1) 감지원리

능형 담장의 지주에 [그림 7-9]와 같이 기구적으로 준비를 하고 도체인 감지전선을 고정시킨다. 현장제어반에서 발진하여 고주파 에너지를 감지전선에 가하면 두 개(혹은 3개 혹은 4개)의 감지전선 사이에 전계가 형성된다.

안정된 전계가 형성되면 두 개의 감지전선 사이에는 고주파 전류가 안정되데 흐른다. 사람이나 물체가 전계에 접근하여 전계가 변하게 되면 감지전선 사이에 흐르는 전류가 변하게 되며 이를 현장제어반이 처리하여 경보를 발생하게 한다.

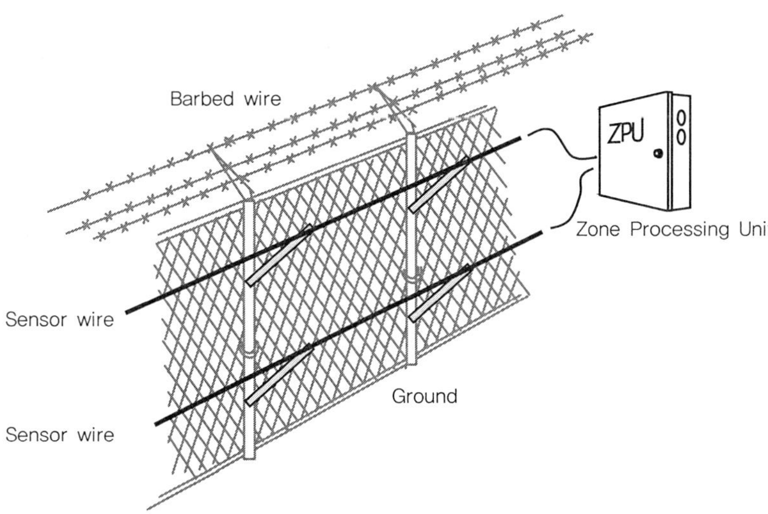

[그림 7-9] 전계 감지기(Electric field Sensor)

(2) 특성

① 감지거리 : 100m

② 설치가 용이하다.

③ 비, 바람 등의 환경변화에 강하다.

④ 동식물에 의한 오경보가 많다.

⑤ 낙뢰에 약하다.

(3) 운용(運用)

3개 감지전선 혹은 4개 감지전선으로 구성하여 설치한다. 건물 벽이나 기둥만 서있는 경우에도 설치가 가능하다.

7.4.10. 정전용량 감지기(Capacitance Sensor)

(1) 감지원리

금속으로 된 담장의 상단에 감지전선을 설치하고 담장과는 전기적으로 절연 상태를 이루도록하면 감지선과 접지된 담장 사이에는 정전용량이 형성된다. 감지전선에 고주파 전원을 가하면 정전용량으로 인하여 고주파 전류가 흐른다. 정전용량 사이에 고주파를 가해 줄 때 대전되는 Q와 감지전선에 흐르는 교류전류 i는

$$Q = \varepsilon_0 \frac{S}{l} V \text{ [C]}, \; i = \omega C \cdot v$$

로 계산된다. 감지전선과 담장사이에 사람이 접근하면 위 식의 ε_0가 변하여 정전용량 C가 변하고, 정전용량 C가 변하면 흐르는 전류량의 변화가 일어난다. 이런 원리를 이용하여 침입자의 담장 접근을 감지할 수가 있다. 특성과 운용은 전계 감지기와 유사하다.

7.4.11. 적외선 감지기(Photo-electric Sensor)

(1) 감지원리

[그림 7-10]과 같은 근적외선의 투광기와 수광기가 감시영역을 사이에 두고 적

외선을 투광하고 수광하여 경계상태를 이룬다.

감시영역 사이에 침입자가 침입하면 적외선을 차단하게 되어 수광기에 내장된 전자회로가 작동하여 계전기(Relay)의 접점의 변화가 일어난다.

[그림 7-10] 적외선 감지기의 투광기와 수광기

(2) 특성

① 감지거리 : 10~150m

② 설치가 용이하다.
   단, 수평적 혹은 수직적 굴곡지역에서는 불리하다.

③ 동식물에 의한 오경보가 많다.

④ 안개, 눈에 취약하다.

⑤ 낙뢰에 약하다.

(3) 운용(運用)

안개, 비, 눈 혹은 많이 날리는 먼지 등으로 감시영역의 거리를 조정하여 설치한다. 침입자가 기어 들어오거나, 걷거나, 달리거나 하여도 감지할 수 있게 설치할 수 있다. 감지기의 취부 높이를 1.2~1.8m(4~6 feet)의 감지기 취부대를 세우고 설치하면 뛰어 넘는 것도 감지할 수 있다.

7.4.12. 마이크로웨이브 감지기(Microwave Sensor)

(1) 감지원리

[그림 7-11]과 같이 송신기가 10,525 MHz ± 25 MHz의 마이크로웨이브를 지향성으로 발사하고 이를 수신기가 수신한다. 마이크로웨이브의 고주파 에너지는 지향성이 높고 풀이나 소동물의 영향을 받지 않으나 인체의 출현에는 수신 전파량이 영향을 받는다. 침입자가 감지영역을 통과하면 수신 전파량이 변하게 되므로 침입을 감지할 수 있다.

이 전파를 허가받지 않고 사용하려면 미약전파시스템(Extremely low power radio system)을 구성해야 하며, 3m의 거리에서 전계강도 35μV/m 이하(322MHz~10GHz의 경우)의 출력으로 송신기가 출력해야 한다.[7)]

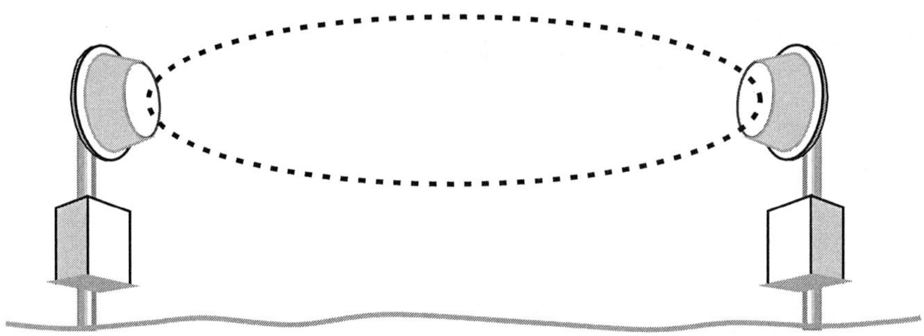

[그림 7-11] 마이크로웨이브 감지기의 송신기와 수신기

(2) 특성

① 감지거리 : 20~200m

② 설치가 용이하다.

③ 안개지역에 강하다.

④ 동식물에 의한 오경보가 많다.

7) 컴퓨터용어 큰사전(서울 : 크라운출판사, 1996), p. 766.

⑤ 침입과 관계가 없는 대형 물체의 평행이동에도 영향을 받는다.

⑥ 낙뢰에 약하다.

⑦ 경시 변화에 의한 수명의 제한이 있다.

(3) 운용(運用)

마이크로웨이브의 감지영역이 긴 럭비공 같이 되어 있으므로 [그림 7-12]와 같이 외곽침입감지시스템으로 사용되고 있다.

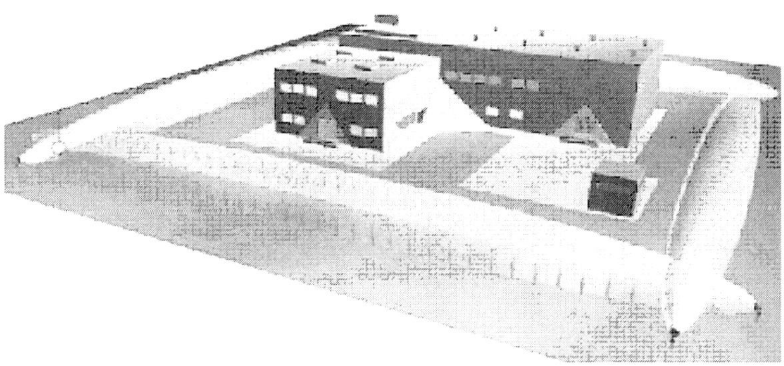

[그림 7-12] 마이크로웨이브 감지기의 시스템 구성 레이아웃 예

7.4.13. 수평 전계 감지기(Horizontal Electric Field Sensor)

(1) 감지원리

지하에 2개의 전선을 일정 간격을 유지하게 설치하고 고주파 에너지를 가하면 수평전계(Horizontal Electric Field)가 형성된다. 침투자가 담장에 접근하거나 땅을 파고 침투할 때 인체의 전기용량에 의하여 전계에 변화가 일어나며 이 때 두 전선 간에 흐르는 고주파 전류의 변화가 일어난다. 이를 현장제어반이 처리하여 경보를 발생시킨다.

(2) 특성

① 감지거리 : 100m
② 설치가 용이하다.
③ 감지장치와 감지영역의 노출이 전혀 없다.
④ 비, 바람 등의 환경변화에 강하다.
⑤ 동식물에 의한 오경보가 많다.

(3) 운용(運用)

땅에 매설하므로 땅굴을 뚫고 침투하는 것을 감지하는데 효과적이다. 30~150m(100~500 feet)의 감지영역을 구성할 수가 있고, 흙이나 아스팔트나 콘크리트 속에도 매설하여 사용할 수 있다.

7.4.14. 균형 압력 감지기(Balanced Pressure Sensor)

(1) 감지원리

지하에 액체를 내장하는 가소성 관을 매설하면 지상에서 압력을 가할 때 압력을 압력계에 전달한다. 압력계에서 설정된 압력 이상이 될 경우 경보를 발생하도록 시스템을 설치해 놓아 침투자가 담장에 접근하거나 땅을 파고 침투할 때 인체 혹은 차량에 의한 압력의 변화로 침입을 감지한다.

압력감지기는 매설된 땅의 상태에 따라 감도의 변화가 생기기 때문에 듀얼센서(Dual Sensor)를 중심으로 좌우에 2개씩의 가소성관을 매설하고 끝 부위에서 보상발브로 조절하여 균형을 이루게 함으로써 무감지와 오경보를 감소하게 한다.

(2) 특성

① 감지 압력 : 100m

② 설치가 용이하다.
③ 감지장치와 감지영역의 노출이 전혀 없다.
④ 혹한지방의 겨울철에는 지면의 동결로 압력변화를 감지 못할 수도 있다.

(3) 운용(運用)

듀얼센서로 좌우 양측에 길이를 100m까지로 하고 폭은 1.2m의 폭으로 하며 지하에 25cm의 깊이로 가소성관을 매설하면 폭 3~4m의 감지영역이 형성된다.

7.4.15. 지진동 감지기(Geophonic Sensor)

(1) 감지원리

지하에 지진동에 의한 음향을 감지하는 장치를 매설하고 감지영역을 형성해 놓으면 침투자가 담장에 접근하거나 땅을 파고 침투할 때 발생하는 지진동을 감지하여 경보를 발생한다.

(2) 특성

① 감지면적 : 100×60m
② 설치가 용이하다.
③ 비, 바람 등의 환경변화에 약하다.
④ 오경보가 많다.

(3) 운용(運用)

보편적으로 한 개의 신호선에 1.8m(6 feet)의 간격으로 50개를 연결할 수 있다. 3~3.5m(10~12 feet)간격으로 20개 회로를 연결하여 사용한다. 그리하면 10m(300 feet) 정도가 되고 길이가 최대 약 60~70m(200~240 feet)인 경계영역이 형성된다.

7.5. 외곽침입감지시스템의 현장제어반 (Zone Processing Unit of PIDS)

[그림 7-3]의 외곽침입감지시스템 구성 예에서 보인 바와 같이 외곽의 현장에 설치된 감지 소자(Sensor Element)에서 발생한 전기적 혹은 광신호를 제어하여 경보(이상)신호를 발생하게 하고 통합감시제어기에 정해진 통신방법으로 경보 신호를 전송하는 기기이다. 현장제어반은 다음과 같은 기능을 가진다.

(1) 감지(Sensor Element)소자의 신호 수신 및 비교분석 기능

감지소자(Sensor Element)로부터 수신되는 전기적 신호 혹은 광 신호를 기억하고 기준점과 비교 분석하여 기준점에 도달하면 경보출력을 발생시키고, 통합감시제어기에 신호를 전송한다.

(2) 표시기능(Display or Indicating function)

액정표시(LCD Display), 발광다이오드표시(LED Indicating) 아이콘등(Icon Lamp)으로 다음사항을 표시한다.

① 영역별 상태
② 전원상태
③ 통신상태
④ 이상 종류

(3) 통신기능(Communication function)

다음의 장치와 데이터 통신, RS232 통신 혹은 BUS 통신을 한다.

① 통합감시제어기와의 통신 : 영역상태, 통신채널 상태
② 주변기기와의 통신 : 입출력 신호 송수신, 감시 신호 송수신

7.6. 외곽침입감지시스템의 통합감시제어기 (Central Control Panel of PIDS)

[그림 7-3]의 외곽 침입감지시스템 구성 예에서와 같이 현장제어반(ZPU)이 출력하는 경보신호(Alarm Signal)를 수신하여 근무자가 감시할 수 있도록 표시하고 경보음도 내게 하며, 외곽침입감지시스템용 컴퓨터와 통신하는 기기를 통합감시제어기(Central Control Panel 혹은 Central Controller)라 한다.

기능은 감시기능, 조작기능, 표시기능 및 통신기능 등이 있으며 방범경보시스템의 제어기의 기능과 유사하다.

7.7. 그래픽 지도(Graphic Map of PIDS)

[그림 7-3]의 외곽 침입감지시스템 구성 예에서 보인 바와 같이 현장 제어반(Zone Processing Unit) 혹은 통합감시제어기(Central Controller)에서 전송하는 신호를 외곽 침입감지시스템용 컴퓨터가 처리하여 지도상에 상황을 표시하는 장치를 그래픽 지도(Graphic Map)라 한다. 그래픽 지도는 상황근무자가 경비대상 지역을 효율적으로 감시할 수 있게 한다.

7.8. 탐색등(Search Light)

[그림 7-3]의 외곽 침입감지시스템 구성 예에서 보인 바와 같이 현장 제어반(Zone Processing Unit) 혹은 통합감시제어기(Controller)에서 전송하는 이상신호를 외곽침입감지시스템용 컴퓨터가 야간에 수신하면 이상 영역(Zone)을 확인할 수 있도록 강한 조명장치를 점등하게 되며 이를 탐색등이라 한다. [그림 7-13]과

같이 외곽침입감지시스템이 폐쇄회로 텔레비전시스템과 연동될 때 탐색등이 사용되기도 한다.

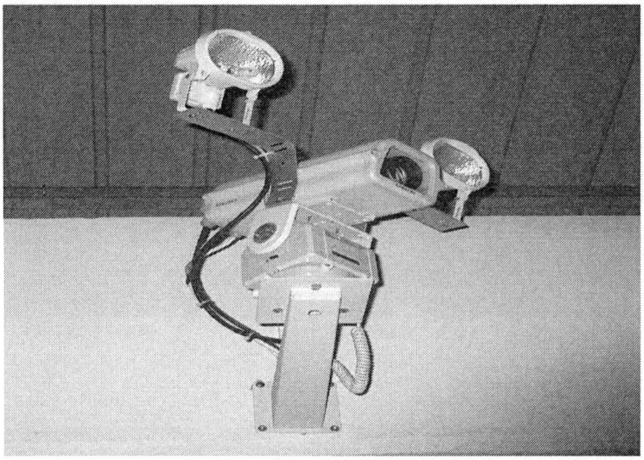

[그림 7-13] CCTV카메라와 연동되는 탐색등

7.9. 외곽침입감지시스템의 운영

외곽침입감지기는 다음과 같은 선정원칙을 고려하여 시스템을 구성할 수 있도록 선정된다.

① 사용 조작이 간편하고 경보시 식별이 용이하여야 한다.

② 침투시 틀림없이 경보하고 침투위치 표시 및 상황자료를 보존할 수 있어야 한다.

③ 오경보, 오작동을 최소화하여야 한다.

④ 내구성이 양호하여야 한다.

⑤ 설치 및 유지보수가 용이하여야 한다.

⑥ 가능한 국가공인기관의 품질인증 또는 전문기관의 시험결과에 합격한 제품을 사용하여야 한다.

외곽침입감지시스템을 선정원칙을 고려하여 선정하고, CCTV시스템 등과 같은 다른 기계경비시스템과 연동으로 종합시스템을 구성함으로써 감시효율을 제고할 수 있다.

외곽침입감지시스템을 설치하고 예방적 유지보수를 하는 것은 CCTV시스템과 유사하다.

7.10. 문 제

• 외곽침입감지시스템 및 용어문제 •

7-1. 외곽침입감지시스템과 옥내용 기계경비시스템의 감지기와 차이점은 무엇인가?

7-2. 외곽침입감지시스템의 운영시 고려해야 할 사항은 무엇인가?

7-3. 외곽방책(Perimeter Barrier)은 어떤 것들이 있는가?

7-4. 외곽방책(Perimeter Barrier)은 어떤 기능을 가지는가?

7-5. 외곽침입감지기를 크게 3가지로 분류하면 어떻게 분류할 수 있는가?

7-6. 울타리동요 외곽침입감지기(Fence disturbance sensors)는 어떤 것이 있는가?

7-7. 담장 접근 외곽침입감지기(Fence approach sensors)는 어떤 것이 있는가?

7-8. 지하매설 외곽침입감지기(Buried sensors)는 어떤 것이 있는가?

7-9. 외곽침입감지시스템(PIDS)의 기본 구성요소는 무엇인가?

• 외곽침입감지기 •

7-10. 전기접점 변환감지기(충격감지기(Shock Sensor))의 원리와 특성을 설명하여라.

7-11. 압전 변환 외곽침입감지시스템(Piezoelectric Transducer)의 원리와 특성을 설명하여라.

7-12. 장력감지기(Tension Sensor 혹은 Taut-Wire Switches)의 원리와 특성을 설명하여라. 운용상 주의사항은 무엇인가?

7-13. 분극케이블진동감지기(Electret Cable Vibration Sensor)의 원리와 특성을 설명하여라.

7-14. 광섬유 진동감지기(Optic Fiber Vibration Sensor)의 원리와 특성은 무엇이며, 운용상 주의사항은 무엇인가?

7-15. 광섬유망 감지기(Optic Fiber Net Sensor)의 원리와 특성을 설명하여라.

7-16. 광 라인 보안시스템의 특성은 무엇인가?

7-17. 광섬유망 감지기와 광라인 보안시스템의 차이점은 무엇인가?

7-18. 전계감지기(Electric Field Sensor)의 원리와 특성을 설명하여라.

7-19. 수평전계감지기(Horizontal Electric Field Sensor)의 원리와 특성을 설명하여라.

7-20. 적외선감지기(Photoelectric Sensor)의 원리와 특성은 무엇이며, 운용상의 주의사항은 무엇인가?

7-21. 마이크로웨이브감지기(Microwave Sensor)의 원리와 특성은 무엇이며 운용상의 주의사항은 무엇인가?

7-22. 정전용량 외곽침입감지기의 원리와 특성을 설명하여라.

• 제어반 및 관련 장비문제 •

7-23. 외곽침입감지시스템(PIDS)의 현장제어반(Zone Processing Unit)은 어떤 기능을 가지는가?

7-24. 외곽침입감지시스템(PIDS)에서 그래픽 지도(Graphic Map)란 무엇인지 설명하여라.

7-25. 외곽침입감지시스템(PIDS)에서 탐색등(Search Light)은 어떤 기능을 가지는지 설명하여라.

• 외곽침입감지시스템의 운용문제 •

7-26. 외곽침입감지시스템 선정시 고려사항은 무엇인가.

7-27. 외곽침입감지시스템(PIDS)이 적용되는 예를 들어보아라.

7-28. 외곽침입감지기의 비교표를 작성하여 보아라.

제8장

홈 시큐리티 시스템

제8장 홈 시큐리티 시스템

8.1. 홈 시큐리티 시스템의 개요 (General Description of Home Security System : HSS)

우리나라 「경비업법」은 제2조에서 기계경비업무란 "경비대상시설에 설치한 기기에 의하여 감지 · 송신된 정보를 그 경비대상시설 외의 장소에 설치한 관제시설의 기기로 수신하여 도난 · 화재 등 위험발생을 방지하는 업무"라고 규정하고 있다.

본서 제3장에서 기계경비업무용 시스템을 '방범경보시스템'이라 하고 관련된 기계경비업무용 기기와 장치를 정리하였고, 제4장에서는 기계경비업무를 '방범경보시스템 운영'이라고 기술하였다. 홈 시큐리티 시스템도 '방범경보시스템'에서 사용하는 감지기(Sensors), 통보기(Panic Alarm button & Medical Alarm button Switch) 등을 사용하므로 '방범경보시스템'과 유사한 기계경비시스템의 한 종류라 할 수 있다. 그러나 홈 시큐리티 시스템은 가정용 기계경비시스템이므로 별도로 고려해야 할 특징이 있다.

우리나라 「경비업법」에서 규정한 '기계경비업무'는 가정(Home)을 포함하여 국가기관, 사회단체, 법인 또는 개인시설을 '경비대상시설'로 하고 도난 · 화재의 위험을 예방하는 업무이나, 홈 시큐리티 시스템은 주로 가정에 필요한 업무를 제공하거나 가정의 도난 · 화재의 위험을 예방하는 것을 포함하고 인명에 가해지는 위험도 예방하는 것을 주목적으로 하고 있다.[1)]

1) Vivan Capel, *Home Security, Alarm Sensors and Systems Second edition, Newnes*, (Oxford : Butterworth-Heinmann, 1997), p. 1.

한국의 가정은 일반주택과 집단주택인 아파트가 주를 이룬다. 일반주택인 경우는 일반 '방범경보시스템'을 통한 기계경비업무를 제공받고 있으므로, 한국의 홈 시큐리티 시스템은 주로 집단주택의 ① 방범, 방재 및 가스누출 감시, ② 비상 및 구급 통보, ③ 내방자 영상확인, ④ 각 출입문 및 공동현관 출입통제, ⑤ 필요한 통화 등을 할 수 있게 하여 가정의 안전과 편의를 도모하기 위하여 설계, 제작되었다.

홈 시큐리티 시스템은 특히 인명에 가해지는 위험이 더욱 중요한 요소로 작용하고 있으므로 다음과 같은 사항을 고려해야 한다.[2)]

(1) 시스템의 신뢰성(Reliability of Home Security System)

홈 시큐리티 시스템의 신뢰성은 크게 두 가지의 요소에 의존된다. 즉, 기기의 신뢰성과 설치공사의 품질이다.

① 기기의 신뢰성

홈 시큐리티 시스템의 감지기 및 통보기는 방범경보시스템의 것과 같으므로 이 장에서는 기술하지 않기로 한다. 각종 제어기의 설계, 구조 그리고 부품의 품질에 따라 홈 시큐리티 시스템용 기기의 신뢰성이 좌우되는 것이다.

② 기기 설치공사의 품질

홈 시큐리티 시스템의 기기를 설치하고 배선(Wiring)을 할 때 기계경비업무용 시스템을 설치하는 공사의 정신적, 물리적 차별성을 고려하여 양질의 공사를 해야 하고 공사 부속품(ancillary)도 품질 좋은 것으로 사용해야 한다.

(2) 오경보(False Alarm)

홈 시큐리티 시스템의 오경보는 일반 방범경보시스템이나 외곽침입감지시스

---

2) *Ibid.*, pp. 14~18.

템보다 더욱 심각한 문제로 대두된다. 홈 시큐리티 시스템의 경우는 경비대상시설의 시설주 혹은 사용자가 재택/외출로 경계/해제를 하고, 경보를 수신한 기계경비업자는 경찰기관에 통보하여 경찰이 출동하기 때문에 오경보가 거의 없어야 한다.

(3) 편이성과 비용(Convenience and Cost)

홈 시큐리티 시스템의 기기를 조작하는 사용자는 유년에서 노인에 이르기 까지 다양한 그룹의 조작자들이다. 따라서 조작하기 쉽고 확인하기 편리해야 하며 경비업무 이외의 목적으로 활용하기가 쉬워야 한다.

또한 집단주택의 소유주와 계약을 체결하거나 소유주가 직접 기기를 설치하므로 기기의 비용이나 기계경비업의 용역료에 관하여 매우 민감하게 작용한다.

8.2. 홈 시큐리티 시스템의 구성

집단주택에 감지기, 통보기 및 홈 시큐리티 유니트(HS Unit)를, 공동현관에 출입통제용 제어기를 그리고 현장의 종합관리실에 신호수신 장치를 설치하여 감시하게 한다. 이 장치들은 기계경비업자의 관제시설(중앙관제시설 : Central Station)과 통신채널로 연결되어 주택의 경보를 24시간 이중으로 감시한다. 이러한 경보를 지정한 곳으로 통보하여 대처하게 하거나 기계경비업자의 출동요원을 현장에 급파하여 경비대상시설을 보호하도록 시스템을 구축하며 그 구성은 [그림 8-1]과 같다.

집단주택을 중심으로 시스템을 구성한 것으로서 세대별로 설치하는 기기와 집단주택의 공동현관에 설치하는 기기, 그리고 현장의 종합관리실에 설치하는 기기로 시스템이 구성되어 있다.

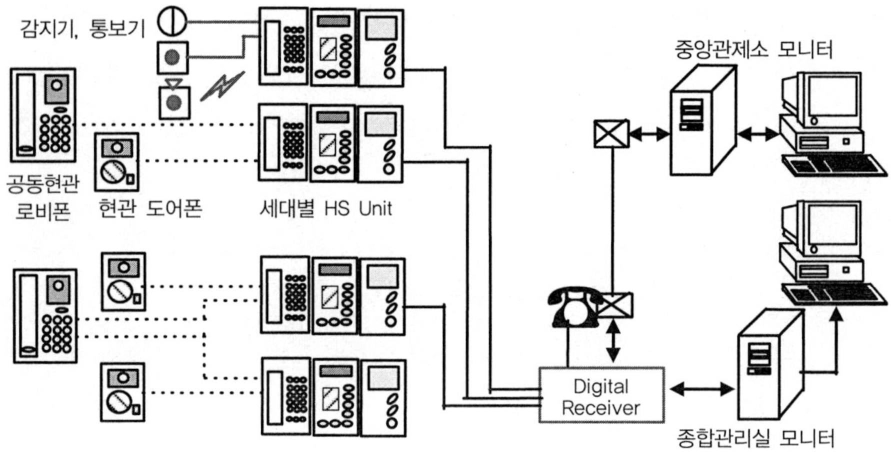

[그림 8-1] 홈 시큐리티 시스템의 구성 예

8.3. 세대별 홈 시큐리티 기기(Home Security Unit)

주택인 경비대상시설에 설치되어 사용자가 시스템의 상태를 확인할 수 있게 하고 조작할 수 있게 하며, 감지기 혹은 통보기에서 발생한 경보신호를 제어하여 경보장치를 작동케 하거나 현장의 종합관리실 데이터 수신장치로 전송하여 방범, 방재 및 구급업무를 수행할 수 있게 한다. 또한 주택경비의 특성에 따라 통화 및 영상기능을 가지는 기기이다.

8.3.1. 기능

세대별 홈시큐리티 유니트는 다음의 기능 중 전부 혹은 일부를 가진다.

1. 방범, 방재기능

(1) 설정기능(Programming function) : 등록기능

키패드, 현장 PC로 기기의 각종 조작 및 운영방법을 등록하고 기능을 설정한다.

내용

① 해제조작 비밀번호 등록
② 해제조작 Card 등록
③ 신호전송처 선택 : 종합 관리실 혹은 기계경비업자 관제시설
④ 신호전송 전화번호 등록
⑤ 통보처 전화번호 등록

(2) 조작기능(Operation function)

사용자가 확인하거나 기기의 기능을 수행하도록 스위치, 키패드, 마그네틱 카드, RF 카드 혹은 IC 카드로 조작할 수 있는 기능을 가진다.

내용

① 녹음/재생 : 자동통보 혹은 안내음성을 녹음하거나 재생
② 정지/복구 : 경보정지, 이상상태를 정상상태로 복구
③ 외출세트 : 외출할 때 세트조작, 퇴실지연 시간 적용 및 실내 공간감지기 영역의 작동
④ 재택세트 : 재택 중 세트조작, 지연시간이 적용되지 않으며 실내 공간감지기 영역의 부분 해제
⑤ 해제조작 : 보안성을 높이고 조작자를 구분하기 위하여 Keypad 혹은 Card로 해제할 수 있게 조작
⑥ 시험조작 : 기기 동작을 시험
⑦ 통화선택 : 국선, 종합관리실, 통보처, 공동현관 혹은 현관 등과 통화
⑧ 다이얼링 : 국선을 선택하고 전화를 걸기 위하여 Dialing

⑨ 문열림 : 세대별 출입문을 개방
⑩ 현관문열림 : 공동현관문을 개방

(3) 감지기능(Sensing function)

방범, 방재 혹은 구급 등의 이상 유무를 감지하는 기능으로 임피던스 확인, 감지전류 확인, 감지전압 확인 혹은 기타의 감지신호를 확인한다.

내용

① 방범감지 : 세트모드에서 방범감지기로 감시영역의 이상 유무를 감지
② 방재감지 : 24시간 화재감지기로 화재 이상 유무를 감지
③ 가스누출 감지 : 24시간 Gas Detector로 가스누출을 감지
④ 비상통보 감지 : 24시간 비상통보기의 작동 감지
⑤ 구급통보 감지 : 24시간 구급통보기의 작동 감지
※ 화재, 가스누출, 비상, 구급 이상은 복구스위치의 조작으로 복구된다.

(4) 진단기능

기기의 정상적 작동 혹은 기타 조작 여부를 진단하는 기능으로 다음 사항을 진단한다.

내용

회로의 작동, 프로그램의 작동, 기기뚜껑 정상 여부

(5) 표시기능(Display or Indicating function)

사용자 혹은 대처요원이 시스템 및 기기의 상태를 확인할 수 있게 표시하는 기능으로서, 액정표시(LCD Display), 발광다이오드표시(LED Indicating), 아이콘등(Icon Lamp) 등으로 표시한다.

내용

① 이상상태 : 비상통보, 구급통보, 화재, 가스누출, 방범
② 통화선택 : 국선, 종합관리실, 통보처, 공동현관 혹은 현관
③ 모드상태 : 녹음/재생, 정지/복구, 외출세트, 재택세트
④ 전원상태

(6) 녹음기능(Recording function)

각종의 음성 내용을 녹음할 수 있는 기능이다.

내용

① 통보 내용
② 안내 내용
③ 전달 내용

(7) 안내기능(Guidance function)

사용자가 상태를 확인하거나 기기를 용이하게 조작할 수 있도록 음성으로 안내하는 기능으로, 이상상태 안내, 세트/해제 조작 안내, 기타 안내 등이 있다.

(8) 출력기능(Output)

세대별 홈 시큐리티 제어기의 주변기기를 연동하게 하거나 별도의 표시, 안내 혹은 경보를 할 수 있도록 출력신호를 발하는 기능이며 Relay출력(유전압/무전압), PGM출력 등이 있다.

(9) 통신기능(Communication function)

종합관리실 수신장치(Local Digital Data Receiver) 혹은 기계경비업자의 중앙관

제소 수신장치(CS Digital Data Receiver)와 데이터 통신을 하거나 공동현관의 로비폰과의 데이터통신을 행하는 기능을 가진다.

데이터 통신방법은 DTMF(Dual Tone Multi Frequency ; 이중톤 다주파수), RS-232/RS-485 통신, BUS 통신 등이 있다.

내용

① 종합관리실 수신장치(Local Digital Data Receiver)와 통신
- 시스템 모드, 영역상태, 통신채널 상태
- RS-485

② 중앙관제소 수신장치(CS Digital Data Receiver)와의 통신
- 시스템 모드, 영역상태, 통신채널 상태 등을 전화회선을 통해 직접 통신
- DTMF 표준 Format로 한다.

③ 공동현관의 로비폰과의 통신
- 입출력 신호 송수신
- RS-485

④ 영역확장기와의 통신
- 영역상태, 감시신호 송수신
- BUS 통신

(10) 원격확인기능

중앙관제소에서 혹은 종합관리실에서 경비대상시설의 이상상태를 원격지의 음향으로 확인할 수 있게 하는 기능

방법

- **음향 원격확인**(Audio Verification)

경비대상시설의 이상이 수신되면 중앙관제소 혹은 현장 종합관리실에서 경비대상시설을 호출하여, 홈 시큐리티 유니트에 내장된 마이크로폰으로 음향을 확

인하며, 스피커(Speaker)로 안내 혹은 경고를 할 수 있게 한다(단, 이상상태에서만 원격음향확인이 가능함).

내용

침입, 화재, 가스누출 이상, 비상통보 혹은 구급통보 상태를 확인하거나 고객상태를 확인

(11) 기억기능

경비대상시설에서 발생하는 Event를 시간 데이터와 함께 기억해 두고, 필요할 때 조회할 수 있게 하는 기능

2. 통화기능

(1) 국선 통화기능

홈 시큐리티 유니트에서 국선을 선택하여 전화통화를 할 수 있다.

내용

① 착신기능
② 발신기능
③ 보류기능
④ 재다이얼 기능

(2) 종합관리실과 통화기능

세대별 사용자가 종합관리실과 음성으로 통화할 수 있게 하는 기능이다.

내용

① 착신기능 : 관리실에서 호출하면 호출음이 들리고 송수화기를 들면 통화

가가능하다(약 2분간).

② 발신기능 : 송수화기를 들고 관리실 버턴을 누르면 호출하게 되고, 관리실에서 송수화기를 들면 통화가 가능하다(약 2분간).

(3) 공동현관 로비와 통화기능

공동현관과 각 세대와 음성으로 통화할 수 있게 하는 기능이다.

방법

공동현관에서 방문자가 세대별 홈 시큐리티 유니트를 호출하면 로비 호출음이 들리고 송수화기를 들면 공동현관에서 보내는 화면을 볼 수 있고 음성으로 통화할 수 있다. 이 때 방문자가 문을 열어 달라고 하면 확인버턴 혹은 '문열림 버턴'을 눌러 공동현관의 문을 열어 줄 수 있다.

(4) 현관 통화기능

각 세대 내부와 현관 외부 간에 음성으로 통화할 수가 있다.

방법

각 세대의 현관 외부에 설치된 도어폰에서 호출하면 홈 시큐리티 유니트에 호출음이 들리고 화면이 나타나며(3초간) 송수화기를 들면 통화가 가능하고 송수화기를 내려 놓으면 통화가 중지되고 모니터 화면이 꺼진다. 이 때 '확인 버턴' 혹은 '문열림 버턴'을 누르면 세대의 출입문이 열린다.

(5) 타 홈시큐리티 유니트와 통화기능

한 세대에서 타 세대와 음성으로 통화할 수 있게 하는 기능으로서 타 홈시큐리티 유니트의 번호를 입력하여 호출하고 통화할 수 있다.

3. 영상 확인기능

(1) 공동현관 화면 확인기능

세대별 사용자가 공동현관의 로비폰에 내장된 고체 카메라(CCD Camera)로 방문객을 화면으로 확인할 수 있게 하는 기능이다.

방법

방문자가 공동현관의 로비폰에서 세대별 홈시큐리티 유니트를 호출하고 세대별 사용자가 송수화기를 들면 통화가 가능하고 화면이 나타난다.

(2) 현관 화면 확인기능

세대별 사용자가 현관 외부의 도어폰에 내장된 고체 카메라(CCD Camera)로 방문객을 화면으로 확인할 수 있게 하는 기능이다.

방법

방문자가 현관 외부의 도어폰에서 호출하고 세대별 사용자가 송수화기를 들면 통화가 가능하고 화면이 나타난다. 이 때 '확인 버턴'을 누르면 문이 열리고 화면이 꺼진다.

(3) TV화면 확인기능

세대별 사용자가 공동현관 혹은 현관 외부의 화면을 방송 수신용 TV수상기로 확인할 수 있게 하는 기능이다.

방법

방문자가 공동현관 로비폰 혹은 현관 외부의 도어폰에서 호출하고 세대별 사용자가 TV수상기의 입력 선택을 하면 공동현관의 화면을 확인할 수 있다.

(4) 화면 녹화기능

공동현관 혹은 현관 외부의 화상 중 10~30 화면(Frame)을 홈 시큐리티 유니트에 녹화할 수 있게 하는 기능이다.

방법

방문자가 공동현관 로비폰 혹은 현관 외부의 도어폰에서 호출하면 화상의 10~30 화면(Frame)이 저장되고, 새 화면이 입력되면 전 화면은 자동으로 지워진다.

8.4. 공동현관 제어기

집단주택의 공동현관에 설치되어 입주자 혹은 정기방문자(배달원 혹은 검침원)가 공동현관의 출입통제 장치를 개폐할 수 있게 하고, 비거주자 방문시는 세대별 홈 시큐리티 기기와의 통신에 의하여 원격으로 음성 혹은 영상을 확인하여 원격제어로 출입할 수 있게 하는 제어기이며 '로비폰'(Lobby Phone)이라는 명칭을 사용하기도 한다. [그림 8-2]는 로비폰의 예이다.

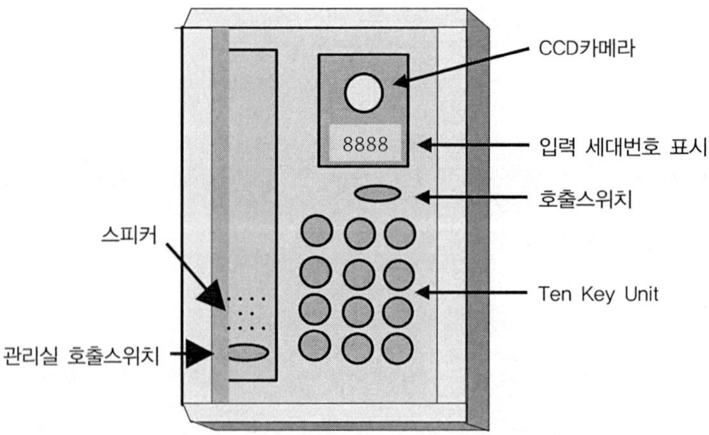

[그림 8-2] 공동현관 제어기 외관의 예

8.4.1. 공동현관 제어기의 기능

홈 시큐리티시스템의 공동현관 제어기(Lobby Phone)는 다음과 같은 기능 중 전부 혹은 일부의 기능을 가진다.

(1) 조작기능(Operation function)

사용자가 출입통제장치(자동문)를 열게 하거나 세대별 홈 시큐리티 기기 혹은 종합관리실의 기기를 호출하기 위한 조작기능이다.

내용

① 개별세대 호출 : 세대를 선택하고 호출스위치를 조작한다.

② 관리실 호출 : 관리실 호출스위치를 조작한다.

③ 자동문 열림 : 비밀번호 혹은 카드조작으로 출입통제장치인 자동문을 여는 조작

(2) 표시기능(Display or Indicating function)

사용자가 입력한 번호를 확인할 수 있게 표시하는 기능이다. 액정표시(LCD Display)로 입력 세대번호를 확인할 수 있다.

(3) 종합관리실과 통화기능

공동현관의 사용자가 종합관리실과 음성으로 통화할 수 있게 하는 기능이다. 관리실에서 호출하면 스피커와 마이크로 통화하는 착신기능이 있고, '관리실 호출스위치'를 눌러 호출하고, 관리실에서 송수화기를 들면 통화할 수 있다(약 2분간).

내용

① 착신기능 : 관리실에서 호출하면 스피커와 마이크로 음성통화를 할 수 있다.

② 발신기능 : 관리실 호출 스위치를 누르면 호출할 수 있고, 관리실에서 송수화기를 들면 통화가 가능해진다.

(4) 세대별 홈 시큐리티 기기와 통화기능

공동현관과 각 세대와 음성으로 통화할 수 있게 하는 기능이 있다.

방법

공동현관에서 방문자가 세대별 홈시큐리티 기기를 호출하면 '로비' 호출음이 들리고, 송수화기를 들면 공동현관에서 보내는 화면을 볼 수 있고 음성으로 통화를 할 수 있다. 이 때 방문자가 문을 열어 달라고 하면 문열림 버턴을 눌러 자동문을 원격으로 열 수 있다.

(5) 공동현관 화면 확인을 위한 영상 전송기능

세대별 사용자가 공동현관의 로비폰에 내장된 카메라(Camera)로 방문객을 확인할 수 있도록 영상을 전송하는 기능이 있다.

방법

방문자가 공동현관의 로비폰에서 세대별 홈 시큐리티 기기를 호출하고 세대별 사용자가 송수화기를 들면 통화가 가능하고 화면이 나타난다.

8.5. 종합관리실 데이터 수신장치(Local Digital Data Receiver)

집단주택의 종합관리실에 설치되어 세대별 홈 시큐리티 기기와의 데이터 통신에 의하여 개별 세대의 비상상태의 발생, 방범, 방재, 가스누출 혹은 설비이상 유무를 감시할 수 있고 개별세대와 통화도 할 수 있다.

공동현관의 방문자와도 통화를 할 수 있게 하고, 원격제어로 출입통제장치를 열게 할 수 있게 하는 장치이다.

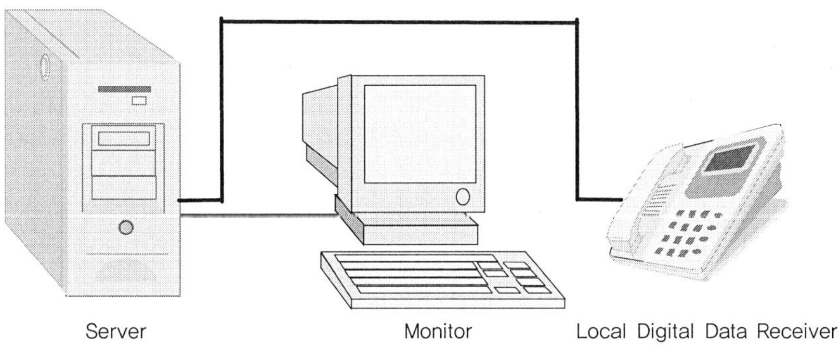

[그림 8-3] 종합관리실 데이터 수신장치의 외관 예

[그림 8-3]은 종합관리실에 설치된 기기의 예이다. 데이터 수신장치의 기능은 다음과 같다.

(1) 조작기능(Operation function)

종합관리실의 근무자가 개별 세대를 호출하거나 원격으로 공동현관의 자동문을 원격으로 열 수 있도록 조작하는 기능이 있다. 종합관리실의 근무자가 세대별 홈시큐리티 유니트를 호출하거나 개별 세대의 입주자가 종합관리실을 호출하면 음성으로 통화를 할 수 있다.

내용

① 개별세대 호출: 세대를 선택하고 호출스위치 조작
② 자동문 열림: 원격으로 출입통제장치인 자동문을 여는 조작

(2) 통신기능(Communication function)

개별 세대의 홈 시큐리티기기와 데이터통신을 하고 상위의 컴퓨터와 통신하며 프린터와도 통신한다.

(3) 세대별 홈 시큐리티 기기와 통화 기능

종합관리실의 근무자와 개별 세대의 입주자와 음성으로 통화할 수 있게 하는 기능을 가진다.

종합관리실의 근무자가 세대별 홈시큐리티 기기를 호출하거나 개별 세대의 입주자가 종합관리실을 호출하면 음성으로 통화를 할 수 있다.

공동현관에서 방문자가 종합관리실을 호출하면 로비 호출음이 들리고, 송수화기를 들면 공동현관과 음성으로 통화를 할 수 있다. 이 때 방문자가 문을 열어달라고 하면 '문열림 버턴'을 눌러 자동문을 원격으로 열 수 있다.

(4) 공동현관 로비 통화 기능

종합관리실의 근무자와 공동현관의 방문자와 음성으로 통화할 수 있게 하는 기능이다.

공동현관에서 방문자가 종합관리실을 호출하면 로비 호출음이 들리고, 송수화기를 들면 공동현관과 음성으로 통화를 할 수 있다. 이 때 방문자가 문을 열어달라고 하면 '문열림 버턴'을 눌러 공동현관문을 원격으로 열 수 있다.

(5) 표시기능(Display or Indicating function)

개별세대 혹은 공동현관에서 호출하면 호출한 곳을 표시할 수 있게 하는 기능이 있다.

개별세대의 호수번호를 액정(LCD)에 표시할 수가 있고, 공동현관에서 호출을 할 경우에는 공동현관임이 표시된다.

(6) 경보기능

개별 세대의 방범, 방재, 가스누출 혹은 설비이상의 신호를 수신하면 근무자에게 알리기 위하여 램프를 점등 혹은 점멸을 시키거나 경보음을 발하는 기능이다.

(7) 출력기능

종합관리실의 효율적인 감시를 위하여 개별 세대의 홈 시큐리티 기기에서 수신하여 디코딩한 정보를 컴퓨터로 처리할 수 있도록 데이터를 출력한다.

개별 세대의 방범, 방재, 가스누출 혹은 설비이상 유무 상태를 출력한다.

8.6. 사이버 아파트(Cyber Apartment)

홈 시큐리티 시스템은 집단주택을 경비대상시설로 하고 기계경비업무를 제공하는 시스템이다. 집단주택에 기계경비업무를 제공하면서 기계경비용 기기의 일종인 홈 시큐리티 기기(Home Security Unit)에 인터넷을 포함하여 정보 통신기술을 접목하면 집단주택의 공동체사회의 특징을 충분히 살린 집단주택을 형성할 수 있다.

이러한 특징을 살린 사이버 아파트의 예를 정리하여 도시하면 [그림 8-4] 및 [그림 8-5]와 같다.

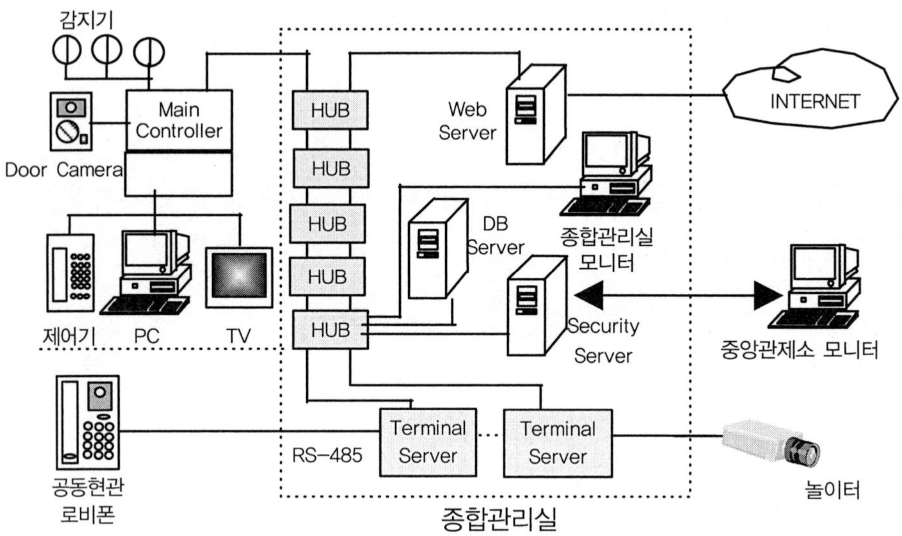

[그림 8-4] 사이버 아파트 구성 예

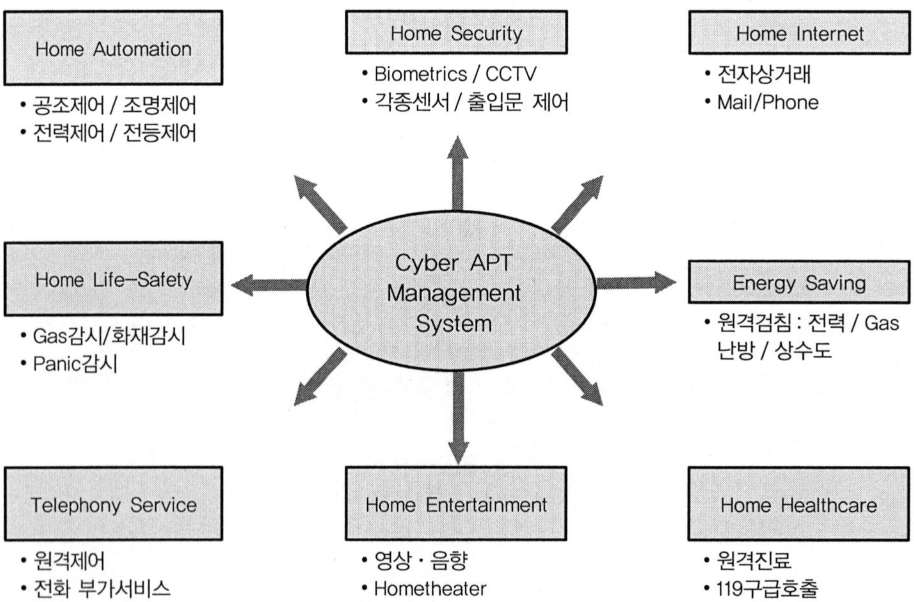

[그림 8-5] 사이버 아파트에서 제공되는 서비스 예

8.7. 문제

8-1. 홈 시큐리티시스템(HSS)란 무엇인가?

8-2. 홈 시큐리티시스템(HSS)은 방범경보시스템(SAS)과 무엇이 다른가?

8-3. 홈 시큐리티시스템(HSS)에서 고려되어야 할 사항은 무엇인가?

8-4. 홈 시큐리티시스템(HSS)의 신뢰성은 어떤 요소에 의존되는가?

8-5. 홈시큐리티시스템(HSS)의 기본 구성요소는 무엇인가?

8-6. 세대별 홈시큐리티유니트(Home Security Unit)는 어떤 기능을 가지는가?

8-7. 홈시큐리티유니트(Home Security Unit)의 방범 · 방재기능은 어떤 것을 포함하는가?

8-8. 홈시큐리티유니트(Home Security Unit)의 통화기능은 어떤 것을 포함하는가?

8-9. 홈시큐리티유니트(Home Security Unit)의 영상확인 기능은 어떤 것을 포함하는가?

8-10. 공동현관제어기(Lobby Phone)란 무엇인가?

8-11. 공동현관제어기(Lobby Phone)는 어떤 기능을 가지는가?

8-12. HSS에서의 종합관리실 데이터 수신장치를 설명하여라.

8-13. 사이버 아파트란 무엇인지 설명하여라.

8-14. 사이버 아파트 시스템은 어떻게 구성되는가?

8-15. 사이버 아파트 시스템은 일반 홈시큐리티시스템과 무엇이 다른지 설명하여라.

8-16. 사이버 아파트 시스템에서 제공되는 서비스는 어떤 것이 있는지 예를 들어 보아라.

제9장

전자보안장비

(Electronic Security Equipment)

제9장 전자보안장비 (Electronic Security Equipment)

기계경비산업을 체계화시키고 있는 미국에서도 전자보안장비의 시장규모는 결코 무시할 수 없을 뿐만 아니라, 민간경비에 관련된 산업에서는 꼭 알아 두어야 할 분야가 전자보안장비이다.

1980년 연구 발표된 미국의 Hallcrest Report II에서 민간경비 확장에 관한 자료를 발표한 바 있고, Reading Edge Report에서는 〈표 1-2〉에 예상되는 미국의 시장규모를 보이고 있다. 여러 가지의 전자보안장비가 있지만 감시 및 검색장비가 미국시장에서도 비중이 큰 분야로 되어 있다.

1987년 일본에서 연구 발표된 "21세기에로 비약하는 시큐리티 산업"에도 CCTV, 방재카메라 및 상품도난방지시스템을 포함하는 감시장비의 시장규모가 클 것으로 예상하고 있다.

따라서 전자보안장비로는 상품도난방지시스템(EAS : Eloectronic Article Surveillance)과 검색장비를 들 수 있다. 위에서 언급한 Leading Edge Report에는 검색장비로 폭발물탐지기(Bomb Detector), 금속탐지기(Metal Detector)와 X-레이 검색기가 포함되어 있다.

9.1. 상품도난방지시스템(EAS)

9.1.1. 개요

고가의 상품이나 중요 물품 혹은 도서들이 부정하게 유출 혹은 반출되는 것을 방지하기 하기 위하여 감시할 수 있는 장치를 상품도난방지시스템(Electronic Article Surveillance : EAS)이라 한다. EAS는 여러 가지 방식의 것이 있고 또 계속 개발되고 있지만, 일반화된 EAS로는 태그(Tag)방식과 위건드와이어(Wiegand Wire)방식 그리고 마이크로칩(Micro chip)활용방식이 있다.

9.1.2. 태그(Tag) 방식 상품도난방지시스템

[그림 9-1a, b]와 같은 태그(Tag)를 고가의 상품이나 중요 물품에 부착 혹은 접착하고, 이들 상품이나 물품이 부정하게 [그림 9-2]의 검색대를 통과하면 경보가 발생하게 함으로써 부정 유출 혹은 반출을 감시할 수 있다.

태그와 라벨의 종류는 다음과 같은 것들이 있다.

① RF Type

송신기와 수신기 사이에 특정 주파수의 전파를 송수신하다가 태그나 라벨이 지나가면 주파수가 변하는 것을 감지하여 발보한다.

② EM Type

송신기와 수신기 사이에 발생하는 교류자기장에 태그나 라벨이 지나가면 포화상태가 되면서 고조파를 발생시켜 발보한다.

③ AT(Electro Acoustic Technology) Type

진동자장 방식으로 송신기가 58KHz의 전파를 송신하면 라벨이나 태그가 작동하게 되고, 송신기의 신호 진동이 끝나면, 라벨이나 태그가 송신기와 같은 특수 주파수의 전파를 수신기로 보내어 발보한다.

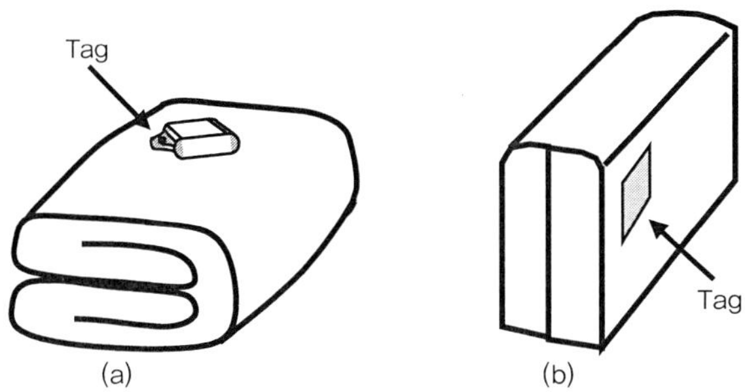

[그림 9-1] 상품과 중요 물품에 부착 혹은 접착된 Tag

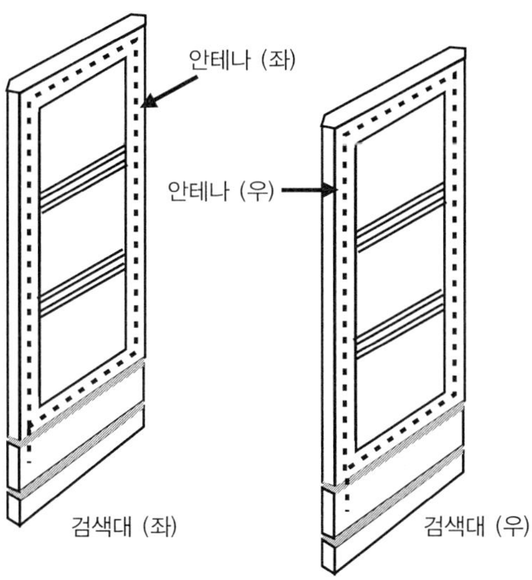

[그림 9-2] 상품도난방지시스템 검색대

(1) 원리

[그림 9-1a, b]와 같은 태그(Tag)는 유도계수(Inductance) L을 가진 코일과 정전용량(Capacitance) C를 가진 콘덴서 칩으로 구성되어 있고 내부는 [그림 9-3a]와 같다.

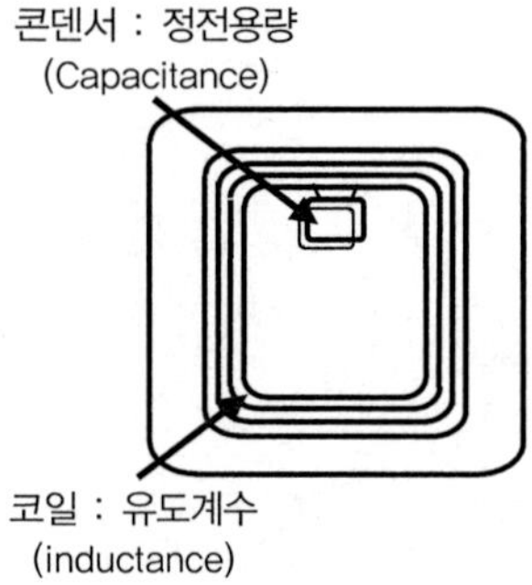

[그림 9-3a] 태그(Tag) 내부

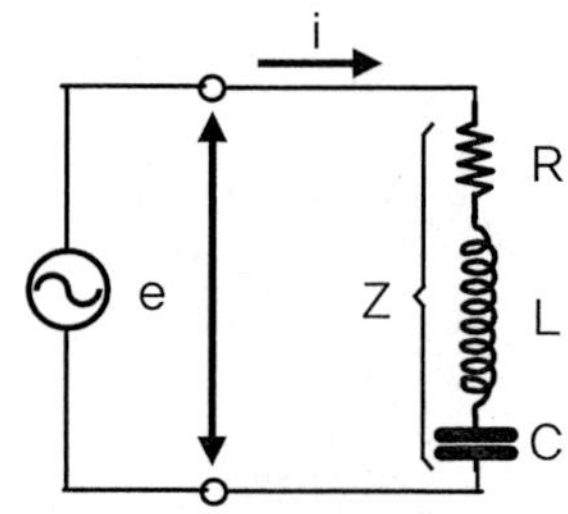

[그림 9-3b] LRC 직렬 공진회로

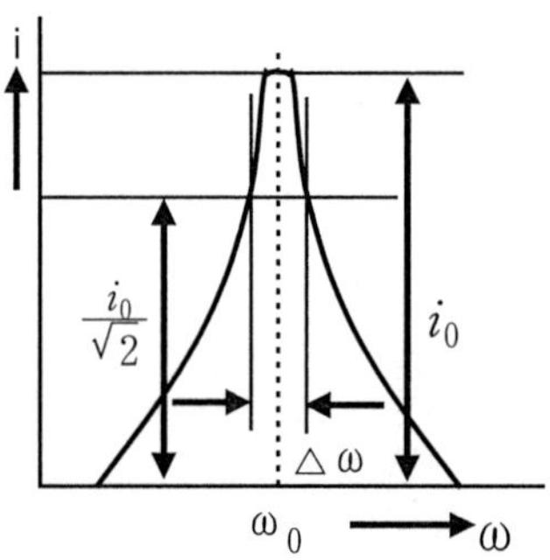

[그림 9-3c] 직렬공진회로 전류 특성

태그(Tag)의 코일은 동선이나 동박으로 되어 있으므로 약간의 전기저항 성분(R)을 가지고 있다. 태그(Tag)의 유도계수 L, 전기저항 R 및 정전용량 C를 등가회로로 그려보면 [그림 9-3b]와 같다.

[그림 9-2]의 검색대(좌)와 검색대(우)의 안테나(좌)와 안테나(우) 사이에 주파수가 fr인 고주파 전계가 형성되어 있고 일정한 고주파 전류가 흐르게 되어있다.

태그(Tag)의 공진회로가 주파수 fr에 공진되도록 되어 있다면 태그(Tag)가 검색대(좌) 와 검색대(우) 사이를 통과할 때 코일이 안테나 역할을 하여 유도전기가 발생하고 [그림 9-3c]의 전류 특성을 가지면서 공진주파수 fr에서 많은 전류가 흐르도록 유도전기가 발생한다. 이 때 안테나(좌)와 안테나(우) 사이에 흐르는 전류의 양도 변하게 되고 이 전류의 변화로 경보가 발생되도록 전자회로가 구성되어 있다.

(2) 운용

검색대는 상점의 출구에 설치한다. 태그(Tag)는 [그림 9-1a]와 같이 섬유류의 상품에 부착할 수 있도록 기구적으로 고안되어 있는 것과 [그림 9-1b]와 같이 상품이나 중요 물품에 접착할 수 있도록 되어 있는 것이 있으며, 이런 태그(Tag)를 부착하거나 접착함으로써 상품도난을 방지할 수 있다.

정상적으로 판매된 상품은 부착된 태그(Tag)를 제거하거나, 접착된 태그(Tag)의 공진회로를 파괴하여 경보 없이 검색대를 통과할 수 있게 된다.

9.1.3. 위건드 와이어(Wiegand wire) 방식 상품도난방지시스템

(1) 원리

위건드 와이어에 강한 외부자장을 가하면 [그림 9-4a]와 같이 외각부(Shell)와 핵부(Core)가 동일 방향으로 자화되어 있다가, 역방향의 약한 자장을 가하면 [그림 9-4b]와 같이 핵부(Core)가 외각부(Shell)의 반대 방향으로 자화된다.

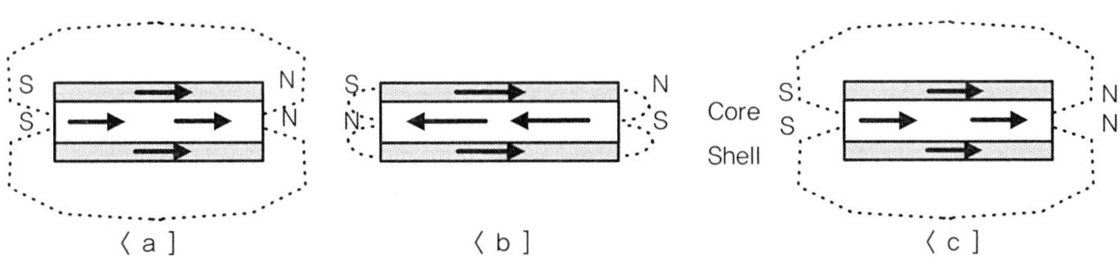

[그림 9-4] 위건드 와이어에 자계를 가할 때의 자화의 변화

[그림 9-4b]와 같이 자화된 위건드 와이어에 판독기에서 자장을 가해주면 [그림 9-4c]와 같이 변하면서 위건드 효과에 의하여 전기 펄스(Pulse)가 발생하고, 이 전기 펄스로 경보를 발생하게 한다.

(2) 운용

도서관에서 위건드 와이어를 책 속에 끼워서 [그림 9-4b]와 같이 자화시켜 놓는다. 도서관 출입구에는 위건드 와이어 판독기를 설치해 두면 부정으로 도서를 반출할 때 판독기에서 경보를 발하게 된다. 도서 반출 신고를 필한 도서는 [그림 9-4c]와 같이 자화시킴으로써 경보 없이 출입구를 통과할 수 있다.

9.1.4. 마이크로칩(Microchip)의 활용

(1) 마이크로칩의 개발

반도체기술과 정보기술(IT)의 발달로 소형 RFID(Radio Frequency Identification) 칩의 제조가 가능해졌다. 물품에 내장하거나 부착할 수 있는 소형 태그(Tag)의 형태로 이동전화통신망을 통하여 혹은 인공위성을 통하여 데이터베이스(Data base)가 있는 컴퓨터와 연결될 수 있는 칩이 개발되었고, [그림 9-5]와 같이 쌀알 크기(길이 12mm, 직경 2.1mm 정도)의 것으로써 인체의 피부 지방조직에 간단히 삽입될 수 있는 베리칩(VeriChip; Verification Chip)의 제조가 가능해졌다.

소형 마이크로칩(Microchip)인 RFID칩은 정전용량을 가진 축전기(Condenser)와 유도계수(Inductance)를 가진 코일로 된 공진회로가 내장되어 있고, 좁쌀 크기의 반도체에는 칩 고유의 시리얼 번호와 개인신분 번호 및 개인 데이터를 보유하고 있으며,[1] 특수 스캐너로 라디오주파수의 전파를 발사하여 통신을 함으로써 칩이 보유하고 있는 번호와 데이터를 읽을 수가 있다.[2]

---

1) 성경 요한계시록 13장 17 18절에서 "…이 표를 가진 자 이외는 매매를 못하게 하니 이 표는 짐승의 이름이나 그 이름의 수라…육백육십륙이니라" (No one could buy or sell without this mark, that is, the beast's name or the number stands for the name… Its number is 666)라고 계시하고 있다. 칩 고유의 번호와 개인신분 번호 및 개인 데이터가 2진값으로 되고, 데이터의 구성은 [110 칩 고유의 번호 2진값 110 개인신분 번호 2진값 110 개인 데이터 2진값]으로 될 때 컴퓨터가 가장 확실하게 번호와 데이터를 구별하여 읽을 수 있다. 2진값 [110]은 10진값 [6]이므로 이러한 데이터 구성의 마이크로칩은 성경에서 계시하고 있는 '666표'가 될 수 있다.

2) 인터넷사이트(www..cnetnews.com, October 13, 2004), "FDA approves injection ID chip in patients".

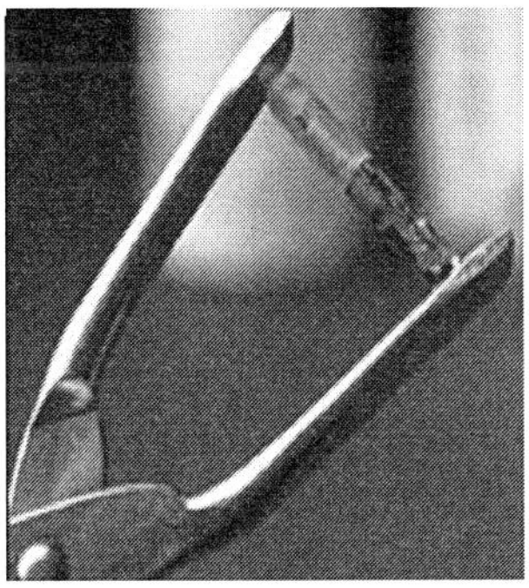

[그림 9-5] 인체에 삽입되는 베리칩

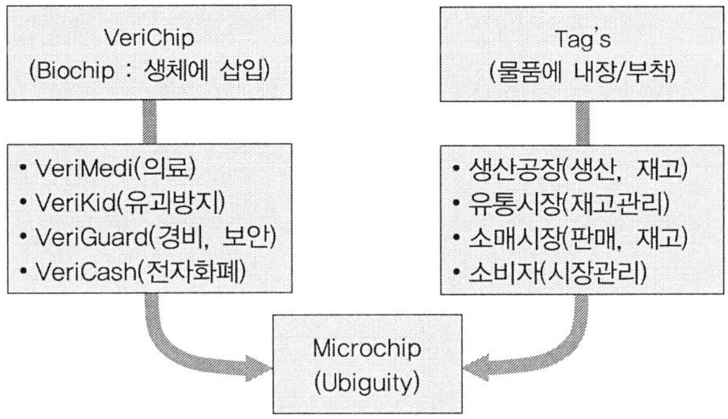

[그림 9-6] 마이크로칩의 활용

(2) 마이크로칩의 활용

[그림 9-6]에서 보인 바와 같이 물품에 내장 혹은 부착하여 생산공장에서 생산관리를 효율적으로 하게하고, 유통시장에서는 정확하고 신속하게 재고관리를 할 수 있세 한다. 소매시장에서는 재고관리와 판매관리를 할 수 있게 할 뿐 아니라, 상품도난방지용으로도 활용할 수 있다. 소비자의 소비형태 및 소비상태를 정확하게 파악함으로써 시장관리에도 유용하다.

사람 팔의 지방조직에 마이크로칩을 주입하여 특수 제작된 스캐너로 환자의 이름, 혈액형 그리고 현 상태에 관한 상세한 정보를 이 칩으로부터 읽어 낼 수 있어 질병을 신속하게 치료하는 의료용으로도 활용된다. 생명공학기술(BT)과 인간두뇌공학이 더욱 발달하면 마이크로칩에 128개의 유전자 지도(DNA Code ; deoxyribo nucleic acid code)를 형성하고 뇌신경과 연결할 수 있게 되어 유전인자를 조정함으로써 어려운 질병의 치료도 가능하게 될 것이다. 어린이나 요인들의 유괴를 방지하는 데, 경비 강화용 및 출입통제시스템의 보안용으로도 사용되며, 현금인출을 할 수 있고 전자화폐로서 매매에도 활용될 수 있어 인간에게 정확성, 신속성 그리고 편이성을 제공한다.

그러나 마이크로칩을 인체에 삽입하여 활용하는 것은 마이크로칩을 조종하는 컴퓨터에 의하여 뇌세포의 형상을 바꿀 수도 있어 인간의 체질뿐만 아니라 성품까지 바꿀 수 있다. 세뇌를 통한 인간의 존엄성과 개별성을 무참하게 말살하고

선한 마음을 완악한 마음으로 바꾸는 등 악의 세력에 의하여 조종됨으로써 광범위하게 악용될 수 있음을 간과하면 안 될 것이다.

9.2. 폭발물 탐지기(Bomb Detector)

9.2.1. 개요

단독의 원자 또는 화합물이 액체 혹은 기체상태에서 전리에 의하여 양전하 또는 음전하를 띠게 된 것을 이온(Ion)이라 한다. 폭발물에 사용되는 다이나마이트(Dynamite) 혹은 초유폭약(硝油爆藥)의 화합물이 전리되어 발생하는 이온(Ion)이 공기 중에 함유된다. 탐지대상 사람이나 물품에 공기를 흘려보내고 또한 그 공기를 빨아들여 농축하고 이온이동의 스펙트럼을 측정함으로써 숨겨진 폭발물을 탐지할 수 있다. 폭발물탐지기로는 거치형 폭발물탐지기(Fixed Bomb Detector), 통과형 폭발물탐지기(Walk-through Bomb Detector) 그리고 휴대형 폭발물탐지기(Hand-held Bomb Detector)가 있다.

9.2.2. 거치형 폭발물탐지기(Fixed Bomb Detector)

탐지장치를 거치하여 고정시키고, 탐지대상 물품을 탐지부위에 접근시킴으로써 폭발물을 탐지한다. 거치형 폭발물탐지기의 예를 들면 외관은 [그림 9-7]과 같다.

예를 든 폭탄탐지기의 특성은 다음과 같다.

- 탐지 가능한 폭발물 종류 : 약 40종 (Dynamite, Semtex, TNT, C4, PETN, RDX, HMX, TNAB 등)
- 폭약 자동분석시간 : 약 5초(장비 워밍업시간 : 약 15분)

- 크기 및 중량 : 47cm(L)×54cm(W)×37cm(H), 19.5kg
- 특이사항 : 터치스크린방식, 컴퓨터 1대 및 프린터 내장, 자동정화 및 교정 기능이 있다.

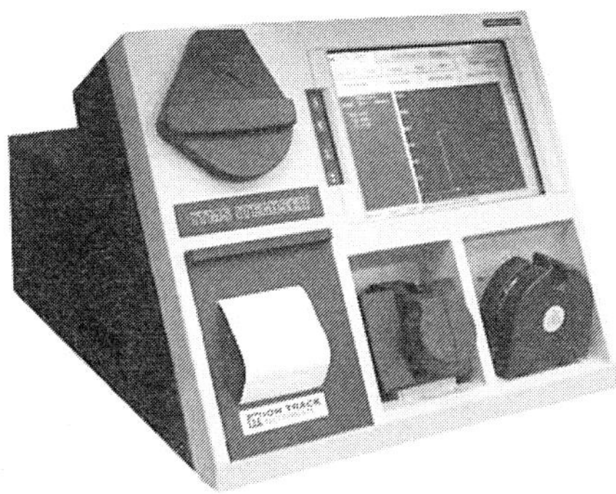

[그림 9-7] 거치형 폭발물탐지기의 예

9.2.3. 통과형 폭발물탐지기

이동형 이온트랩분광계(ITMS) 기술을 적용한 통과형 폭발물탐지기도 사용되고 있다. [그림 9-8]은 X-선 검색장치와 금속탐지기의 접목을 통한 복합 감지형 검색장비이다.

통과형 폭발물탐지기의 특성은 다음과 같다.

- 고정식으로 설치하여 출입하는 인원이 내부를 통과함으로써 검색이 이루어진다.
- 신속한 통과 및 검색을 위해 통행자에게 시각적, 청각적으로 통과지시를 내릴 수 있다.
- 폭발물 감지시 음성 및 시각적 경보를 발생시킨다.
- 시스템의 자체 진단기능을 보유하고 있다.
- 출입자 데이터를 자동으로 신속하게 기록할 수 있다.
- 터치스크린으로 그래픽상으로 제어가 가능하다.

- 네트워크 기능으로 원격제어가 가능하다.

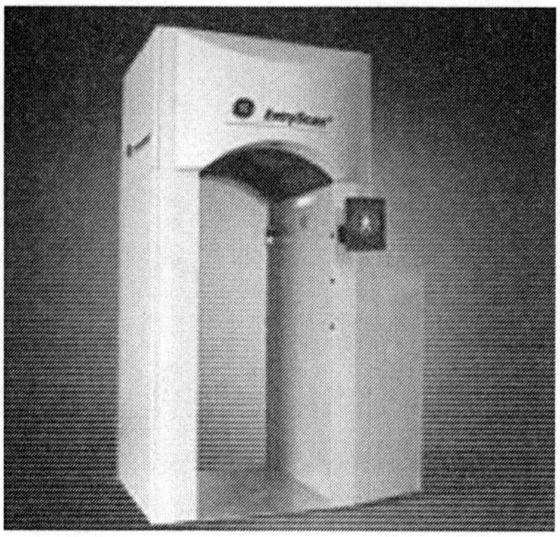

[그림 9-8] 통과형 폭발물탐지기

9.2.4. 휴대형 폭발물탐지기

유동인원과 차량에 대해 검색이 용이하게 고안된 휴대형 폭발물탐지기를 사용할 수 있다.

휴대형 폭발물탐지기의 주요 특징은 다음과 같다.

- 3.2kg의 경량화된 장비로 정확한 탐지능력을 보유한다.
- 불법물 샘플의 눈에 보이지 않는 증기를 통해 추적하는 방식이다.
- 휴대형(Hand held type) 기기임에도 알려지지 않은 조각 및 증기를 감지한다.
- 전방 탈착(脫着) 기기는 샘플링 능력을 향상(Option 기기)시킨다
- 먼지 많은 곳이나 습기 많은 곳에서도 작동이 가능하다.
- 무게 : 3.2kg, 전원 : AC 115/230V, 12 VDC 90분용 축전지(Battery), 6시간용 Battery Pack 선택이 가능하다.

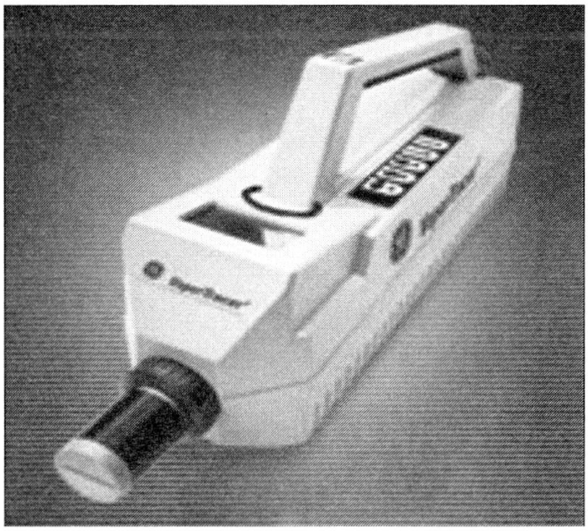

[그림 9-9] 휴대형 폭발물탐지기

9.3. 금속탐지기(Metal Detector)

9.3.1. 개요

금속물체가 근접하면 발진하는 회로를 구성하고, 이 발진회로를 검색하고자 하는 대상물에 근접시킴으로써 땅속에 매설되어 있는 금속물체, 식품에 혼입되어 있는 금속 편, 인간이 휴대하고 있는 금속물체 등을 탐지할 수가 있다.[3]

사람이 휴대하고 있는 금속을 탐지하기 위하여 일반적으로 많이 사용되고 있는 금속탐지기는 통과형 금속탐지기(Walk-through Metal Detector), 고속 통과형 금속탐지기(High Speed Walk-through Metal Detector) 및 휴대형 금속탐지기(Hand-held Metal Detector)가 있다.

3) 손병기, 전게서, p. 95.

9.3.2. 통과형 금속탐지기(Walk-through Metal Detector)

사람이 무기가 될 수 있는 금속물체를 소지하고 있는 것을 탐지하기 위하여 [그림 9-10a]와 같은 검색대를 통과하게 하고 금속물체가 있을 경우에 경보가 발생하게 한다.

[그림 9-10b]는 통과형 금속탐지기의 감시부이다. 통과형 금속탐지기의 예를 들면 그 특성은 다음과 같다.

- 장비규격 : 2235mm(H) × 835mm(W) × 660mm(L)
- 감도레벨 : 10단계 조정
- 알람(톤) : 10단계 조정
- 통과처리량 : 60명 이상/분
- 탐지표시 : 상, 하(20 zone표시)
- 방향성 : 양방향 탐지
- 표시기능 : 무기류 탐지시 2개소 이상 표시가능

[그림 9-10a] 금속탐지기 검색대

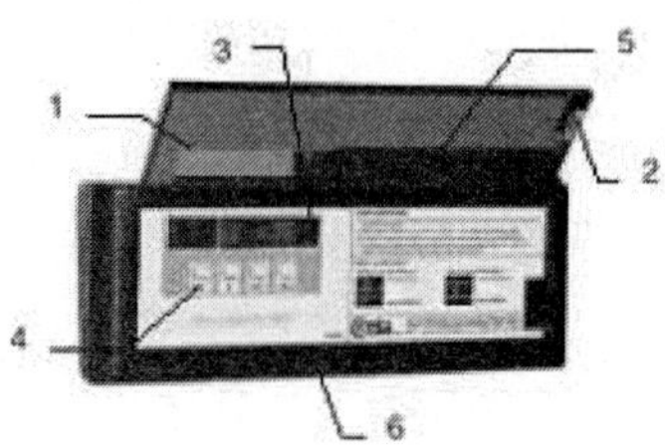

1 : 송신판넬 연결접속장치　2 : 보안 점검 장치
3 : 디스플레이　4 : 제어 조작 버튼
5 : ELECTRONIC UNIT 커버　6 : 프로그램 칩 카드 슬롯

[그림 9-10b] 금속탐지기 감시부

9.3.3. 고속 통과형 금속탐지기 (High speed Walk-through Metal Detector)

많은 사람이 통과하는 경우 고속으로 검색하기 위하여 검색대를 특별히 고안하고 금속탐지회로를 개선하여 설치할 수 있으며, [그림 9-11a, b]는 그 예의 외관이다.

[그림 9-11a] 고속 통과형 금속탐지기 예

[그림 9-11b] 고속 통과형 금속탐지기 통과 모습

9.3.4. 휴대형 금속탐지기(Hand held Metal Detector)

휴대형 금속탐지기는 철금속 또는 비철금속으로 된 물체를 탐지할 수 있는 기기로서, 사람이 소지하는 소형 권총이나 칼 등의 흉기 등을 세밀하게 탐지하는 용도에 적합하게 되어 있다.

[그림 9-12a]는 휴대형 금속탐지기의 예이고, [그림 9-12b]는 각 부위의 설명도이다.

예를 든 휴대형 금속탐지기의 특성은 다음과 같다.

- 장비규격 : 390mm(L) × 65mm(W) × 24mm(H)
- 감도레벨 : 감도조절기를 시계방향으로 돌리면 감도가 높아지고, 반 시계

방향으로 돌리면 낮아짐

- 경보 : 소리경보 및 램프 점등(LED)
- 경보음량 : 조정가능
- 배터리충전 : 충전용 아답터가 있음
- 전원잔량표시 : 건전지의 전압이 떨어질 때 정상적인 귀뚜라미 소리에서 삐하는 소리로 바뀌며, LED가 청색에서 황색으로 바뀜
- 표시기능 : 무기류 탐지시 2개소 이상 표시가능

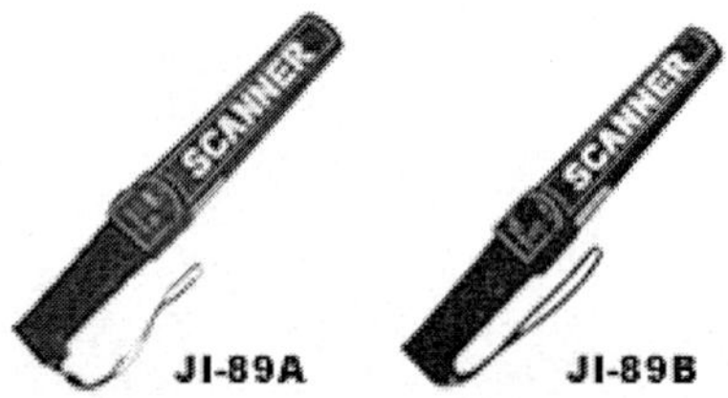

[그림 9-12a] 휴대형 금속탐지기의 예

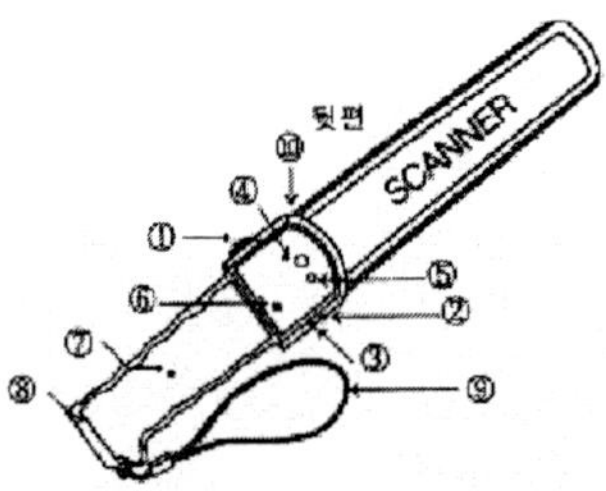

① 전원스위치 ② 충전용 콘센트 ③ 이어폰 구멍
④ LED(전원표시, 전원잔량표시등 및 알람등) ⑤ 알람소리 구멍
⑥ 감도조정 구멍 ⑦ 건전지교환뚜껑 안전끈
⑧ 볼륨조정 구멍

[그림 9-12b] 휴대형 금속탐지기의 각 부위 설명도

9.4. X-선 검색장치(X-ray Devices)

9.4.1. 개요

전자를 고속으로 가속하고, 이것을 금속판에 충돌시키면 [그림 3-19]에서 보인 바와 같이 파장이 0.0001~0.01μm인 전자파가 발생하는데 이를 뢴트겐선(Roentgen ray) 혹은 X-선(X-ray)이라 한다.

X-선은 고체속을 여러 가지 흡수도로 투과하며, 형광스크린이나 사진 건판에 닿아 흡수량 장소에 의한 차이를 주는 이미지를 형성한다.[4)]

X-선의 특성을 이용하여 수화물 내부의 물품 이미지를 확인하여 위험물 또는 법으로 금하는 물품 유무를 검색하는 장치를 X-선 검색장치(X-Ray Detector)라 한다. X-선 검색장치는 휴대수화물 검색장치와 위탁수하물 검색장치 그리고 위탁수하물 2차 정밀 검색장치 등이 있다.

9.4.2. 휴대수화물 검색장치

여행자가 휴대하는 수화물을 장치의 컨베이어 위에 올려놓으면 일정한 위치를 통과하게 하고 그 위에서 X-선을 조사하여 수화물 내부의 이미지를 모니터(Monitor)로 감시하게 하는 장치이다. [그림 9-13a, b]는 휴대수화물 검색장치의 예이다.

휴대수화물 검색장치 예의 특성은 다음과 같다.

- 물품투입구 크기 : 660mm(H) × 1050mm(W)
- 검색가능 휴대품 : 400mm(H) × 700mm(W)
- 휴대품 처리량 : 30개/분
- 컨베이어 작동 : 전, 후진

4) 최신 전자 · 전기용어사전, 전게서, p. 806.

- 컨베이어 적재중량 : 270kg
- 화면 확대 : 2배, 4배 확대
- 모니터 해상도 : 1280 × 1024 Line
- 모니터 규격 : 17 inch (3ea)
- 물질구분 : 유기물(오랜지 색), 무기물(파란색), 혼합물(녹색)
- 영상이미지 : 저장 및 재생
- 서클표시기능 : 폭발물로 의심되는 물체는 화면에서 서클표시

[그림 9-13a] 휴대수화물 검색장치의 예

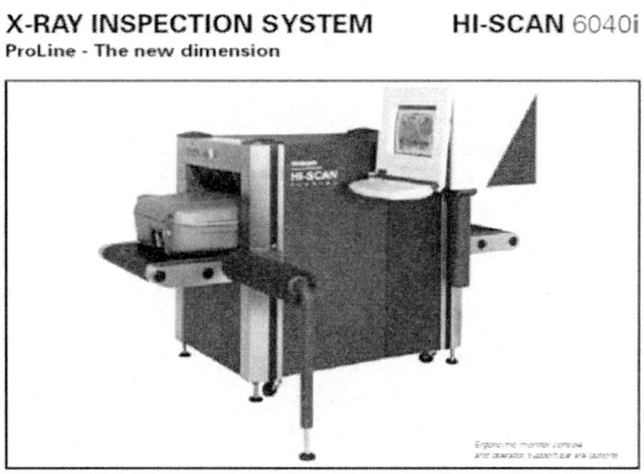

[그림 9-13b] 휴대수화물 검색장치의 예

9.4.3. 위탁수화물 검색장치

위탁한 수화물은 휴대하는 수화물에 비하여 크기가 크고 수량이 많으므로 그에 용도에 적합한 X-선 검색장치가 필요하다. 그 예를 들면 [그림 9-14a, b]와 같다.

[그림 9-14a] 위탁수화물 검색장치의 예

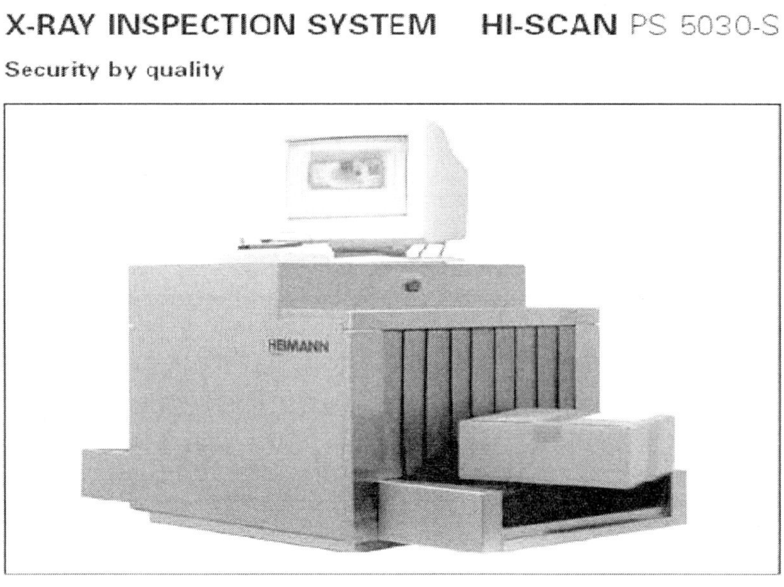

[그림 9-12b] 위탁수화물 검색장치의 예

예를 든 위탁수화물 검색장치의 특성은 다음과 같다.

(1) 기술사양

- X-ray 주사방식 : 수평 및 수직 양방향
- 수하물 투입구 크기 : 1,016mm(W) × 798mm(H)
- 수하물 처리량 : 600개/시간당
- 컨베이어속도 : 0.5m/sec
- 폭발물 자동탐지 : 컬러 Circle표시

(2) 판독자 워크스테이션 기술사양

- 판독업무용 모니터 : 흑백모니터, 17″, 수평해상도 : 1024 × 1280
- 이미지 판독기능 : 2/4배 확대, 유기물/무기물 제거기능

9.4.4. 위탁수화물 2차 정밀 검색장치

위탁한 수화물을 검색한 결과 더욱 정밀하게 검색할 필요가 있을 경우에는 [그림 9-15]와 같은 X-선 검색장치를 이용한다.

위탁 수화물 2차 정밀 검색장치의 성능은 다음과 같다.

- 주사방식 : 컴퓨터단층촬영방식
- 컴퓨터 : 2대
- 처리량 : 표준 542개/시간당, 최대 900개/시간당
- 투입구크기 : 1016mm(w) × 764mm(h)
- 폭발물 자동탐지 및 표시기능, BHS와 연계운영이 가능

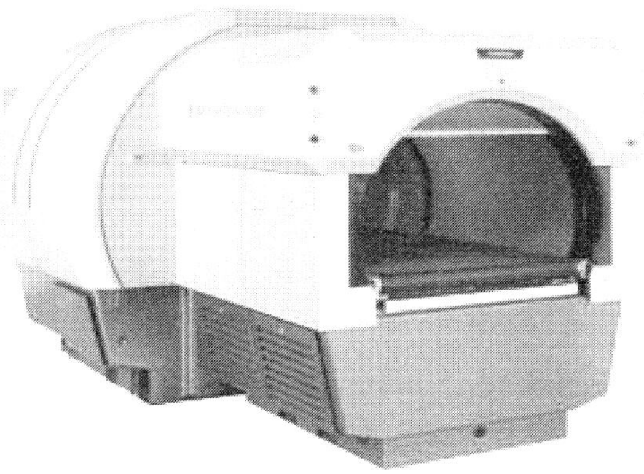

[그림 9-15a] 위탁수화물 2차 정밀검색장치의 예

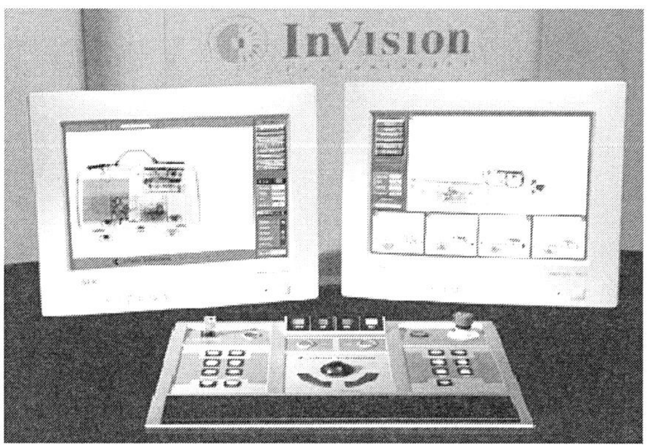

[그림 9-15b] 위탁수화물 2차 정밀검색장치의 감시부의 예

9.5. 알몸투시기(Rapiscan System)

특수 X-ray 검색장치로서 특수 X-ray를 옷을 입고 있는 사람에게 조사하면 특수 X-선이 옷을 통과하고 알몸이나 옷 속에 소지한 무기 등에서 흡수되어 알몸의 영상이 나타나게 한다.

9.6. 문제

• 상품도난방지시스템 문제 •

9-1. 상품도난방지시스템이란 무엇인가?

9-2. 태그(Tag)방식 상품도난방지시스템에 사용하는 태그(Tag) 속에는 무엇이 들어있는가?

9-3. 태그(Tag)방식 상품도난방지시스템은 어디서 어떻게 운용되는가?

9-4. 위건드와이어는 어떤 성질을 가지고 있는가?

9-5. 위건드와이어 방식 상품도난방지시스템은 어디서 어떻게 운용되는가?

9-6. 물품에 부착되는 마이크로칩은 어떻게 활용되는가?

9-7. 생체에 삽입되는 마이크로칩을 활용하는데 있어서 고려해야 할 것은 무엇인가?

• 검색장치 문제 •

9-8. 폭발물 탐지기는 어떤 방법으로 폭발물을 탐지하는가?

9-9. 폭발물 탐지기는 어떤 종류의 폭발물을 탐지하는가?

9-10. 금속탐지기기는 어떤 원리로 금속물체를 탐지하는가?

9-11. 사람이 휴대하는 금속물체를 탐지하는 금속탐지기는 어떤 종류가 있는가?

9-12. X-선(X-ray)는 어떤 성질을 가지고 있는가?

9-13. X-선 검색장치는 어떤 종류가 있는가?

9-14. X-선 검색장치는 어디서 어떻게 운용되는가?

9-15. 알몸투시기는 어떤 원리로 옷 속에 감춰진 내용물을 검색하는가?

제10장

전기 · 전자 기초

제10장 전기 · 전자 기초

10.1. 전기이론

10.1.1. 전기(Electricity)

세상의 모든 물질은 원자로 되어 있고 원자는 [그림 10-1]과 같이 원자핵과 그 주위의 전자로 구성되어 있으며, 원자핵은 몇 개의 양자와 중성자라는 미립자로 구성되어 있다. 원자를 구성하고 있는 전자(Electron) 또는 양자(Proton)에 의해서 보유되고 있는 전하(Electric Charge)라는 자연계의 물리량을 전기라 한다.

전하는 전기량(Quantity of Electricity)이라고도 하며 단위는 쿠우롬[C : Coulomb]이다.

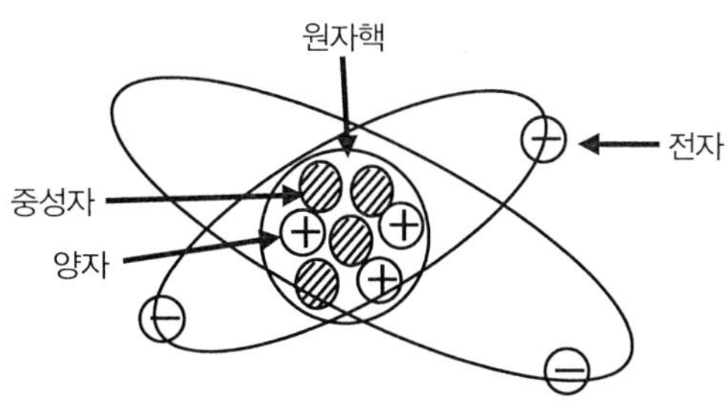

[그림 10-1] 원자의 구조

10.1.2. 전류(Current)

도체에 단위시간 동안에 전하의 흐르는 양을 전류라 하며, 단위는 암페어[Ampere]이다. 도체에 연속적으로 Q[C]의 전하가 흐른다면

$$I= \frac{Q}{t} \ [A]$$

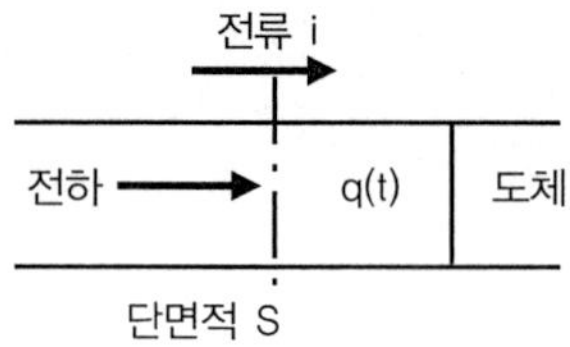

[그림 10-2] 도체에 흐르는 전하

로 표시할 수가 있고, 만약 전하가 흐르는 속도가 일정하지 않고 시간에 따라 변화하는 경우에는 [그림 10-2]와 같이 단면적 S를 t[sec]까지 통과한 전하를 q(t)[C]이라 하면 전류 I는 $I= \frac{dq(t)}{dt}$ [A] 로 된다.

1 [Ampere]는 1 Second에 1 [Coulomb]의 전하가 흐를 때의 전류의 크기이다. 1A의 전류가 흐르는 도선에는 1초마다 약 6.25×10^{18}개의 자유전자가 이동하고 있다.

단면적 S[m^2]에 흐르는 전류 I일 때 I/S [A/m^2]를 전류밀도라 한다.

10.1.3. 전압(Voltage)

도체에 전원을 가하면 +측의 전위(electric potential)와 −측의 전위가 차이가 난다. 이를 전위차(Potential difference)라 한다. 전위차가 있을 경우 [그림 10-3 a, b]와 같이 도체와 대지 혹은 도체와 도체 사이에 전기가 흐르려고 하는 세기를 전압(Voltage)라 하며 단위는 볼트[Volt]이다.

1 [Coulomb]의 전하가 2점간을 이동하여 1 [Joule]의 일을 할 때 1 [Volt]라 한다.

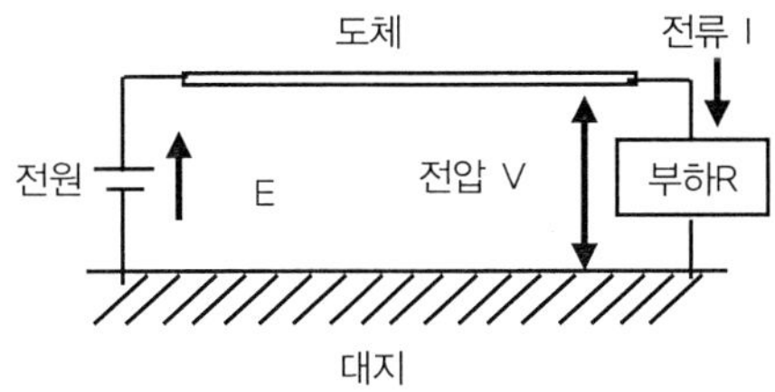

[그림 10-3a] 도체와 대지간 전위차

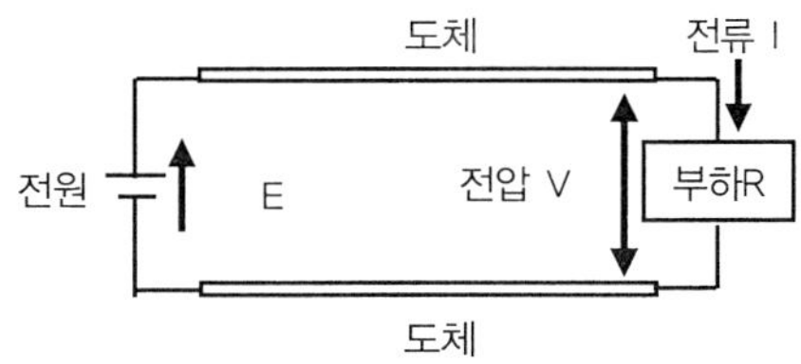

[그림 10-3b] 도체와 도체 사이 전위차

10.1.4. 전력(Electric Power)

전기가 단위시간에 하는 에너지량(일의 양)을 전력이라 하며, 단위는 와트[Watt]이다.

전류와 전압이 일정하지 않고 시간에 따라 변화하는 경우에 전력은

$$W = \int_{t1}^{t2} v(t)i(t)dt$$

로 계산되고 [그림 10-3b]와 같이 도체에 직류가 흐를 때의 전력은 전압과 전류의 곱으로 정해진다.

P = VI 로 표시되며 이는 다시 $P = RI^2 = \frac{V^2}{R}$ 로 표시되므로 전력은 전압과 전류에 비례하나, 전류 I가 일정할 경우 저항 R에 비례하고, 전압이 일정할 경우는 저항 R에 반비례함을 알 수 있다.

교류에서는 전압과 전류와 역률(Power Factor)cosφ의 곱으로 정해진다.

$$P = VI\cos\phi$$

10.1.5. 저항(Resistance)과 저항체(Resistor)

전기가 흐르는 것을 방해하는 작용을 말하며, 단위는 옴[Ohm : Ω]이다. 도체의 전기저항 R은 물질의 종류에 따라 다르고 길이 l에 비례하며 단면적 S에 반비례

한다. 전기저항 R은

$R = \rho \dfrac{l}{S}$ [Ω]가 되고 ρ를 저항률(resistivity, specific resistance) 또는 고유저항(natural resistance)이라고 하며 단위는 [Ω · m]이다. [그림 10-4]는 물질의 저항률을 표시한 것이다.

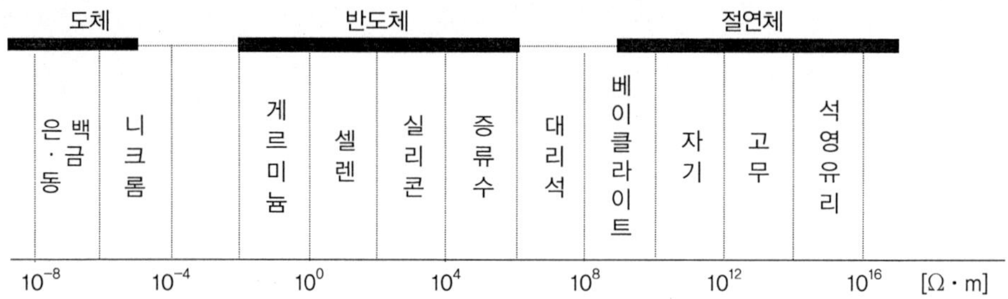

[그림 10-4] 물질의 저항률(실온)

저항값(Resistance)을 가지는 전기부품을 저항체(Resistor)라 한다.

단, 교류전기가 흐르는 경우에는 도체의 전기저항(Resistance)뿐만 아니라 정전용량(Capacitance) 및 유도계수(Inductance)의 영향도 포함되며, 교류회로에서 교류전압과 교류전류의 비 v(t)/i(t)를 임피던스(Impedance)라 한다.

도전도(Conductance)는 전류가 얼마만큼 잘 흐르는가를 나타내는 것으로, 단위는 [mho] 혹은 [Ω]을 거꾸로 표시한 것이다.

10.1.6. 옴의 법칙(Ohm's law)

저항체(Resistor) 양측에 가해지는 전압이 일정하면 저항이 클수록 저항체에 흐르는 전류량은 적으며, 다음과 같은 관계식이 성립한다.

$I = \dfrac{E}{R}$ or $E = I \times R$ (단, I : 전류, E : 전압, R : 저항)

전압과 전류가 시간적으로 변화하는 경우에 각각을 v(t), i(t)라 하면 $i(t) = \frac{v(t)}{R}$ 로 표시되며 이 관계를 옴의 법칙(Ohm's Law)이라 한다.

10.1.7. 직류(DC)와 교류(AC)

특성이 [그림 10-5a]와 같이 한쪽 방향으로만 흐르는 전류를 직류전류(Direct Current)라 하고, [그림 10-5b]와 같이 크기와 방향이 일정한 주기 T를 가지고 같은 변화를 반복하며 1주기의 평균값이 0이 되는 전압과 전류를 교류전압(Alternating Voltage), 교류전류(Alternating Current)라 한다.

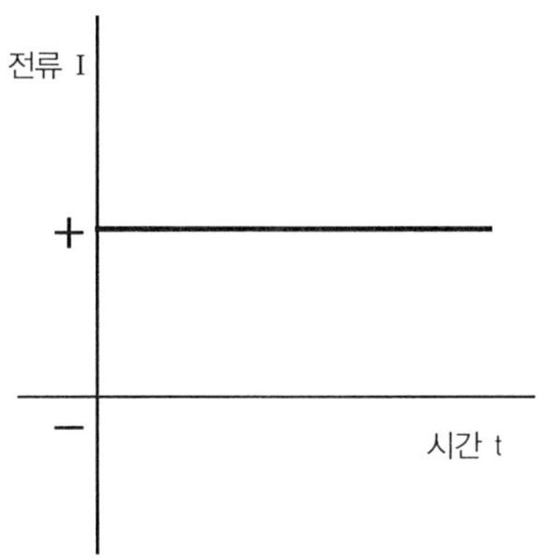

[그림 10-5a] 직류 특성

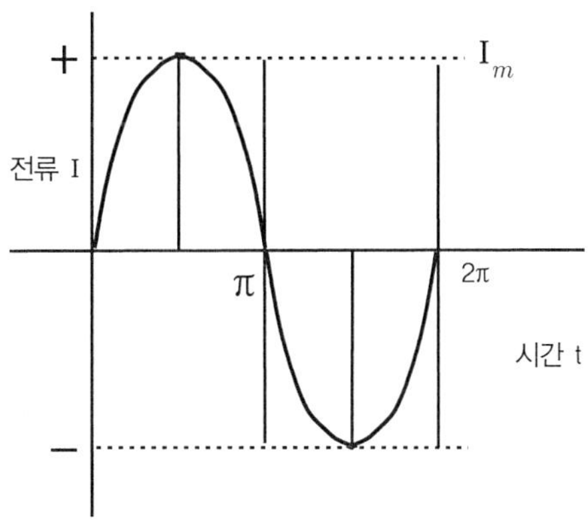

[그림 10-5b] 교류 특성

교류전류는 다음 식과 같이 나타낼 수 있다.

$i(t) = I \sin\omega t$ [A] (단, ω는 주파수를 f라 할 때 2πf에 해당하는 값)

교류는 변압기로 승압 또는 감압을 할 수가 있어 송전 및 배전시에 유리한 특성이 있고, 직류는 직류전동기를 가동할 경우에 속도조절이 자유롭다는 장점이 있다.

10.1.8. 도체(Conductor)

금, 은, 동, 알루미늄, 아연, 니켈 및 철 등의 금속과 같이 전기가 어느 방향이든지 잘 흐르는 도전성 물질을 도체라 한다. 전기가 흐르지 못하는 물질을 부도체 혹은 절연체(Insulator)라 한다.

10.1.9. 전계(Electric field)

[그림 10-6a]와 같이 진공의 공간에 "+" 점전하 Q[C]이 있을 경우 이 공간에 다른 전하를 놓을 때 이를 끌어당기든가 밀어 내는 정전력이 작용하는데 이 공간을 정전계(Electrostatic Field) 간단히 전계(Electric Field)라 한다.

전계의 공간에 1[C]의 점전하를 두었을 때 작용하는 힘을 전계의 세기(Intensity of electric field)라 하며 단위는 [V/m]이다.

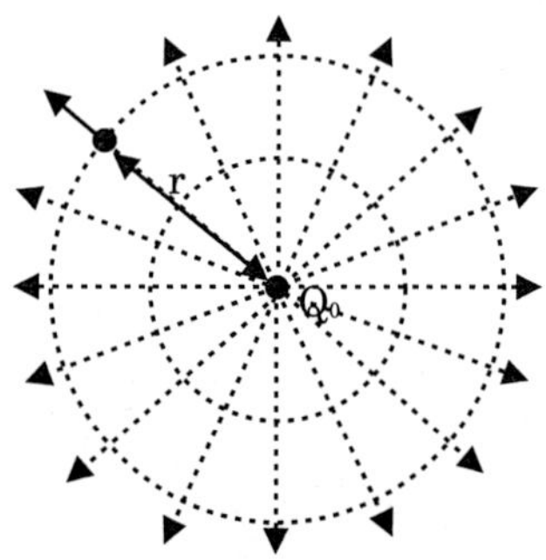

[그림 10-6a] 점전하에 의한 전계

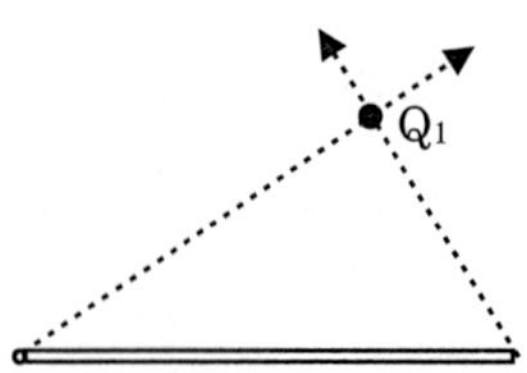

[그림 10-6b] 선전하에 의한 전계

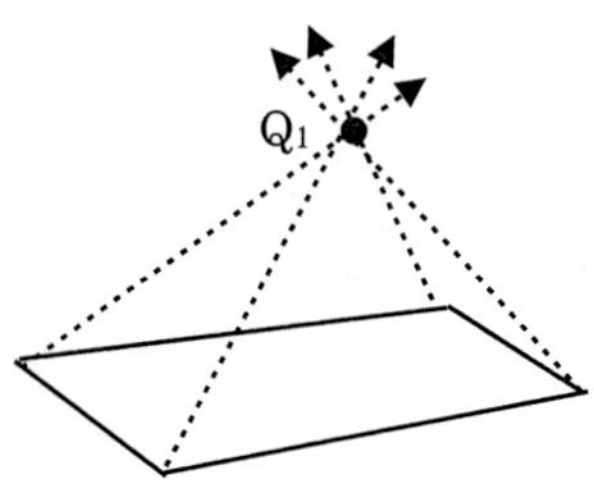

[그림 10-6c] 면전하에 의한 전계

Q 보다 r[m] 떨어진 점의 전계의 세기는 쿠롬의 법칙에 의해

$E = Q_0/(4\pi\varepsilon_0 r^2) = 9 \cdot 10^9 \cdot \frac{Q_0}{r^2}$ [V/m]로 표시된다.

[그림 10-6a]와 같이 Q_0점을 중심으로 하는 전계는 동심구 위에는 같고 방향은 방사상으로 바깥으로 향하게 되고, [그림 10-6b] 및 [그림 10-6c]와 같이 선 혹은 면으로부터의 전계도 형성되며, 진공이 아닌 경우에는 그 세기가 변하게 된다.

10.1.10. 자계(Magnetic Field)

영구자석 혹은 전자석은 자성체의 금속을 끌어당기는데 이를 자기라 하고, 자기가 작용하는 공간을 자계라 한다.

점자하 1[Wb]에 작용하는 힘 [N]을 자계의 세기(Intensity of magnetic field)라 하며, 단위는 [A/m]이다.

자계의 세기 H [A/m]의 점에 m [Wb]의 점자하를 놓았을 때 작용하는 힘은 F = mH [N]이다. 단, [N]은 뉴톤(Newton)

자계(磁界) 혹은 자장(磁場)이라고도 하며, 그 안에 놓인 다른 자극에 힘을 미칠 뿐만 아니라 [그림 10-19]와 같이 그 곳을 지나는 전류에도 힘을 미치며, 반대로 [그림 10-20]과 같이 자기장 안에서 도체를 움직이면 도체 내에 기전력(起電力)이 유발된다. 즉, 자극이나 전류에 의해 특수한 성질이 주어지는 공간이다. 전류와 자기장의 이와 같은 상호작용은 전기현상과 자기현상의 밀접한 관계를 나타내는 것으로, 전동기나 발전기를 비롯하여 많은 전기기기(電氣機器)에 널리 이용된다.

10.1.11. 전자석(Electro-magnet)

도체에 전류가 흐르면 그 주위에 자계가 생긴다. [그림 10-7]과 같이 투자율이 큰 철심에 감긴 코일에 전류가 흐르면 암페어의 오른손 엄지손가락의 법칙에 따

라 자력선이 생긴다.

철심에 자력선이 생기는 것은 자성체를 끌어당기는 자기가 생기는 것이므로 이를 전자석(Electro-magnet)이라 한다.

전자석은 영구자석으로는 얻기 힘든 강력한 자기장을 얻을 수 있으며, 또 전류를 조정함으로써 자기장의 세기를 바꿀 수 있다는 이점이 있다. 이 때문에 응용범위가 매우 넓어서, 작게는 통신기의 계전기(릴레이)부터 크게는 금속가공공장 등에서 1t 이상의 재료를 끌어올리는 전자기식 기중기에까지 이용되고 있다. 특히 핵물리학의 실험장치인 입자가속기에는 대단히 큰 것이 사용되고 있는데, 3만 6000톤이나 되는 전자석이 장치되어 있는 입자가속기도 있다.

전자석의 철심은 어느 정도 자기화가 진행되면 그 이상 전류를 세게 해도 자기화가 진행되지 않는다. 즉 자기포화상태에 가까워진다. 이 때문에 철심을 가지는 전자석의 자기장의 세기에는 일정한 한계(2~3만 Oe)가 있으며, 그 이상의 강력한 자기장을 얻는 데는 특수한 모양을 한 큰 공심(空心 : 철심이 포함되어 있지 않다) 코일에 MW단위의 직류를 통하는 방법이 사용되고 있다.

이 방법에 의하면 10만 Oe(에르스텟) 이상의 자기장을 얻을 수 있으나, 전력소비가 크고 코일을 소형화할 수 없다는 등의 결점이 있다. 이러한 결점을 보완하기 위하여 연구되는 것이 초전도(超電導)자석이다. 임계자기장(臨界磁氣場)이 높은 초전도재료가 개발되어 기포상자용 전자석, 입자집속용 전자석 등 강력한 자기장이 요구되는 장치에 이용되고 있다.

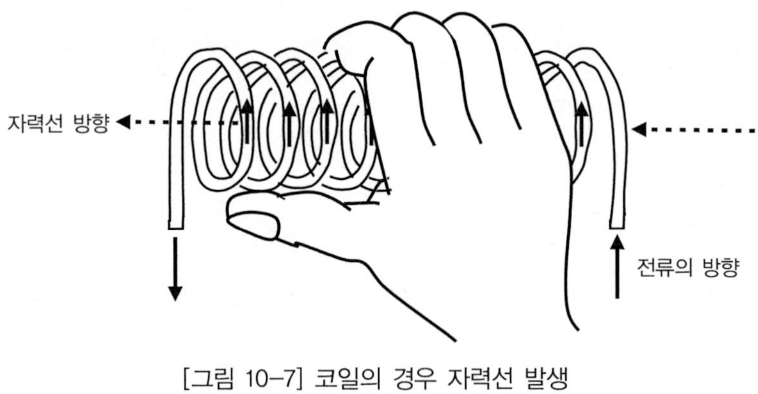

[그림 10-7] 코일의 경우 자력선 발생

10.1.12. 전자계(Electro-Magnetic Field)

전하는 공간에 전계를 만들고, 이동하는 전하 즉 전류는 그 주위를 둘러싸는 자계를 만든다. 반대로 변화하는 자계는 전계를 수반한다. 이와 같이 전계와 자계의 상호작용이 존재하는 공간영역을 전자계라 한다.

10.1.13. 전파(Radio wave)

전계가 변하면 [그림 10-8]과 같이 자계도 같은 위상으로 변화하면서 진행하는 파형을 전자파(Electromagnetic wave)라 한다.

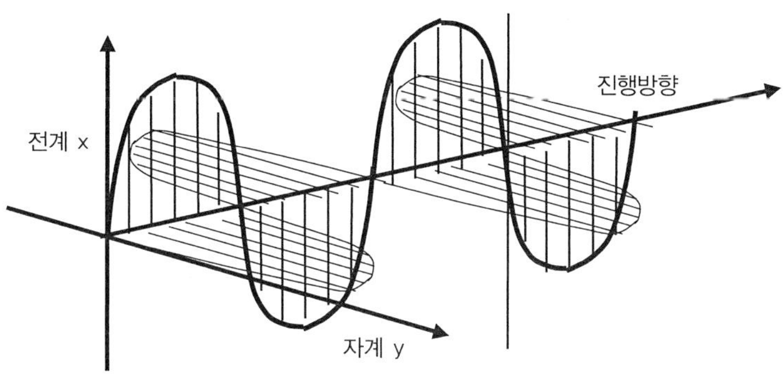

[그림 10-8] 전자기파의 진행

전자파의 일종으로 전계와 자계가 반복하여 변화하면서 공간을 진행해 나가는 파동으로 무선통신에 사용되는 것을 전파라 한다. 전파는

장파(Long wave; 100 KHz 이하)

중파(Medium Frequency wave; 300 KHz~3,000 KHz)

중단파, 단파(Short wave; 3 MHz~30 MHz)

초단파(VHF ; 30 MHz~300 MHz)

극초단파(UHF; 300 MHz~3 GHz)

밀리파(SHF; 3 GHz~30 GHz)

등이 있으며, 극초단파(UHF) 및 밀리파(SHF)에 상담하는 전파를 마이크로파(Microwave)라 한다.

무선통신에 사용되는 파장이 초단파보다 긴 전파의 주파수를 라디오주파수(Radio Frequency)라 한다.

오늘날에는 γ선, X선, 자외선, 적외선 등도 각각 다른 파장범위에 있는 전자기파인 것이 확인되었다. 따라서 일반적으로 전자기파라고 하는 것 중에는 특이한 성질을 가지고 또한 발생방법도 다른 많은 종류가 있으나, 그 중에도 비교적 파장이 긴(주파수가 낮은) 범위의 전자기파는 적당한 전원과 진동회로를 사용하여 진동전류를 일으키고 그것을 안테나를 통해 흐르게 함으로써 일정한 파장을 가지는 것을 지속적으로 보낼 수 있다.

10.1.14. 안테나(Antenna)[1)]

무선통신에서 공간에 전파를 효율적으로 방사하거나, 전파에 의해 효율적으로 기전력을 유기시키는 도선을 안테나라고 한다.

송신용 안테나와 수신용 안테나는 그 기본원리는 같으나, 사용하는 전파의 주파수에 따라 [그림 10-9]와 같이 형태와 모양이 달라진다.

장파와 중파용으로는 I형(a), 역 L형(b), T형(c)이 있고, 단파용으로는 마르코니형(d), 텔레푼켄형(e)이 있으며, 초단파 및 극초단파용으로는 휩 안테나(Whip Antenna)(f), 롯드안테나(Rod Antenna)(g), 홀디드 쌍극자(h), 야기 안테나(l), 슈퍼턴 스타일 안테나(i), 포물선형 안테나(j)와 경로길이 안테나(k) 등이 있다.

안테나의 길이를 파장의 1/2 혹은 1/4로 하면 주파수에 공진하여 효율적으로 송·수신할 수가 있다. 단파나 극초단파에서는 파장이 짧으므로 1/2 파장(λ/2) 안테나를 사용한다.

---

1) 동아원색세계대백과사전 20권, “안테나”(서울 : 동아출판사, 1983), pp. 22～23.

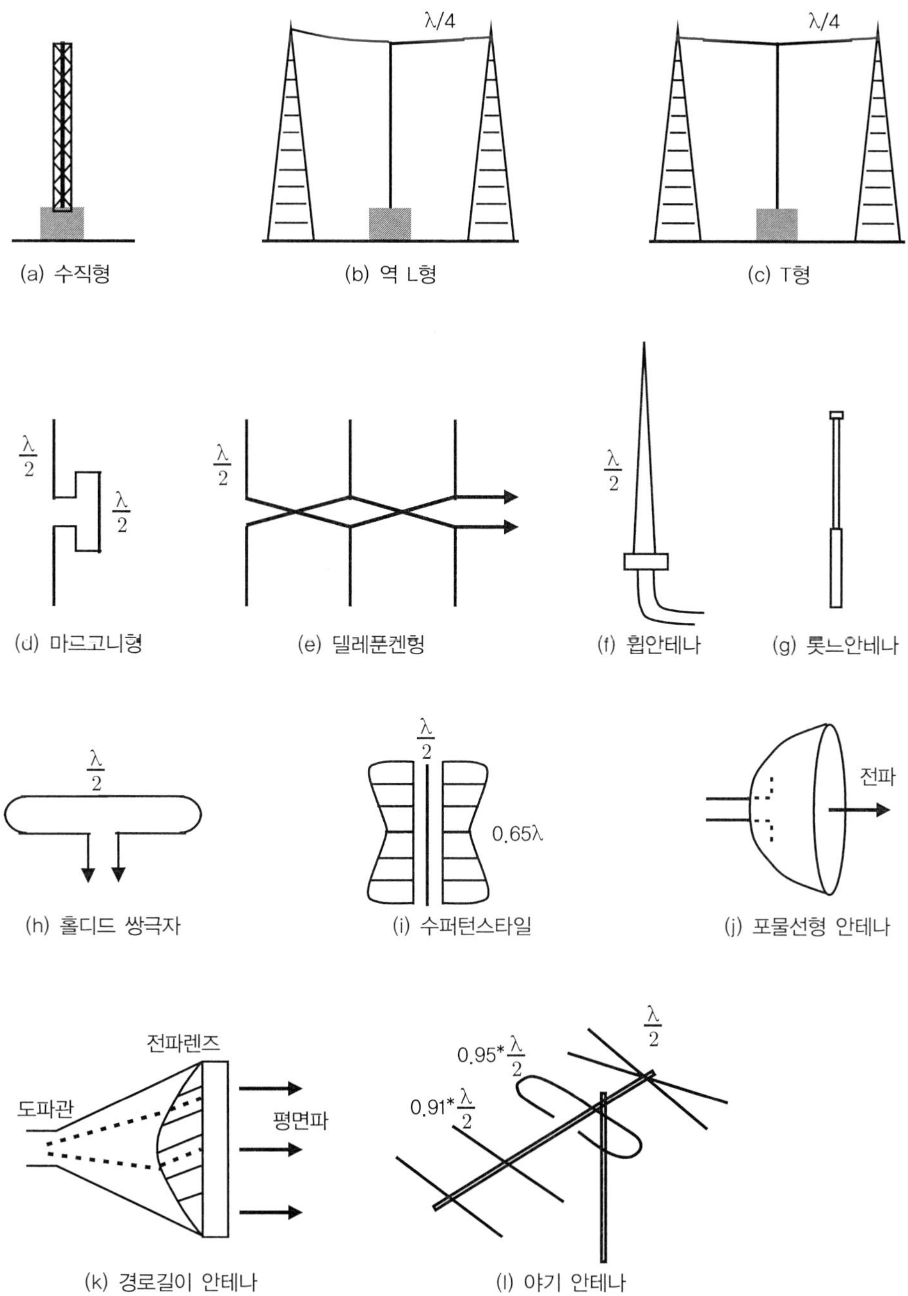
λ/4
λ/4
(a) 수직형
(b) 역 L형
(c) T형
λ/2
λ/2
λ/2
λ/2
(d) 마르고니형
(e) 델레푼켄형
(f) 휩안테나
(g) 롯느안네나
λ/2
λ/2
0.65λ
전파
(h) 홀디드 쌍극자
(i) 수퍼턴스타일
(j) 포물선형 안테나
전파렌즈
도파관
평면파
λ/2
0.95*λ/2
0.91*λ/2
(k) 경로길이 안테나
(l) 야기 안테나

[그림 10-9] 각종 안테나

10.1.15. 음파(Sonic wave) 및 초음파(Ultrasonic wave)

음파는 매질(媒質) 속을 전파하는 탄성파(彈性波)로서 보통 가청주파수(可聽周波數 : 수십~2만 Hz)의 것을 가리킨다. 가청주파수 이상의 음파를 초음파(Ultrasonics), 가청주파수 이하의 것을 인프라소닉스(Infrasonics)라 하며, 이것들도 넓은 뜻으로는 음파라 한다. 음파는 각각의 매질에 특유한 전파속도가 있으며, 반사, 간섭, 회절 등 파동으로서의 모든 성질을 지니고 있다.

초음파란 영문으로는 Ultrasonic Wave라고 하며 사람의 귀에 들리지 않는 20 KHz 이상의 높은 주파수의 음파를 말한다.

용도로는 여러 가지가 있으며 일반적으로 사람이나 자동차로부터의 음파반사를 포착하는 도플러식 센서, 케이크나 고기를 자를 때 사용하는 커터, 시계, 보석 등 정밀기계를 세척하는 세정기 등 주변에서 많이 사용되고 있다.

의료분야에서는 초음파 진단장치가 유명하며 초음파를 발, 수신하는 프로브를 몸의 표면에 대는 것만으로 이것으로부터 나오는 2~10 Mega Hz(MHz = 106Hz)의 초음파 펄스가 체내로 뚫고 들어가 심장 등 장기에 부딛혀 일부는 반사되어 되돌아오는데 그 시간차를 전자회로에 의해 거리로 환산하여 브라운관에 영상화하는 것으로 인체 내의 이상 유무를 진단하는 진단장치로 널리 쓰이고 있다.

이밖에 전파가 이용될 수 없는 환경이나 전선을 이용하고 싶지 않을 경우의 통신에도 응용되고 있으며, 펄스반사법의 응용에 의해 지층탐사기, 어군탐지기, 수중음향기기인 수평소나, 금속을 파괴하지 않고도 내부를 검사하는 비파괴검사기 등 많은 분야에 이용되고 있다.

10.2. 전기부품

10.2.1. 전기저항체(Resistor) 및 전기저항체의 연결

저항값(Resistance)을 가지는 전기부품을 저항체(Resistor)라 한다.

저항체의 연결방법은 [그림 10-10a, b]와 같은 직렬연결과 병렬연결이 있다.

2개의 단자 사이에 복수개의 저항이 접속되어 있는 경우, 그 2단자에서 본 회로의 저항, 즉 한 개의 저항으로 치환한 저항을 합성저항(Combined resistance) 또는 등가저항(Equivalent resistance)이라고 한다.

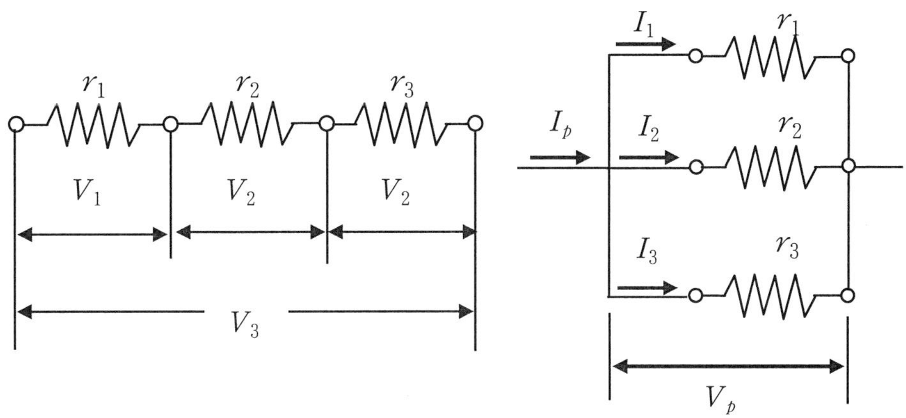

[그림 10-10a] 저항체의 직렬연결 [그림 10-10b] 저항체의 병렬연결

[그림 10-10a]와 같은 직렬연결 방법과 [그림 10-10b]와 같은 병렬연결 방법의 합성저항은 다음 식과 같다.

직렬연결의 경우 2개의단자 사이의 전압 V는

$V_S = V_1 + V_2 + V_3$ 이고

직렬연결의 합성저항을 R_S 라 하고 흐르는 전류를 I라 하면

$R_s I = r_1 I + r_2 I + r_3 I$ 이므로 $R_s = r_1 + r_2 + r_3$ 로 표시된다.

[그림 10-10b]와 같은 병렬연결의 경우에 흐르는 전류의 합을 I_p라 하면, I_p = $I_1 + I_2 + I_3$ 이므로, 병렬연결의 합성저항을 R_P 라 하면

$\frac{V_p}{R_p} = \frac{V_p}{r_1} + \frac{V_p}{r_2} + \frac{V_p}{r_3}$, $\frac{1}{R_p} = \frac{1}{r_1} + \frac{1}{r_2} + \frac{1}{r_3}$ 로 표시된다.

10.2.2. 정전용량기(Capacitor), 콘덴서(Condenser)

절연체를 사이에 둔 두 도체에 가해지는 전압에 따라 전하를 축적하는 능력을 정전용량(Capacitance)이라 하고, 단위는 파라드[Farad]이다. 정전용량을 가지는 전기부품을 정전용량기(Capacitor) 혹은 콘덴서(condenser)라 한다.

정전용량기에 축적되는 전하용량은 매우 작기 때문에 단위로 마이크로 파라드[Micro Farad; μF] 또는 피코 파라드[Pico Farad; pF]가 사용된다.

면적이 S[m^2]이고 간격이 l[m]인 평행 두 극판에 전압 V[V]를 인가할 때, 양 극판에 대전하는 전하 Q[C]는 전하밀도 σ가 Q/S [C/m^2]이므로 다음과 같이 된다.

$$Q = \varepsilon_0 \frac{S}{l} V \text{ [C]}$$

전하 Q 는 전압에 비례하고 그 비, 즉 단위 전압당 대전 전하의 크기 C [Q/V]는 C = Q/V = ε_0 S/l [F] 가 된다.

10.2.3. 인닥터;코일(Coil or Inductor)

도체로 된 코일 또는 회로가 있는 부분에 변화하는 전류가 흐르면 자속이 생기며, 자기 에너지를 쌓는 능력을 유도계수(Inductance) 혹은 유도량이라 한다. 이 유도계수는 전류량의 변화 혹은 방향의 변화를 방해하는 정도를 나타내며, 단위는 헨리[Henry]이다.

코일이 1개인 경우를 자기 유도계수(Self Inductance)라 하며, 유도자가 있고

다른 유도자를 가까이 했을 때 상호유도계수(Mutual Inductance)에 의해 접근시킨 유도자에 교류전압이 발생한다.

10.2.4. 계전기(Relay)

동일 또는 별도의 전기회로를 가지고 있는 장치를 동작시키기 위해 회로 접점을 개폐하도록 하는 기기 즉 전기회로를 개폐(開閉)하는 조작을 다른 전기회로의 전기적(電氣的)인 세력의 변화에 의하여 행하는 기기를 계전기(Relay)라 한다. 이러한 계전기는 전자식 계전기와 기계식 계전기가 있다.

방범경보시스템용 제어기 열선감지기 또는 적외선감지기 등에는 기계식 계전기가 사용되고 있고, 압전소자를 이용하는 감지기에는 전자식 계전기가 사용되고 있다.

10.2.5. 마그네트 스위치(Magnet Switch)

전류가 많이 흐르는 회로에서 전원을 개폐하기 위해서는 큰 접점의 스위치를 사용하며, 큰 접점의 단자를 가동하기 위하여 전자석이 사용된다. 이러한 스위치를 마그네트 스위치라 한다.

10.2.6. 마이크로 스위치(Micro Switch)

전기접점(電氣接點)의 스프링 부분을 합성수지 속에 묻히게 한 초소형의 스냅스위치를 마이크로 스위치라 한다. 가동(可動)스프링에는 베릴륨을 함유하는 구리합금 등이 사용되며, 이 스프링의 사점(死點 : 왕복운동에서 속도가 0이 되는 점)을 이용하여 작은 힘으로 신속한 접점의 개폐와 확실한 접촉을 한다. 가할 수 있는 전압은 교류에서 최고 250V 정도, 허용전류 1~10A 정도이다. 소형이면서도 신뢰도가 높아, 가정용에서 산업용(기계경비산업 포함)까지 널리 사용된다.

10.2.7. 누전차단기

가전제품을 사용하는 경우에도 별도의 접지시설을 하여야 하나 접지시공이 용이하지 않은 경우 전용의 인체 감전보호용 누전차단기(정격감도전류 30mA 이하, 동작시간 0.03초 이하의 전류동작형)를 시설하는 경우에는 외함접지를 생략할 수 있다.

누전차단기 시설의 목적은 감전 및 전기 화재사고 예방에 있으므로 인체 감전보호용(30mA, 0.03초)을 분기회로에 시설한다. 누전차단기는 두 가지 종류로 구분할 수 있고, 하나는 누전될 때만 동작하는 것이고, 다른 하나는 누전은 물론 과전류가 흐를 때도 동작이 되는 과부하겸용이 있다. 구별방법은 누전차단기에는 시험용 버튼이 있는데, 누전 전용의 차단기는 버튼색깔이 초록색이며, 누전 및 과부하 겸용 차단기는 버튼색깔이 붉은색이다.

또한 누전차단기의 표시중 2P 2E란 표시는 극수가 2개이고 감지 소자수가 2개로 접지극과 전압극 모두 시설된 누전차단기를 말하며 주택은 반드시 기술기준에 의하여 누전차단기를 부착하여야 한다. 누전차단기의 소손 및 오동작 등으로 인해 발생할 수 있는 전기안전사고 예방을 위하여 무접지 상태로 사용 시에는 매월 1회 이상 누전차단기 우측에 있는 시험버튼을 눌러 정상 동작여부를 확인하여야 한다.

10.2.8. 퓨즈(Fuse)

전기 · 전자기기에 과전류가 흐르는 것을 방지하기 위해 사용되는 보호장치로서 일반적으로 [그림 10-11a]와 같이 용융점이 낮고 가는 알루미늄 선이 유리 용기에 밀봉되어 있는 것이 사용되며, 과전류가 흘러 열이 발생하면 [그림 10-11b]와 같이 알루미늄 선이 녹아서 회로가 차단된다. 퓨즈는 표시된 전류용량을 확인하고 사용해야 한다. 규정된 용량보다 큰 퓨즈를 사용하면 기기 보호의 목적에 위반되는 것이다.

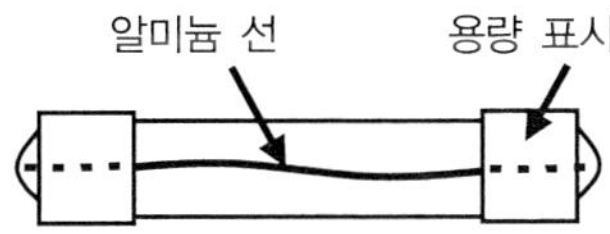

[그림 10-11a] 정상적인 퓨즈

[그림 10-11a] 끊어진 퓨즈

10.2.9. 전선(Wire, cable)

전원으로부터 기기에 전류를 공급하거나 기기에 전기신호를 전달하는 매체를 전선이라 하며, 나선(裸線)과 절연전선이 있고 용도에 따라서 만들어진 여러 가지 모양의 전선이 있다.

(1) 나선

일반적으로 전선 재료로서는 구리가 가장 우수하나 가격, 인장강도(引張强度)의 점에서 알루미늄선 강선(鋼線) 등도 사용되며, 극히 특수한 용도에는 은선(銀線)이 사용될 때가 있다. 단면적과 길이를 동일하게 했을 경우의 전기저항은 알루미늄이 구리의 1.6배, 중량은 약 0.3배, 인장강도는 약 0.55배이며, 알루미늄은 가벼운 이점은 있으나 전기저항이 높고 접속법의 어려움 등으로 한정된 용도로만 사용된다. 구리의 나선에는 단선(單線)과 연선(撚線)이 있으며 단선은 최소지름 0.1mm에서 최대지름 12mm까지 42 가지의 규격치수가 정해져 있다. 단선은 단면적이 커지면 구부리기 힘든 결점이 있으며 송배전선(送配電線)의 나선도 단면이 큰 것에는 나연선(裸撚線)이 사용된다. 유력한 송전선로용의 전선에는 인장강도를 크게 하기 위해 강선을 심(芯)으로 한 강심(鋼芯)알루미늄 연선이나 구리합금선 등이 사용된다.

또한 배전선 등에 사용되는 나선은 경동선(硬銅線)이라 하며, 전기기기(電氣機器)의 권선(捲線) 등에 사용되는 연동선(軟銅線)에 비해 약 50% 인장강도가 크다.

(2) 절연전선

단선 또는 연선에 절연물을 피복(被覆)한 것이다. 절연물로는 고무, 에나멜, 비닐, 면(綿) 등이 사용되며 옥내용과 옥외용이 있다.

기계경비시스템에 사용되는 절연전선은 [그림 10-12]와 같은 것들이 있다.

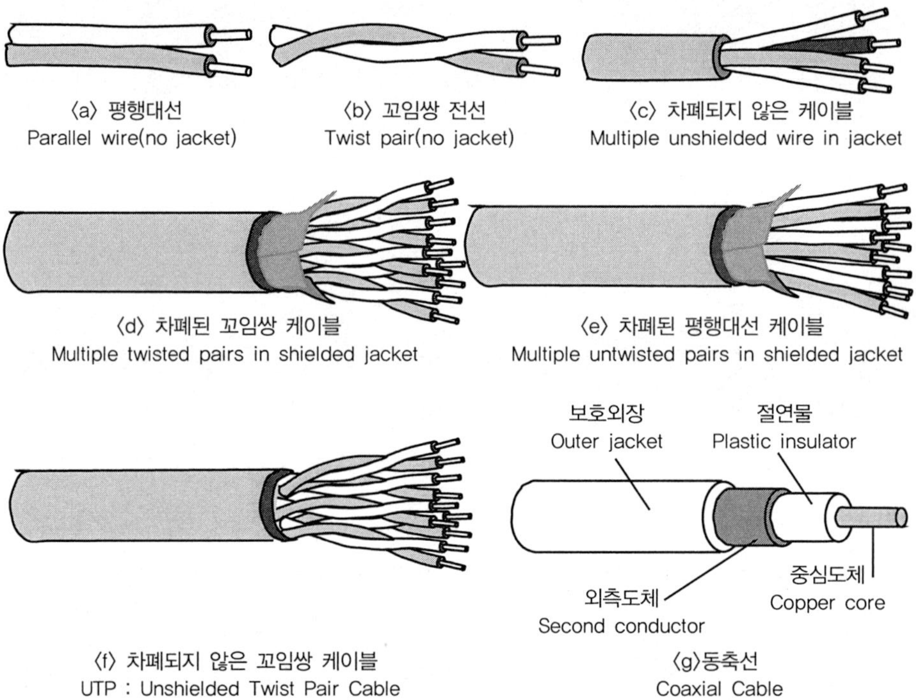

[그림 10-12] 전선의 예(Samples of Wire and Cable)

10.2.10. 전선관(Conduit)

전선을 배선하는 경우 전선을 외부환경으로부터 보호하기 위해 배관하는데 사용하는 공사용 자재를 전선관(Conduit)라 한다. 전선관은 다음과 같은 것들이 있다.

- 금속전선관(Steel conduit)
- 합성수지전선관(Plastic conduit)
- 금속가요전선관(Steel flexible conduit)
- 합성수지가요전선관(Plastic flexible conduit)
- 금속 몰드(Steel mold)
- 합성수지 몰드(Plastic mold)
- 닥트(Duct)

10.2.11. 건전지(Dry Battery)와 축전지(Rechargeable Battery)

(1) 건전지 ; 1차전지

① 망간건전지(Manganese drycell)

전해물질을 흡수체에 흡수시켜 취급하거나 휴대하기 편리하게 만든 1차 전지를 건전지라 한다.

구조는 원통 모양 또는 4각기둥 모양이며, 바깥쪽은 음극아연제의 통으로 용기를 겸하고 있다. 중앙에 탄소양극이 있으며, 그 주위에는 이산화망간과 흑연을 섞어 반죽한 것을 고압(高壓)에서 압착시켜 감싸고 있다. 그 바깥쪽은 전해액(電解液:염화암모늄)을 충분히 흡수시킨 펄프, 면지(綿紙)로 되어 있다. 또, 풀로 격벽(隔壁)으로 삼고, 이것으로 전해질의 저장고를 겸하는 것도 있다. 위쪽에 공기실이 있으며, 그 위를 피치 등으로 채웠다.

양과 음의 전극판과 전해액으로 구성되어 있어, 화학작용에 의해 1.5V의 직류기전력을 생기게 하여 전원으로 사용할 수 있다.

② 수은전지(Mercury drycell)

아말감 아연을 음극(－)으로, 탄소와 수은의 산화물을 양극(＋)으로 사용하고, 전해액은 가성칼리 또는 가성소다액인 건전지를 수은전지라 한다. 개방전압은 1.35~1.4이다.

(2) 축전지 ; 2차전지

다른 전원으로부터 전기에너지를 공급하여 화학에너지로 변환시켜 축적할 수 있는데, 이 상태를 충전(充電)이라 하고, 화학적 에너지를 전기적 에너지로 변환시키는 것을 방전이라 한다. 이와 같이 충전과 방전이 반복되는 전지를 축전지 또는 2차 전지라고 한다. 축전지는 납축전지[鉛蓄電池]가 가장 널리 사용되며, 그 밖에 알칼리 축전지가 있다.

① 납축전지(Lead storage battery)

양극에 과산화납(PbO_2), 음극에 해면상(海綿狀)의 납(Pb)을 사용하고 비중이 1.2~1.3인 황산(H_2SO_4)에 넣은 것이다. 실제로는 극판면적의 증가를 위하여 많은 양극과 음극의 극판이 병렬로 연결되어 있으며, 또 각 극판 사이에는 절연물(絶緣物)로 만든 격리판이 들어 있다. 충전된 상태에서는 양극은 이산화납, 음극은 납이지만 방전을 계속하면 양극과 음극은 다같이 황산납으로 되며, 동시에 물이 생기게 되므로 전해액의 비중이 저하한다. 또 충전된 상태에서 양극은 다갈색, 음극은 납색으로, 방전을 계속하면 양극(兩極)이 다같이 회백색으로 된다. 납축전지의 기전력은 약 2V이지만, 방전하는 사이에 서서히 저하하여 1.8V 정도까지 저하하면 다시 충전을 시켜야 한다.

충, 방전의 반복횟수는 많은 것에서는 1,000회 이상이 되며, 내용연수(耐用年數)는 긴 것은 몇 년이나 된다. 축전지의 효율은 충, 방전할 때의 암페어시(Ah) 또는 와트시(Wh)의 비를 취하여, 각각 암페어시 효율, 와트시 효율이라고 한다. 전자는 대개 90%, 후자는 일반적으로 75%이다.

② 알칼리 축전지(Alkaline battery)

양극에 수산화니켈, 음극에 카드뮴, 전해액으로는 알칼리 용액을 사용한 것을 융너(Jungner)식 알칼리 축전지라 하며, 음극에 철을 사용하고 다른 것은 융너식과 같은 것을 에디슨(Edison)식 알칼리 축전지라 한다.

(+)극판으로 수산화니켈, (−)극판으로 카드뮴을 소결법(燒結法)으로 제조한

것을 니켈카드뮴전지(Ni-Cd Battery)라 한다. 이것은 개방전압이 1.3V 정도이고, 내부저항이 적으며, 완전 밀봉식으로 만들어져서 소형경량화되고, 중부하 특성, 저온특성이 뛰어나다.

(3) 전지의 연결

2개 이상의 전지를 연결하는 방법은 [그림 10-13a]와 같은 직렬 연결방법과 [그림 10-13b]와 같은 병렬 연결방법이 있으며,

전압은 다음의 식과 같다.

$E_S = E_1 + E_2 + E_3$

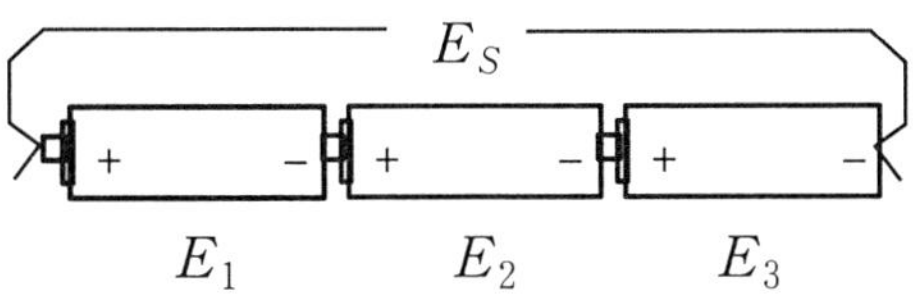

[그림 10-13a] 전지의 직렬연결

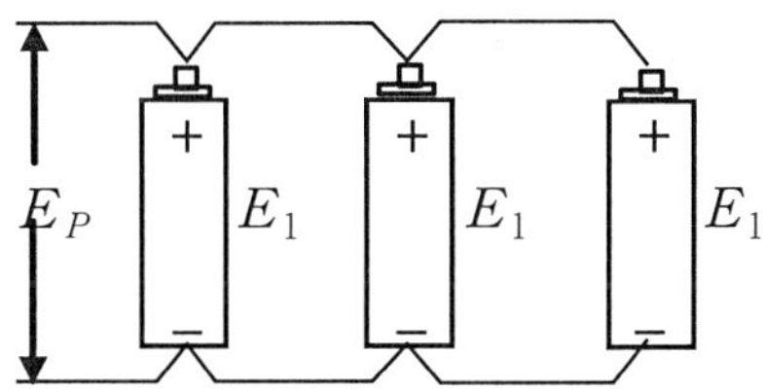

[그림 10-13b] 전지의 병렬연결

$E_P = E_1$

10.2.12. 기타 부품

(1) 필터(Filter)

어떤 특정 범위의 주파수의 전류만 통과 혹은 저지하는 소자로서, 세라믹필터, LC필터, 수정필터, 액티브필터 등이 있다.

(2) 발진소자

발진하기 위하여 특정주파수에서 진동하는 소자이다.

(3) 써미스터(Thermistor)

반도체의 도전율이 온도 변화에 따라 변하는 소자이다.

10.3. 반도체(Semiconductor)

고체를 전기저항률에 따라 분류하면 [그림 10-4]와 같이 도체(conductor), 반도체(Semiconductor) 및 절연체(Insulator)라는 3가지로 대별할 수가 있다. 저항률(Resistivity)이 약 10-4~10-6 [Ω · m] 범위에 있는 물질을 반도체라 한다.

반도체인 게르마늄(Ge : ρ = 0.5 [Ω · m]), 실리콘(Si : ρ = 2.3 • 103 [Ω · m]), 가리움아세나이드(GaAs : ρ = ~106 [Ω · m])등에 불순물을 첨가하면 전기전도가 전자 혹은 전공에 의하여 이루어지는 특성을 가진다. 불순물 첨가에 의하여 "+"의 전하를 운반 캐리어로 하는 전공(Hole)이 생기는 반도체를 P형 반도체라 하며, "−"의 전하를 운반 캐리어로 하는 자유전자(Free Electron)가 생기는 반도체를 N형 반도체라 한다.

P형 반도체와 N형 반도체를 접합시킴으로써 정류작용, 트랜지스터 작용, 광전효과 열전효과 혹은 자계효과 등이 현저히 나타난다.

10.3.1. 정류다이오드(Rectifying Diode)

P형 반도체와 N형 반도체를 접합시켜 [그림 10-14]와 같이 전류가 순방향인 한쪽으로만 흐르고 역방향인 경우는 전류가 흐르지 못하게 하는 반도체로서 교류를 직류로 정류하는데 사용된다.

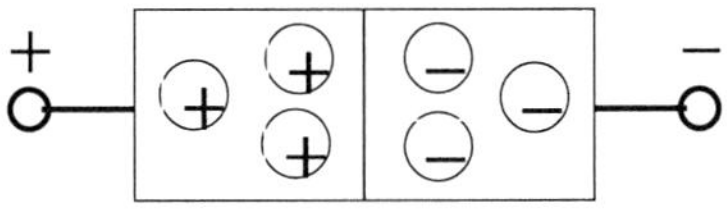

[그림 10-14a] 순방향 전원

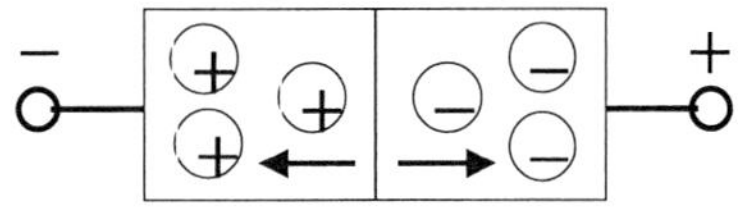

[그림 10-14b] 역방향 전원

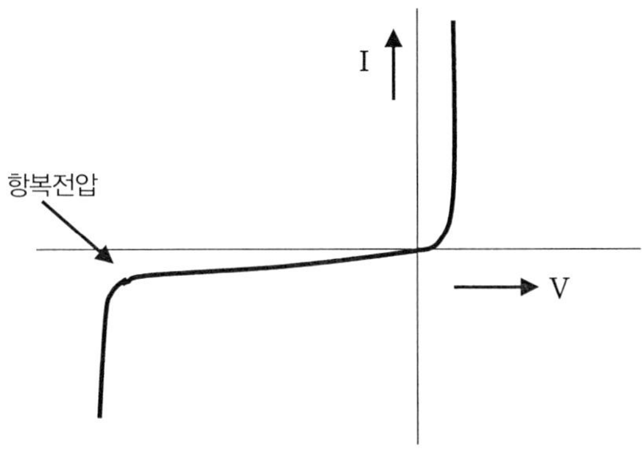

[그림 10-14c] 다이오드의 특성곡성

10.3.2. 제너다이오드(Zenor Diode)

순방향으로는 전류가 잘 흐르고 제너전압 미만의 전압을 역방향으로 가하면 전류가 미소하게 흐르다가 항복전압이상의 전압을 역방향으로 가하면 많은 전류가 흐르는 특성을 가진 다이오드로서 직류 전압을 일정하게 하는 회로에 사용된다. 정전압 다이오드와 전압표준 다이오드의 두 가지가 있다.

전자는 정전압 동작을 목적으로 한 실리콘 접합 다이오드로 전압은 3~150V, 전력은 200mW~50W의 범위이다. 후자는 정전압 다이오드의 제너 전압의 온도 변화율을 매우 작게 한 것이다. 일반적으로 두 개 내지 세 개를 직렬 접속하여 카드뮴 표준전지 대신 전압표준으로 사용하고 있다.

10.3.3. 발광다이오드(LED; Light Emitting Diode)

P형 반도체와 N형 반도체를 접합시켜 전류가 순방향인 한쪽으로만 흐르게 하

는 반도체로서 전류가 흐를 때 PN 접합면에서 빛을 발하는 반도체이며 전기에너지를 광 에너지로 변환하는 데 사용된다.

LED 발광 색상은 현재 빨강, 녹색, 노랑, 오렌지색 등이 개발되어 있다. 첨가하는 불순물의 함량에 따라 재질의 파장이 다르며 파장은 인간의 가시광선 영역인 4백 나노미터에서 7백 나노미터 사이이며 적색은 7백 나노미터대, 녹색은 565 나노미터, 노랑은 585 나노미터, 오렌지색은 635 나노미터의 파장을 형성하고 있다.

10.3.4. 포토다이오드(Photo Diode)

실리콘(Silicon)의 P형 반도체와 N형 반도체를 접합시켜 PN 접합에서 역방향으로 전압을 가해두고 빛이 입사할 때 빛의 밝기에 따라 전류의 변화가 발생하도록 한 부품을 포토다이오드라 한다.

10.3.5. 트랜지스터(Transistor)

[그림 10-15a] 및 [그림 10-15b]와 PNP 또는 NPN의 3층 접합의 반도체로서 전류를 증폭작용을 하거나 스위칭 작용을 하도록 한 소자를 접합 트란지스터라 한다.

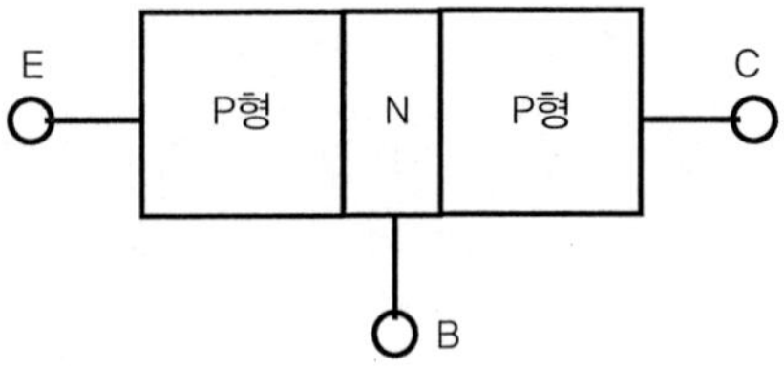

[그림 10-15a] PNP접합 트랜지스터

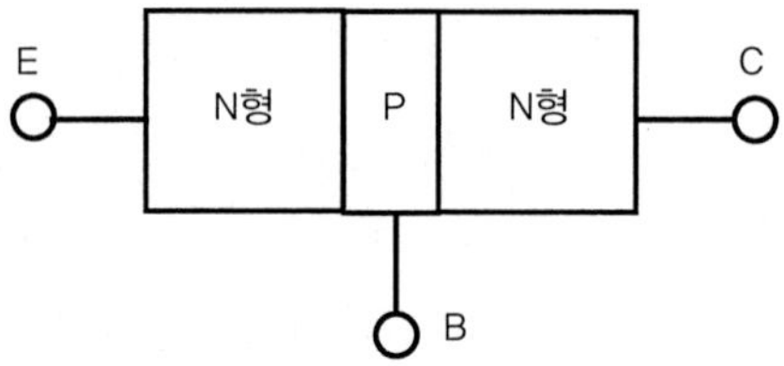

[그림 10-15b] NPN접합 트랜지스터

10.3.6. 포토트랜지스터(Photo Transistor)

트랜지스터의 접합부에 빛을 비추면 빛의 밝기의 변화에 따라 전류의 변화가 생기는 광전 변환 소자의 일종이며, 광신호의 검출 등에 사용된다.

10.3.7. 집적회로(IC; Integrated Circuit)

트랜지스터, 다이오드 및 수동소자 등의 전자회로 소자를 하나의 기판 위 또는 기판내에 분리가 불가능한 상태로 축소하여 집합한 반도체를 집적회로라 한다.

반도체 집적회로는 모노리딕(monolithic) 집적회로라고도 하며 1변이 1mm정도인 반도체(실리콘)의 얇고 작은 조각인 칩 또는 다이(dig)위에 전자회로를 형성시켜 만드는데 칩은 금속이나 플래스틱으로 된 패키지 안에 장착되고 접점은 외부의 단자에 연결된다.

이들 칩에 들어 있는 개개의 회로소자 수에 따라 1백개 미만의 SSI(소규모집적회로), 1백~1천개의 MSI(중규모집적회로), 1천~10만개의 LSI(대규모집적회로), 10만~1백만개의 VLSI(초대규모집적회로)로 나뉘어지며, 최근에는 1백만개 이상의 소자가 집적된 ULSI(극초대규모집적회로)도 실용화되고 있다.

10.3.8. MOS(Metal Oxide Semiconductor)

금속산화물 반도체는 반도체결정의 표면에 실리콘 등의 얇은 절연산화막을 형성하고 그 위에 전극을 형성, 금속게이트를 배치한 구조로 되어 있으며 전자와 정공(hole : 반도체 중의 가전자구조에 있는 공동부분)의 두 캐리어 중 하나의 캐리어를 통해서만 전류가 흐르는 단극성 트랜지스터이다.

게이트에는 양(+), 음(−)어느 전압이나 걸 수 있고 역바이어스가 불필요하며 게이트의 입력임피던스가 대단히 높다는 것 등이 특징이다.

MOS집적회로는 실리콘 계면의 안정된 형성법이 확립된 이래 미세가공기술의 진전과 함께 집적도의 대규모화를 이룩해 왔으며, 종류로는 동작을 위해 양(+)의 전압이 필요한 nMOS와 음(−)의 전압이 필요한 pMOS, 그리고 pMOS와 nMOS를 상보적으로 연결한 CMOS(Complementary MOS) 등이 있으며 이 밖에 사파이어를 절연기판으로 구성한 SOS(Silicon on Sapphire) MOS가 있다.

MOS의 장점으로는 ① 제조기술이 간단하며 경제적이고, ② 보다 많은 회로를 고밀도로 집적할 수 있고, ③ 전력소비가 양극성트랜지스터에 비해 아주 적다는 것 등이다.

10.3.9. FET(Field Effect Transistor)

보통의 트랜지스터에 비해 입·출력의 두 저항이 매우 큰 특징을 지닌 트랜지스터로 전계효과 트랜지스터, 단극(單極)트랜지스터 또는 FET라고도 한다.

원리는 반도체의 소스(source)에서 집전극(集電極)의 드레인(drain)에 흐르는 전자류(電子流)를 게이트(gate)에 가한 전압에 의한 전기장으로 제어하는 것이다. 즉 채널의 저항을 변화시켜 다수 캐리어의 흐름을 제어하는 것이다.

10.3.10. Bipolar IC

양·음 2종류의 전하캐리어(Carrier)를 이용하여 동작하는 일반 트랜지스터(Bipolar Transistor)를 이용하여 접합시킨 집적회로를 말한다.

10.4. 전기회로(Electric Circuit)

10.4.1. 전기회로

필요로 하는 전기적 특성을 얻을 수 있도록 전원과 전기부품 혹은 전자부품을 접속한 전류의 통로가 되는 도체의 배치를 전기회로라 한다.

회로에는 전류와 전압의 분포에 영향을 미치는 요소(회로소자 또는 회로부품이라고도 한다)가 결합되어 있으며 회로를 구성하는 요소(회로소자)는 저항, 코일, 콘덴서, 전자관, 트랜지스터, 전원(電源) 등이며, 각 소자(素子) 사이는 도선(導線)으로 접속된다. 또 전원의 형상에 따라서 직류회로와 교류회로가 있으며 회로의 접속방법에 따라서 직렬회로와 병렬회로가 있다.

10.4.2. 전기회로의 단락(Short Circuit)

전기회로에서 둘 또는 그 이상의 곳을 전기저항이 아주 작은 도선(導線)으로 잇는 일이며, 단락은 쇼트(Short)라고도 한다. 단락하기 전에 전압이 있는 2점을 도선으로 이으면, 그 도선에는 전류가 흐르며, 때로는 위험한 상태가 되기도 한다.

단락은 필요해서 하는 경우와 사고나 고장으로 인해서 단락되는 경우가 있다. 예를 들면, 전류계에 과다한 전류가 흐르는 것을 막기 위해 그 2개의 단자 사이를 굵은 도선으로 이으면, 전류계는 단락되어 과전류(過電流)가 전류계 안에 흐르는 일이 없으므로 계기를 보호할 수 있다.

10.4.3. 전기회로의 개방(Open Circuit)

회로에 있어서 전류가 흐르지 못하도록 도체가 끊어지게 하거나, 아주 높은 저항의 절연체로 접속하는 것을 회로의 개방(Open)이라 하며 개방된 회로를 개방회로(Open Circuit)라 한다.

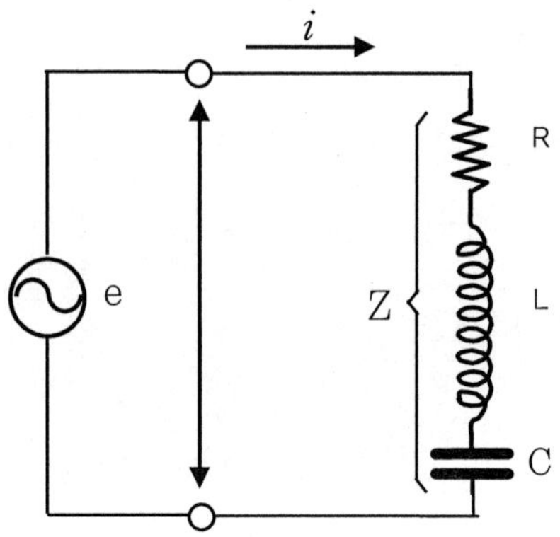

[그림 10-16a] LRC 직렬공진회로

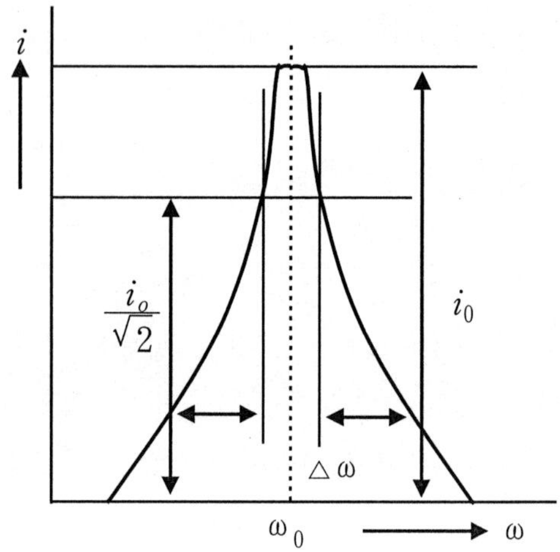

[그림 10-16b] 직렬공진회로 전류 특성

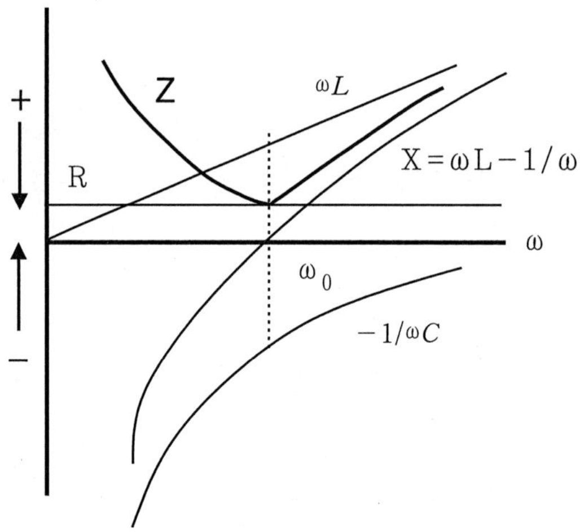

[그림 10-16c] 직렬 공진회로 임피던스 특성

10.4.4. 공진회로(Resonance Circuit)

유도계수(Inductance) L을 가진 코일과 정전용량(Capacitance) C를 가진 콘덴서로 전기회로가 구성되어 있다면, 코일은 동선이나 동박으로 되어 있으므로 작지만 전기저항(R) 성분을 가지고 있다. [그림 10-16a]와 같이 LRC 직렬회로에 주파수가 f인 고주파 전원을 가해 줄 경우,

$\omega = 2\pi f$ 라 하고 합성 임피던스를 Z라 하면

$Z = R + j(\omega L - 1/\omega C) \equiv R + jX$

여기서 $Z = \sqrt{R^2 + x^2}$, $\Theta_{z=} \tan^{-1}(X/R)$

또한 전류 i 는 $i = e/Z = e/\sqrt{R^{2+}X^2}$

또 $X = \omega L - 1/\omega C = (\omega^2 LC - 1)/\omega C$ 이므로

만약 $LC = 1/\omega^2$ 이 되면

[그림 10-16c]에서 보인 바와 같이 X = 0이 되고, 임피던스 Z는 최소치 R과 같이 된다. 이러한 회로를 공진회로라 하며 공진회로에 흐르는 전류특성은 [그림 10-16b]와 같다. $f_r = 1/2\pi\sqrt{LC}$ 를 공진주파수라 한다.

10.4.5. 논리회로(Logic Circuit)

한 개 또는 두 개 이상의 전기적 접점의 현 상태를 무입력(No : 0)으로 하고, 조작한 상태의 접점을 입력(Yes : 1)으로 하여 부하에 전류를 흐르게 하거나 차단하게 하는 회로를 논리적으로 구분하는 것을 말한다.

(1) AND Gate(論理積 回路 : 논리곱 회로)

다음의 회로와 같이 두 개 이상의 전기적 접점이 있을 때 접점 모두를 조작(OFF → ON)할 경우에 부하에 전류가 흐르게 되어 부하가 작동하는 회로를 AND 회로라 한다.

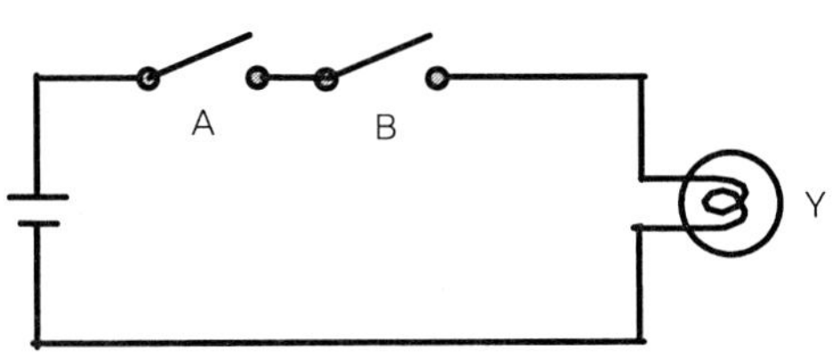

입력				출력	
A	접점	B	접점	Y=A∩B	
0	현상태	0	현상태	0	No
0	현상태	1	조작	0	No
1	조작	0	현상태	0	No
1	조작	1	조작	1	Yes

[그림 10-17a] AND Gate

(2) OR Gate(論理和 回路 : 논리합 회로)

다음의 회로와 같이 두 개 이상의 전기적 접점이 있을 때 접점중 하나 이상을 조작(OFF→ON)할 경우에 부하에 전류가 흐르게 되어 부하가 작동하는 회로를 말한다.

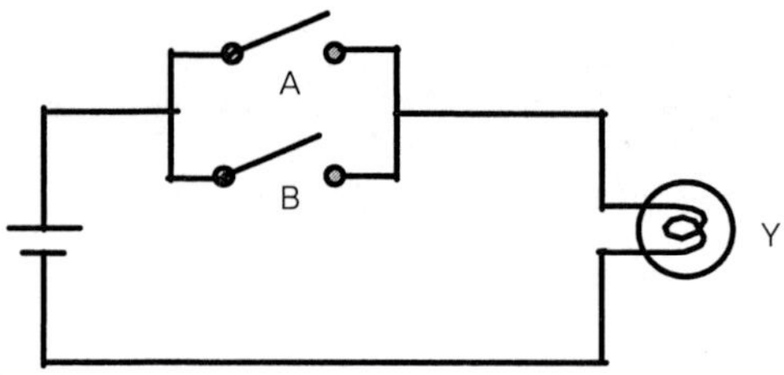

입력				출력	
A	접점	B	접점	Y=A∪B	
0	현상태	0	현상태	0	No
0	현상태	1	조작	1	Yes
1	조작	0	현상태	1	Yes
1	조작	1	조작	1	Yes

[그림 10-17b] OR Gate

(3) NOT Gate(Inverter 회로 : 不正回路)

[그림 10-17d]의 회로와 같이 전기적 접점이 현상태에서 전류가 흐르게 되어 부하가 작동하고, 조작(ON→OFF)할 경우에 부하에 전류가 차단되는 회로를 말한다.

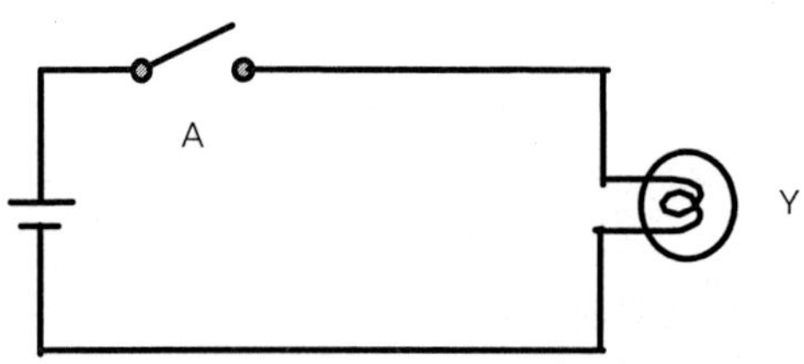

입력		출력	
A		Y	
0	현상태	0	No
1	조작	1	Yes

[그림 10-17c] Yes Gate(正回路)

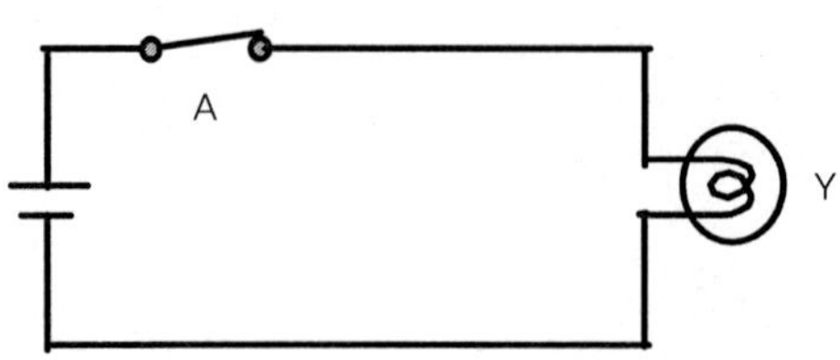

입력		출력	
A		Y	
0	현상태	1	Yes
1	조작	0	No

[그림 10-17d] NOT Gate(不正回路)

(4) NAND Gate(Not AND 회로 : 不正論理積 回路)

다음의 회로와 같이 두 개 이상의 전기적 접점이 현상태(ON)에서 부하에 전류가 흐르고 모두조작(ON→OFF)될 경우에 부하에 전류가 차단되어 부하가 작동을 중지하는 회로를 말한다.

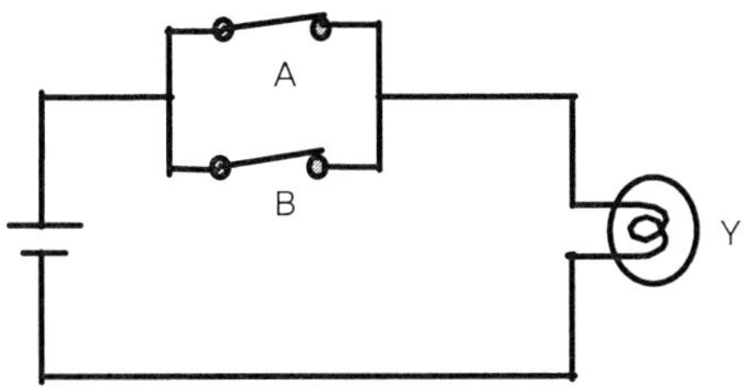

입력				출력	
A	접점	B	접점	Y=Not(A∩B)	
0	현상태	0	현상태	1	Yes
0	현상태	1	조작	1	Yes
1	조작	0	현상태	1	Yes
1	조작	1	조작	0	No

[그림 10-17e] NOT Gate

(5) NOR Gate(Not OR 회로 : 不正論理和 回路)

다음의 회로와 같이 두 개 이상의 전기적 접점이 현상태(ON)일 때 부하에 전류가 흐르고 어느 접점이든지 하나 이상을 조작(ON→OFF)할 경우에 부하에 전류가 차단되어 부하가 작동을 중지하는 회로를 말한다.

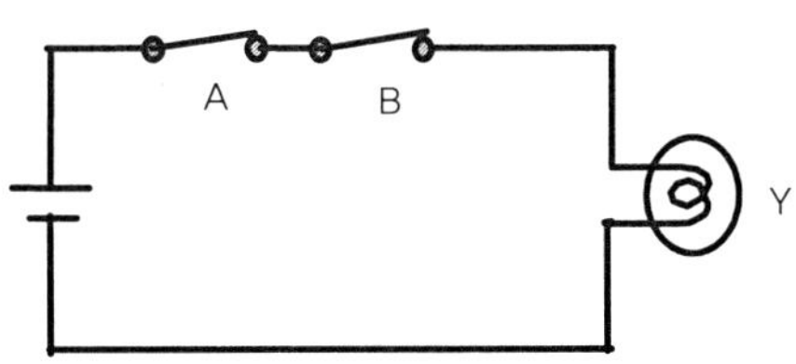

입력				출력	
A	접점	B	접점	Y=Not(A∪B)	
0	현상태	0	현상태	1	Yes
0	현상태	1	조작	0	No
1	조작	0	현상태	0	No
1	조작	1	조작	0	No

[그림 10-17f] NOR Gate

10.4.6. 키르히호프 법칙(Kirchhoff's Law)

(1) 키르히호프 제1법칙(전류법칙)

회로망의 임의의 점에 흘러드는 전류의 합은 0이다.

$\sum i_n = 0$

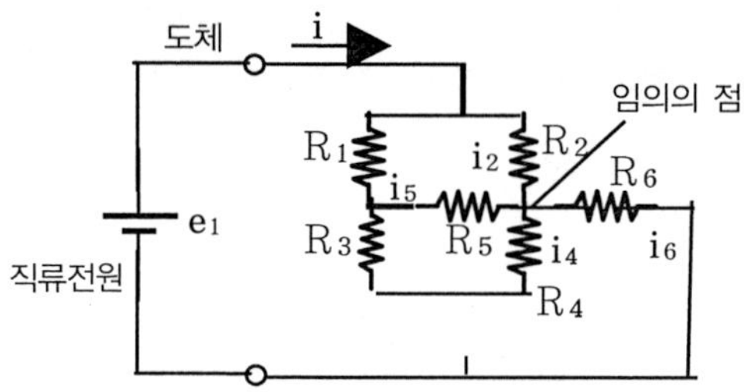

[그림 10-18a] 회로망의 임의의 점

(2) 키르히호프 제2법칙(전압법칙)

임의의 폐회로망에서 기전력의 백터 합과 전압강하의 백터 합은 같다.

$\sum i_n \times Z_n = \sum e_n$

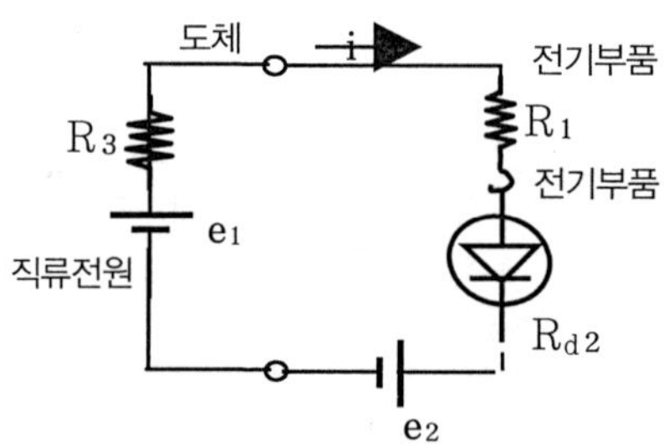

[그림 10-18b] 임의의 폐회로망

10.4.7. 렌츠의 법칙(Lenz's Law)[2]

전자유도로 발생한 전류에 의한 자계의 방향은 그 원인으로 된 자계변화를 상쇄하도록 동작한다.

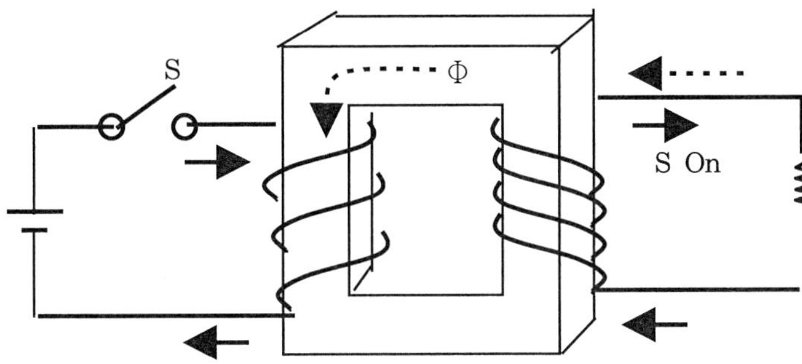

[그림 10-19] 전류변화에 의한 자속의 방향

개폐기 S를 닫으면 실선의 화살표 방향으로 전류가 흐르고, S를 닫을 때 점선 방향의 전류를 흐르게 하는 점선 방향의 자속이 생겨 자속의 변화를 방해한다.

10.5. 데이터 통신(Data Communications)

10.5.1. 아날로그 데이터(Analog Data)와 디지털 데이터(Digital Data)

어떤 현상이나 정보를 시간에 대한 변화값(Value)으로 나타낸 것을 데이터(Data)라 하고, 아날로그 데이터(Analog Data)와 디지털 데이터(Digital Data)로 구분할 수가 있다.

음향(Acoustic Value)이나 영상(Video Value)과 같이 연속적인 값은 Analog Data

2) 전기 · 전자관련용어편찬위원회, '스마트전기 · 전자용어사전(서울 : 도서출판 탐구원, 1997), p. 661.

의 예이며, 문자(Text)나 수자(Number)와 같은 2진법으로 나타나는 불연속적인 값이 Digital Data의 예이다.

10.5.2. 아날로그 신호(Analog Signal)와 디지털 신호(Digital Signal)

데이터(Data)를 어느 한 지점에서 다른 지점으로 전달하기 위해 전기적 혹은 광적(光的)으로 변화된 것을 신호(Signal)라 한다.

연속적인 신호를 아날로그 신호(Analog Signal)라 하고, 2개의 전압으로 불연속적으로 만들어진 신호를 디지털 신호(Digital Signal)라 한다.

Analog Data와 Digital Data를 Analog Signal과 Digital Signal로 만드는 것을 정리하면 〈표 10-1〉과 같다.[3]

〈표 10-1〉 아날로그 신호와 디지털 신호

	Analog Signal	Digital Signal
Analog Data	(1) Analog Data와 같은 스펙트럼을 차지한다. (2) 스펙트럼의 다른 부분을 차지하기 위하여 Analog Signal로 엔코딩한다.	Analog Data를 CODEC을 사용하여 Digtal bit stream을 생성한다.
Digital Data	Digital Data를 MODEM을 사용하여 Analog Signal로 만들기 위해 엔코딩한다.	(1) 2진값을 나타내기 위해 2개의 전압으로 구성한다. (2) Digital Data를 바람직한 특성을 가지는 Digital Signal로 바꾸기 위해 엔코딩한다.

단, CODEC : Coder–Decoder, MODEM ; Modulator–Demodulator

10.5.3. 동기식 통신(Synchronous communication)

데이터 전송에서 일정한 클록 신호(Clock signal)에 맞춰서 송수신을 하는 방

3) William Stallings, *DATA AND COMPUTER COMMUNICATIONS*, (New York : Macmillan Publishing Co., 1994), pp. 46~57.

법을 동기식 데이터통신이라 한다. 통신 속도나 통신방법 등을 식별하기 위해 메시지나 데이터 블록마다 처음에 동기문자를 붙여서 전송한다.

10.5.4. 비동기식 통신(Asynchronous communication)

비동기식 통신이란 동기화를 제공하지 않는 통신방식이다. 이 방식은 동기화를 사용하지 않기 때문에 정확한 비트 수신이 보장되지 않으나, 보통 저속으로 한 문자를 전송하는 동안에는 큰 문제가 발생하지 않기 때문에 문자 단위의 일반 저속 통신에 많이 사용되고 있다. 각 전송문자의 앞, 뒤에는 반드시 1비트의 start 신호와 1, 1.5 또는 2비트의 stop 신호가 첨가되어 전송된다. 대부분의 호스트와 단말기 사이의 통신이 이 비동기식 전송을 사용하고 있다.

10.5.5. LAN(근거리통신망 : Local Area Network)

LAN은 Local Area Network의 약자로 한정된 범위(구역) 내에서의 통신망을 말하며 예를 들면 기업체의 각종 정보를 컴퓨터에 입력해 놓고 각 부서에 설치되어 있는 컴퓨터와 네트워크를 구축, 부서 간 업무연락을 취할 수 있도록 한 네트워크를 말한다.

LAN 환경하에서는 이미 컴퓨터끼리 서로 연결, 각 건물에 설치된 터미널을 통해 각종 데이터를 서로 주고받는가 하면 자동화시스템의 작동상태도 면밀히 파악할 수 있다. 대학교 연구소 역시 각종 자료보고서 등의 자료를 컴퓨터에 입력함과 동시에 구내 여러 건물에 분산돼 있는 퍼스컴이나 터미널을 통해 자료를 검색해 볼 수 있다.

LAN은 80년대 들어서면서 실용화되기 시작, 광기술의 발달에 힘입어 최근엔 FDDI(Fiber Distributed Digital Interface) 광LAN이 보편화될 정도로 급속한 발전을 이룩했으며 FA 및 OA 등의 분야에서 구심점 역할을 담당하고 있다. 근거리통신망은 [그림 10-20]과 같이 버스형, 성형 및 링형이 있다.

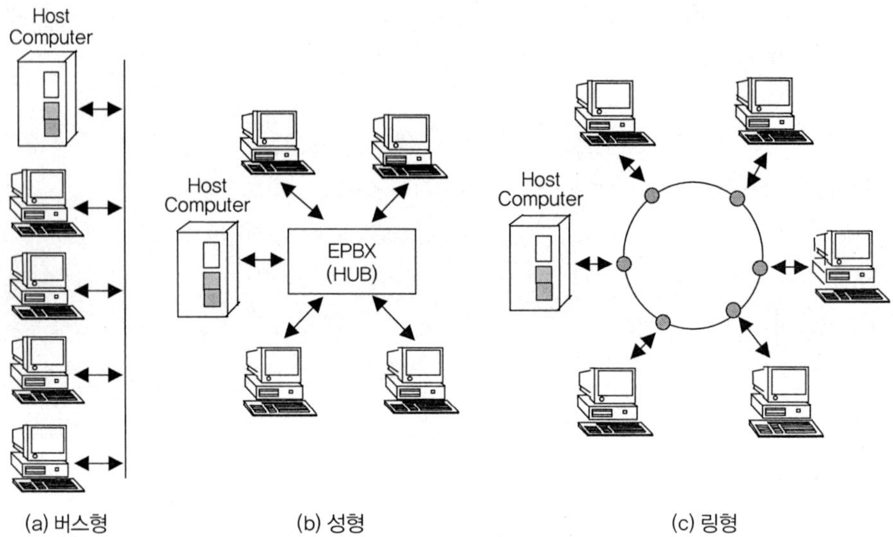

[그림 10-20] LAN 종류별 구성도

(1) 멀티드롭 통신망

LAN(근거리 통신망)의 한 구성형태로 [그림 10-20a]와 같이 모든 노드가 하나의 통신 선로(버스)에 연결된 것. 일반적으로 이 네트워크에서는 노드 간의 상충을 피하기 위해 토큰 링 방식을 사용한다.

(2) 루프 통신망

Daioy-chain Network이라고도 하며 [그림 10-20c]와 같이 구성된다. 루프망의 첫 노드(Node)가 컴퓨터로부터 데이터를 수신하여 다음 노드에 송신한다. 다음 노드는 같은 방법으로 수신과 송신을 하고, 마지막 노드는 컴퓨터에 송신한다. 따라서 중계기를 설치하지 않아도 되고, 중간의 한 곳에서 노드가 제거되거나 통신선이 절단되어도 데이터통신은 계속해서 가능하다.

(3) 성형 통신망

[그림 10-20b]와 같이 Hub를 중심으로 데이터를 송수신하는 근거리통신망이다.

10.5.6. RS-232C 통신

컴퓨터와 단말기 또는 각종 주변장치를 접속하기 위해 CCITT의 권고에 따라 미국의 EIA가 정한 직렬 통신 인터페이스의 규격이다. 1976년에는 데이터통신 시스템에 적합한 새로운 규격으로 RS-422와 RS-423이 제정되었다.

10.5.7. 통신매체(Communication Media)

멀리 떨어진 두 지점 간에 데이터를 전송하기 위해 사용되는 물리적 매체. 이것에는 전화선, 동축 케이블, 광케이블, 전파 능이 있다.

10.5.8. 통신채널(Communication Channel)

① 멀리 떨어진 두 지점 사이에서 데이터를 전송하기 위해 사용되는 통신로이다. 통신채널의 매체로는 전화선, 동축 케이블, 광케이블, 마이크로파, 통신위성 등이 사용된다.

② 텔레비전 방송이나 무선통신에서 특정국에 할당되는 주파수 대역을 의미하기도 한다.

10.5.9. ISDN(Integrated Services Digital Network : 종합정보통신망)

디지털화된 통신망을 이용하여 음성 · 문자 · 영상 등의 통신을 일원적으로 할 수 있도록 하는 통신서비스를 제공한다. 미국에서는 AT&T(American Telephone & Telegraph Co.)를 비롯하여 민간통신회사가 개별적인 디지털통신망 구상의 실현을 도모하였으나, 한국과 유럽에서는 국가적으로 일원화된 시스템 건설을 지향하고 있다.

B-ISDN(Broadband ISDN) 즉 광대역 종합정보통신망은 간단한 데이터전송 또는 음성전송은 물론 영상전화, 영상회의, 고화질텔레비전(HDTV), 유선방송(CATV) 등 영상서비스와 정밀화면 컬러팩시밀리 등 다양한 고속전송 및 광대역전송을 가능하게 한다.

10.5.10. ADSL(Asymmetric Digital Subscriber Line ; 비대칭형 정보통신 서비스 회선)

기존의 구리선 전화선을 이용하여 고속 데이터통신을 가능하게 하는 통신수단이다.

ADSL은 전화국과 각 가정이 직접 1 : 1로 연결되며 전화국에서 사용자까지 데이터가 내려가는 하향의 경우에는 일반적으로 최저 1.5Mb 이상의 고속 데이터통신이 가능하고, 반대로 사용자로부터 전화국까지의 상향신호는 상당히 느리다. 따라서 상하향이 같은 대칭형 서비스가 아닌 비대칭형 서비스라고 한다.

장점은 전화선이나 전화기를 그대로 사용하면서도 고속 데이터통신이 가능할 뿐만 아니라 한 전화선으로 일반 전화통신과 데이터통신을 모두 처리할 수 있다는 것이다.

기존 모뎀은 전화와 데이터통신을 동시에 사용할 수 없다. ISDN은 동시 사용이 가능하지만 데이터통신 속도가 절반으로 떨어진다. 하지만 ADSL은 음성통신은 낮은 주파수 대역을 이용하고 데이터통신은 높은 주파수 대역을 이용하기 때문에 혼선이 일어나지 않고 통신속도도 떨어지지 않는다. 그러나 쌍방향 서비스로 이루어지는 원격진료나 원격교육 같은 서비스에서는 효율이 떨어진다는 단점도 있다.

10.6. 컴퓨터(Computer)

10.6.1. 중앙처리장치 CPU

CPU(Central Processing Unit)란 컴퓨터의 두뇌에 해당하는 핵심부분으로 명령어의 인식, 해독과 실행을 제어하며 연산처리를 수행하는 중앙처리장치를 말한다.

CPU는 연산논리기구, 제어기구, 레지스터(register) 등으로 구성되어 있는데, 연산논리기구에서는 산술연산 또는 논리연산을 담당하고 제어기구는 프로그램의 각 명령어를 해독, 명령을 실행하는 데 필요한 신호를 각 기구 · 장치로 보내 컴퓨터의 주기억장치에 기억된 내용을 꺼내어 해독 · 실행한다. 또 레지스터는 주기억장치로부터 입력된 데이터나 어드레스를 일시 기억 · 저장하여 제어부로 전달하는 장소로 사용된다.

주기억장치(main memory)는 프로그램이나 데이터를 기억 · 저장하는 기능만을 갖는다.

10.6.2. 임의 접근 기억장치 : RAM(Random Access Memory)

램(RAM : Random Access Memory)이란 컴퓨터의 주기억장치 중 기억된 정보 · 데이터를 언제든지 즉시 판독 또는 기록할 수 있는 기억장치이다.

데이터를 꺼내 읽거나 기록해 넣을 때 정보 · 데이터가 여러 번지(Adress)에 분산 수용되어 있어도 기억위치나 호출순서에 관계없이 꺼내 읽을 수 있으며 그 액세스(데이터를 넣고 빼고 하는 것)에 소요되는 시간은 위치나 순서에 관계없이 일정하며 수시로 즉시 판독 · 기록할 수 있는 기억장치인 반도체를 말한다.

램은 컴퓨터용 드럼, 디스크, 코어메모리 등이 있으며 최근에는 IC기술을 이용, 셀(cell)트랜지스터나 전계효과트랜지스터(FET)로 회로를 구성한 램이 많이 사용되고 있다.

IC를 이용한 RAM은 크게 S램과 D램으로 나뉘는데 플립플롭을 집적한 Static

RAM(S램)과 일종의 컨덴서를 집적한 Dynamic RAM(D램)으로 나뉘며 S램은 D램에 비해 집적도는 떨어지지만 전원이 계속 들어오는 동안 시간에 관계없이 기억된 데이터를 계속 유지할 수 있으나, D램은 시간이 지나면 소거되므로 메모리의 내용을 유지하기 위해 일정 주기마다 재생작업인 리프레시펄스(Refresh Pulse)를 공급해주어야 한다.

10.6.3. 판독전용 기억장치 : ROM(Read Only Memory), EROM

롬(ROM : Read Only Memory)은 컴퓨터의 주기억장치중 일단 기억된 데이터를 명령에 의해 지우거나 수정 또는 추가 기억시킬 수 없는 출력(판독)전용의 컴퓨터 기억장치로서 형식이나 순서가 결정되어 입력(기억)된 데이터를 출력만 하는 기억장치를 말하며, 판독전용메모리 또는 고정기억장치라고도 불린다.

롬의 장점은 정전이 되더라도 기억된 내용(프로그램)이 지워지지 않는 불휘발성 · 비소거성 메모리라는 점이다. 따라서 롬은 컴퓨터를 동작시키기 위한 기본 운용체계인 오퍼레이팅시스템을 프로그래밍하거나 입 · 출력 제어프로그램을 기억시키는 기억장치로 쓰인다.

롬의 종류는 사용자가 프로그램을 기억시킬 수 있는 P롬(Programmable ROM), 기억된 내용을 지울 수 없는 롬이나 P롬의 단점을 보완, 강한 자외선을 쬐거나 X선 또는 전기적 신호로 내용을 지우고 다시 기록하여 사용할 수 있는 EP롬(Erasable Programmable ROM) 등이 있다.

10.6.4. 캐시(Cache)

컴퓨터에서 중앙처리장치(CPU)와 주기억장치 사이에 사용되는 소용량의 고속 반도체 기억장치로서, 저속 대용량의 주기억장치(Core memory)를 지원한다. Invisible buffer 혹은 Hidden buffer 라고도 하며 별도의 메모리로 사용하거나 CPU에 내장하기도 한다.

10.6.5. 디스켓

플로피 디스크의 IBM의 상품명이다. 현재는 플로피 디스크의 일반 명칭으로 널리 사용되고 있다. 플로피 디스크는 얇고 유연한 플라스틱 원판에 자성체를 입힌 기록매체. 1972년 IBM 사에서 디스켓(diskette)이라는 상품명으로 처음 내놓은 보조기억장치이며 기억용량은 1.4Mbyte이다.

10.6.6. HDD(Hard Disk Driver)

HDD(하드 디스크 드라이브)는 컴퓨터 보조기억장치의 일부로서 하드디스크 작동장치라고도 한다. HDD는 구조면에서 음반과 픽업으로 구성된 턴테이블과 유사하며 컴퓨터 보조기억장치로 쓰이기 위해 매우 정밀하게 만들어져 있어 기술면에서는 턴테이블과 비교도 안될 만큼 고도기술을 요한다.

HDD는 정밀도를 높이기 위해 음반에 해당하는 하드디스크와 픽업에 해당하는 헤드를 밀폐된 공간에 일체화시켰으며 필요에 따라 하드디스크와 헤드수를 늘릴 수 있다.

HDD는 하드디스크와 헤드수에 따라 2천만자의 정보를 기록할 수 있는 20MB부터 1억자에 해당하는 1GB까지 용량이 다양하고 크기도 하드디스크의 지름이 14인치인 것에서부터 2.5인치까지 여러 가지가 있다.

10.6.7. CD(Compact Disk)

컴팩트디스크(Compact Disk)는 1.6마이크로미터의 트랙피치(track pitch)를 따라 피트(pit)라 불리는 작은 홈(구멍)을 규칙적으로 뚫어 1과 0의 디지털 정보(신호)를 디스크에 기록하고, 그 기록패턴(pit)에 레이저광선을 비춰 그 반사광의 변화(또는 유무)로 1과 0의 신호를 얻는 직경 12cm의 디스크를 말한다.

아날로그 기록방식과는 다르게 디지털 기록방식은 신호(레이저광선의 반사광)의 유무, 즉 1인지 0인지를 판별하는 것이다.

CD의 표면엔 반사율이 높은 알루미늄 박막층이 있고 입사한 레이저광은 pit가 없는 부분에서는 대부분 반사되어 되돌아오지만 pit이 있는 부분에서는 광선이 pit, 즉 작은 구멍 속에서 굴절해 버려 반사된 광의 일부분밖에 대물렌즈에 돌아오지 않는다. 그러므로 반사광의 유무를 검출함으로써 기록정보인 1과 0을 판별할 수 있다.

CD는 음반 레코드와는 반대로 안쪽으로부터 바깥쪽으로 시계방향으로 데이터를 기록해 간다.

10.7. 전기기기

10.7.1. 변압기(Transformer)

교류전류의 전압을 올리거나 낮추게 하는 기기로서, [그림 10-21a, b]와 같이 두 개 또는 그 이상의 권선에 의해 혹은 탭을 가진 단일 권선에 의해 전기회로를 유도결합을 함으로써 전압을 변화시킨다.

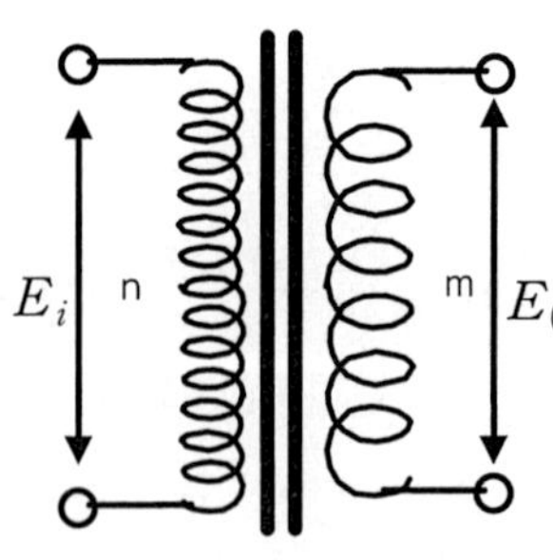

[그림 10-21a] 상호유도에 의한 변압

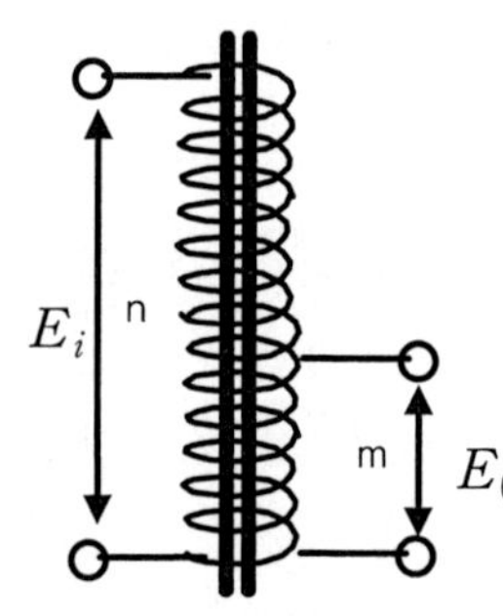

[그림 10-21b] 자기유도에 의한 변압

변압기의 출력전압 E_O 은 권선비에 따르며 다음과 같이 표시된다.

$$E_0 = \frac{m}{n} E_i$$

10.7.2. 모터(Motor : 전동기)

[그림 10-22]와 같이 플레밍의 왼손법칙에 의하면 인지방향의 자계 속에서 중지방향으로 전류가 흐르는 엄지방향으로 도체가 움직이는 힘을 받는다. 이러한 원리를 이용하여 모터(motor)가 회전 또는 직선운동을 한다. 거의 대부분이 회전운동의 동력을 만들지만, 직선운동의 형식으로 하는 것도 있다.

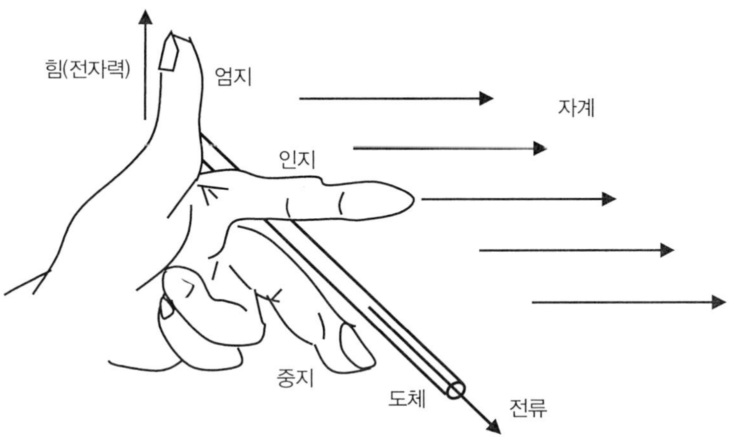

[그림 10-22] 플레밍의 왼손법칙

전동기는 전원(電源)의 종별에 따라 직류전동기와 교류전동기로 분류된다. 교류전동기는 다시 3상교류용과 단상교류용으로 구분된다. 3상교류용은 1kW 정도 이상부터 수천 kW까지, 그리고 드물게는 1만 kW를 넘는 대형기가 있으며, 단상은 수백 kW 이하의 소형기에 채용되고 있다.

직류전동기는 가해 주는 전압에 따라 회전속도가 변하므로 전동차 등에 이용된다.

10.7.3. 발전기(Generator)

기계적 에너지를 전기적 에너지로 변환하는 기기이다. [그림 10-23]과 같이 플레밍의 오른손법칙에 의하면 인지방향의 자계 속에 엄지방향으로 도체가 움직이면 중지방향으로 전기가 유도되는 원리를 이용하여 발전기가 발전할 수가 있다.

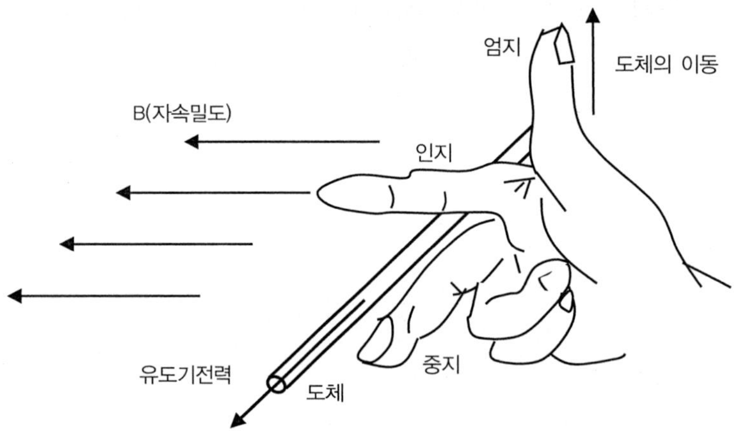

[그림 10-23] 플레밍의 오른손 법칙

대부분이 회전기(回轉機)이나, 직선운동에 의해 발전기의 작용을 하는 것이 개발되어 실용화를 위한 연구가 진행되고 있다.

기전력의 크기는 자기장의 세기와 도체의 길이 및 자기장과 도체의 상대적 속도에 비례한다.

10.7.4. 무순단 전원공급기(UPS : Uninterruptible Power Supply)

통상적인 전원 공급이 안 되거나 정전이 될 때 순시에 간단없이 전력을 자동으로 공급하는 시스템으로 무순단공급장치 또는 무정전전원장치라고도 한다.

UPS는 간단없이 지속적으로 전원을 공급해야 하는 작동중의 컴퓨터를 비롯한 전자기기류의 필수장치로서 전압이나 주파수의 변동 또는 순간정전에도 안정된 전원을 공급해 컴퓨터의 데이터가 파괴 내지 소거되는 것을 방지, 보호하거나 각종 제어장치의 제어기능 상실 및 오작동 등을 방지하기 위한 장치이다.

전압이 규정치보다 높거나 낮아 파형 왜율이 규정치내에 들지 않으면 컴퓨터가 정상적으로 작동할 수 없게 되어 데이터가 파괴되거나 소실되기 때문에 일반적으로 주파수가 50Hz 또는 60Hz인 정현파의 정전압이 요구되는데, 상용전원의 불안정으로부터 컴퓨터의 데이터나 기기를 보호하기 위해 항시 무정전상태로 전원을 공급하는 장치이다.

UPS는 순변환부, 역변환부, 제어부, 충전부, 축전지, 출력여과부, 동기절환(changeover switching)부 등으로 구성되어 있으며 입력 전원에 따라 단상식과 3상식의 것이 있다.

또 출력시스템별로 입력전원을 재출력해 온라인 공급하는 온라인 UPS와 입력전원이 정상시에는 그대로 부하로 연결되지만, 순간정전이나 전원의 불안정시에는 내상된 축선시에서 전원을 공급하는 스탠드바이(stand-by) UPS가 있는데 온라인 UPS는 모터 구동 대형 컴퓨터용으로 주로 사용되며, 스탠드바이 UPS는 퍼스널컴퓨터 등 소형컴퓨터에 주로 사용된다.

찾아보기

가

가스감시 ········ 8장 8.6
가스 누출 감지기(Gas Detector) ········ 3장 3.10.3
가시광선 ········ 3장 3.9.10
감시기능(주제어기) ········ 3장 3.4.3
감시기능(Monitoring function) ········ 3장 3.1
감시모니터(CCTV Monitor) ········ 6장 6.14.1
감시부(전원공급기) ········ 3장 3.8.2
감시부(주제어기) ········ 3장 3.4.2
감시용 소프트웨어(Alarm Monitroing Software) ········ 3장 3.16.1
감지기 감도(Sensititiy) ········ 7장 7.3
감지기능(Detection function) ········ 3장 3.1
감지소자(Sensor element) ········ 7장 7.2
감지앵커볼트 ········ 3장 3.9.9
감지전선(Sensor wire) ········ 7장 7.4.9
강제공냉형 카메라 하우징 ········ 6장 6.6.2
강제수냉형 카메라 하우징 ········ 6장 6.6.2
개방회로(Open Cirduit) ········ 10장 10.4.3
개방회로텔레비젼(開放回路Television) ········ 6장 6.1
개인신분번호(Personal Identification Number) ········ 5장 5.4.1
개통점검 ········ 4장 4.2
개통체크 ········ 4장 4.2
거치형 폭발물탐지기(Fixed bomb detector) ········ 9장 9.2.2
건다이오드(Gunn diode) ········ 3장 3.9.15
건전지(Dry Battery, 전기) ········ 10장 10.2.11
경계(Arming, Close) ········ 3장 3.3
경계선(Boundary) ········ 7장 7.3
경계와이어(Wire) ········ 3장 3.9.7

경동선(전기) ······ 10장 10.2.9
경로길이 안테나 ······ 10장 10.1.14
경보(Alarm) ······ 3장 3.3
경보기(Annunciator) ······ 3장 3.7
경보기능(Annunciating function,주제어기) ······ 3장 3.4.3
경보등(Flash Lamp or Strobe Light) ······ 3장 3.7
경보부(주제어기) ······ 3장 3.4.2
경보원격확인기능(Alarm verification function) ······ 3장 3.4.3
경봉사용 ······ 4장 4.8.3
경비 ······ 2장 2.2.1
경비개시 ······ 4장 4.2
경비대상시설 ······ 3장 3.3
경비대상지역 ······ 7장 7.3
경비산업 ······ 2장 2.2
경비업무 ······ 1장 1.1
경비업법 ······ 1장 1.1
경비업법 제정 ······ 2장 2.3.5
경원기업 ······ 2장 2.3.5
경찰조례 ······ 2장 2.3.2
계약상대방 ······ 4장 4.2
계전기(Relay) ······ 10장 10.2.4
고감도 렌즈 ······ 6장 6.3.1
고객 만족 ······ 4장 4.10
고객고충처리 ······ 4장 4.10
고객관리카드 ······ 4장 4.2
고객요구사항 ······ 6장 6.17.1
고급 보안시스템(High Security System) ······ 7장 7.1.3
고속 통과형 금속탐지기 ······ 9장 9.3.3
고정창 ······ 3장 3.9.6
고체카메라 ······ 6장 6.4.2
고충처리 ······ 4장 4.10
고해상도 모니터 ······ 6장 6.14.2
공간감지기(Motion Detector) ······ 3장 3.9.13
공경비 ······ 2장 2.2.2
공기흐름 이상감지기 ······ 3장 3.10.4

공동경찰조례 ······ 2장 2.3.2
공동현관 제어기(Lobby Phone) ······ 8장 8.4
공동확인(Commissionings) ······ 6장 6.17.2
공중교환 전화망(PSTN) ······ 3장 3.13.4
공진주파수 ······ 10장 10.4.4
공진회로(Resonance Circuit) ······ 10장 10.4.4
관성 스위치(Inertia Switch) ······ 7장 7.4.1
관제 소프트웨어 ······ 3장 3.16
관제센터(Monitoring Central Station) ······ 4장 4.2
관제수신장치(Central Station Data Receiver) ······ 3장 3.14
관제시설 ······ 4장 4.2
관제시설 안전대책 ······ 4장 4.7.6
관제시설에 보고 ······ 4장 4.8.3
관제업무(Monitroing Service) ······ 4장 4.7
광각 렌즈(Wide Angle Lens) ······ 6장 6.5.3
광도전막 ······ 6장 6.4.1
광라인 보안시스템(Rayfort Fence System) ······ 7장 7.4.8
광섬유 망감지기(Optic fiber cable net sensor) ······ 7장 7.4.7
광섬유 진동감지기(Optic fiber cable vibration sensor) ······ 7장 7.4.6
광섬유소선(Optic Fiber Unit) ······ 5장 5.9.2
광섬유케이블(Optic Fiber Breakout Cable) ······ 5장 5.9.2
광섬유케이블(Optic Fiber Cable)전송 ······ 6장 6.8.7
광카드(Optical Card) ······ 5장 5.4.7
교류(Alternating Current) ······ 10장 10.1.7
교류입력부(전원공급기) ······ 3장 3.8.2
구급통보기(Medical Alarm Switch) ······ 3장 3.12.2
구급통보업무 ······ 4장 4.1
구분기능(저지장치) ······ 5장 5.6
구역(Area) ······ 3장 3.3
군납에 관한 법률 ······ 2장 2.3.5
규제계획 ······ 4장 4.1.4
규환제도(Hue and Cry) ······ 2장 2.3.2
균형 압력감지기(Balanced Pressure Sensor) ······ 7장 7.4.14
균형화 자석감지기(Balanced Magnet Sensor) ······ 3장 3.9.3
그래픽 지도(Graphic Map) ······ 7장 7.7

극원적외선 ··· 3장 3.9.10
극초단파(UHF) ··· 10장 10.1.13
극초대규모집적회로(ULSI) ··· 10장 10.3.7
근거리통신망(LAN) ··· 10장 10.5.5
근적외선 ··· 3장 3.9.10
금고감지기(Safe contactor) ··· 3장 3.9.17
금속 탐지기(Metal Detector) ··· 9장 9.3
금속가요전선관(Steel flexible conduit, 전기) ··· 10장 10.2.10
금속몰드(Steel mold, 전기) ··· 10장 10.2.10
금속산화피막반도체(MOS) ··· 10장 10.3.8
금속전선관(Steel conduit, 전기) ··· 10장 10.2.10
급배수이상 감지기 ··· 3장 3.10.4
기계경비 ··· 1장 1.1
기기경비시스템 ··· 4장 4.3.1
기계경비업무 ··· 4장 4.2
기계경비업무용 기기 ··· 4장 4.2
기계경비업자 ··· 4장 4.2
기계경비의 단점 ··· 1장 1.1
기계경비의 장점 ··· 1장 1.1
기계경비의 특성 ··· 1장 1.2
기계식 계전기 ··· 10장 10.2.4
기본 보안시스템(Basic Security System) ··· 7장 7.1.3
기본기능(Functions of Security Alarm System) ··· 3장 3.1
기본적 욕구 ··· 2장 2.1.1
기억기능(Memory function, 주제어기) ··· 3장 3.4.3
기억전용 카드 ··· 5장 5.4.9
기획설계(Security Planning) ··· 4장 4.3
긴급출동 우선순위 ··· 4장 4.7.4
긴급출동업무 ··· 4장 4.8.3
꼬임쌍 전선(Twisted Pair Wire) ··· 5장 5.9.2
꼬임쌍 전선(Twisted Pair Wire) 전송 ··· 6장 6.8.2

나

나선 ······ 10장 10.2.9
남북전쟁 ······ 2장 2.3.3
납축전지(전기) ······ 10장 10.2.11
내부점검 ······ 4장 4.8.3
녹화기(Video Recorder) ······ 6장 6.15
논리곱 회로(AND Gate) ······ 10장 10.4.5
논리합 회로(OR Gate) ······ 10장 10.4.5
논리회로(Logic circuit) ······ 10장 10.4.5
누수감지기 ······ 3장 3.10.4
누전차단기(전기) ······ 10장 10.2.7
뉴롤네트 ······ 5장 5.4.16
뉴비콘(NEWVICON) ······ 6장 6.4.1
능동식 비접촉카드 ······ 5장 5.4.8
능형 담장(Chain Link or Net Fence) ······ 7장 7.1.2
니켈카드뮴전지(Nickel cadmium battery ······ 10장 10.2.11

다

다중 분기망(Multi drop network) ······ 5장 5.5
닥트(Duct, 전기) ······ 10장 10.2.10
단락회로(Short Circuit) ······ 10장 10.4.2
단방향 강화유리문 ······ 5장 5.7
단선 ······ 10장 10.2.9
단파(Short Wave) ······ 10장 10.1.13
담장 접근 감지기(Fence Approach Sensor) ······ 7장 7.1.3
담장감지기(Fence Contactor) ······ 3장 3.9.7
대규모집적회로(LSI) ······ 10장 10.3.7
대기 ······ 4장 4.8.3
대륙법계의 경비 ······ 2장 2.3.1
대문감지기(Gate Contactor) ······ 3장 3.9.5
대물렌즈 ······ 6장 6.3.1
대심사 ······ 2장 2.3.4
대안렌즈 ······ 6장 6.3.1

대역폭(Bandwidth) …… 6장 6.8.3
대응 …… 4장 4.2
대처 …… 4장 4.2
대처기능(Response function) …… 3장 3.1
대처보고서 …… 4장 4.2
대처업무 …… 4장 4.8
대처업무요령 …… 4장 4.8.3
대처지시 …… 4장 4.2
대처지시업무 …… 4장 4.7.4
대향식 마이크로웨이브 감지기 …… 3장 3.9.16
대헌장 …… 2장 2.3.2
더블유디엠(WDM; Wide Division Multiplexing Converter) …… 6장 6.8.7
데드볼트식 전기정(Dead bolt Lock) …… 5장 5.7
데이지체인망(Daisy-chain network) …… 5장 5.5
데이터 다중화 장치(Data Multiplexer) …… 3장 3.15
데이터 압축(Data Compressing) …… 6장 6.15.2
데이터 통신(Data communication) …… 3장 3.13.1
데이터 형식(Data Format) …… 3장 3.13.3
데이터(Data) …… 3장 3.13.1
데이터베이스(Data base) …… 9장 9.1.4
데이터통신(Data communication, 전기) …… 10장 10.5
도어 이상 감지기 …… 3장 3.10.4
도어클로저(Door closer) …… 5장 5.9.2
도전도(conductance) …… 10장 10.1.5
도쿄 올림픽 …… 2장 2.3.4
도체(Conductor) …… 10장 10.1.8
도플러 마이크로웨이브 감지기 …… 3장 3.9.15
도플러효과(Doppler effect) …… 3장 3.9.14
돌담(Stone Wall) …… 7장 7.1.2
동공 …… 5장 5.4.13
동기식 데이터 통신(Synchronous data communication) …… 3장 3.13.1
동기식 통신(Sychronous Communication, 전기) …… 10장 10.5.3
동기전환부(전기) …… 10장 10.7.4
동축선(Coaxial Wire) …… 5장 5.9.2
동축케이블(Coaxial Cable) 전송 …… 6장 6.8.1

동축케이블(Coaxial Cable) ······ 5장 5.9.2
등록과정(Enrollment procedure) ······ 5장 5.9.3
디렘(DRAM; dynamic RAM) ······ 10장 10.6.2
디스켓(Diskette, 전기) ······ 10장 10.6.5
디지털 녹화기(Digital Video Recorder) ······ 6장 6.15.2
디지털 데이터(Digital Data) ······ 3장 3.13.1
디지털 데이터(Digtal Data, 전기) ······ 10장 10.5.1
디지털 마이크로미러 디스플레이(DMD) ······ 6장 6.14.2
디지털 변화(Digitizing) ······ 6장 6.5.2
디지털 신호(Digital Signal) ······ 3장 3.13.1
디지털 신호(Digital Signal, 전기) ······ 10장 10.5.2
디지털 영상 압축(Compression of digital image) ······ 6장 6.3.2
디지털 영상신호(Digital Video Signal) ······ 6장 6.3.2
디지털 전용회선 ······ 3장 3.13.3
디코딩(Decoding) ······ 3장 3.13.1

라

라디오 전파(Radio Frequency Wave) ······ 3장 3.13.2
라디오 주파수 무선망(RF wireless network)전송 ······ 6장 6.8.4
라디오 주파수(Radio Frequency, 전기) ······ 10장 10.1.13
렌즈 마운트(Lens Mount) ······ 6장 6.3.1
렌츠의 법칙(Lenz's Law) ······ 10장 10.4.7
로드블록(Road Block) ······ 5장 5.6
로버트 필 경(Sir Robert Peel) ······ 2장 2.3.2
로칼기계경비시스템 ······ 1장 1.1
롯드 안테나(Rod Antenna) ······ 10장 10.1.14
뢴트겐선(Roentgen ray) ······ 9장 9.4.1
루프망(Loop Network) ······ 5장 5.5
리드스위치(Reed Switch) ······ 3장 3.9.2
리딩엣지보고서(Leading Edge Report) ······ 2장 2.3.3
릴레이(Relay) ······ 10장 10.2.4
릴레이모듈(External Relay Module) ······ 3장 3.7

마

마그네트스위치(Magnet Switch,전기) ········· 10장 10.2.5
마르코니형 안테나 ········· 10장 10.1.14
마이크로 스위치 ········· 3장 3.9.5
마이크로 스위치(Microswitch, 전기) ········· 10장 10.2.6
마이크로 칩(Microchip) ········· 9장 9.1.4
마이크로웨이브 감지기(Microwave Sensor) ········· 7장 7.4.12
마이크로웨이브 도플러 감지기 ········· 3장 3.9.15
마이크로웨이브(Microwave) 전송 ········· 6장 6.8.3
마이크로파(Microwave) ········· 3장 3.9.15
마이크로파(Microwave, 전기) ········· 10장 10.1.13
만수 감지기 ········· 3장 3.10.4
망간 건전지(Manganese dry battery) ········· 10장 10.2.11
망막(Retina) ········· 5장 5.4.14
망막인식(Retina Identification) ········· 5장 5.4.14
매슬로(Abraham H. Maslow) ········· 2장 2.1.1
매트스위치(Floor Mat Switch ········· 3장 3.9.4
멀티비젼(Multivision) ········· 6장 6.14.2
면경계 열선감지기 ········· 3장 3.9.13
모니터(Monitor) ········· 6장 6.14
모뎀(MODEM, 전기) ········· 10장 10.5.2
모자이크 ········· 5장 5.4.16
모터(Motor) ········· 10장 10.7.2
무감지(Unsensing) ········· 3장 3.3
무선 비상통보기(Wireless Panic button Switch) ········· 3장 3.12.1
무선데이터 통신망(RF Data Communication Network) ········· 3장 3.13.7
무선신호수신모듈(Wireless Receiver Module) ········· 3장 3.7
무선텔레비젼 방송 ········· 6장 6.1
무순단 전원공급기(UPS) ········· 10장 10.7.4
무인기계경비시스템 ········· 1장 1.1
무전압 출력(주제어기) ········· 3장 3.4.3
문턱값(Threshold voltage) ········· 3장 3.9.13
미국산업경비협회(ASIS) ········· 2장 2.3.3
민간경비(Private Security) ········· 2장 2.2.2

민선행정관(Sherief) ······ 2장 2.3.2
밀리파(SHF) ······ 10장 10.1.13

바

바리움페라이트카드(BaFe Card) ······ 5장 5.4.4
바이폴라 집적회로(Bipolar IC, 전기) ······ 10장 10.3.10
바코드카드(Barcoded Card) ······ 5장 5.4.2
반도체(Semiconductor) ······ 10장 10.3
반사경 ······ 3장 3.9.13
반사판 ······ 3장 3.9.12
반사형 적외선감지기 ······ 3장 3.9.10
반파정류 ······ 3장 3.8.2
발광다이오드 디스플레이(LED Lamp display) ······ 6장 6.14.2
발광다이오드(LED, 전기) ······ 10장 10.3.3
발전기(Generator) ······ 10장 10.7.3
발진기지 ······ 4장 4.2
발판 비상통보기(Panic Fioot Switch) ······ 3장 3.12.1
밝기(Brightness) ······ 6장 6.5.3
방범경보시스템(Security Alarm System) ······ 3장 3.1
방범업무 ······ 4장 4.1
방재업무 ······ 4장 4.1
방폭형 카메라 하우징 ······ 6장 6.6.2
방향조정 신호 수신기(Signal Receiver/Driver) ······ 6장 6.7.2
배관재 ······ 4장 4.4
배상 ······ 4장 4.2
백터양자화 ······ 5장 5.4.17
버스통신망(BUS Network) ······ 5장 5.5
베리칩(VeriChip; Verification Chip) ······ 9장 9.1.4
베이커 산업(Baker Industry) ······ 2장 2.3.3
벽 갑지기(Wall Sensor) ······ 3장 3.9.9
벽돌담(Brick or Block Wall) ······ 7장 7.1.2
변복조기(MODEM) ······ 3장 3.13.1
변압기(Transformer) ······ 10장 10.7.1
변조기(Modulator) ······ 3장 3.13.1

보비(Bobbies) ······ 2장 2.3.2
보상 ······ 4장 4.2
보상발브 ······ 7장 7.4.14
보수점검(Maintenance) ······ 4장 4.9
보안관(Sheriff) ······ 2장 2.3.3
보안기능 기억회로 카드 ······ 5장 5.4.9
보안대책 ······ 4장 4.7.6
보우가의 주자(The Bow Street Runner) ······ 2장 2.3.2
복조기(Demodulator) ······ 3장 3.13.1
볼센서(Ball Sensor) ······ 7장 7.4.1
볼트(Volt) ······ 10장 10.1.3
봉건시대의 경비 ······ 2장 2.3.2
부도체 ······ 10장 10.1.8
부정 논리곱 회로(NAND Gate) ······ 10장 10.4.5
부정 논리합 회로(NOR Gate) ······ 10장 10.4.5
부정 회로(NOT Gate) ······ 10장 10.4.5
부제어기(Sub-controller) ······ 3장 3.5
분광감도특성(Photosensitivity) ······ 6장 6.4.1
분극케이블 감지기(Electret Cable Sensor) ······ 7장 7.4.5
불꽃 감지기(Flame checker) ······ 3장 3.12.3
불평형전송(Unbalaced video transmission) ······ 6장 6.8.1
브라운관 모니터(Braun Tube or CRT Monitor) ······ 6장 6.14.1
브릿지 정류회로 ······ 3장 3.8.2
브링크스 회사(Brinks, Inc.) ······ 2장 2.3.3
브이씨알(VCR) ······ 6장 6.15.1
브이티알(VTR) ······ 6장 6.15.1
브이티알 모니터(VTR Monitor) ······ 6장 6.14.1
비동기식 데이터 통신(Asynchronous data communication) ······ 3장 3.13.1
비동기식 통신(Asynchronous communication, 전기) ······ 10장 10.5.4
비디오이미지 프린터 ······ 6장 6.16
비디콘(VIDICON) ······ 6장 6.4.1
비밀번호(Password Number) ······ 5장 5.4.1
비비디(BBD;Bucket Brigade Device)카메라 ······ 6장 6.4.2
비상통보기(Panic Button Switch)) ······ 3장 3.12.1
비상통보업무 ······ 4장 4.1

비시감도곡선 ······ 6장 6.4.2
비엔씨 커넥터(BNC connector) ······ 6장 6.3.2
비접촉카드(Proximity Card) ······ 5장 5.4.8
빛의 파장 ······ 3장 3.9.10

사

사경비(Private Security) ······ 2장 2.2.2
사람 저지장치(Perosnal Deterrant) ······ 5장 5.6
사분할기(Quad Splitter or Quad Compressor) ······ 6장 6.11
사용설명 ······ 4장 4.6
사용자 ······ 4장 4.2
사용자 그래픽 인터페이스(GUI;Graphic User Interface) ······ 5장 5.8
사용자에게 보고 ······ 4장 4.8.3
사이버 아파트(Cyber Apartment) ······ 8장 8.6
사회시스템 ······ 2장 2.1.3
사회적 욕구 ······ 2장 2.1.1
산업혁명 ······ 2장 2.3.2
상품도난방지시스템(EAS) ······ 9장 9.1
상호유도계수(Mutual Inductance) ······ 10장 10.2.3
생리적 욕구 ······ 2장 2.1.1
생체인식(Biometrics Autheticatiuon) ······ 5장 5.4.0
서지전압(Surge Voltage) ······ 7장 7.3
설비이상 감시업무 ······ 4장 4.1
설비제어업무 ······ 4장 4.1
설정기능(Programming function, 주제어기) ······ 3장 3.4.3
설치공사(Installation) ······ 4장 4.4
성형 통신망(전기) ······ 10장 10.5.5
세대별 홈 시큐리티 기기(Home Security Unit) ······ 8장 8.3
세콤주식회사(SECOM Co.,Ltd.) ······ 2장 2.3.4
셋트(Arming, Close) ······ 3장 3.3
셋트실수(Arming mistake) ······ 3장 3.3
셔터 이상 감지기 ······ 3장 3.10.4
셔터감지기(Shutter Sensor) ······ 3장 3.9.11
소규모집적회로(SSI) ······ 10장 10.3.7

손모양 인식(Handgeometry Identification) ······ 5장 5.4.12
수광기 ······ 3장 3.9.10
수동식 비접촉카드 ······ 5장 5.4.8
수메르 법전 ······ 2장 2.3.1
수상계 ······ 6장 6.2
수신완료신호(Kissoff signal) ······ 3장 3.13.4
수은 스위치(Mercury Switch) ······ 7장 7.4.1
수은전지(Mercury dry cell) ······ 10장 10.2.11
수정체 ······ 5장 5.4.13
수직해상도(Vertical resolution) ······ 6장 6.3.1
수평전계감지기(Horizontal Electric Field Sensor) ······ 7장 7.4.13
수평해상도(Horizontal resolution) ······ 6장 6.3.1
순변환부 ······ 10장 10.7.4
순차적 영상전환기(Sequential Video Switcher) ······ 6장 6.10.1
순회 업무(Patrol Services) ······ 4장 4.8.4
순회모드(Patrol mode) ······ 3장 3.3
슈퍼턴 안테나 ······ 10장 10.1.14
스마트카드(SMART Card) ······ 5장 5.4.9
스미어(Smear) ······ 6장 6.3.1
스캐너(Scanner) ······ 3장 3.13.5
스캐듈링기능(Scheduling function, 주제어기) ······ 3장 3.4.3
스탠드바이 무순단전원공급기 ······ 10장 10.7.4
시분할 다중화장치(TDM) ······ 3장 3.15
시설경비업무 ······ 1장 1.1
시설주 ······ 4장 4.2
시스템의 신뢰성(Reliability of HSS) ······ 8장 8.1.1
시스템종합(SI;System Integration) ······ 5장 5.9
시신경 ······ 5장 5.4.13
식민지시대의 경비 ······ 2장 2.3.3
신경회로망 ······ 5장 5.4.17
신변보호업무 ······ 1장 1.1
신호(Signal)) ······ 3장 3.13.1
신호대 잡음비(S/N Ratio) ······ 6장 6.3.1
실시간 발생(Real time generating) ······ 6장 6.15.2
심도(Depth) ······ 6장 6.3.1

써미스터(Thermistor) ······ 10장 10.2.12
씨모스카메라(CMOS Camera) ······ 6장 6.4.2
씨씨디 카메라(CCD Camera) ······ 6장 6.4.2
씨씨아이알(CCIR) ······ 6장 6.3.2

아

아날로그 녹화기(Analog Video Recrder) ······ 6장 6.15.1
아날로그 데이터(Analog Data) ······ 3장 3.13.1
아날로그 데이터(Analog Data, 전기) ······ 10장 10.5.1
아날로그 신호(Analog Signal) ······ 3장 3.13.1
아날로그 신호(Analog Signal, 전기) ······ 10장 10.5.2
아날로그 영상신호(Analog Video Signal) ······ 6장 6.3.2
아답터링(Adapter Ring) ······ 6장 6.3.1
아이씨 카드(IC Card) ······ 5장 5.4.9
아이에스디엔(ISDN) ······ 10장 10.5.9
안내기능(Guidance function, 주제어기) ······ 3장 3.4.3
안전 ······ 2장 2.1.2
안전대책 ······ 4장 4.7.6
안전산업 ······ 2장 2.1.2
안전의 욕구 ······ 2장 2.1.1
안테나(Antenna) ······ 10장 10.1.14
알몸투시기(Rapiscan System) ······ 9장 9.5
알에스232(RS-232C) ······ 5장 5.5
알에스232(RS-232C, 전기) ······ 10장 10.5.6
알에스422(RS-422) ······ 5장 5.5
알에스423(RS-423) ······ 5장 5.5
알에스485(RS-485) ······ 5장 5.5
알지비 단자(RGB terminal) ······ 6장 6.3.2
알카리축전지(전기) ······ 10장 10.2.11
암전류(Dark Current) ······ 6장 6.3.1
암페어 오른손 법칙 ······ 10장 10.1.11
암페어(Ampere) ······ 10장 10.1.2
압력감지기(Pressure Sensor) ······ 7장 7.4.14
압전 변환기(Poezoelcetric Transducer) ······ 7장 7.4.2

압전소자(Piezo Element) ………… 3장 3.9.6
압전소자(Piezo Element, 외곽침입감지) ………… 7장 7.4.2
압전효과(Piezielecctric effect) ………… 3장 3.9.6
액정모니터(LCD Monitor) ………… 6장 6.14.2
액티브기법 ………… 5장 5.4.16
액화 석유가스(LPG) ………… 3장 3.10.3
액화 천연가스(LNG) ………… 3장 3.10.3
야기 안테나 ………… 10장 10.1.14
양방향 강화유리문 ………… 5장 5.7
양자 ………… 10장 10.1.1
얼굴인식(Facial Recognition) ………… 5장 5.4.16
에스램(SRAM; static RAM) ………… 10장 10.6.2
에스에이씨에이엠(SECAM;Sequentiel a memoire) ………… 6장 6.3.2
에스-영상 단자(S-Video terminal) ………… 6장 6.3.2
에스오케이(SOK) ………… 2장 2.3.5
에스원(S1) ………… 2장 2.3.5
에스컬레이터 이상 감지기 ………… 3장 3.10.4
에어로크(Air Lock) ………… 5장 5.7
에이디에스엘(ADSL) ………… 10장 10.5.10
에이디티(ADT) ………… 2장 2.3.3
에이브이 단자(AV terminal) ………… 6장 6.3.2
에이피비(APB; Anti-Pass Back) ………… 5장 5.8
에치디티브이(HDTV) ………… 6장 6.3.2
에치엠엠(HMM) ………… 5장 5.4.17
에퀴테스 계급 ………… 2장 2.3.1
에프 값(F-number) ………… 6장 6.3.1
에프이디(FED; Field Emission Display) ………… 6장 6.14.2
엑스-선 검색장치(X-ray Detector) ………… 9장 9.4
엑스-선 모니터(X-ray Monitor) ………… 6장 6.14.2
엑스-선(X-ray) ………… 9장 9.4.1
엔코딩(Encoding) ………… 3장 3.13.1
엔티에스씨(NTSC) ………… 6장 6.3.2
엘리베이터 이상 감지기 ………… 3장 3.10.4
엘씨디 모니터(LCD monitor) ………… 6장 6.14.2
엘피씨(LPC;Linear Predictive Coding) ………… 5장 5.4.17

엠오에스(MOS, 전기) ············ 10장 10.3.8
엠펙-1(MPEG-1) ············ 6장 6.3.2
엠펙-2(MPEG-2) ············ 6장 6.3.2
엠펙-4(MPEG-4) ············ 6장 6.3.2
역변환부 ············ 10장 10.7.4
연기감지기(Smoke Detector) ············ 3장 3.12.2
연동선(전기) ············ 10장 10.2.9
연선 ············ 10장 10.2.9
열감지기 ············ 3장 3.12.1
열선감지기(PIR Sensor) ············ 3장 3.9.13
열쇄 수령 ············ 4장 4.8.2
영구자석(Permanent Magnet) ············ 3장 3.9.2
영상 다중화 장치(Video Multiplexer) ············ 6장 6.12
영상기록계 ············ 6장 6.2
영상분배기(Video Distribution Amplifier) ············ 6장 6.9
영상원격확인장치(Video Verification System) ············ 3장 3.18.2
영상입력단자 ············ 6장 6.3.2
영상재생계 ············ 6장 6.2
영상전환기(Video Switcher) ············ 6장 6.10
영상출력레벨(Video Output Level ············ 6장 6.3.1
영상프린트(Video Printer) ············ 6장 6.16
영상확인기능(홈 시큐리티) ············ 8장 8.3.1
영역(Zone) ············ 3장 3.3
영역확장기(Zone Expander) ············ 3장 3.6
영화기업 ············ 2장 2.3.5
예방적 유지보수(Preventative Maintenance) ············ 6장 6.17.3
오경보(False Alarm) ············ 3장 3.3
오보다발시 보수점검 ············ 4장 4.9.3
오사카 만국박람회 ············ 2장 2.3.4
오픈릴 녹화기(Open Reel Video Recrder) ············ 6장 6.15.1
옥내용 적외선감지기(Interior Photoelectric Sensor) ············ 3장 3.9.10
옥외용 적외선감지기(Outerior Photoelectric Sensor) ············ 3장 3.9.10
온도이상감지기 ············ 3장 3.10.1
온도측정소자 ············ 3장 3.10.1
온라인 무순단 전원공급기 ············ 10장 10.7.4

옴(Ohm) ······ 10장 10.1.5
옴의 법칙(Ohm's Law) ······ 10장 10.1.6
옵티클 렌즈(Opticle Lens) ······ 6장 6.5.3
와트(Waatt) ······ 10장 10.1.4
외곽 방책(Perimeter Barrier) ······ 7장 7.1.2
외곽(Perimeter) ······ 7장 7.3
외곽침입감지시스템(PIDS) ······ 7장 7.1
외벽용 적외선 감지기(Wallmounted Photoelectric Sensor) ······ 3장 3.9.10
외부 릴레이모듈(External Relay Module) ······ 3장 3.7
외주점검 ······ 4장 4.8.3
외주점검 요령 ······ 4장 4.8.3
외주점검 행동 원칙 ······ 4장 4.8.3
욕구 ······ 2장 1.1
운영품질 ······ 4장 4.0
울타리동요감지기(Fence Disturbance Sensor) ······ 7장 7.1.3
움직임검출기능(Video Motion Detection) ······ 6장 6.13
워터펌퍼 이상 감지기 ······ 3장 3.10.4
원격감시업무(Monitroing) ······ 4장 4.7.3
원격검침 ······ 8장 8.6
원격제어 ······ 8장 8.6
원격확인기능(Alarm verification function) ······ 3장 3.18
원자 ······ 10장 10.1.1
원적외선 ······ 3장 3.9.10
웨이브렛드(Wavelet) ······ 6장 6.3.2
웰스 파고 회사(Wells Fargo and Company) ······ 2장 2.3.3
위건드 와이어(Wiegand wire) ······ 5장 5.4.10
위건드 카드(Wiegand Card) ······ 5장 5.4.10
위건드 효과(Wiegand Effect) ······ 5장 5.4.10
위건드식 상품도난방지시스템 ······ 9장 9.1.3
위탁수화물 2차 정밀검색장치 ······ 9장 9.4.4
위탁수화물 검색장치 ······ 9장 9.4.3
위험 ······ 2장 2.1.2
위험분석(Risk Analysis) ······ 4장 4.3.3
윈체스트 법령 ······ 2장 2.3.2
유도계수(Inductance) ······ 10장 10.2.3

유도자(Inductor) ······ 10장 10.2.3
유리감지기(Glass Sensor) ······ 3장 3.9.6
유리파괴 음향감지기(Glass Break Sound Detector) ······ 3장 3.9.6
유빔형 적외선감지기(Self-contained Photoelectric Sensor) ······ 3장 3.9.10
유선텔레비젼 방송 ······ 6장 6.1
유전압 출력(주제어기) ······ 3장 3.4.3
음극선관(Cathode Ray Tube) ······ 6장 6.14.1
음성인식(Voiceprint Identification) ······ 5장 5.4.17
음파(Audible sound) ······ 10장 10.1.15
음향원격확인장치(Audio Verification system) ······ 3장 3.18.1
의미(Meaning) ······ 3장 3.13.1
이동영구자석 ······ 3장 3.9.7
이동통신 전화망(Cellularphone Network) ······ 3장 3.13.6
이상 발생시 업무 요령 ······ 4장 4.8.3
이상(Alarm) ······ 3장 3.3
이온(Ion) ······ 9장 9.2.1
이아이에이(EIA;Eloectronic Industry Association) ······ 6장 6.3.2
이이렌즈(EE Lens) ······ 6장 6.5.3
이중 생체인식(Multiple Biometric Pattern ID) ······ 5장 5.4.19
이중톤 다주파신호(DTMF) ······ 3장 3.13.4
이피롬(EPROM) ······ 10장 10.6.3
인간의 욕구 ······ 2장 2.1.1
인격적 욕구 ······ 2장 2.1.1
인공위성 마이크로웨이브(Satellite Microweave) ······ 3장 3.13.2
인식장치(Credential Reader) ······ 5장 5.3
인식처리(Identifying transaction) ······ 5장 5.3
인증처리(Authenticating transaction) ······ 5장 5.3
인프라소닉파(Infrasonic wave) ······ 10장 10.1.15
일반 전기정(Electric locksets) ······ 5장 5.7
일반 카메라 렌즈 ······ 6장 6.5.1
일반 카메라 하우징 ······ 6장 6.6.1
일본경비보장㈜ ······ 2장 2.3.4
임의접근 기억장치(RAM) ······ 10장 10.6.2
임피던스(Impedance) ······ 10장 10.1.5
입광유효구경(Entry pupil) ······ 6장 6.3.1

입체경계 열선감지기 ······ 3장 3.9.13
입출조작기 ······ 3장 3.7

자

자가무선망(Private Radio Communication System) ······ 3장 3.17.3
자격증명(Credential) ······ 5장 5.3
자격증명의 관리(Credential Management) ······ 5장 5.9.3
자계(Magnetic Field) ······ 10장 10.1.10
자기스트립카드(Magnetic Strip Card) ······ 5장 5.4.5
자기유도계수(Self Inductance) ······ 10장 10.2.3
자기존중의 욕구 ······ 2장 2.1.1
자동 볼라드(Automatic Bollard) ······ 5장 5.6
자동감도조정회로(Auto Sensitivity Control Circuit) ······ 6장 6.3.1
자동문 ······ 5장 5.6
자동블렉레벨조정(Auto Black Level Control) ······ 6장 6.3.1
자동이득조정(Auto Gain control) ······ 6장 6.3.1
자석감지기(Magnet Sensor) ······ 3장 3.9.2
자석식 셔터감지기(Magnetic Shutter Sensor) ······ 3장 3.9.11
자아실현의 욕구 ······ 2장 2.1.1
자연재해 대책 ······ 4장 4.7.6
자외선 ······ 3장 3.9.10
자화스위칭 ······ 5장 5.4.10
장력감지기(Taut-Wire Switcher) ······ 7장 7.4.4
장애 발생시 보수점검 ······ 4장 4.9.2
장애(Trouble) ······ 3장 3.3
장위병 ······ 2장 2.3.4
장파(Long Wave) ······ 10장 10.1.13
재실 검색 감지기 ······ 3장 3.10.4
저 가스압 감지기 ······ 3장 3.10.4
저감도 렌즈 ······ 6장 6.3.1
저수압 감지기 ······ 3장 3.10.4
저수위 감지기 ······ 3장 3.10.4
저지장치(Deterrant) ······ 5장 5.6
저항(Resistance) ······ 10장 10.1.5

저항체의 병렬 연결 ········ 10장 10.2.1
저항체의 직렬 연결 ········ 10장 10.2.1
적외선 감지기(Photoelectric Sensor) ········ 3장 3.9.10
적외선 감지기(Photoelectric Sensor, 외곽침입감지) ········ 7장 7.4.11
적외선 무선망(Infrared wireless Link) 전송 ········ 6장 6.8.5
적외선 발광다이오드 ········ 3장 3.9.10
적외선 카드(Infrared Card) ········ 5장 5.4.6
적외선식 셔터감지기 ········ 3장 3.9.12
적외선 카메라(IR Camera) ········ 6장 6.4.2
전계(Electric Field) ········ 10장 10.1.9
전계감지기(Electric Field Sensor) ········ 7장 7.4.9
전계효과트랜지스터(FET) ········ 10장 10.3.9
전기(Electricity) ········ 10장 10.1.1
전기능 마이크로컴퓨터 카드 ········ 5장 5.4.9
전기스트라이커(Electric Strike) ········ 5장 5.7
전기저항(Resistance) ········ 10장 10.1.5
전기저항체(Resistor) ········ 10장 10.2.1
전기접점 변환기(Electromechnical Transducer) ········ 7장 7.4.1
전기정(Electric Lock) ········ 5장 5.7
전기회로(Electric circuit) ········ 10장 10.4
전동기(Motor) ········ 10장 10.7.2
전등제어 ········ 8장 8.6
전력(Electric power) ········ 10장 10.1.4
전류(Current) ········ 10장 10.1.2
전선(Wire) ········ 4장 4.4
전선(Wire, 전기) ········ 10장 10.2.9
전선관(Conduit) ········ 4장 4.4
전선관(Conduit, 전기) ········ 10장 10.2.10
전송계 ········ 6장 6.2
전압(Voltage) ········ 10장 10.1.3
전용회선(Leased Direct Line) ········ 3장 3.13.3
전원공급기(Power Supply) ········ 3장 3.8
전원이상 감지기(Electric Power Failure Sensor) ········ 3장 3.10.2
전자 ········ 10장 10.1.1
전자경비시스템(Electronic Security System) ········ 2장 2.3.3

전자계(Electro-magnetic Field) ······ 10장 10.1.12
전자기 방해(EMI; Electromagnetic Interference) ······ 7장 7.3
전자보안장비(Electronic Security Equipment) ······ 9장 9.0
전자빔 ······ 6장 6.4.1
전자상거래 ······ 8장 8.6
전자석(Electro-magnet) ······ 10장 10.1.11
전자식 계전기 ······ 10장 10.2.4
전자식 전기정(Electromagnetic Locks) ······ 5장 5.7
전지의 연결 ······ 10장 10.2.11
전파(Radiowave) ······ 10장 10.1.13
전파정류 ······ 3장 3.8.2
전하(Electric charge) ······ 10장 10.1.1
전하결합소자(CCD) ······ 6장 6.4.2
전화급 전용회선 ······ 3장 3.13.3
전화보안시스템(TSS) ······ 3장 3.13.5
전화부가서비스 ······ 8장 8.6
전화회선 (Telephone Line)전송 ······ 6장 6.8.6
절연전선 ······ 10장 10.2.9
절연체(Insulator) ······ 10장 10.1.8
절체부(전원공급기) ······ 3장 3.8.2
점검 및 검색 ······ 4장 4.8.3
점검사항 ······ 4장 4.9.1
점검요령 ······ 4장 4.9.1
정기적 보수점검 ······ 4장 4.9.1
정류 다이오드(Rectifying Diode) ······ 10장 10.3.1
정류부(Rectifier, 전원공급기) ······ 3장 3.8.2
정맥인식(Vein Recognition) ······ 5장 5.4.15
정보(Information) ······ 3장 3.13.1
정보의 수집 ······ 4장 4.8.1
정전대책 ······ 4장 4.7.6
정전용량 감지기(Capacitance Sensor) ······ 7장 7.4.10
정전용량(Capacitance) ······ 10장 10.2.2
제1차 세계대전 ······ 2장 2.3.3
제2차 세계대전 ······ 2장 2.3.3
제너다이오드(Zener Diode) ······ 10장 10.3.2

제어계 ······ 6장 6.2
제어부(주제어기) ······ 3장 3.4.2
제이펙(JPEG) ······ 6장 6.3.2
조리개 제어(Iris control) ······ 6장 6.5.3
조리개(Iris) ······ 6장 6.3.1
조작기능(Operation function, 주제어기) ······ 3장 3.4.3
조작부(주제어기) ······ 3장 3.4.2
조회용 소프트웨어(Index software) ······ 3장 3.16.2
종단저항(EOLR) ······ 3장 3.3
종료과정(Termication procedure) ······ 5장 5.9.3
종합관리실 데이터 수신장치(홈 시큐리티) ······ 8장 8.5
종합정보통신망(ISDN) ······ 10장 10.5.9
주변기기 ······ 3장 3.7
주사방식(Scanning system) ······ 6장 6.3.2
주장관(Shir-Reeve) ······ 2장 2.3.2
주제어기(Main Controller, Control Panel) ······ 3장 3.4.3
주파수공용통신시스템(TRS;Trunked Radio System) ······ 3장 3.17.4
주파수분할 다중화 장치(FDM) ······ 3장 3.15
주파수편이통신(FSK) ······ 3장 3.13.4
줌렌즈(Zoom Lens) ······ 6장 6.3.1
줌아웃(Zoom out) ······ 6장 6.3.1
줌인(Zoom in) ······ 6장 6.3.1
중규모집적회로(MSI) ······ 10장 10.3.7
중급 보안시스템(Medium Security System) ······ 7장 7.1.3
중단파(Short Wave) ······ 10장 10.1.13
중앙처리장치(CPU, 전기) ······ 10장 10.6.1
중적외선 ······ 3장 3.9.10
중파(Medium Frequency Wave) ······ 10장 10.1.13
지도기능(저지장치) ······ 5장 5.6
지령 ······ 4장 4.2
지령업무 ······ 4장 4.7.4
지령통신장치(Security communication system) ······ 3장 3.17
지문인식(Finger print Identification) ······ 5장 5.4.11
지상 마이크로웨이브(Terrestrial Microwave) ······ 3장 3.13.2
지연기능(저지장치) ······ 5장 5.6

지연기능(Delay function) ······ 3장 3.1
지진동 감지기(Geophonic Sensor) ······ 7장 7.4.15
지진동 변환기(Geophonic Electric Transducer) ······ 7장 7.4.3
지하매설 감지기(Buried Sensor) ······ 7장 7.1.3
직류 출력단자(전원공급기) ······ 3장 3.8.2
직류(Direct Current) ······ 10장 10.1.7
진단기능(Diagnosis function, 주제어기) ······ 3장 3.4.3
진동감지기(Vibration Sensor) ······ 3장 3.9.8
진열장 ······ 3장 3.9.6
집속코일 ······ 6장 6.4.1
집적회로(IC; Integrate Circuit) ······ 10장 10.3.7
집적회로카드(IC Card)) ······ 5장 5.4.9

차

차동위상 편이통신(DPSK) ······ 3장 3.13.4
차량 저지장치(Vehicle Deterrant) ······ 5장 5.6
차량차단기 ······ 5장 5.6
차폐되지 않은 꼬임쌍전선(UTP cable) ······ 10장 10.2.9
차폐선(Shielded Wire) ······ 5장 5.9.2
창문형 감지기 ······ 3장 3.9.10
천공(穿孔)카드(Hollerith Card) ······ 5장 5.4.3
천연가스(LNG) ······ 3장 3.10.3
철도경비 ······ 2장 2.3.3
철조망(Barbed Wire) ······ 7장 7.1.2
청원경찰 ······ 2장 2.3.5
초단파(VHF) ······ 10장 10.1.13
초대규모집적회로(VLSI) ······ 10장 10.3.7
초음파 감지기(Ultrasonic Sensor) ······ 3장 3.9.14
초음파 마이크로폰(Ultrasonic Microphone) ······ 3장 3.9.6
초음파(Ultrasonic wave) ······ 10장 10.1.15
3장 3.9.14
초전소자(Pyroelectric Element) ······ 3장 3.9.13
초전효과(Pyroelectric effect) ······ 3장 3.9.13
초점거리(Focal length) ······ 6장 6.3.1

초점심도 ········ 6장 6.5.3
촬상계 ········ 6장 6.2
촬상관 ········ 6장 6.4.1
최대구경비(F- Nember) ········ 6장 6.3.1
최저조도(Minimum Illumination) ········ 6장 6.3.1
추적과정(Tracking procedure) ········ 5장 5.9.3
축전지(Rechargeable Battery, 전기) ········ 10장 10.2.11
축전지(Rechargeable Battery,전원공급기) ········ 3장 3.8.2
출광유효구경(Exit pupil) ········ 6장 6.3.1
출력기능(Output,주제어기) ········ 3장 3.4.3
출력부(주제어기) ········ 3장 3.4.2
출력여과부 ········ 10장 10.7.4
출입 유효함(Validated) ········ 5장 5.3
출입문 ········ 5장 5.9.2
출입장소(Access Point) ········ 5장 5.3
출입통제 제어기(ACU;Access Control Unit) ········ 5장 5.5
출입통제시스템 구성 ········ 5장 5.2
출입통제시스템(Access Control System) ········ 5장 5.1
충격감지기(Shock Sensor) ········ 7장 7.4.1
충전부(Charger,전원공급기) ········ 3장 3.8.2
측온체 ········ 3장 3.10.1
치안관(Constable) ········ 2장 2.3.3
친위대(Praetorian guard) ········ 2장 2.3.1

카

카메라 감도 ········ 6장 6.3.1
카메라 렌즈(Camera Lens) ········ 6장 6.5
카메라 하우징(Camera Housing) ········ 6장 6.6
카메라 회전기(Pan/Tilt Unit) ········ 6장 6.7.1
카세트식 녹화기(VCR: Video Cassette Recorder) ········ 6장 6.15.1
카트리지식 녹화기(Catridge Video Recrder) ········ 6장 6.15.1
칸토우 ········ 5장 5.4.16
캐시(Cache, 전기) ········ 10장 10.6.4
컬러 프린터 ········ 6장 6.16

컬리콘(COLICON) ······ 6장 6.4.1
컴퓨터(PC, 전기) ······ 10장 10.6
케이티엘(KTL) ······ 2장 2.3.5
켑스(CAPS) ······ 2장 2.3.5
코덱(CODEC, 전기) ······ 10장 10.5.2
콘덴서(Condenser) ······ 10장 10.2.2
콘덴서마이크로폰(Condenser Microphone) ······ 3장 3.9.6
콤펙트 디스크(CD; Compact Disk, 전기) ······ 10장 10.6.7
쿠우롬(Coulomb) ······ 10장 10.1.1
큰화면 모니터 ······ 6장 6.14.2
키르히호프 법칙(Kirchhoff's Law) ······ 10장 10.4.6
키스오프신호(Kissoff signal) ······ 3장 3.13.4
키패드(Keypad) ······ 5장 5.4.1

타

타원기법 ······ 5장 5.4.16
타이어 킬러(Tire Killer) ······ 5장 5.6
타이어저지장치 ······ 5장 5.6
탐색등(Search Light) ······ 7장 7.8
태그(Tag)방식 상품도난방지시스템 ······ 9장 9.1.2
턴벅클(Turn Buckle) ······ 3장 3.9.7
턴스타일 ······ 5장 5.6
텔레푼켄형 안테나 ······ 10장 10.1.14
템퍼(Tamper) ······ 3장 3.3
통과형 금속탐지기(Walk through metal detector) ······ 9장 9.3.2
통과형 폭발물탐지기(Walk through bomb detector) ······ 9장 9.2.3
통보 ······ 4장 4.2
통보업무 ······ 4장 4.7.5
통신규약(Protcol) ······ 3장 3.13.3
통신기능(Communication function, 주제어기) ······ 3장 3.4.3
통신매체(Communicatio Media) ······ 3장 3.13.2
통신매체(Communicatio Media, 전기) ······ 10장 10.5.7
통신부(주제어기) ······ 3장 3.4.2
통신채널(Communication Channel) ······ 3장 3.13.2

통신채널(Communication Channel, 전기) ······ 10장 10.5.8
통신회선 장애시 대책 ······ 4장 4.7.6
통합 감시제어기(Central controller) ······ 7장 7.6
통화기능(주제어기) ······ 3장 3.4.3
통화기능(홈 시큐리티) ······ 8장 8.3.1
퇴실 조작(Request to Exit) ······ 5장 5.3
투광기 ······ 3장 3.9.10
트란지스터(Transistor) ······ 10장 10.3.5
트랜비콘(TRANVICON) ······ 6장 6.4.1
특별 보수점검 ······ 4장 4.9.3
특성임피던스 ······ 6장 6.8.1
특수 모니터 ······ 6장 6.14.2
특수경비업무 ······ 1장 1.1
특수선 보호형 카메라 하우징 ······ 6장 6.6.2
특수용 카메라 하우징 ······ 6장 6.6.2
특수카메라렌즈 ······ 6장 6.5.3
특약업무 ······ 4장 4.1

파

파라드(Farad) ······ 10장 10.2.2
판독기(Credential Reader) ······ 5장 5.3
판독전용 기억장치(ROM) ······ 10장 10.6.3
패널면 모니터 ······ 6장 6.14.2
편향코일 ······ 6장 6.4.1
평행대 전선(Pararell Wire) ······ 5장 5.9.2
평형전송(Balanced video transmission) ······ 6장 6.8.2
평활부(Filter, 전원공급기) ······ 3장 3.8.2
폐쇄회로텔레비젼(CCTV) ······ 6장 6.1
포물선형 안테나 ······ 10장 10.1.14
포토다이오드(Photodiode) ······ 3장 3.9.10
포토다이오드(Photodiode, 전기) ······ 10장 10.3.4
포토트랜지스터(Photo Transistror) ······ 3장 3.9.10
포토트랜지스터(Phototransistror, 전기) ······ 10장 10.3.6
폭발물 탐지기(Bomb detector) ······ 9장 9.2

표시기능(Display or Indicating function, 주제어기) ······ 3장 3.4.3
표시부(주제어기) ······ 3장 3.4.2
퓨즈(Fuse) ······ 10장 10.2.8
프레넬 렌즈(Fresnel lens) ······ 3장 3.9.13
프로그램 출력(PGM, 주제어기) ······ 3장 3.4.3
프로젝션 모니터(Projection Monitor) ······ 6장 6.14.2
프로판가스(LPG) ······ 3장 3.10.3
프리셋트 줌렌즈(Pre-set Zoom Lens) ······ 6장 6.5.3
프리즘 렌즈(Prism Lens) ······ 6장 6.5.3
프린트(Local Printer) ······ 3장 3.7
플라스틱 광섬유(Plastic Fiber Optic Cable) ······ 7장 7.4.8
플레밍의 오른손 법칙 ······ 10장 10.7.3
플레밍의 왼손법칙 ······ 10장 10.7.2
피디피(PDP; Plasma Display Panel) ······ 6장 6.14.2
피롬(PROM) ······ 10장 10.6.3
피뢰기(Lightning Arrestor) ······ 3장 3.7
피사체 심도(Depth of field) ······ 6장 6.3.1
피에이엘(PAL ; Phase Alternate Line) ······ 6장 6.3.2
핀홀 렌즈(Pin -hole Lens) ······ 6장 6.5.3
필러스(Peelers) ······ 2장 2.3.2
필체인식(Signature Identification) ······ 5장 5.4.18
필터(Filter) ······ 10장 10.2.12
핑커톤 사(Pinkerton) ······ 2장 2.3.3

하

하드디스크드라이버(HDD) ······ 10장 10.6.6
한국경비협회 ······ 2장 2.3.5
한국보안공사 ······ 2장 2.3.5
한국안전시스템㈜ ······ 2장 2.3.5
한국종합기계경비㈜ ······ 2장 2.3.5
할크레스트보고서(Hallcrest II) ······ 2장 2.3.3
함무라비법전 ······ 2장 2.3.1
합성수지가요전선관(Plastic flexible conduit, 전기) ······ 10장 10.2.10
합성수지몰드(Plastic mold, 전기) ······ 10장 10.2.10

합성수지전선관(Plastic conduit, 전기) ······ 10장 10.2.10
해제(Disarming, Open) ······ 3장 3.3
해제실수(Disarming mistake) ······ 3장 3.3
핸드셰이크신호(Handshake signal) ······ 3장 3.13.4
행렬식 영상전환기(Matrix Video Switcher) ······ 6장 6.10.2
허가되지 않은 사람(Unauthorized person) ······ 5장 5.3
허가되지 않은 차량(Unauthorized vehicle) ······ 5장 5.3
허가된 사람(Authorized person) ······ 5장 5.3
허가된 차량(Authorized vehicle) ······ 5장 5.3
헨리 국왕의 법령 ······ 2장 2.3.2
현장 녹화(Local Logging) ······ 6장 6.15.2
현장접근(Approach) ······ 4장 4.8.3
현장제어반(Zone Processing Unit) ······ 7장 7.5
현장조사(기획설계) ······ 4장 4.3.2
현장조사 ······ 6장 6.17.1
협각렌즈 ······ 6장 6.3.1
호송경비업무 ······ 1장 1.1
호신술 사용 ······ 4장 4.8.3
호신용구 사용 ······ 4장 4.8.3
홀디드 쌍극자 안테나 ······ 10장 10.1.14
홈 시어터(Home theater) ······ 8장 8.6
홈 시큐리티시스템(Home Security System) ······ 8장 8.1
홈 오토메이션(Home Automation) ······ 8장 8.6
홈즈 방범회사(Holms Protection Inc.) ······ 2장 2.3.3
홍체(Iris) ······ 5장 5.4.13
홍체인식(Iris Identification) ······ 5장 5.4.13
화각(Lens Angle) ······ 6장 6.3.1
화면 분할(Screen Splitting) ······ 6장 6.15.2
화면 분할기(Screen Splitter) ······ 6장 6.11
화면 치수 ······ 6장 6.5.3
화상 포착(Pictures Capturing) ······ 6장 6.15.2
화상감시시스템(CCTV System) ······ 6장 6.1
화소수(Pictur element, Pixel) ······ 6장 6.3.1
화재감시 ······ 8장 8.6
화재감지기 ······ 3장 3.12

화재경보시스템 ···· 1장 1.1
확인 시간(Verification time) ···· 5장 5.3
확인 오류(Verification Error) ···· 5장 5.3
회전문 ···· 5장 5.6
후초점(Back focus) ···· 6장 6.3.1
후초점거리(Back focusing length) ···· 6장 6.3.1
휩 안테나(Whip Antenna) ···· 10장 10.1.14
휴대수화물 검색장치 ···· 9장 9.4.2
휴대형 금속탐지기(Hand held Metal Detector) ···· 9장 9.3.4
휴대형 폭발물탐지기(Hanheld bomb detector) ···· 9장 9.2.4

저자약력

신상엽(申尙燁)

서울대학교 공과대학 전자공학과 졸업
한양대학교 대학원 전자통신학과 졸업(공학석사)
ROTC 통신장교
민성전자공업(주) 기획개발담당 이사
(주)한음파, 공장장
(주)에스원 기술담당 이사
(주)에스원 시스템공학연구소장
현재, 용인대학교 경호학과 겸임교수

논문

"무선음성통신 채널상에서의 무선데이터통신"
"기계경비 운용현황 고찰 및 운용품질개선 방안"

기계경비론

2004년 8월 30일 초　　　판 1쇄 발행
2008년 2월 15일 수　정　판 1쇄 발행
2016년 2월 10일 개정증보판 2쇄 발행

지은이 신상엽
펴낸이 진욱상 · 진성원
펴낸곳 백산출판사
교　정 편집부
본문디자인 편집부
표지디자인 오정은

저자와의
합의하에
인지첩부
생략

등　록 1974년 1월 9일 제1-72호
주　소 경기도 파주시 회동길 370(백산빌딩 3층)
전　화 02-914-1621(代)
팩　스 031-955-9911
이메일 editbsp@naver.com
홈페이지 www.ibaeksan.kr

ISBN 89-7739-672-7
값 23,000원